Zur schnellen Orientierung – die wichtigsten Orte und Landschaften der Kanarischen Inseln auf einen Blick:

(Auszug aus dem ausführlichen Ortsregister S. 329–334)

Teneriffa
Aceje 178
Araga-Gebirge 135, 183
Bajamar 180, 321
Barranco del Infierno 178
El Médano 159, 320
Esperanza-Wald 180
Garachico 160
Güimar 181
Icod de los Vinos 52, 160
La Laguna 47, 154
La Orotava 148
Las Cañadas 136, 157
Los Cristianos 179, 321
Los Realejos 159
Mercedes-Wald 183
Orotava-Tal 144, 157
Pico de Teide 136, 319
Puerto de la Cruz 145, 321
Puerto de Santiago 178, 321
Santa Cruz de Tenerife . . 47, 119, 149
Tacoronte 179
Teno-Gebirge 135, 177
Vilaflor 123, 158

Gomera
Chipude 188, 192
Hermigua 191
Los Organos 191
Monte del Cedro 186, 192
Playa de Santiago 192
San Sebastián 29, 189, 321
Vallehermoso 191
Valle Gran Rey 186, 191, 322

Hierro
El Golfo 197, 201
El Pinar 196, 202
Frontera 201
La Restinga 202
Los Letreros del Julán 22, 202
Taibique 196, 202
Valverde 194, 200

La Palma
Barranco de las Angustias . . 203, 227
Barranco del Agua 228
Caldera de Taburiente . 203, 206, 226
Höhle von Belmaco 22, 230
Los Llanos de Aridane . . . 205, 229
San Antonio-Vulkan 205, 231
Santa Cruz de la Palma 225
Tazacorte 28, 229
Teneguía-Vulkan 205, 231

Gran Canaria
Agaete 260
Artenara 262
Arucas 259
Caldera de Bandama 263
Cenobio de Valerón 18, 261
Cruz de Tejeda 262
Cuatro Puertas 266
Cumbre 232, 234, 262
Gáldar 24, 27, 260
Guía 259
Las Palmas 27, 119, 237, 322
Maspalomas 266, 322
Pinar de Tamadaba 262
Playa del Inglés 266, 322
Santa Lucía 264
San Agustín 266, 322
Telde 264
Teror 261

Fuerteventura
Betancuria 275
Corralejo 273, 323
Insel Lobos 289
Jandía 271, 275, 323
La Oliva 274
Pájara 275

Lanzarote
Arrecife 285
Cueva de los Verdes 281, 288
El Golfo 281, 286
Haría 122, 287
Insel Graciosa 288, 323
Jameos del Agua 282, 288
La Geria 122, 282, 286
Mirador del Río 285, 288
Montañas del Fuego 279, 286
Playa Blanca 286, 323
Salinas de Janubio 286
Teguise 122, 287

In der vorderen Umschlagklappe: Übersichtskarte der Kanar

In der hinteren Umschlagklappe: Klima- und Veget

Almut und Frank Rother

Die Kanarischen Inseln

Inseln des ewigen Frühlings:

Teneriffa · Gomera · Hierro · La Palma
Gran Canaria · Fuerteventura · Lanzarote

DuMont Buchverlag Köln

Die Farb- und Schwarzweiß-Fotografien (außer Abb. 33, 125, 128, 134, 156) stammen von Dr. Frank Rother und wurden exklusiv für dieses Buch ausgewählt.
Die Figuren auf den Seiten 2, 24, 189, 201, 230, 258, 284, 296 zeichnete Almut Rother.

Umschlagvorderseite: TENERIFFA Icod de los Vinos mit dem berühmten Drachenbaum, einem über 2000 Jahre (?) alten Liliengewächs; im Hintergrund der Pico de Teide (3718 m)

Vordere Umschlaginnenklappe: LANZAROTE Blick vom Mirador del Río (479 m) über die 1,5 km breite Meerenge El Río zur Insel Graciosa

Umschlagrückseite: TENERIFFA Las Cañadas, Markanter Pilzfelsen der Felsenlandschaft ›Los Roques‹ (ca. 20 m Höhe, vgl. Abb. 14); im Hintergrund der Pico de Teide

Frontispiz S. 2: Weihnachtsstern

© 1979 DuMont Buchverlag, Köln
7., aktualisierte Auflage 1986
Alle Rechte vorbehalten
Druck und buchbinderische Verarbeitung: Boss-Druck, Kleve

Printed in Germany   ISBN 3-7701-0974-0

Inhalt

Vorwort 8

Mythologie und Geschichte der Kanarischen Inseln 11
Elysische Gefilde, Inseln der Seligen oder Gärten der Hesperiden? 11
Über die Ureinwohner und ihre Kultur 13
Von der spanischen Eroberung bis zur Gegenwart 25

Naturraum und Kulturlandschaft der Kanarischen Inseln 31
Geographische Lage und Größenverhältnisse 31
Zeugen des Vulkanismus 32
    Vulkanausbrüche in historischer Zeit 36
Talformen und Meeresküsten 37
Über die Entstehung des Archipels 39
Das Klima 41
Die Pflanzenwelt 48
Kleine Pflanzenkunde 52
Die Tierwelt 61
Landwirtschaft und Industrie 114
Der Trockenfeldbau 119
Die Wasserversorgung 123
Der Fremdenverkehr 126

Teneriffa – Insel des ewigen Frühlings 129
Die Caldera de las Cañadas und der Pico de Teide 136
Das Orotava-Tal mit Puerto de la Cruz und La Orotava 144
Santa Cruz de Tenerife, Inselhauptstadt und Welthafen 149
La Laguna 154
Route I: Puerto de la Cruz – La Orotava – Las Cañadas – Vilaflor –
             Granadilla – El Médano 156

Route II:	Puerto de la Cruz – Icod de los Vinos – Puerto de Santiago – Los Cristianos	159
Route III:	Puerto de la Cruz – Tacoronte – Bajamar – La Laguna – Santa Cruz	179
Route IV:	La Laguna – Esperanza-Wald – Las Cañadas	180
Route V:	Santa Cruz – Güímar – Granadilla – Los Cristianos	181
Route VI:	La Laguna – Mercedes-Wald – Anaga-Gebirge – Santa Cruz	183

Gomera – Barrancos und Lorbeerwildnis ... 185

El Silbo – die Pfeifsprache der Ureinwohner ... 188
Die Inselhauptstadt San Sebastián de la Gomera ... 189

Route I:	San Sebastián – Hermigua – Agulo – Vallehermoso – Valle Gran Rey – Chipude – Monte del Cedro – San Sebastián	191
Route II:	San Sebastián – Playa de Santiago	192

Hierro – die vergessene Insel ... 194

Route I:	Puerto Estaca – Valverde	200
Route II:	Valverde – San Andrés – Frontera – Sabinosa – La Dehesa	201
Route III:	Valverde – San Andrés – Los Letreros del Julán – Faro de Orchilla – La Restinga	202

La Palma – die grüne Insel ... 203

Die Inselhauptstadt Santa Cruz de la Palma ... 225

Route I:	Caldera de Taburiente – Cumbre Nueva	226
Route II:	Santa Cruz – Barlovento – Puntagorda – Los Llanos – El Paso – Santa Cruz	227
Route III:	Santa Cruz – Breña Alta – Mazo – Fuencaliente – El Paso – Santa Cruz	229

Gran Canaria – Miniaturkontinent mit goldenen Stränden ... 232

Las Palmas, Welthafen, Kultur- und Touristenzentrum ... 237

Route I:	Las Palmas – Arucas – Moya – Guía – Gáldar – Agaete – Guía – Cenobio de Valerón – Bañadero – Las Palmas	259
Route II:	Las Palmas – Teror – Valleseco – Cruz de Tejeda – Pinar de Tamadaba – Caldera de Bandama – Las Palmas	261
Route III:	Cruz de Tejeda – San Bartolomé de Tirajana – Santa Lucía – Cruce de Sardina	263
Route IV:	Las Palmas – Telde – Cuatro Puertas – Ingenio – Agüimes – Maspalomas	264
Route V:	Maspalomas – Arguineguín – Mogán – San Nicolás – Agaete	267

Fuerteventura – Halbwüsten und Dünenstrände 269
   Route I: Corralejo – Puerto del Rosario – La Oliva – Cotillo – Corralejo . . 273
   Route II: Puerto del Rosario – La Antigua – Betancuria – Pájara – Tuineje –
               El Castillo – Puerto del Rosario 274
   Route III: Jandía – Gran Tarajal – Pájara – Playa del Pared – Jandía 275

Lanzarote – Insel der Feuerberge 277
   Route I: Arrecife – Tías – La Geria – Yaiza – Janubio – Playa Blanca –
               El Golfo – Montañas del Fuego – Tinajo – Arrecife 285
   Route II: Arrecife – Teguise – Haría – Mirador del Río – Cueva de los Verdes –
               Jameos del Agua – Guatiza – Arrecife 287

Die Eilande Graciosa, Montaña Clara, Alegranza, Roque del Oeste,
Roque del Este und Lobos 288
Die Trauminsel San Borondón 289

   Anmerkungen 290
   Sachwortverzeichnis 293
   Abbildungsnachweis 296

Praktische Reisehinweise 297
   Auskünfte 297
   Anreise 297
   Flug- und Schiffsverkehr zwischen den Inseln 298
   Vorzüge der Inseln im Überblick 300
   Wichtige Adressen auf den einzelnen Inseln 300
   Teneriffa 300
   Gomera 302
   Hierro 303
   La Palma 303
   Gran Canaria 304
   Fuerteventura 306
   Lanzarote 307
   Hinweise von A bis Z 307
   Hotels auf Gomera, Hierro, La Palma, Fuerteventura und Lanzarote 312
   Gastronomie 314
   Feste und Folklore 316
   Kanarische Sportarten 318
   Bergwandern auf Teneriffa, Gran Canaria und La Palma 319
   Badestrände 320

   Ausgewählte Literatur 324
   Register 329

Vorwort

Sonnenparadiese im Atlantischen Ozean, ewiger Frühling, Badefreuden im Meer zu allen Jahreszeiten, sportliche Aktivitäten und vielfältige Vergnügungen in den Touristenzentren Puerto de la Cruz auf Teneriffa, Las Palmas oder Maspalomas auf Gran Canaria – das sind die immer wiederkehrenden Vorstellungen des streßgeplagten, erholungsbedürftigen Nord- und Mitteleuropäers, wenn er an die Kanarischen Inseln denkt. Doch der Archipel vor der Nordwestküste Afrikas bietet dem erlebnishungrigen und entdeckungsfreudigen Reisenden sehr viel mehr als die in den Reiseprospekten angepriesenen austauschbaren Klischeevorstellungen einer idealen Urlaubslandschaft.

Die Entdeckung einer Inselwelt mit ihren mannigfaltigen und kontrastreichen Landschaften und einer noch weitgehend ursprünglichen Lebensform der Bauern und Hirten ist auch im Zeitalter des Massentourismus noch ein Abenteuer geblieben. Davon kann vor allem derjenige Reisende schwärmen, der aus dem Angebot der Reiseveranstalter zwei oder drei Inseln als Kombinationsreise auswählt oder einfach ›auf eigene Faust‹ mit dem Mietwagen ›seine‹ Insel durchstreift. Die zahlreichen Liebhaber der Kanaren, die regelmäßig zu den ›Inseln der Glückseligen‹ zurückkehren, werden uns zustimmen, wenn wir behaupten, daß diese Inseln, die seit Alexander von Humboldt ihren festen Platz in der Natur- und Geistesgeschichte des Abendlandes einnehmen, mit ihrem einmaligen frühlingshaften Klima wie keine anderen imstande sind, den menschlichen Tatendrang in besonders hohem Maße zu beflügeln und die Harmonie von Körper und Geist wieder herzustellen. Die Kanarischen Inseln bedeuten für uns Frühling im umfassenden Sinne: als Ort des Aufbruchs, jugendlicher Frische, der Ungewißheit und des ›Sturm und Drang‹.

Lieber Leser, wir hoffen, daß dieses Buch bei der Auswahl Ihres individuellen Reisezieles und bei den Reisevorbereitungen, als ständiger Begleiter am Urlaubsort und auch nach Ihrer Reise zum Nacherleben Ihrer Eindrücke wertvolle Dienste leistet. Möge es Ihnen die ›Inseln des ewigen Frühlings‹ liebenswert machen. Anregungen und Hinweisen, die unser Buch noch verbessern helfen, sehen wir gerne entgegen.

Besonderen Dank sagen möchten wir an dieser Stelle unserem Freund, Don Juan A. Martínez de la Fe (Plan Cultural de la Excma. Mancomunidad de Cabildos de Las

Palmas) sowie Don F. Opelio Rodríguez Peña und Doña María Angeles Reyes Ramírez (Delegación Provincial del Ministerio de Comercio y Turismo, Santa Cruz de Tenerife) für die unermüdliche organisatorische Hilfe während unserer Reisen und bei der späteren Beschaffung umfangreicher Informationen, ebenfalls Don Arturo Tavío Pérez, Las Palmas, und Don Ramón Perié, Lanzarote. Während unserer Arbeit am Manuskript unterstützten uns mit wertvollen fachlichen Ratschlägen und Hinweisen, aber auch bei vielen linguistischen Fragen unsere Freunde und Kollegen, denen wir recht herzlich danken: Miguel Asiáin, Leverkusen; Erhard Donner, Hilden; Roland Sebald, Leverkusen; Herbert Simon, Köln; Günter Schwenke, Leverkusen; außerdem Herr Prof. Dr. Hans-Ulrich Schmincke, Mineralogisches Institut der Universität Bochum, Herr Prof. Dr. Günther Kunkel, Coín (Malaga) und Herr Dr. Hans Georg Meyer, Leverkusen. Der Verlag Gebrüder Borntraeger, Berlin–Stuttgart genehmigte freundlicherweise den Abdruck einer größeren Anzahl geologischer Karten. Nicht zuletzt aber sind wir den staatlichen spanischen Behörden für ihre großzügige Unterstützung unserer Reisen dankbar, dem Ministerio de Información y Turismo, Madrid und dem Mancomunidad Provincial Interinsular de Las Palmas.

Monheim, im Januar 1979   Almut und Frank Rother

Zur 7. Auflage

Ausbau und Verbesserung des Straßennetzes auf den Kanarischen Inseln hatten schon in der 3. Auflage berücksichtigt werden können. Die neue Panoramastraße auf Gomera erschließt seit 1980 die noch weitgehend unberührten Landschaften im Innern der Insel, auf Fuerteventura ist die ehemals berüchtigte ›Wellblechpiste‹ in den Süden zu dem Ferienzentrum auf der Halbinsel Jandía durch eine vollständig asphaltierte Straße ersetzt worden, und auch der Ausbau der Küstenstraßen auf Gran Canaria macht heute eine Umrundung der Insel innerhalb von drei Stunden möglich.

Einen weiteren Ausbau des Straßennetzes auf Fuerteventura konnten wir auf unserer jüngsten Reise im Frühjahr 1985 feststellen. Dies veranlaßte uns zu einer notwendigen Umstellung und Erweiterung der Routenvorschläge; zugleich konnten neue Sehenswürdigkeiten eingebaut werden.

Viele wertvolle Hinweise zur Aktualisierung dieser Neuauflage lieferte Herr Klaus Stromer, Zürich. Ihm sei herzlich gedankt.

Bergisch Gladbach, im April 1986   Almut und Frank Rother

Mythologie und Geschichte der Kanarischen Inseln

Elysische Gefilde, Inseln der Seligen oder Gärten der Hesperiden?

Die frühe Geschichte des Kanarischen Archipels verliert sich im Dunkeln, um so lebendiger konnte sich der Mythos entfalten, wobei Phantasie und Autorität berühmter antiker Historiker, Geographen und Schriftsteller die Vorstellungskraft der nachfolgenden Generationen bis heute beflügelt haben.

Sicherlich trifft es zu, daß gelegentlich Berichte von den fernen Inseln nach Griechenland oder Rom gelangten und dort das Dichterherz begeisterten und anregten, und so erscheinen die antiken Quellen zwar inhaltlich vertraut, entbehren aber jeder exakten Topographie.

Sind deshalb die Kanarischen Inseln identisch mit den Elysischen Gefilden, die Homer Ende des 8. Jh. v. Chr. in seiner Odyssee (IV, 561–568) beschreibt?

> *»Aber dir bestimmt, o Geliebter von Zeus, Menelaos,*
> *Nicht das Schicksal den Tod in der rossenährenden Argos,*
> *Sondern die Götter führen dich einst an die Enden der Erde,*
> *In die elysische Flur, wo der bräunliche Held Radamanthus*
> *Wohnt und ruhiges Leben die Menschen immer beseligt:*
> *(Dort ist kein Schnee, kein Winterorkan, kein gießender Regen,*
> *Ewig wehn die Gesäusel des leiseatmenden Westes,*
> *Welche der Ozean sendet, die Menschen sanft zu kühlen), ...«*[1]

Die altertümliche Kosmographie, in deren Vorstellung die Erde eine flache Scheibe war, reichte damals nur entlang der Mittelmeerküste bis hin zur heutigen Meerenge von Gibraltar, zu den ›Säulen des Herkules‹, dem Ende der bewohnten Erde. Kein Sterblicher durfte es wagen, diese Schwelle zu überschreiten. Nur Hermes Psychopompos, dem Führer der Seelen, blieb es vorbehalten, die Geister der Toten zu ihrer letzten Ruhestätte zu geleiten, zu dem Inselreich der Toten, in dem man die ›Elysischen Gefilde‹, die ›Inseln der Glückseligen‹, der ›Seligen‹ oder auch die ›Gärten der Hesperiden‹ wiedererkennen wollte. Bekannt aber ist, daß nicht nur die griechische oder römische Kulturwelt, sondern auch die meisten Völker – auch jene primitiver Stufe – ihre Toteninsel jeweils am Westrand ihrer Ökumene liegen hatten, dort, wohin die Sonne wanderte und unterging. Da diese ›Toteninseln‹ überall im Westen gelegen haben können, bleiben jene Annahmen über eine so frühe Kunde der Kanarischen Inseln zweifelhaft. Außerdem müssen wir davon ausgehen, daß sich diese Plätze mit zunehmendem geographischen Wissen immer weiter nach Westen verschoben. So könnte nach Meinung von *James Krüss*[2] z. B. das im Nordwesten der Peloponnes gelegene Elis, wäre es mit Elysion etymologisch verwandt, ein Beweis dafür sein, daß die ›Elysischen Gefilde‹ Homers zunächst im alten Griechenland zu suchen wären.

Die großartigen Schilderungen *Herodots*, des Begründers der griechischen Geschichtsschreibung (um 490–425/420 v. Chr.), über Länder, die gegen Westen an die afrikanische Küste grenzen, überraschen zwar wegen ihrer topographischen Angaben, bleiben aber in ihrer genauen Lokalisierung umstritten. »Die Welt hört hier auf, wo das Meer nicht mehr schiffbar ist, wo sich die Gärten der Hesperiden ausbreiten, wo Atlas mit seinem kegelförmigen Berg das Gewicht des Firmaments trägt.«[3]

Auch *Platons* (427–347 v. Chr.) versunkenes Atlantis war man geneigt, in dem Archipel wiederzuerkennen, obwohl auch er die Inseln nicht ausdrücklich mit Namen nennt. In den beiden Dialogen ›Kritias‹ und ›Timaios‹ wird von einem Erdteil gesprochen, größer als Asien und Libyen zusammen, in dem eine hohe Kultur blühte, die die Götter in einer einzigen Nacht durch eine gewaltige Sturmflut begruben. Schon häufig mußte das versunkene Atlantis aber seinen Platz wechseln; die neuere Forschung sucht in der ägäischen Insel Santorin (Thera) die Überreste von Platons versunkenem Staat.

Als sicher gilt, daß die *Phönizier* vom äußersten Rand der mediterranen Welt, von ihrem Stützpunkt Gades (heute Cadiz) aus (um 1100 v. Chr.), Entdeckungsfahrten entlang der afrikanischen Küste unternahmen und dabei auch die Kanarischen Inseln ansteuerten, von denen sie die begehrte Orchilla-Flechte (Roccella tinctoria) mitnahmen, um daraus Purpurfarbe herzustellen. Aus dieser Zeit stammt der Name ›Purpurinseln‹ oder ›Purpurarien‹ für die östlichen Inseln Fuerteventura und Lanzarote. Kurze Zeit später besuchten auch die *Karthager* den Archipel, der jedoch nach dem Untergang Karthagos durch die Römer wieder in Vergessenheit geriet.

Wenige Jahrhunderte später preist der griechische Philosoph und Historiker *Plutarch* (um 50–125 n. Chr.) im ›Leben des Sertorius‹ das goldene Zeitalter, das auf den ›Inseln der Seligen‹ herrscht. Fruchtbare Landschaften mit mildem Klima und gastfreundlichen Bewohnern erscheinen dem römischen Feldherrn Sertorius als idealer Ruhesitz. Und dieses gelobte Land kann er erreichen, wenn er die Säulen des Herkules passiert und die Mündung des Betis (Guadalquivir) hinter sich läßt.

Der Mathematiker, Astronom und Geograph *Claudius Ptolemäus* (um 85–160 n. Chr.) wählte die westliche Insel Hierro (Punta de Orchilla) für seinen Null-Meridian und fügte damit die Kanarischen Inseln, die er in seinem Kartenwerk traditionsgemäß als ›insulae fortunatae‹ bezeichnet, in das erste Gradnetz der bewohnten Welt ein.

Auch über die heutige Namengebung des Archipels ist man sich noch nicht einig. Einige Forscher machen *Plinius den Älteren* (23/24–79 n. Chr.) verantwortlich, der im VI.

Buch seiner ›Naturalis historia‹ zwar die gesamte Inselgruppe als ›Inseln der Seligen‹ bezeichnet, eine von ihnen aber, nämlich Gran Canaria, schon mit ›Canaria‹ (Hundeinsel) wegen ihrer zahlreichen hochgewachsenen Hunde (lat. canis) näher beschreibt. Diese Interpretation des Namens erscheint aber zweifelhaft, da Skelettfunde von Hunden eher gegenteilige Größenmaße aufweisen. Andere Forscher sehen in der Benennung des Archipels ein Lehnwort, da es bereits zu Zeiten von Ptolemäus und Plinius an der gegenüberliegenden afrikanischen Küste ein ›Cabo Caunaria‹ – vermutlich das heutige Cap Bojador – gegeben haben soll. Schließlich will uns auch nicht die Etymologie befriedigen, nach der alten Aufzeichnungen zufolge auf den Inseln der Vogel ›Canora‹ (lat. canar = singen) lebte.

Die Herkunft des heutigen Namens bleibt also offen und macht weitere scharfsinnige Untersuchungen notwendig. Und auch die Frage, ob die Antike schon die Kanarischen Inseln kannte und mit ihren eigenen Namen belegte, ist nicht endgültig entschieden. Sicherlich haben Phönizier und Karthager die Kanaren aufgesucht, und ihre Berichte konnten sich mit alten mythischen Vorstellungen vermischen. ›Glückliche Inseln‹ sind diese weitab von der damals zivilisierten Welt gelegenen Eilande mit ihrer üppigen Vegetation und ihrer ursprünglichen ›barbarischen‹ Landschaft aber ganz bestimmt gewesen, und so finden wir sie auch wieder bei Vergil, Horaz, Ovid bis zu Tasso in ihrer Vorstellung vom jahrtausendealten Motiv des Goldenen Zeitalters.

Über die Ureinwohner und ihre Kultur

Die Kanarischen Inseln und ihre Ureinwohner gerieten erneut in Vergessenheit, als sich die Römer nach der Zerstörung Karthagos (146 v. Chr.) verstärkt auf die Ausdehnung und Festigung ihrer Herrschaft im Mittelmeerraum, in Kleinasien und Europa konzentrierten und nachdem auch die Eroberungszüge *König Jubas II. von Mauretanien* (gest. 23 n. Chr.) gescheitert waren.

Vergessen von der zivilisierten Welt lebten die Inselbewohner in den folgenden Jahrhunderten in Ruhe und Frieden, nur hin und wieder aufgeschreckt und bedroht durch die ausbrechenden vulkanischen Naturgewalten. Isoliert von der übrigen Welt und durch die Tatsache, daß in den vulkanischen Gesteinen der Inseln keine metallischen Bodenschätze anstehen, verharrten die Ureinwohner in einer Steinzeitkultur, bis sich die spanischen Eroberer an der Schwelle zur Neuzeit im 14. Jahrhundert der Inseln bemächtigten.

Obwohl die Inseln auf Sichtweite benachbart sind, hat man keine Beziehungen zwischen den einzelnen Bevölkerungen feststellen können. Trotz gewisser Unterschiede in Menschentyp und Sprache hat sich die Bezeichnung ›Guanchen‹ für alle Ureinwohner unberechtigterweise eingebürgert. (Das Wort ›Guanchen‹ leitet sich her

MYTHOLOGIE UND GESCHICHTE

Ein Paar von der Insel Hierro (L. Torriani)

von guan = Sohn und der ebenfalls altkanarischen Bezeichnung für die Insel Teneriffa ›achinech‹, also: Sohn oder Söhne von Teneriffa.) In den alten Schriften trugen nur die Einwohner von Teneriffa diesen Namen, und selbst diese werden dort als ›canarios guanches‹ bezeichnet, während die Bewohner der übrigen Inseln nur ›canarios‹ heißen.

Die Konquistadoren und ihre Chronisten schildern die Altkanarier als großmütige, ehrenvolle Menschen, die weder grausam noch wortbrüchig waren, obwohl ihnen der Gegner häufig das Gegenteil bewies. Im Kampf zeigten sie kriegerische Kraft und außerordentliche Tapferkeit, gepaart mit heldischer Sittlichkeit. Vor allem aber ihre außergewöhnlichen geistigen Fähigkeiten kamen den Eroberern bei einer schnellen Einordnung dieser Steinzeitmenschen in ein neuzeitliches Staatssystem zugute; ihr Ideenreichtum nützte nicht nur der neuen spanischen Kolonie, sondern hatte sogar maßgeblichen Einfluß bei der folgenden Kolonisation Lateinamerikas.

Noch vor einigen Jahren galt die Vorstellung von der vollkommenen Ausrottung der kanarischen Ureinwohner, die durch die Schilderungen in den alten Schriften über die Grausamkeiten, das rücksichtslose Blutvergießen und den Sklavenhandel der Konquistadoren bestätigt schien. Dieser Eindruck wurde auch noch verstärkt durch das vorzügliche Angepaßtsein der Ureinwohner an die spanischen Gewohnheiten und die Übernahme der spanischen Sprache. Anthropologische Forschungen haben jedoch einwandfrei ein Fortbestehen der Altkanarier in der heutigen Inselbevölkerung nachgewiesen, und zwar in recht großer Anzahl.

Die Chronisten berichten weiter von unabhängigen Stammesgebieten auf den einzelnen Inseln, mit jeweils einem König als Oberhaupt, der auf den Inseln Teneriffa und La Palma ›Mencey‹ und auf Gran Canaria ›Guarnateme‹ hieß. Der einzelne Stamm gliederte sich in drei Klassen: zur ersten zählten die Angehörigen des Königs, zur zweiten der Adel und zur dritten die übrige Bevölkerung, wobei zwischen den

Haus der Ureinwohner aus Trockenmauern (Tunte, Gran Canaria)

beiden letzten Klassen keine scharfen Abgrenzungen bestanden. Die Angehörigen des Königs allerdings durften nur untereinander heiraten; notfalls war sogar die Geschwisterehe erlaubt.

Die vulkanischen Gegebenheiten der Inseln sind verantwortlich für eine große Anzahl von Höhlen und Überhängen im Lava- und Tuffgestein, so daß das Wohnungsproblem der Ureinwohner von Natur aus gelöst war. Dennoch waren die Menschen nicht ausschließlich Troglodyten, sondern lebten, vor allem die armen Bevölkerungsschichten im Flachland, in überdachten Wohngruben und in strohgedeckten Lehmhütten. Letztere waren durch die leichte Bauweise schneller vergänglich als die Wohnhöhlen oder die Hütten aus kunstvoll aufgeschichteten mörtellosen Steinmauern, wie sie auch bei der Urbevölkerung des westlichen Mittelmeerraumes weit verbreitet waren. Noch heute können wir vor allem auf der Insel Hierro in den Feldumgrenzungen und bei Viehställen sehr schöne Beispiele dieser kanarischen Trockenmauern antreffen. Das Innere der Wohnhöhlen wird als äußerst spartanisch geschildert, nur in den Wohnungen der höheren sozialen Schichten war unter der Höhlenwölbung eine mit Balken und Rohr abgedeckte Holzdecke eingezogen (z. B. die Wohnhöhle Cueva de los Camisos von Güímar, Teneriffa). In anderen Höhlen fand man bearbeitete Wände und Steinbänke.

Die vorgefundenen Reste an Hausrat, Gefäßen, Jagd- und Fischereigeräten, aber auch an Waffen sind typisch für eine primitive Entwicklungsstufe. *Ilse Schwidetzky,* die anthropologische Untersuchungen bei der vorspanischen Inselbevölkerung vorgenommen hat, bedauert eine bis heute noch ausstehende systematische Bearbeitung der altkanarischen Funde und eine vergleichende Einordnung von prähistorischer Seite aus. Die Keramik, reichlich vielgestaltig für den kleinen Raum, ist durch glatte Formen gekennzeichnet, deren Vorläufer Holzgefäße waren. Diese sind auf Gran Canaria

MYTHOLOGIE UND GESCHICHTE

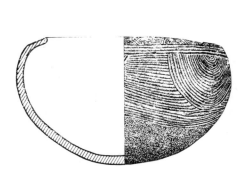
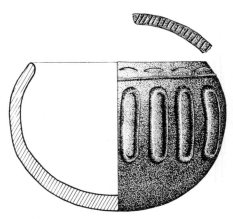
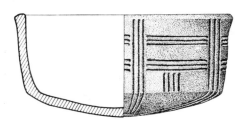

Keramik (Gefäße und Trichter) und steinerne Handmühle der Ureinwohner (Museo de la Sociedad La Cosmológica, Santa Cruz de la Palma und Privatsammlung von Soler Cabrera, Mazo)

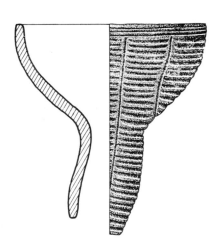
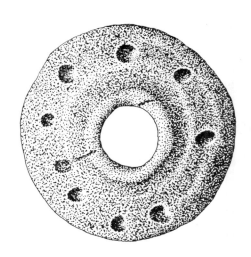

gut, auf den Ostinseln weniger gut belegt; ihre Parallelen lassen sich nach *Dominik Josef Wölfel* im spätneolithischen Kreta finden. Überall auf den Inseln war die aus dem ältesten Ägypten und Nubien bekannte Tiefstichkeramik verbreitet, auf Teneriffa stark barbarisiert. Während die Keramik von La Palma mit ihrer reichen Preßornamentik abseits und eigenständig dasteht, überrascht Gran Canaria mit reichen Formen und schöner Farbgebung seiner Gefäße, in denen *Wölfel* wiederum Beziehungen zum Mittelmeerraum und zum frühminoischen Kreta aufweist. »Da diese keramischen Typen, soweit wir sichere Beziehungen feststellen können, außerhalb der Kanaren dem dritten bis vierten vorchristlichen Jahrtausend angehören, wenn sie sich auch noch weiter fortsetzen, nehmen wir als untere Grenze für ihre Einführung auf den Kanarischen Inseln die zweite Hälfte des dritten Jahrtausends.«[4]

Schmuck und Hausgeräte der Ureinwohner (nach R. Verneau)

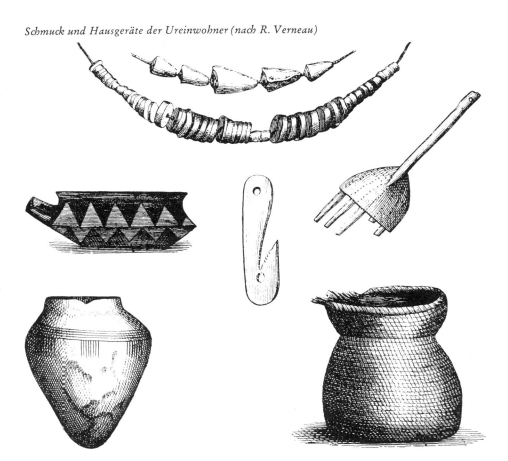

Ihre Stammesfehden trugen die Kanarier, geführt von ihren Königen, mit hölzernen Wurfspeeren, Stoßlanzen, Keulen und Wurfsteinen aus. Die Pfeile besaßen Obsidianspitzen, ein hartes Gesteinsglas, das wir heute vor allem in der Caldera de las Cañadas auf Teneriffa finden. Von den übrigen Artefakten sollen genannt werden: Steinwerkzeuge, Obsidianmesser (tabonas), steinerne Handmühlen und Lederarbeiten, unter denen die zum Teil kunstvoll genähten Mumienhüllen herausragen. Die Kleidung bestand aus ungegerbten, mit Sehnen fein vernähten Ziegenhäuten; auch die Bundschuhe waren aus Leder. Als Schmuck dienten Lederschnüre mit aufgereihten Terrakottaperlen. Außer geflochtenen Matten und Holzgegenständen wie Hirtenstöcke, Schöpfkellen und Leichenbahren (Einbäume, in denen die mumifizierten Toten hochgestellt bestattet wurden) sind noch die Tonsiegel (pintaderas) von Gran Canaria typisch, die im berberischen Nordafrika noch heute im Gebrauch sind, nämlich zum Verschließen der Einzelkammern in den befestigten Gemeinschaftsspeichern, wie wir sie auch im Cenobio de Valerón auf Gran Canaria antreffen. Sie dienten vermutlich dazu, Farbstoffe in sich wiederholenden Mustern auf die Haut zu applizieren. D. J. Wölfel hat die kanarischen Pintaderas mit den geometrischen Siegeln der ältesten Hochkulturen verglichen und enge Beziehungen zu denen Ägyptens, Kretas und Mesopotamiens erkannt.[5] Auch in vielen amerikanischen Kulturen sind solche Stempel verbreitet gewesen.

Die Inselbewohner waren Hirten und primitive Ackerbauern; Ziegen, Schafe und Schweine lieferten Milch, Butter, Käse und Fleisch; auf kleinen, z. T. auch schon bewässerten Feldern ernteten sie Gerste, Weizen, Erbsen und Saubohnen. Der wichtigste Bestandteil ihrer Nahrung war ›gofio‹. Dazu wurden angeröstete Gerstenkörner auf den oben erwähnten Handmühlen gemahlen, zusammen mit Honig und etwas Wasser im Ziegenlederbeutel zu einer teigigen Masse geknetet und anschließend zu Kugeln

Tonsiegel von Gran Canaria (nach R. Verneau)

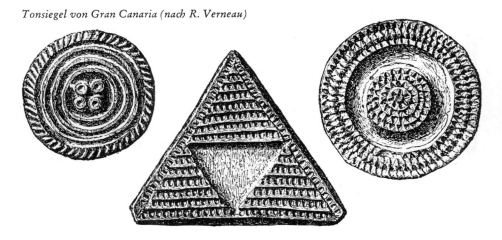

gerollt oder, wie es noch heute auf La Palma üblich ist, in kegelförmigen Tongefäßen gepreßt und geformt. Heute verwendet man anstelle der Gerste geröstetes Mais- oder Weizenmehl. Die Bearbeitung der Felder wurde in Gruppen zu etwa zwanzig Personen durchgeführt, ein System, das bis in die Gegenwart auf Gran Canaria unter dem Namen ›junta‹ (gemeinsam) und auf La Palma unter den Namen ›barranda‹ oder ›gallofa‹ bekannt ist. Die Aussaat erfolgte im August vor der Regenzeit nach dem Prinzip des Trockenfeldbaus (s. S. 119 ff.), wie er noch immer, außer auf Gomera, auf allen Inseln zu finden ist. Während die Männer mit Furchhölzern den Boden lockerten, hatten die Frauen die Aufgabe der Aussaat. Reife Ähren sammelte man in Lederbeuteln und trug diese um den Hals. Gedroschen wurde mit den Füßen oder mit Schlagstöcken. Bis in unsere Tage kann man eine einfache Form des Dreschens beobachten, wobei Kühe oder auch Kamele über einen Platz im Kreis laufen und dabei die am Boden ausgebreiteten Ähren zertreten (Abb. 145). Von *J. Núñez de la Peña* ist ein Bericht der Bodenbesitzverhältnisse bekannt, allerdings nur von Teneriffa. Demnach war das Land Eigentum der Stammeskönige. Alljährlich wurde es den Untergebenen zur Nutzung überlassen, wobei die Flächengröße von der Familiengröße, von Ansehen und Verdiensten abhing. Nach der Ernte fiel das Land wieder an den Eigentümer zurück. Nicht nur in der Ackerflächengröße, auch im Viehbestand zeigte sich der Status der einzelnen Familien; die Tiere fanden ihre Nahrung auf Allmenden (Weiden aus Allgemeinbesitz). Obwohl für die Urbevölkerung die Fischerei mit Booten offensichtlich tabu war[6] – bisher konnte man kein einziges Wasserfahrzeug auffinden –, gehörten Meerestiere zum Speiseplan. Dazu trieb man Fischschwärme in die Buchten, wo sie mit dem Saft von Wolfsmilchgewächsen betäubt wurden. Größere Fische wurden mit spitzen Lanzen aufgespießt, kleinere mit mattenähnlichen Netzen gefangen. Aber auch einfache Angelhaken aus Holz oder Knochen waren bekannt. Große Muschelhaufen (concheros) in geringer Entfernung von den Ufern weisen auf vielen Inseln auf den ungeheuren Verbrauch dieser Meerestiere hin (Abb. 141). Die Haustiere der Kanarier waren keineswegs die von Juba II. beschriebenen riesenhaften Untiere, nach denen die Inseln ihren Namen erhalten haben sollen. Eher waren sie von mittlerer Größe, wie Skelettfunde beweisen, und wir müssen annehmen, daß der mauretanische König damit nur die Römer vor einer Eroberung der Inseln abschrecken wollte.

Die Altkanarier verehrten ›Abora‹ als einzigen, allmächtigen Gott und brachten ihm Opfer dar. Sein mächtiger Gegenspieler war der böse Gott ›Guayote‹, der im Krater des Teide eingeschlossen war und die Vergehen der Menschen durch Naturkatastrophen (Vulkanausbrüche) bestrafte. Um Guayotes Zorn zu besänftigen, opferte man ihm am Fuße des Teide auf zahlreichen kreisförmig angelegten Opferstätten. Neben den Priestern gab es die isoliert lebenden Gruppen der geweihten Jungfrauen, der ›harimaguadas‹, die sich für eine gewisse Zeit in voller Enthaltsamkeit dem Dienste Aboras widmeten. Sie lebten in den Höhlen der Berge und verließen diese nur, um an religiösen Feierlichkeiten teilzunehmen. Nach einer Reihe von Jahren durften diese gottgerechten Jungfrauen ihre Gemeinschaft verlassen und sich verheiraten, wobei Könige und Adlige Vorrechte besaßen. Auf Gran Canaria gibt es einige dieser ›Klöster‹: am bekanntesten ist die großartige Anlage Cenobio de Valerón (vgl. S. 261, Abb. 170), daneben die von Montaña de las Cuatro Puertas (Abb. 169), die wegen ihrer guten Verteidigungsmöglichkeit und weiten Sicht auch als Zufluchtsstätte diente.

Die große Rolle der Frau in der Religion der kanarischen Ureinwohner verdient noch stärkere Beachtung. Gewährsmann für unsere Kenntnisse ist der italienische Architekt und Ingenieur *Leonardo Torriani*, der im 16. Jahrhundert im Auftrage von König Philipp II. auf den Inseln weilte. »Als Fuerteventura erobert wurde, war es von vielen Herzögen und zwei obersten Frauen beherrscht, die von allen aufs höchste geachtet wurden. Die eine hieß *Tamonante*. Sie leitete die Angelegenheiten der Gerechtigkeit, entschied die Widersprüche und Zwistigkeiten zwischen den Herzögen und Vornehmsten der Insel und war allen Dingen der Regierung übergeordnet. Die andere war *Tibiabin*, eine prophetische Frau von hohem Wissen, welche, entweder über Eingebung der Dämonen oder aus natürlichem Urteil, viele Dinge vorhersagte, die später wirklich geschahen, weshalb sie von allen wie eine Göttin gehalten und verehrt wurde. Sie leitete die Angelegenheiten der Zeremonien und Riten als Priesterin.«[7] Wir können die Rolle dieser beiden Frauengestalten, die *Wölfel*, der Übersetzer und Herausgeber der Torriani-Handschrift, mit den altnordischen Wala-Gestalten vergleicht, nicht verstehen, wenn wir nicht zugleich das typische Doppelkönigtum betrachten, das auf den Kanaren in vielfacher Form belegt ist. »Auf Fuerteventura haben wir zwei Königreiche nebeneinander: Majorata und Jandía, daneben diese beiden Frauen, von denen eine richterliche und die andere priesterliche Funktionen hat. Daß sie mehr im Hintergrunde stehen, dabei aber deutlich den Königen übergeordnet sind, ist gut zu erkennen. Auf Gran Canaria haben wir zwei Guanartemes oder Kriegskönige nebeneinander, jedem von ihnen steht ein Faicag oder Opferkönig zur Seite, diesmal also Männer und nicht Frauen in der hohenpriesterlichen Funktion. Dahinter aber schimmert in Attidamana die alte Wala durch, die sich des Mannes als weltlichen Arm bediente. Auf T e n e r i f e ist das Doppelkönigtum noch seltsamer entwickelt. Dort herrschen in jedem der Teilreiche immer ein Lebender und ein Toter nebeneinander... Die Reliquie des toten Königs stellt diesen als noch immer gebietenden Herrscher dar. Auf P a l m a ist wenigstens für eines der Teilreiche das Doppelkönigtum bezeugt... Daß die Erbfolge eine rein mutterrechtliche war und daß der Anspruch an den Thron eigentlich von der mütterlichen Herkunft und noch mehr von der Gattin abhing, läßt sich aus Quellen genau belegen. Ein regierender König kann sogar von dem Gatten seiner Tochter verdrängt oder ersetzt werden.«[8]

Trotz vieler Berichte, die während und nach der Konquista gesammelt und veröffentlicht wurden und die uns mit der sozialen Organisation, mit Sitten und Gebräuchen, mit den Elementen der religiösen Welt und der Geschichte der Altkanarier vertraut machen, trotz der vielen Funde, die uns Auskunft über ihren Besitz geben, ist das große Rätsel der Herkunft dieser Menschen noch nicht geklärt. Die Katastrophentheorie, nach der die Inseln mit einigen Überlebenden vom afrikanischen Kontinent abgetrennt worden sind, ist heute aus geologischer Sicht nicht mehr haltbar (vgl. S. 39 ff.). Auf die fehlenden Funde von Wasserfahrzeugen wurde oben schon hingewiesen, dennoch können die Ureinwohner die Inseln nur mit Booten erreicht haben.[9] ˙Bekannt ist der gefürchtete ablandig wehende nordafrikanische Levantewind, der ›Harmatan‹, der auch für die Sandablagerungen auf Fuerteventura und Gran Canaria wie für die gelegentlich auftretenden Heuschreckenschwärme verantwortlich ist. Dieser Wind, aber auch die starke Meeresströmung konnten manchen Fischer oder Seefahrer überraschen, von der Festlandküste abtreiben und auf die Inseln verschlagen. Bevölkerungsteile oder Völkersplitter mögen auf diese Weise selbst bei primitiver Schiffahrtstechnik zu den Inseln gelangt sein, eine Rückkehr zum Festland war ihnen aber aufgrund der genannten natürlichen Gegebenheiten für immer vereitelt.

Die ersten Einwanderer gehörten der Cromagnon-Rasse an, deren Spuren zuerst in Frankreich entdeckt wurden. Noch heute findet man die Cromagniden in Nordwest-Afrika, und zwar überwiegend in der berberischen Bevölkerung, aber auch noch bei den Basken, Bretonen und Westiren, bei denen aufgrund teils anthropologischer teils kulturgeschichtlicher Indizien relativ gut erhaltene Reste einer europäischen Altschicht angenommen werden können. Die Untersuchungen der überaus zahlreichen Schädel- und Skelettfunde hat ergeben, daß in der altkanarischen Bevölkerung nicht nur der breit-derbgesichtige cromagnide Typ, sondern auch der schmal-zartgesichtige mediterrane Typ vertreten war, wobei der cromagnide Typ auf Gomera, Teneriffa und in der Gebirgsregion Gran Canarias in der Körperlänge hinter dem mediterranen Typ der übrigen Gebiete zurückbleibt. Zwischen der prähistorischen Bevölkerung Nordwest-Afrikas und den Altkanariern ist zwar kein geradliniges Abstammungsverhältnis zu bemerken, aber auch auf dem Kontinent findet man die cromagnid-mediterrane Typenreihe wieder, wenn auch durch selektive Prozesse, Gendrift oder beides nicht ganz identisch. *Schwidetzky*[10] hält es für wahrscheinlich, daß die Inseln in mehreren Schüben, mindestens aber zweimal besiedelt worden sind. Je früher aber die Altkanarier zu den Inseln kamen, um so mehr cromagnide Merkmale wiesen sie auf. Diese Tatsache wird auch von der prähistorischen Anthropologie Nordwest-Afrikas unterstützt, wo der cromagnide Typus, der im Mesolithikum beherrschend hervortritt, in jüngeren Perioden immer mehr an Bedeutung verliert, ohne jedoch ganz zu verschwinden. Nach Schwidetzky könnte die erste Besiedlung des Archipels bis an das Ende des dritten vorchristlichen Jahrtausends zurückreichen. Nach kulturgeschichtlichen Befunden könnte die kulturelle und damit auch die bevölkerungsbiologische Isolierung der Inseln von ihrem nordwestafrikanischen Herkunftsort mindestens zu Beginn des vorchristlichen Jahrtausends erfolgt sein.

Auch der Vergleich der leider nur spärlich erhaltenen Sprachreste der Altkanarier mit der berberischen Sprache Nordafrikas hat nach *Wölfel* Gemeinsamkeiten ergeben, wenn auch ein ungleichmäßiges Verhältnis zwischen beiden Sprachen besteht: »Wir haben Worte, die in so enger semantischer Übereinstimmung bei fast völlig lautlicher Gleichheit mit berberischen Worten sind, daß wir auf die engste Verwandtschaft schließen müssen, wir haben andere, die sich berberisch nicht etymologisieren lassen und dazu Texte, die nach bloßer berberischer Formenlehre und Syntax nicht aufgehen wollen.«[11] Das unstimmige Verhältnis wird dadurch gelöst, daß das Kanarische, genauso wie das Ägyptische neben dem Berberischen, als nahe Verwandte, als eine libysche Sprache angesehen wird. Auch die kanarischen Funde (vgl. S. 18) zeigen diese Beziehungen zum nordafrikanischen Raum, doch möchte *Wölfel* diese altkanarisch-nordafrikanischen Kulturbeziehungen in umfassendere Kulturkreise, insbesondere des Megalithikums und der aus ihm entwachsenen archaischen Hochkultur des Mittelmeerraumes eingeordnet wissen. Die ›megalithischen Bauten‹ wie Cuatro Puertas auf Gran Canaria (s. S. 266), die Überreste der Zyklopenmauer, die auf dem Istmo de la Pared auf Fuerteventura das Gebiet der beiden Königreiche trennte, oder aber die Hügelgräber, unter denen der Tumulus La Guancha bei Gáldar auf Gran Canaria (s. S. 24 f., 260) mit seinen über dreißig Bestattungen hervorragt, erscheinen für Wölfels Annahme beweiskräftig. Für den unterirdischen Mehrkammerbau, der im mediterranen Raum häufig belegt ist, hatte schon *R. Verneau* im 19. Jahrhundert Beispiele auf Gran Canaria und Lanzarote geliefert.

Auch die Übereinstimmungen zwischen altkanarischen und nordafrikanischen Inschriften und Felsmalereien passen in allgemeinere, wohl megalithische Kulturzusammenhänge. So finden die großen Spiralgravierungen von Belmaco (La Palma) (Abb. 151) ihre schlagendste Entsprechung im Königsgrab von Gavrinis (Bretagne) und auch in Irland; aber auch nordafrikanische Felsbilder besitzen solche großen Spiralen (sogenannte megalithische Petroglyphen). Unter den Inschriften von Hierro finden wir solche, deren Zeichen sich nach Wölfels Untersuchungen »unmittelbar mit den libyschen Schriften, der Schrift der numidischen Inschriften punischer und römischer Zeit in Nordafrika und dem Tifinagh der heutigen Tuareg identifizieren lassen«[12] (La Caleta); daneben gibt es einen zweiten älteren Typus (Los Letreros del Julán, Abb.

Felsinschriften auf der Insel Hierro. Los Letreros del Julán (1 und 2), La Caleta (3 und 4), nach D. J. Wölfel
1 Megalithische Petroglyphen   2 Schrifttypus mit altkretischer Verwandtschaft   3 Übergangsschrift   4 Altnumidische Inschrift

142), der u. a. »eine Menge von Zeichen enthält, die mit den Zeichen der kretischen Linearschriften entweder vollkommen identisch oder sehr ähnlich sind«[12]; Schwidetzky wie auch Wölfel möchten diesen Befund jedoch nicht als kretische Beeinflussung ansehen, sondern denken eher an eine gemeinsame Quelle der kretischen und der altkanarischen Zeichen (sogenannte ›Westkultur‹).[13] Über die Inschriften von Los Letreros del Julán auf Hierro sagt Wölfel: »Nirgends auf der ganzen Welt ist bisher auf einer und derselben Felswand ein ganzes Kapitel der Schriftgeschichte gefunden worden: von den megalithischen Petroglyphen, einer 'Sinnschrift', bis zu einer altertümlichen 'Sprachschrift' und von dieser in vollem Zusammenhang über eine unverkennbare Übergangsschrift zu einer uns bekannten Alphabetschrift. Die *kanarischen* Inschriften stehen daher an Wichtigkeit für die Schriftgeschichte den *Sinai*-Inschriften und der *Ras-Schamra*-Schrift in keiner Weise nach.«[14]

Der altkanarische Brauch, die Toten zu mumifizieren, erinnert an die Kultur Altägyptens, selbst wenn die Methoden nicht ganz identisch sind. So fehlen den kanarischen Mumien – wohl aus Unkenntnis der Gewebeherstellung – die kunstvollen Bandagen. Auch entfernte man selten die Eingeweide und nie das Gehirn. Über die Technik der Mumifizierung schrieben *Leonardo Torriani* (1590) von Gran Canaria und *A. de Espinosa* (1594) von Teneriffa. Ein kurzer Bericht von *J. Abréu de Galindo* (1632) sei hier zitiert: »Sie brachten die Leiche in eine Höhle, streckten sie auf Steinen (lajas) aus und leerten die Bäuche; jeden Tag wuschen sie zweimal mit frischem Wasser die empfindlichen Teile, die Achselhöhlen, hinter den Ohren, die Weichen, die Stellen zwischen den Fingern, die Nasenlöcher, Hals und Handgelenke. Nachdem die Leichen gewaschen waren, rieben sie sie mit Ziegenbutter ein und füllten ihnen Pulver von Kiefer- und Heidekraut und zerriebenem Bimsstein ein, damit sie nicht verwesten.«[15] Eine direkte Beziehung zwischen der altkanarischen und der ägyptischen Mumifizierungssitte schließt *Schwidetzky* auch hier aus und vermutet eher eine gemeinsame Quelle, da auch der hochentwickelten altägyptischen Technik primitivere Vorstufen vorangegangen sein müssen. Ob die Mumien mit oder ohne Eingeweide belassen wurden, hing vom Rang und Reichtum des Toten ab. Zugleich mit der sorgfältigeren und kostspieligeren Totenbehandlung bei der sozialen Oberschicht konnte die anthropologische Forschung auch feststellen, daß sich diese Schicht durch eine beträchtlichere Größe und einen stärker leptosomen Körperbau von der Durchschnittsbevölkerung unterschied. Interessant erscheint auch, daß Unterschiede im Körperbau zwischen Mumifizierten und Nichtmumifizierten bei den Frauen größer sind als bei den Männern, sowohl was die Zahl der gesichert verschiedenen Merkmale wie die Größe der Merkmalsunterschiede betrifft. Diese Tatsache wird als Hinweis auf Paarungssiebung gedeutet, nämlich als Bevorzugung zartgesichtiger, im ganzen stärker mediterraner Frauen durch sozial höher stehende Männer.

Nur auf der Insel Gran Canaria sind außer Leichenfunden aus Begräbnishöhlen auch Tumulusbestattungen bekannt. Überwiegend handelt es sich hierbei um Einzelgräber; man legte den Toten in eine ausgehobene Grube und bedeckte den Boden mit

Mumie, in Ziegenlederumhüllung bestattet (Museo Canario, Las Palmas de Gran Canaria)

locker aufgeschichteten Steinen. Auf der Halbinsel La Isleta öffneten *Ripoch* und *Verneau* (1881, 1887) Hunderte solcher Tumuli. Bei Arteara/Tirajana soll sich eine ähnliche oder noch größere Nekropole befunden haben. Gut erkennbar vom Aufriß und Grundriß ist noch der Großtumulus von La Guancha bei Gáldar, der über dreißig Bestattungen enthielt. Der nicht mehr existierende Tumulus von Arguineguín soll eine ähnlich hohe Zahl von Toten beherbergt haben. Leider waren die Toten der Tumuli im allgemeinen nicht gut erhalten, weil sie nicht ausreichend gegen alle atmosphärischen Einflüsse geschützt waren. Ebenso wie bei den Mumifizierten in den Naturhöhlen handelt es sich bei den Toten der Tumuli aufgrund der besonderen Körpergröße wahrscheinlich um eine gehobene Sozialschicht, was auch Torriani in seinen Berichten erwähnt. Die Datierung des Großtumulus La Guancha mit Hilfe der Radiokarbon-Methode hat mit der Zahl 1082 n. Chr. eine sehr junge Nutzung erbracht. Da aber in den Tumuli ebensowenig wie in den Höhlen Metallgegenstände gefunden wurden, kann es sich auch hier nicht um eine Bevölkerungsgruppe handeln, die in nachphönizischer oder nachrömischer Zeit auf die Insel kam. Zwischen dem Tumulus-Datum und dem spätesten Zeitpunkt der von *Schwidetzky* angenommenen bevölkerungsbiologischen Isolierung der Inseln liegen damit fast zwei Jahrtausende. Ob sich allerdings eine siedlungshistorische Schichtung über so lange Zeit erhält, ist sehr unwahrscheinlich.

Immerhin war die klimatisch bevorzugte Nordküste, insbesondere um Gáldar, ein besonders reiches Territorium der Insel, Stammsitz der königlichen Dynastie Andamana und des Hochadels und blieb auch nach der Teilung in zwei Königreiche Treffpunkt für die mehrmals im Jahr stattfindenden Hoftage, die die Altkanarier ›sabór‹ nannten. Fast könnte man damit in dem Großtumulus La Guancha die Begräbnisstätte

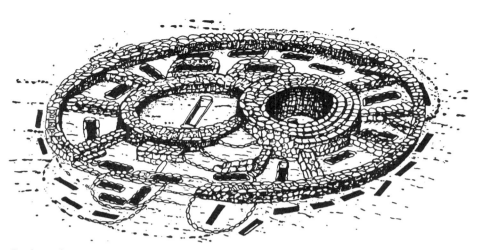

Großtumulus von La Guancha bei Gáldar, Gran Canaria (Museo Canario, Las Palmas)

jener berühmten königlichen Sippe sehen, und möglicherweise ist er auch schon davor als Grabstätte einer besonders ausgezeichneten Schicht benutzt worden.

Große Teile der Ureinwohner fielen der grausamen Eroberung zum Opfer. Mit missionarischem Eifer und rücksichtslosem Blutvergießen breiteten sich die spanischen Konquistadoren im ersten Ansturm des kolonialen Zeitalters aus und wählten den Kanarischen Archipel dank seiner günstigen geographischen Lage als Sprungbrett ihrer späteren Eroberungen Süd- und Mittelamerikas. »Die Unterworfenen wurden von den katholischen Siegern ähnlich verrucht behandelt wie einige Zeit später die Indianer Nordamerikas von den kalvinistischen Puritanern – die weißen Riesen wurden zusammen mit Guinea-Negern auf den Sklavenmärkten von Cadiz und Sevilla feilgehalten und erfuhren, daß ein seiner selbst sicherer Glauben, ein anfechtungsloses Christentum des Stolzes der Lieblingsaufenthalt des Teufels ist.«[16]

Von der spanischen Eroberung bis zur Gegenwart

Erst zu Beginn des 14. Jahrhunderts rückte der Kanarische Archipel wieder in den Blickwinkel der übrigen Welt, nachdem der Genueser Lancelot Maloisel, genannt *Lanzarotto Malocello*, um das Jahr 1312 in kanarischen Gewässern gekreuzt hatte und auf der nordöstlichen Insel gelandet war, die noch heute seinen Namen trägt: Lanzarote. Zwischen 1340 und 1342 liefen Portugiesen, Spanier und Mallorquiner wiederholt die Inseln zum Sklavenfang an, die nach den Vorstellungen des späten Mittelalters heidnisch und damit herrenlos waren. Im Jahre 1344 vermachte Papst

MYTHOLOGIE UND GESCHICHTE

Jean de Béthencourt

Clemens VI. als Oberhaupt aller noch zu entdeckenden Länder die Inseln gegen eine jährliche Zahlung an den aus der spanischen Königsfamilie stammenden Edelmann *Luis de la Cerda*, Graf von Talmont, Lehnsherr von Oléron und von la Mothesur Rhône, zugleich Admiral von Frankreich. Als Sohn des enterbten Königs ohne Land, Alfons von Kastilien, und Enkel Alfons X. von Kastilien wollte er sich damit endlich ein Königreich erwerben, das ihm das Schicksal vorenthalten hatte. Vom Papst gekrönt und zum ›Principe de la Fortuna‹ ernannt, mußte Luis de la Cerda seinen neuen Besitz, den er im übrigen niemals selbst eroberte, gegen die Ansprüche der Königreiche Portugal und Kastilien verteidigen, die ihre Herrschaft auf Nordafrika und die Inseln auszudehnen begannen.

Heinrich III. von Kastilien als Erbe des Kanarischen Archipels beauftragte den normannischen Edelmann und Ritter *Jean de Béthencourt* (1359–1425/26), der bei seinem König, Karl IV., in Ungnade gefallen war, mit der Eroberung der Inseln. Im Jahre 1402 sichtete der Normanne nach tagelanger Fahrt endlich die kleinen Eilande, die der Insel Lanzarote im Norden vorgelagert sind, und gab ihnen angesichts der freudigen Hochstimmung bei der Ankunft und dem ersten Aufenthalt die Namen Alegranza (Freude) und Graciosa (die Anmutige). Fünf Tage später brach die Eroberungsexpedition zur Nachbarinsel Lanzarote auf, wo sie in verhältnismäßig kurzer Zeit den Stammesfürsten, Häuptling Guarafia, und seine Untertanen für das Christentum gewinnen konnten, wodurch diesen die Sklaverei erspart blieb.

Béthencourt, der eher als Diplomat auftrat, während sein Gefährte *Gadifer de la Salle* der eigentliche Eroberer und Kriegsmann war, machte die Insel Lanzarote zu seiner Operationsbasis für die Insel Fuerteventura. Noch im selben Jahre kehrte er zu seinem König zurück, um Verstärkung für die Eroberung der weiteren Inseln zu erbitten. Heinrich III. verlieh ihm anläßlich dieses Besuches den Titel ›König der Kanarischen Inseln‹. Wütend darüber, daß Béthencourt die Verdienste seines Gefährten beim König verschwiegen hatte, kehrte Gadifer de la Salle nach Frankreich zurück. Im Jahre 1405 unterwirft sich die Bevölkerung der kahlen und unwirtlichen Nachbarinsel Fuerteventura dem Konquistador, der ihre Eroberung als ›starkes Abenteuer‹ (fuerte ventura) aufgefaßt hatte. In einem zentral gelegenen Tal der Insel gründete er seine Hauptstadt Betancuria, in der 1424 die erste Bischofskirche des Archipels erbaut wurde. Nachdem Béthencourt noch Hierro, das ihm durch Verrat zufiel, und wahrscheinlich auch Gomera erobert hatte, während die Eroberungsversuche von Gran Canaria und La Palma mißlangen, kehrte er am Ende seiner Regierungszeit 1405 nach Europa zurück und ernannte seinen Neffen *Maciot de Béthencourt* zum Vizekönig der Insel. Dieser verkaufte 1418 die Inseln an den Grafen de Niebla. Gegen Ende des 15. Jahrhunderts übernahm *Hernán Peraza der Jüngere* die Herrschaft. Seine Erbin, *Doña Inés*, verheiratet mit Diego García de Herrera, setzte die Feudalherrschaft fort, bis die Katholischen Könige, Ferdinand von Aragon und Isabella von Kastilien, den Vorrechten des Adels eine Ende machten und die Inseln dem Gebiet der Krone einverleibten. Inzwischen hatte ein Wettlauf zwischen der kastilischen und der portugiesischen Krone um die Eroberung überseeischer Gebiete begonnen. Erst nachdem Kastilien in den Verträgen von Alcáçovas und Toledo (1479) die Eroberung des gesamten Archipels zugebilligt bekam, – Portugal wurde die Vormachtstellung in Nordwest-Afrika und Guinea bestätigt – konnte die Kolonisation der Hauptinseln mit verstärkter Kraft beginnen. Schon ein Jahr vorher war der Hauptmann *Juan Rejón* als Beauftragter der kastilischen Krone auf Gran Canaria gelandet und hatte Las Palmas gegründet. Die blutigen Auseinandersetzungen mit den Ureinwohnern, die in zwei Königreichen organisiert waren, dauerten fünf Jahre und endeten erst, nachdem man Doramas, den Guanarteme von Telde, in einen Hinterhalt gelockt, getötet und sein Haupt öffentlich auf den Mauern des spanischen Lagers von Las Palmas zur Schau gestellt hatte, was die Widerstandskraft der Kanarier augenblicklich schwächte. Am 29. April 1483 feierte man die offizielle Kapitulation, wenn auch in der Folgezeit immer wieder Unruhen aufflackerten. Den zweiten König von Gran Canaria, Artemi Semidán, Guarnateme von Gáldar, sandte man nach Spanien, wo er unter der Patenschaft der Katholischen Könige getauft wurde.

Die größte Rolle in der Eroberung und Verwaltung der Kanarischen Inseln aber sollte *Alonso Fernández de Lugo* spielen, ein adliger Andalusier galicischer Herkunft. Er und der Konquistador *Pedro de Vera* brachen die immer wieder auftretenden Widerstände auf Gran Canaria. Lugo schloß mit dem spanischen König einen Vertrag, der ihn zum ›Goberdador de la conquista, Adelantado mayor de Canarias y Capitán General de Tenerife y La Palma‹ machte und ihm das Recht gab, Bodenbesitz und Wasserrechte zu vergeben, mit der Bedingung, daß sämtliche Mittel für die Eroberung der beiden letzten Inseln La Palma und Teneriffa von ihm und seinen Teilhabern aufzubringen waren.

1492 landete Lugo auf La Palma in Tazacorte. Monatelange Kämpfe fanden statt, ohne großen Erfolg. Da boten die Eroberer den Bewohnern den Waffenstillstand an, überfielen jedoch hinterhältig den Anführer auf seinem Weg zu den Verhandlungen und nahmen ihn gefangen. Wie schon auf Gran Canaria (und später bei der Eroberung des Inkareiches durch Pizarro) war die Vorstellung, daß sich ihr Fürst in der Hand der Fremden befand, ein derart lähmender Gedanke, daß sich die Ureinwohner den Spaniern wehrlos ergaben. Zwar war ihr Anführer, Prinz Tanausú, nicht so realistisch wie die Eroberer, dafür aber um so würdiger: mit einem Hungerstreik beendete er sein Dasein.

MYTHOLOGIE UND GESCHICHTE

Zuletzt sollte noch Teneriffa unterworfen werden, deren Bewohner, die Guanchen, von den Konquistadoren mit Recht als besonders kämpferisch und tapfer eingeschätzt wurden. Obwohl neun Menceyes die Inseln beherrschten und untereinander keinen Zusammenhalt bewiesen, so daß sich der Mencey von Güímar, Añaterve, sofort mit Lugo gegen die anderen Herrscher verbündete, brachten die geschickten und ortskundigen Guanchen, geführt vom Mencey des Bezirkes von Taoro (heute Orotava-Tal), Bencomo, und seinem Bruder, Prinz Tinguaro, den Spaniern bei der heutigen Ortschaft La Matanza de Acentejo (das Gemetzel von Acentejo) 1494 eine vernichtende Niederlage bei. Über tausend Spanier blieben tot auf dem Schlachtfeld zurück, und selbst Alonso Fernández de Lugo mußte verwundet fliehen. Während aber Lugo neue Kräfte sammelte, wurden die Guanchen durch eine aus Europa eingeschleppte Seuche stark geschwächt, so daß sie 1495 den erneuten Kampfanforderungen der Spanier kaum Widerstand leisteten. Der Sieg der Spanier bei der Ortschaft La Victoria de Acentejo erinnert an jene letzte Schlacht. Ein weiteres Jahr verstrich, ehe alle Menceyes sich unterworfen hatten und die Unabhängigkeit der letzten Insel zu Ende ging. Der Sieger, Alonso Fernández de Lugo, konnte nun mit der Kolonisation beginnen und erwies sich dabei trotz häufiger Willkür, Vetternwirtschaft und seines oft bewiesenen Treubruches als ausgezeichneter Verwalter. In der Folgezeit bemächtigten sich die Spanier der fruchtbaren Täler des Nordens und drängten die ansässigen Guanchen in den trockenen Süden ab; spanische Männer heirateten kanarische Frauen, und so heilte die Zeit die offenen Wunden.

Immer häufiger machten Schiffe auf ihrem Wege in die Neue Welt in den Häfen der Kanarischen Inseln fest. Auch *Christoph Kolumbus* (span. Cristóbal Colón) wußte die vorzügliche geographische Lage zu schätzen, als er am 3. August 1492 von Palos de Moguer in Spanien mit seinen Schiffen Santa María, Pinta und Niña aufbrach, um Indien auf dem Seeweg zu erreichen. Sechs Tage später lief er zum erstenmal im Hafen von Las Palmas ein, wo er seine Schiffe überholen und Proviant an Bord kommen ließ. Während dieser Tage lebte er im Hause des Gouverneurs in Las Palmas in der heute noch nach ihm benannten Casa de Colón (Abb. 160) und suchte allmorgendlich die benachbarte Kapelle San Antonio Abad zum Gebet auf. Ende August brach er nach San Sebastián de la Gomera auf und erlebte, wie wir aus seinem Logbuch erfahren, auf der Fahrt entlang der Küste von Teneriffa eine furchtbare Eruption des Teide. Nach erneuter Proviantaufnahme auf Gomera setzte er am 6. September seine Fahrt ins Ungewisse fort und betrat schließlich am 12. Oktober 1492 die Insel San Salvador, unwissend, daß er damit Amerika als neuen Kontinent entdeckt, bzw. wiederentdeckt hatte. Auch auf seinen späteren Reisen (1493, 1498, 1502) legte Kolumbus immer wieder auf Gran Canaria und Gomera an. Ob ihn eine Romanze mit der Herrin von Gomera, der berühmten und ehrgeizigen *Doña Beatriz de Bobadilla* (Abb. 127), einer rothaarigen, grünäugigen verführerischen Schönheit, verband, bleibt zweifelhaft, wenn auch die Gomerianer sich bemühen, diese Legende wachzuhalten.

Am spanischen Königshof in Madrid war Beatriz de Bobadilla zur Mätresse König Ferdinands avanciert, zum Leidwesen von Königin Isabella, die eine günstige Gelegenheit suchte, um sich der Geliebten ihres Mannes zu entledigen. Diese Gelegenheit fand sich in der Person *Hernán Perazas des Jüngeren*, des arroganten und grausamen Herrn von Gomera und Hierro. Dieser hatte Juan Rejón, den Sieger von Gran Canaria, ermordet, als er gerade auf Gomera eine Zwischenstation eingelegt hatte, um La Palma und Teneriffa zu erobern; Peraza verstand sich bei seiner Verteidigung am spanischen Hofe geschickt herauszureden und wurde freigesprochen, jedoch nur unter der Bedingung, daß er Beatriz de Bobadilla heiratete und nach dem entfernten Gomera mitnahm. Die Insel war zu jener Zeit noch nicht vollständig unterworfen. Peraza und seine neue Gemahlin herrschten grausam und habgierig und betrieben trotz königlichem Verbot Sklavenhandel, was den Haß ihrer Untertanen verstärkte. Er gipfelte darin, daß der Eingeborene Pedro de Huatacuperche Peraza vor der Grotte einer einheimischen Geliebten tötete. Beatriz flüchtete mit ihren Kindern und einigen Getreuen in den festen Grafenturm (Torre del Conde) (Abb. 128), bis ihnen Pedro de Vera von Gran Canaria aus zu Hilfe kam und gleichzeitig die vollständige Eroberung der Insel vornahm. Auch er mißachtete das Verbot des Sklavenhandels, wurde daraufhin von bischöflicher Seite angeklagt und mußte für seine Taten im Gefängnis büßen, während Beatriz de Bobadilla, die wohl noch immer in den Erinnerungen des Königs einen wohlwollenden Platz einnahm, ungestraft blieb. Sie heiratete später den größten Konquistadoren, Alonso Fernández de Lugo.

Das 16. und 17. Jahrhundert stand unter dem Zeichen zahlreicher Besucher aus allen Ländern Europas; nicht alle kamen in friedlicher Absicht. Zahlreiche französische, holländische und englische Piraten fielen über die Inseln her, plünderten und verschleppten Sklaven oder fingen die aus der Neuen Welt heimkehrenden spanischen Flotten ab, für die der Archipel Stützpunkt und Umschlagplatz war. Nur eine Belagerung Teneriffas im Jahre 1797 unter dem Befehl des berühmten englischen Admirals *Nelson* sei als Anekdote herausgegriffen. Immerhin mußte Nelson bei dieser Belagerung seine einzige Niederlage einstecken und dazu den Verlust seines rechten Armes beklagen. Der Arm mußte an Bord seines Flaggschiffes nach reichlichem Alkoholgenuß amputiert werden und wurde anschließend auf dem Grunde der Reede versenkt. Noch heute erinnert die Kanone El Tigre am Ende der Promenade im Hafen von Santa Cruz an dieses Ereignis.

Unter den vielen Wissenschaftlern, Geographen, Geologen, Botanikern und Historikern, die sich der Kanarischen Inseln annahmen, ist vor allem der Franzose *Sabin Berthelot* (1794–1880) zu nennen, der mit seinem Mitarbeiter, dem Engländer *Barker Webb*, eine Zeitlang auf den Inseln lebte und eine umfangreiche Sammlung von Pflanzen, Gesteinen, Insekten und archäologischen Gegenständen zusammentrug. Noch heute sind seine Werke eine grundlegende Quelle zur Geschichte der Kanaren (Histoire

Naturelle des Iles Canaries, Paris 1836–44; Antiquités Canariennes, Paris 1879). Zuvor schon war der deutsche Naturforscher *Alexander von Humboldt* (1769–1859), der romantische Sänger des Orotava-Tales, auf Teneriffa gelandet (s. S. 140 ff.), bevor er seine berühmte mehrjährige Forschungsreise nach Venezuela, Kolumbien und Ecuador fortsetzte. Weitere Persönlichkeiten sind der Geologe *Leopold von Buch* und der Botaniker *Hermann Christ*, um nur einige Wissenschaftler aus dem deutschen Sprachbereich zu nennen.

Trotz ihrer atlantischen Schlüsselstellung blieben die Inseln im 19. Jahrhundert von den weltgeschichtlichen Ereignissen verschont. Der zunehmende Schiffsverkehr machte einen ständigen Ausbau der Häfen erforderlich, zumal die Inseln 1852 von Königin Isabella II. zum Freihafengebiet erklärt worden waren. Die Lehensgüter auf Gomera, Hierro, Lanzarote und Fuerteventura ebenso wie die kirchlichen Lehen von Agüimes auf Gran Canaria, von Santiago und Adeje auf Teneriffa wurden abgeschafft. 1912 wurden die ›Cabildos insulares‹ eingerichtet, eine Art Landtag, der auf jeder der Inseln eine örtliche Selbstverwaltung mit relativ weitreichenden Kompetenzen darstellt. 1927 folgte die Teilung in zwei spanische Provinzen: in Santa Cruz de Tenerife mit den Inseln Teneriffa, La Palma, Gomera und Hierro und in Las Palmas de Gran Canaria mit den Inseln Gran Canaria, Fuerteventura und Lanzarote. 1936 gerieten die Kanarischen Inseln noch einmal in den Blickpunkt des Weltinteresses, als General *Franco,* dem der kanarische Militärbereich unterstellt war, im Esperanzawald von Teneriffa die nationale Erhebung ausrief und Truppen zum Kampf gegen die republikanische Regierung in Madrid mobilisierte. Bis 1939 tobte auf dem spanischen Festland ein erbitterter Bürgerkrieg, der mit dem Sieg Francos endete, der anschließend für mehr als drei Jahrzehnte die diktatorische Staatsführung übernahm.

Seit 1975 ist Spanien wieder eine parlamentarisch-demokratische Monarchie; *König Juan Carlos I.* übernahm am 22. November die Regentschaft.

1982 erhielten die Kanarischen Inseln den Autonomie-Status – es gibt inzwischen 17 autonome Provinzen in Spanien. Die ersten Wahlen zum Kanarischen Parlament wurden 1983 abgehalten. Als Sieger ging die PSOE-Partei von Ministerpräsident *Gonzales* hervor. Sie stellt auch die meisten Köpfe der Kanarischen Regierung (›Junta de Canarias‹). Die Selbstverwaltung geht dabei so weit, daß die Inseln als Freihandelszone nicht vollständig in die EG integriert sind, obwohl das Mutterland ab 1986 Vollmitglied ist. Spanien übt nach wie vor die Hoheitsgewalt aus und verteilt die lebensnotwendigen Subventionen.

Mit der Autonomie hat auch der ›Cabildo Insular‹ größere Kompetenzen erhalten, er ist neuerdings zum Beispiel für die Tourismusplanung zuständig, früher eine Aufgabe der Provinzregierung.

Naturraum und Kulturlandschaft der Kanarischen Inseln

Geographische Lage und Größenverhältnisse

Nur 115 km von der Küste Nordwest-Afrikas bei Kap Juby und etwa 1000 km von dem Zugang zum Mittelmeer, der Straße von Gibraltar, entfernt, nimmt die Inselgruppe der Kanaren eine Randlage im Nordatlantik ein. Die sieben großen Inseln und sechs kleineren Inselchen und Felsenriffe erstrecken sich mit einer Gesamtfläche von 7499 qkm über mehr als 500 km von Osten nach Westen bzw. über 200 km von Norden nach Süden zwischen 27° 38' und 29° 25' nördl. Breite, 13° 20' und 18° 9' westl. Länge.

Grundlegende Wesenszüge haben die Kanarischen Inseln mit der rund 1200 bis 1400 km entfernt gelegenen Inselgruppe der Azoren im Nordwesten, den über 1600 km entfernt gelegenen Kapverdischen Inseln im Südwesten und der etwa 500 km nördlich gelegenen Madeira-Gruppe gemeinsam. Alle Inseln sind vulkanischen Ursprungs, besitzen eine ähnliche morphologische Formenwelt (Oberflächengestaltung) und eine an endemischen Arten reiche natürliche Vegetation, weshalb man sie als ›Makronesen‹ zu einer eigenen Floreneinheit zusammenfaßte. Obwohl die äußersten Teile der Inselgruppen mehr als 2800 km auseinander liegen, besitzen alle Inseln dank des wärmeausgleichenden Einflusses der Meeresströmungen gemeinsame Klimazüge; der warme Golfstrom bringt den Azoren höhere, der kühle Kanarenstrom den südlichen Inselgruppen niedrigere Temperaturen, als sie der geographische Breite entsprächen. Die vorherrschenden Luftströmungen regeln als weiterer Faktor das regionale Feuchtigkeitsangebot, so daß insgesamt ein deutlicher Wandel von den vergleichsweise feuchten, extrem subtropisch-maritimen Azoren zu den überwiegend trockenen tropisch-afrikanischen Kapverden unverkennbar ist.

Von der Oberfläche her gesehen ist Teneriffa die größte Insel, während Gran Canaria mit seiner Einwohnerzahl und Bevölkerungsdichte an erster Stelle steht. Beide Inseln zusammen bilden den wirtschaftlichen und kulturellen Kernraum des Archipels, jede von ihnen ist Zentrum einer eigenen Provinz. Die westliche Provinz, Santa Cruz de Tenerife mit den Inseln Teneriffa, La Palma, Gomera und Hierro, hat eine Flächengröße von 3441 qkm und 688273 Einwohnern (1981); die östliche Provinz Las Palmas de Gran Canaria mit den Inseln Gran Canaria, Fuerteventura und

NATURRAUM UND KULTURLANDSCHAFT

Insel	Fläche in qkm	Bevölkerung 1981	Bevölkerungs- dichte pro qkm	Höchste Erhebung	Hauptstadt mit Bevölkerungszahl 1981
Teneriffa	2 057	590 963	287	Pico de Teide 3 718 m	Santa Cruz de Tenerife 190 784
Fuerteventura	1 731	30 187[1]	17	Pico de la Zarza 807 m	Puerto del Rosario 13 878
Gran Canaria	1 532	672 716	439	Pico de las Nieves 1 949 m	Las Palmas 366 454
Lanzarote	795	53 452[2]	67	Peñas del Chache 671 m	Arrecife 29 502
La Palma	729	72 665	100	Roque de los Muchachos 2 423 m	Santa Cruz de la Palma 16 629
Gomera	378	18 237	48	Garajonay 1 487 m	San Sebastián de la Gomera 5 732
Hierro	277	6 408	23	Malpaso 1 500 m	Valverde 3 474

[1] einschließlich Insel Lobos
[2] einschließlich Inseln Graciosa, Alegranza und Montaña Clara

Lanzarote ist 4058 qkm groß und hat 756 355 Einwohner. Überraschend ist die geringe Bevölkerungsdichte der zweitgrößten Insel Fuerteventura. Ein landschaftlicher Ungunstraum und geringe Verdienstmöglichkeiten haben hier wie auch auf den Inseln Hierro, Gomera und La Palma zu starken Abwanderungen zu den Hauptinseln oder sogar nach Südamerika geführt. In den letzten Jahren haben aber alle Inseln bis auf Gomera, Hierro und La Palma einen Wanderungsgewinn zu verzeichnen, mit einem besonders hohen Saldo bei Gran Canaria.

Zeugen des Vulkanismus

»Hierzulande zwingt sich der Vulkanismus auf, hier zeugt jeder Stein, jede Kontur von ihm, hier erwächst die Begierde, die von allem Gewohnten verschiedenen, die in ihrer Tiefe unheimlichen Formen zu benennen und auf ihre Abkunft zu befragen, hier wird, wer die Augen offen hält, zur Geologie gereizt.«[18]

Gerhard Nebel

Das Relief des Kanarischen Archipels zeigt eine verblüffende und seltene Vielfalt von Formen und Erscheinungen auf engem Raum. So nennt Domingo Cardenes die Insel Gran Canaria einen ›continente en miniatura‹. Auf Schritt und Tritt begegnen wir den Zeugen des Vulkanismus, jener erdgeschichtlich jungen Kraft, die auf den Inseln immer noch tätig ist und gemeinsam mit der Erosion des fließenden Wassers und der Abrasionstätigkeit des Meeres dem Kanarischen Archipel sein eigenes Gepräge verleiht. Typisch für Teneriffa, Gran Canaria und La Palma sind die zentral gelegenen Vulkane, während Hierro und Gomera mit steilen Mauern aus dem Meer aufragen und in ihrer Mitte Hochflächen oder zumindest Spuren von solchen aufweisen. Fuerteventura und Lanzarote schließlich sind durch mäßig hohe Kegel, Lanzarote sogar von ganzen Vulkanreihen gezeichnet, die hier einer nur wenig erhöhten schildförmigen Fläche aufsitzen. Überall haben sich dunkle Lavaströme in grandioser Machtfülle ausgebreitet; an manchen Stellen der Inseln ist die Verbindung zum Erdinnern noch so nah, daß es unter den Fußsohlen gefährlich heiß wird und wir unter der elementaren Begegnung mit den Kräften des Erdinnern erschrecken.

»Man sieht nur, was man weiß.« Dieser treffende Ausspruch von Ludwig Curtius bestätigt sich auch angesichts des vulkanischen Formenschatzes. So wollen wir zunächst die markantesten Formen, die dem Reisenden begegnen, beschreiben und erklären. *Vulkanismus* ist eine Bezeichnung für alle Vorgänge und Erscheinungen, die mit dem Empordringen von schmelzflüssigen magmatischen Stoffen aus dem Erdinnern an die Erdoberfläche zusammenhängen. Das *Magma,* jene glutflüssige, gashaltige Gesteinsschmelze mit Temperaturen um 1000° C., dessen Hauptbestandteile Oxide von Silizium, Aluminium, Eisen, Mangan, Kalzium, Natrium und Kalium darstellen, steigt infolge der Bewegungen einzelner Erdkrustenteile oder auch aktiv durch einen *Schlot,* den Eruptionskanal auf, der sich am oberen Ende zu einer trichterartigen Öffnung, dem *Krater,* erweitert. Wenn sich der Vulkanausbruch in Abständen wiederholt, wenn sich Ascheförderung und Lavaergüsse abwechseln und in Schichten übereinander ablagern, dann entsteht ein *Schichtvulkan* mit einem Vulkankegel, wie wir ihn besonders schön im Pico de Teide auf Teneriffa antreffen (Abb. 13 u. a.). Häufig sitzen an den Flanken der großen Vulkane kleinere Nebenkegel auf, die sogenannten *parasitären Vulkane,* z. B. die zahlreichen Kegelberge im Süden Teneriffas (Abb. 5). Eine *Caldera* (wissenschaftlicher Terminus nach der Caldera de Taburiente auf La Palma, Abb. 149) entsteht, wenn durch Einsturz oder Wegsprengen des Gipfels große Teile des Kegels zerstört werden. Auf dem Grunde des so entstandenen Kessels kann sich dann durch erneute Eruptionen wieder ein neuer Vulkan aufbauen (Pico de Teide, innerhalb der Caldera de las Cañadas, Teneriffa, Abb. 13, 117). Um *Vulkanruinen* handelt es sich bei den sogenannten Roques (Felsen), die sich in altvulkanischen Landschaften 300 m und mehr über ihre Umgebung erheben. Es sind ehemalige von der Erosion freigelegte Förderschlote (mehrere Beispiele auf Gomera, Abb. 132).

Beim Aufsteigen kühlt sich das Magma ab, und deshalb kristallisieren seine Bestandteile allmählich in einer gesetzmäßigen Reihenfolge aus und bilden die *Magma-* oder

Erstarrungsgesteine. Erstarrt das Magma innerhalb der Erdkruste, so entstehen grobkristalline *Plutonite* (benannt nach Pluto, dem griechischen Gott der Unterwelt) oder *Tiefengesteine;* beim Erstarren an der Erdoberfläche bilden sich infolge schneller Abkühlung die feinkristallinen *Vulkanite* oder *Ergußgesteine,* die hin und wieder eine porphyrische Struktur aufweisen können, d. h., daß in der dichten Grundmasse des Gesteins größere Kristalle als Einsprenglinge auftreten, die sich bei einer höheren Schmelztemperatur gebildet haben. *Ganggesteine* schließlich erstarren in Spalten und Klüften der Erdkruste und stehen in der Gesteinsstruktur petrographisch zwischen den Vulkaniten und Plutoniten (Abb. 150).

Die bei Vulkanausbrüchen aus dem Erdinnern austretende glühende Gesteinsschmelze sowie das Gestein, zu dem der Schmelzfluß erstarrt, wird *Lava* genannt. Wie rasch sich ein Lavastrom vorwärts bewegt, hängt neben der Geländeneigung von der Zähflüssigkeit ab. Saure Lava mit hohem Silikatreichtum (SiO_2) ist zähflüssig, silikatarme besaltische Lava dagegen leichtflüssig mit der Neigung zu Deckenbildungen. Je nach ihrer Zähflüssigkeit zeigt die Lava verschiedene Formen: *Fladenlava, Stricklava* oder *Gekröselava* (Abb. 123, 179) ist gasärmer und bewegt sich rasch fort. Die gasreichere *Block-* oder *Schollenlava* bewegt sich langsamer und bildet ein wüstes Haufenwerk von Blöcken, Schollen und scharfkantigen Scherben (Abb. 176). Selbst schnellfließende Lavaströme werden allmählich langsamer und zähflüssiger. Zähflüssige Lava erkaltet schneller von außen, und es kann sich schon eine feste Kruste bilden, während der im Innern noch rotglühende Schmelzfluß aktiv bleibt und sogar aus der Gesteinsumhüllung ausfließen kann, besonders dann, wenn der schon langsamer gewordene Lavastrom eine Geländestufe überquert. Durch das Ausfließen aus der erkalteten Gesteinshülle entstehen Hohlräume, nämlich *vulkanische Höhlen* (z. B. Cueva de los Verdes, Lanzarote, Fig. S. 283). Brechen diese Höhlen ein, dann entstehen schollenartige, scharfkantige Scherbenfelder (Montañas del Fuego, Lanzarote, Abb. 180). Die unfruchtbaren schollenartigen Lavaflächen nennen die Kanarier Malpaís (schlechtes Land). Erst allmählich verwittert das Gestein; die ersten genügsamen Pflanzen stellen sich ein und tragen verstärkt zum Zersetzungsprozeß bei.

Außer der Gesteinsschmelze, der Lava, werden aber auch vulkanische Lockerprodukte durch heftige Gasexplosionen durch die Luft geschleudert, die nach späterer Verfestigung *vulkanische Tuffe* genannt werden. Die Gruppierung der Lockerprodukte geschieht nach ihrer Korngröße: Lockere, feinkörnige Auswurfmassen bis zu Sandgröße heißen *Aschen* und bestehen aus zerpratztem Magma, die verfestigt den Aschentuff bilden. Sehr feinkörnige Aschen erhalten die Bezeichnung Staubtuffe. *Lapilli* sind bohnen- bis walnußgroße Steinchen (Abb. 64 f, 114). Die noch flüssigen oder plastischen Auswürflinge können durch Rotieren in der Luft abgerundete Formen erhalten, wie es für die faust- bis über kopfgroßen *Bomben* typisch ist, die bei entsprechender Aerodynamik auch eine spindelige Form annehmen können (Abb. 64 k, l).

Das grobere ausgeschleuderte Material fällt in nächster Umgebung des Kraters nieder, während das leichtere vom Wind fortgetragen wird und schließlich als Aschentuff (span. Tosca) hauptsächlich im Südwesten der Inseln abgelagert wird. Tosca-Gestein kann leicht bearbeitet werden, weshalb man es für die Anlage von Wohnhöhlen, Ernte- oder Gerätespeichern oder als leichten Baustein verwendet.

Als Anzeichen für Ruheperioden oder für das Abklingen des Vulkanismus gelten die *Solfataren*, Aushauchungen schwefelhaltiger Dämpfe mit Temperaturen zwischen 100° und 200° C., die sich beim Abkühlen an der Erdoberfläche als Schwefelkristalle niederschlagen (Pico de Teide, Teneriffa). In diesem Zusammenhang stehen auch die Mineralquellen auf den Inseln Teneriffa, Gran Canaria u. a. (Abb. 64h).

Die Gesteine, die sich aus dem Magma der Vulkane aufbauen, sind auf den Kanarischen Inseln hauptsächlich Basalte, Trachyte, Phonolithe, Obsidiane und Bimssteine. *Basalt* (64 c, k) als bekanntestes Ergußgestein hat eine feinkörnige Struktur und eine dunkelgraue, grauschwarze bis dunkelblaue Farbe. Es ist kieselsäurearm und baut sich aus dem Mineralgemenge Plagioklas, Leuzit oder Nephelin, Olivin (Abb. 64 i) und Augit auf. Dolerit (Abb. 64 d) ist ein mittel- bis grobkörniger Basalt. Das Gestein bildet Kuppen, Decken, Ströme und Gänge, die oft plattige, kugelige, vor allem aber säulige Erstarrungsformen aufweisen. Die schönen vier-, fünf- oder sechskantigen Säulen entstehen durch Kontraktion bei der Abkühlung der Schmelze und sind keine Kristallformen; sie verlaufen immer senkrecht zur Abkühlungsfläche (Abb. 125, 150, 176). Bei den Basaltrosetten (Abb. 118) erkennen wir eine radiale Orientierung der Säulen. Sie sind entstanden durch allseitige, zum Zentrum gerichtete Abkühlung (radiale Abkühlung) eines zylindrischen Lavastromes, der einen Lavatunnel ausfüllte. Wegen seiner großen Härte dient der Basalt vor allem als Schotter für Straßen- und Gleisfundamente.

Der *Trachyt* (Abb. 64 a) ist ein hellgraues oder rötliches Ergußgestein, in dessen rauher, feldspatreicher Grundmasse schön ausgebildete Einsprenglinge liegen können (Sanidine). Er wurde früher als Mühlstein oder Baustein verwendet (Kölner Dom); aufgrund seiner Porigkeit und Zusammensetzung unterliegt er jedoch stark der Verwitterung.

Das graugrünliche Ergußgestein *Phonolith* (Abb. 64 b) (Klingstein benannt nach dem metallischen Klang beim Aufeinanderschlagen von Gesteinsplatten) besteht im wesentlichen aus Sanidin oder Anorthoklas, Nephelin und/oder Leuzit. Seine Absonderung erfolgt in plattiger Form, in gestaltlosen Schichten und Brocken oder in plumpen Säulen. Verwendet wird das Gestein als Baustein und Schotter.

Der *Obsidian* (Abb. 64 e), benannt nach seinem Entdecker, dem Römer Obsidius, ist ein dunkles, fast schwarzes Gesteinsglas mit muscheligen Bruchflächen. Als Gesteinsglas wird ein Vulkanitgestein bezeichnet, das keine Gesteinsart, sondern ein Gesteinsgefüge bezeichnet. Der Gefügezustand ist in der Hauptsache amorph und erklärt sich dadurch, daß bei äußerst schneller Abkühlung des Magmas keine Kristalle entstehen können. Hauptvertreter der Gesteinsgläser sind Bimsstein, Obsidian und Pechstein. Obsidiansplitter waren wegen ihrer Schärfe und Härte bei den kanarischen Ureinwohnern sehr beliebt (vgl. S. 18).

NATURRAUM UND KULTURLANDSCHAFT

Der *Bimsstein* (Abb. 64 f.) ist ein sehr poröses, schaumiges bzw. luftreiches Gesteinsglas (siehe Obsidian), aus dem die Gase und Dämpfe bei der Erstarrung nicht mehr entweichen konnten. Seine Farbe ist trotz gleicher chemischer Zusammensetzung wie beim dunklen kieselsäurereichen Obsidian wegen der vielfachen Lichtbrechung und Lichtbeugung in dem porenreichen Material meist hellgrau. Bimsstein wird als Polier- und Schleifmittel und zur Herstellung von Leichtbausteinen (Schwemmstein) mit guter Wärmeisolierung verwendet.

Vulkanausbrüche in historischer Zeit

1393	(oder 1399) Teneriffa, Berichte von baskischen und andalusischen Seefahrern an einem nicht näher bezeichneten Ort
1430	Teneriffa, im Orotava-Tal, nach Überlieferung durch die Guanchen
1484	Teneriffa, nach Bericht des Venezianers Cadamosto
1492	Teneriffa, Teidegebiet, nach einem Bericht von Christoph Kolumbus in seinem Logbuch
1585	La Palma, Vulkan von Los Llanos
1646	La Palma, Vulkan von Tigalate
1677	La Palma, Vulkan San Antonio bei Fuencaliente
1704	Teneriffa, Vulkan Siete Fuentes
1705	Teneriffa, Vulkan von Fasnia (Abb. 115), Vulkan von Güimar
1706	Teneriffa, Vulkan von Garachico
1725	La Palma, Vulkan von Charco
1730–36	Lanzarote, Vulkan Timanfaya und Montañas del Fuego (Abb. 56)
1798	Teneriffa, Vulkan von Chahorra, Südwestflanke des Pico Viejo
1824	Lanzarote, Vulkan von Tao, Tinguatón und Nueva del Fuego
1909	Teneriffa, Vulkan Chinyero, 11 km west-nordwestlich vom Pico de Teide
1949	La Palma, Vulkan von San Juan
1971	(26. 10.–22. 11.) La Palma, Vulkan Teneguía bei Fuencaliente (Abb. 33, 152)

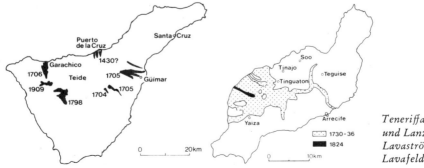

Teneriffa und Lanzarote, Lavaströme und Lavafelder

Talformen und Meeresküsten

Die vulkanischen Erscheinungen sind Zeichen endogener Kräfte des Erdinnern; Täler und Meeresküsten dagegen bilden sich durch exogen einwirkende Kräfte und sind erosiv gestaltete Formen. Wir können die heutigen Talformen auf den Kanarischen Inseln durchaus von den heute herrschenden klimatischen Verhältnissen her erklären: eine nach heftigen Regenfällen zeitweilig auftretende starke Wasserführung episodischer Flüsse ist die Ursache. Sicherlich muß den höheren Niederschlägen während der Pluvialzeit, eine den Kaltzeiten der höheren Breiten entsprechende Periode, eine wesentliche Rolle zugefallen sein. Grundtypus der Täler ist der tiefeingeschnittene schluchtartige *Barranco*, eine in den internationalen geographischen Fachwortschatz übernommene kanarische Bezeichnung für radial angeordnete Erosionsrisse, welche die Steilhänge der Vulkankegel oft völlig aufgliedern und sogenannte Napfkuchenformen bilden. Besonders schöne Beispiele für diese den ganzen Inselkörper von der Mitte an durchfurchenden Barrancos sind Gran Canaria und Gomera, wo sie an der Küste nur mit geringem Gefälle wie Pforten in Erscheinung treten (Abb. 19, 20, 43). An den Flanken der zentralen Vulkane auf Teneriffa und La Palma sind die Barrancos dagegen besonders steil. Gelegentliche Talstufen in den Schluchten zeugen von einem Wechsel des Gesteins, manchmal kommen auch alte, gut ausgebildete Talböden vor. Häufig werden alte Barrancos von jüngeren Lavaströmen ausgefüllt oder abgeriegelt, so daß die Tiefe eines solchen Tales nicht unmittelbar eine Aussage über das Alter zuläßt. Während auf Fuerteventura breite Talungen mit vorherrschender Seitenerosion die Landschaft gliedern, besitzen Lanzarote und Hierro nur bescheidene Ansätze junger Talbildung, ohne daß die Ursachen völlig geklärt sind. Auf den Ostinseln und den übrigen trockeneren Teilen des Archipels, ebenso dort, wo Tuffe anstehen, werden die Hänge weitgehend von Regenspülrinnen durchzogen.

Der größte Teil der kanarischen Meeresküsten sind *Steilküsten*, die auf den westlichen Inseln und im Westen von Gran Canaria teilweise mit über 100 m hohen Kliffs zum Meer abstürzen (Abb. 1, 44). Abgesehen von stellenweise auftretenden schmalen Strandplattformen sind ausgeprägte *Flachküsten* selten und nur an den Ostseiten von Gran Canaria und Lanzarote, im Süden von Teneriffa und gebietsweise auf Fuerteventura etwas stärker entwickelt (Abb. 45, 55). Ebenso sind nur wenige gut ausgebildete Buchten vorhanden.

Auf die Abrasionstätigkeit der Meeresbrandung weisen im Küstenbereich gelegene *Strandterrassen* hin, ehemalige Küstenlinien, die durch Hebung des Landes entstanden und auf den Kanaren besonders an folgende Höhenlagen gebunden sind: 1–2 m, um 4 m, um 7 m, 15–18 m, 35 m, 55–60 m, 90–100 m, 140–150 m (miozäne Küstenlinie auf Gran Canaria bei Arucas, Abb. 166), 200–250 m (miozäne Küstenlinie auf La Palma, Abb. 27) u. a. (nach *H. Klug*). Häufig sind sie von nahe benachbarten Barrancos durchsägt, von vulkanischen Ergüssen überlagert oder von parasitären Vulkanen durchstoßen, so daß sie im Gelände nicht immer leicht erkennbar sind.

NATURRAUM UND KULTURLANDSCHAFT

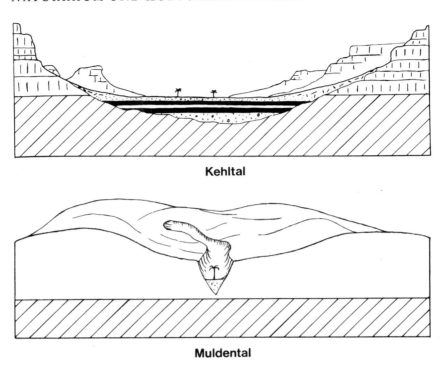

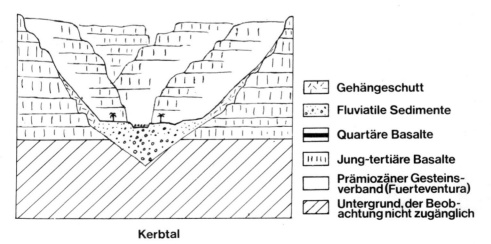

Skizzen der kanarischen Taltypen (nach H. Hausen 1951, H. Klug 1968)

Über die Entstehung des Archipels

Die Theorien über den geologischen Ursprung der Kanarischen Inseln sind sehr unterschiedlich und stehen sich zum Teil konträr gegenüber. Die lange Zeit verbreitete Theorie, nach der die Kanaren – zusammen mit Madeira, den Azoren und den Kapverdischen Inseln – ein Rest des untergegangenen Kontinents Atlantis (Platon) darstellen sollen, muß nach den neuesten Forschungen wohl als endgültig überholt angesehen werden (vgl. S. 12). Dagegen hat die Nähe des Kanarischen Archipels zum afrikanischen Festland die Geologen immer wieder vor die Frage gestellt, ob sich ein ehemaliger Zusammenhang in Form einer Landbrücke nachweisen lasse oder ob die Entstehung der Inseln vom Ozeanboden aus zu erklären sei.

Die bis 1967 vorherrschende Theorie war, daß die Inseln kontinentalen Ursprung haben, d. h. entweder Teil einer kontinentalen Landmasse sind (etwa als Fortsetzung des nordafrikanischen Atlas-Gebirges) oder doch wenigstens einem kontinentalen Sockel aufsitzen (in neuerer Zeit insbesondere *H. Hausen*, der die ausführlichsten Bearbeitungen vor 1965 durchgeführt hat). *H.-U. Schmincke* (1967) hat wohl zuerst die rein ozeanische Natur von Gran Canaria und der westlichen Kanaren betont. Während *P. Rothe* und *H.-U. Schmincke* (1968) einräumten, daß möglicherweise unter den Ostkanaren kontinentale Kruste existiert[19], sprechen die meisten neueren geologischen und geophysikalischen Ergebnisse (s. ausführliche Diskussion in *H.-U. Schmincke*, 1976) sowohl gegen eine kontinentale Kruste unter den Ostkanaren wie auch gegen eine ehemalige Landbrücke zwischen den Inseln und Afrika. Auch die Tiefbohrungen des Forschungsschiffes ›Glomar Challenger‹ südlich der Kanaren im Frühjahr 1976 haben keinerlei Hinweise auf kontinentale Kruste oder frühere Landverbindungen erbracht (mdl. Mitt. von *H.-U. Schmincke*, 1978). Im übrigen ist das Problem, wo sich die Grenze zwischen der ozeanischen und der kontinentalen Kruste befindet, heute noch nicht gelöst und bedarf weiterer Tiefbohrungen und Untersuchungen. Immerhin scheint es sicher, daß die westlichen Inseln (wahrscheinlich auch die östlichen) auf ozeanischer Kruste liegen, und zwar auf einem vulkanischen Sockel, von dem einzelne Teile Tausende von Metern tektonisch gehoben worden sind, wie wir es an den Tiefseesedimenten auf Fuerteventura[19] oder an den mächtigen submarinen Lavenkomplexen auf La Palma (Kissenlava im Barranco de las Angustias), aber auch auf Gomera erkennen können.

Das Alter des Vulkanismus auf den Kanarischen Inseln ist durch absolute Altersbestimmung mit Hilfe der Kalium-Argon-Methode (*Abdel-Monem* u. a. 1971, *Schmincke* 1976 u. a.) erforscht worden. Die Schildphase, also die wichtige Hauptaufbauphase, bei der mehr als 90% des Volumens gebildet wird und die mit etwa einer haben Million Jahren relativ kurz ist, reicht bei Fuerteventura am weitesten zurück, nämlich 16–20 Mill. Jahre (mittleres Miozän). Für Lanzarote, das wahrscheinlich ebenso alt ist, gibt es noch zu wenige Daten. Gran Canarias Schildphase reicht etwa

13 bis 14 Mill. Jahre zurück; Teneriffa ist wahrscheinlich jünger als 10 Mill. Jahre. Auch für Gomera sind die Daten noch zu spärlich (etwa um 10 Mill. Jahre). Dagegen sind La Palma und Hierro mit etwa 2 bis 3 Mill. Jahren die jüngsten Inseln.

Die Ergebnisse dieser Altersbestimmung, besonders die zu erkennende Altersabnahme von den östlichen zu den westlichen Inseln, stehen im Einklang mit der Theorie der Plattentektonik, dieser »gegenwärtig stattfindenden Revolution im Weltbild der Erdwissenschaften«[20]. Die neue Theorie besagt, daß sich in den zentralen Gräben der mittelozeanischen Rücken ständig ozeanische Kruste aus im wesentlichen basaltischen Magmen neu bildet. Dadurch wandern die Kontinente, z. B. Europa und Afrika im Osten und Nord- und Südamerika im Westen auseinander, und zwar mit durchschnittlich 1–2 cm pro Jahr während der letzten 9 Mill. Jahre. Die Eruption von Magmen vollzieht sich nicht nur in der Mitte des Mittelatlantischen Rückens, sondern auch an anderen Stellen der ozeanischen Platte, und zwar in der Nähe von Bruchzonen, wo untermeerische Vulkane oder bei genügender Lavaproduktion auch Vulkaninseln aufgebaut werden. Die wenn auch vergleichsweise zu den Hawaiivulkanen nicht so idealtypische lineare Anordnung der Kanarischen Inseln in Ost-West-Richtung bei zunehmender Altersabnahme in westlicher Richtung (abgesehen von einem vermutlich alten Kern auf Gomera) wird verständlich, wenn wir den Aufbau des oberen Erdmantels veranschaulichen. Dieser ist ca. 400 km mächtig und besteht hauptsächlich aus dem Gestein Peridotit. Er gliedert sich in die relativ feste Lithosphäre (bis 70–100 km Tiefe) und die aus ›aufgeweichtem‹ Peridotit bestehende Astenosphäre (bis 150–200 km Tiefe). Die oben erwähnte horizontale Plattenbewegung findet wahrscheinlich

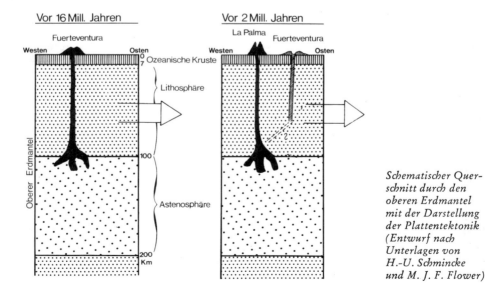

Schematischer Querschnitt durch den oberen Erdmantel mit der Darstellung der Plattentektonik (Entwurf nach Unterlagen von H.-U. Schmincke und M. J. F. Flower)

hauptsächlich an der Grenzfläche von Lithosphäre und Asthenosphäre statt. So kommt es dazu, daß die aus vermutlich örtlich stabilen Kammern infolge Schmelzanomalie aufsteigenden Magmen, die der Asthenosphäre und der unteren Lithosphäre entstammen, in unregelmäßigen Abständen an die Erdoberfläche dringen, und zwar bei östlich driftender Platte in westlicher Richtung eruptiv wirkend, was der Datierung der westlichsten Inseln La Palma und Hierro als die jüngsten entspricht. Die unterschiedlichen Reliefformen der Inseln unterstreichen unsere Vorstellungen vom Alter des Vulkanismus: die sanften, ausgeglichenen Oberflächenformen von Fuerteventura und Lanzarote sind zweifellos älter als die schroffen, steilen Küsten und Berghänge von La Palma und Hierro.[21]

Das Klima

> »Die Passatwolke bewahrt die Kanaren davor, Sonnenwildnis und Vulkannacktheit zu sein.«[22]
>
> Gerhard Nebel

Die Kanarischen Inseln besitzen dank ihrer Lage im Atlantik und der damit verbundenen ausgleichenden Wirkung von Wind und Wasser ein ungewöhnlich gleichmäßiges Klima mit durchschnittlichen Temperaturen von 20° bis 22° C. Unsere Begeisterung über die wohltuende und belebende Kraft der Elemente steigert sich noch, wenn wir bedenken, daß sich auf eben derselben Breitenlage nur wenige Hunderte Kilometer östlich die Sahara ausdehnt, die mit unerträglicher Hitze und Trockenheit jegliches Leben bedroht.

Das Klima der Kanaren zeigt im wesentlichen mediterrane Züge, die allerdings durch die Lage im Ozean und die niedrigere Breite abgewandelt sind und sich vor allem in der Verteilung der Niederschläge auswirkt. Die Witterungsverhältnisse werden den größten Teil des Jahres vom Nordost-Passat beherrscht, der auch eine Gliederung der höher aufragenden Inseln in Luv- und Leeseiten hervorruft. Hinzu kommt der nach Süden bzw. Südwesten driftende kühle Kanarenstrom, der die Wirkung des Windes unterstützt. Daneben prägen aber auch im Winter die Zyklonen nördlicher Breiten mit stärkeren und länger anhaltenden Regenfällen das Klima, während in den Sommermonaten Übergriffe heißer saharischer Luftmassen entscheidend werden können. Somit liegen die Inseln auf den Kreuzwegen einiger Wettersysteme, von denen die Passatwinde dominieren. Komplizierter gestalten sich die tatsächlichen Klimaverhältnisse auf den einzelnen Inseln, wenn wir die unterschiedliche Höhenlage, die individuellen Reliefformen oder die West-Ost-Erstreckung des Archipels einbeziehen, denn dann wird der grundlegende Unterschied zwischen den niedrigeren und dem afrikanischen Kontinent näher gelegenen Ostinseln Fuerteventura und Lanzarote mit ihrer ausgeprägteren Kontinentalität, ihren geringeren Niederschlägen und größeren Temperaturschwankungen und den höher aufsteigenden Westinseln mit stärker ausgebildeterer Ozeanität, höheren Niederschlägen und ausgeglicheneren Temperaturen sichtbar. Hinzu kommt auf den Inseln mit hohen Gebirgsrücken eine scharfe Klimascheide zwischen feuchten Nord- und trockenen Südseiten (Teneriffa, Gran Canaria, Gomera, La Palma).

Die Passatwinde – der Name stammt vom Portugiesischen ›passate‹ und bedeutet ›Überfahrt‹ (engl. tradewinds = Handelswinde) und bezieht sich auf die Zeit der Segelschiffahrt, als der Nordost-Passat zur Überfahrt nach Amerika ausgenutzt wurde –, denen die Inseln mit höheren Gebirgen ihre üppige, teils ins Riesige gesteigerte Vegetation verdanken, sind Teil der tropischen Windzirkulation. Die Sonnenstrahlen, die in Äquatornähe steil auf die Erdoberfläche einfallen, bewirken ein Aufsteigen warmer Luftmassen, so daß am Boden ein relatives Vakuum entsteht. Dadurch strömen von Norden und Süden kühlere Luftmassen in das äquatoriale Tiefdruckgebiet nach, die aber durch die Reibung an der Erdoberfläche abgelenkt werden und als Nordost- und Südostpassate ins Ziel kommen. Die über dem (thermischen) Äquator aufsteigenden Luftmassen wehen als Anti-Passate in Höhen über 3000 m polwärts[23] – wir empfinden ihn als heftigen Südwest-Wind auf dem Pico de Teide auf Teneriffa –, sinken über den sogenannten Roßbreiten nach unten und werden als warme und trockene Winde oberhalb von etwa 1500 m bzw. als kühle und feuchte Winde unterhalb dieser Inversionszone, vermischt mit maritimen polaren Luftmassen, wiederum in das Luftdruckgefälle zum Äquator hin und damit in den Passatkreislauf

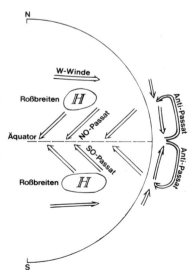

Passatzirkulation, Aufsicht und Meridionalprofil

einbezogen. Im Nordwinter, wenn der Einfallswinkel der Sonnenstrahlen auf der Nordhalbkugel der Erde flacher ist (am 22. Dezember steht die Sonne senkrecht über dem Südlichen Wendekreis), hat sich auch die vom Sonnenstand abhängige Passatzone nach Süden verschoben, so daß die Kanarischen Inseln unter den Einflußbereich regenbringender atlantischer Zyklonen aus westlicher Richtung gelangen.

Durch den Nordost-Passat und die Südwest-Trift des Kanarenstroms wird die mittlere Lufttemperatur um 2° bis 3° C gegenüber den Werten herabgesetzt, die der Breitenlage dieser Gebiete entsprechen würden. Die Wassertemperatur beträgt bei den Kanaren im Jahresdurchschnitt 20° C, mit einem Augustmittel von 22,4° C und einem Februarmittel von 18° C. An der Leeseite der Inseln dringt durch die ablandigen Winde kälteres Auftriebwasser nach oben. Somit entsteht über der Wasserfläche eine mehrere hundert Meter mächtige Kaltluftschicht, die auf den Ostinseln wie eine Barriere gegen die heißen Luftschichten der Sahara wirkt.

Auf den westlichen Inseln einschließlich Gran Canaria haben sich klimatische Höhenstufen gebildet, deren typisches Merkmal die fast täglich auftretenden Passatwolken in den mittleren Höhenlagen der Inselnordseiten darstellen (Abb. 18, 20, 53, 55, 111 u. a.). Diese Wolken entstehen in den frühen Vormittagsstunden und lösen sich am späten Nachmittag wieder auf. Sie bilden sich dadurch, daß die feuchten Luftmassen des Passats an den Hängen der Gebirgsketten zum Aufsteigen gezwungen werden, sich abkühlen und kondensieren. Bisweilen verbinden sich die am Gebirge haftenden Wolken auch mit den über dem Meer lagernden Passatwolken (Stratocumuli), die sich mit einiger Regelmäßigkeit an der Obergrenze der oben erwähnten Kaltluftschicht bilden, zu einer geschlossenen Wolkendecke (Abb. 8). Die am Gebirgshang anstoßenden Passatwolken haben in einer Höhe von 600 m bis 1000 m ihre untere Grenze, während die obere in der Regel zwischen 1300 und 1700 m liegt. Die tiefer liegenden sommerlichen Wolkenschichten sind durchschnittlich 300 m mächtig, die winterlichen erreichen in größeren Höhen eine Dicke von durchschnittlich 500 m. Oberhalb der feuchten Passatwolke, die sich im übrigen meist nicht ausregnet, sondern durch reichliche Abtröpfelung von Kondenswasser der Pflanzenwelt zugute kommt, erfolgt in etwa 1500 m Höhe eine Temperatur- und Feuchtigkeitsinversion, so daß die Passatwolke nach oben scharf begrenzt wird. An leeseitigen Gebirgshängen fließen dann häufig die Wolken wie ein Wasserfall hangabwärts und lösen sich auf (Abb. 34). Die trockenere und wärmere Zone oberhalb der Passatwolke, entstanden durch die ungehinderte Sonneneinstrahlung und die freigewordene Kondensationswärme, reicht bis etwa 2000 m Höhe. Danach erfolgt der Übergang zum trockenkalten Hochgebirgsklima, wie wir es nur auf Teneriffa und La Palma finden, wo sich die klimatischen Verhältnisse in dieser Höhenlage an den Luv- und Leeseiten gleichen. Der Passat hat auf der Leeseite der Gebirge die Eigenschaft eines heftig wehenden trockenen Fallwindes, der für die »Sonnenwildnis und Vulkannacktheit« verantwortlich ist. Als abgelenkter Passat beschert er den Südseiten Feuchtigkeit als nächtlichen Tau. Die Klimadaten von Santa Cruz de Tenerife, La Laguna und Izaña veranschaulichen beispielhaft die klima-

NATURRAUM UND KULTURLANDSCHAFT

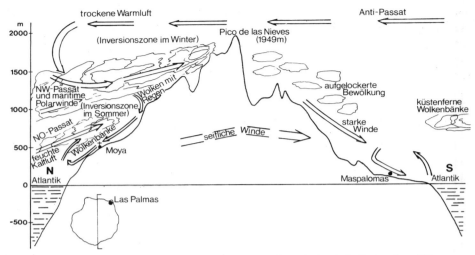

Windverhältnisse an den Luv- und Leeseiten von Gran Canaria (nach D. Fernandopullé)

tischen Höhenstufen auf Teneriffa, untergliedert in die Küstenzone, die feuchte Passatzone und die Hochgebirgszone. Alle diese Zonen finden in der Gliederung der natürlichen Vegetation ihren vollendeten Ausdruck (Tab. S. 47, vgl. hintere Innenklappe).

Auf die verschiedenen Möglichkeiten zyklonischer Tiefs, die von der Verteilung des Azorenhochs und verschiedener Tiefdruckgebiete über Westeuropa, der Iberischen Halbinsel oder südlich der Azoren abhängig sind, kann hier nicht im einzelnen eingegangen werden. In allen Fällen verläuft die Bahn der Tiefs von Westen nach Osten, mit Winden aus westlichen oder nordwestlichen Richtungen, mit kurzzeitigen schweren Regenfällen, gefolgt von klarem sonnigem Himmel. Diese im wesentlichen winterlichen Regenfälle wirken sich meistens auch an den Südhängen der Inseln aus (Abb. 6).

Im Hochsommer, während der Monate Juli und August, beeinflussen häufig 3–4tägige Hitzewellen aus der Sahara die Wetterbedingungen der Kanaren, insbesondere die Inseln Fuerteventura, Lanzarote und den Süden von Gran Canaria. Die Luft, die sich dann um bis zu 14° C gegenüber der vorher bestehenden erwärmen kann, ist voller feinster Staubpartikelchen mit gelb gefärbtem Horizont. Dieser afrikanische Wind (›levante‹) ist aber nicht nur für die von den Touristen so geschätzten Sandstrände und Dünenfelder verantwortlich. Gelegentlich können Heuschreckenschwärme zu einer Gefahr werden; durch die weite Flugstrecke fallen viele der hungrigen Tiere ins Meer und bilden dort Klumpen, auf denen sich dann immer noch mehr Tiere niederlassen. An Land gespült können die Heuschrecken in kurzer Zeit ganze Tomatenkulturen zugrunde richten. Vor allem das vorige Jahrhundert berichtet von Heuschreckenkatastrophen größeren Ausmaßes; die letzte, jedoch harmlosere Invasion fand im Oktober 1954 statt. Heute werden bei einer drohenden Heuschreckenplage die im Meer treibenden Klumpen von Booten aus mit Insektenvernichtungsmitteln bekämpft.

Insgesamt gesehen sind die Kanaren ›Inseln des ewigen Frühlings‹, wenn wir den Temperaturgang in Meeresnähe betrachten; denn hier gibt es keinen Herbst mit bleiernen grauen Novembertagen, keinen naßkalten oder gar eisigen Winter. Selbst der Sommer bleibt im Gegensatz zu den trockenheißen Mittelmeerländern dank der frischen Brise des Passats und des relativ kühlen Kanarenstroms sehr erträglich und erholsam. Der Vergleich mit mitteleuropäischen und südeuropäischen Klimaverhältniss vermag besonders eindringlich das bevorzugte Klima der Kanarischen Inseln anschaulich machen.

Mittlere Temperaturen und Jahresniederschlag

	Santa Cruz de Tenerife	Las Palmas de Gran Canaria	Frankfurt a. M.	Rom
Januar	17,5°	16,1°	0,6°	7,4°
Juli	24,2°	22,3°	18,7°	25,7°
	244 mm	138 mm	593 mm	828 mm

Durchschnittliche jährliche Niederschlagsmenge[24]
(Mittelwerte 1949–1967)

Lanzarote	135 mm
Fuerteventura	147 mm
Gran Canaria	325 mm
Teneriffa	420 mm
Hierro	426 mm
Gomera	410 mm
La Palma	586 mm

Mittlere obere Grenze der Passat-Wolkenzone[25]
(Observatorium Izaña, Teneriffa
Mittelwerte 1922–41)

Monate	Höhe in Metern
Januar	1540
Februar	1560
März	1730
April	1490
Mai	1490
Juni	1490
Juli	1330
August	1270
September	1530
Oktober	1670
November	1680
Dezember	1730

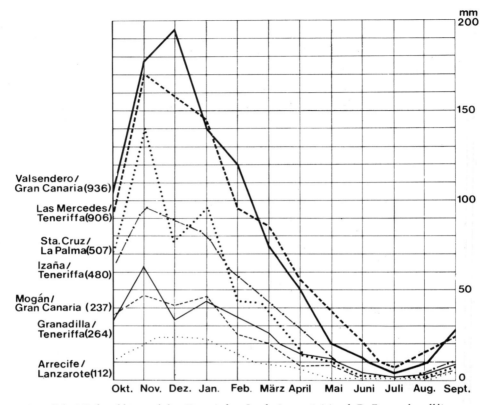

Monatliche Niederschläge auf den Kanarischen Inseln (1949–67) (nach D. Fernandopullé)

Klimatische Höhenstufen auf Teneriffa[25]

Küstenzone
Santa Cruz de Tenerife, 37 m Höhe, 28° 22' nördl. Br., 16° 14' westl. L., Mittelwerte 1925–44

Monat	Temperatur in °C						Luft-feuchtigkeit	Niederschlag			Himmelsbedeckung Zahl der Tage		
	mittlere	mittleres Maximum	mittleres Minimum	mittlere Schwankung	absolutes Maximum	absolutes Minimum	rel. Feuchtigkeit in %	mm	Tage Regen	Schnee	bedeckt	wolkig	heiter
Januar	17,5	20,4	14,7	5,7	26,5	10,5	66	29,4	6	–	4	22	5
Februar	17,5	20,4	14,6	5,8	29,0	8,1	61	35,7	6	–	3	20	5
März	18,3	21,5	15,1	6,4	31,7	9,5	60	24,8	5	–	3	24	4
April	19,2	22,5	16,0	6,5	31,2	9,4	57	14,8	4	–	2	22	6
Mai	20,3	23,6	17,0	6,6	33,7	12,8	56	7,6	2	–	2	22	7
Juni	22,3	25,9	18,7	7,2	36,8	14,0	55	0,6	0	–	1	18	11
Juli	24,2	28,2	20,2	8,0	38,1	16,3	53	0,1	0	–	0	12	19
August	25,2	29,3	21,1	8,2	40,4	17,2	54	0,1	0	–	0	11	20
September	24,3	27,7	21,0	6,7	37,6	17,5	59	1,8	2	–	1	20	9
Oktober	22,9	25,9	19,8	6,1	38,1	16,0	61	27,7	6	–	3	23	5
November	20,5	23,3	17,7	5,6	30,8	10,1	62	50,7	10	–	4	23	3
Dezember	18,5	21,2	15,8	5,4	26,7	11,0	64	50,3	10	–	3	26	2
Jahr	20,8	24,0	17,6	6,4	40,4	8,1	59	243,8	51	–	26	243	96

Passatzone
La Laguna, 547 m Höhe, 28° 28' nördl. Br., 16° 19' westl. L., Mittelwerte 1911–45

Januar	12,3	15,5	8,8	6,7	24,2	2,1	84	77,1	11	–	6	17	8
Februar	12,7	16,7	8,7	8,0	26,7	0,1	85	77,9	10	–	5	16	7
März	13,5	17,3	9,4	7,9	30,5	3,4	83	58,3	12	–	6	18	7
April	14,6	18,8	10,4	7,6	30,7	2,7	82	34,4	8	–	6	18	6
Mai	15,7	19,8	11,7	8,1	36,2	5,7	81	20,4	7	–	5	22	4
Juni	17,7	21,7	13,4	8,3	34,3	6,6	79	8,2	5	–	7	19	2
Juli	20,0	24,3	15,8	8,5	39,9	8,8	76	5,1	3	–	11	18	2
August	21,1	25,8	16,2	9,6	41,2	11,1	76	4,9	3	–	13	16	2
September	20,5	25,0	16,2	9,4	37,0	8,2	79	11,6	5	–	9	18	3
Oktober	18,3	22,3	14,1	8,2	35,5	7,5	90	58,1	11	–	5	20	6
November	15,5	18,8	12,1	8,1	29,0	3,8	91	117,1	15	–	4	19	7
Dezember	13,3	16,5	10,0	6,5	26,0	1,0	92	95,3	14	–	4	19	8
Jahr	16,2	20,3	12,3	8,1	41,2	0,1	82	568,4	104	–	81	220	64

Hochgebirgszone
Izaña, 2367 m Höhe, 28° 18' nördl. Br., 16° 30' westl. L., Mittelwerte 1922–41

Januar	4,2	7,2	1,1	6,1	16,9	−7,1	51	54,8	2	3	4	17	10
Februar	4,0	9,6	1,0	5,9	16,5	−7,8	50	39,2	3	2	4	14	10
März	5,6	9,4	1,9	7,5	21,0	−6,5	48	29,6	3	1	4	16	11
April	7,2	11,2	3,2	8,0	22,4	−7,0	42	28,0	3	1	3	13	14
Mai	9,1	13,3	5,0	8,3	23,5	−5,1	38	9,3	1	0	2	14	15
Juni	12,3	17,3	7,3	10,0	25,6	0,4	31	2,0	0	0	0	7	23
Juli	17,2	21,5	12,8	8,7	28,7	5,0	26	0,1	0	0	0	6	25
August	17,6	21,7	13,4	8,3	27,8	2,7	28	1,5	0	0	0	9	22
September	13,7	17,7	9,7	8,0	25,2	0,0	41	7,4	2	0	1	14	15
Oktober	9,8	13,2	6,4	6,8	20,8	−1,0	55	47,0	5	0	4	19	8
November	6,3	9,4	3,3	6,2	17,8	−5,0	56	76,0	6	1	5	17	8
Dezember	4,6	7,4	1,7	5,7	16,9	−5,0	49	73,8	4	2	4	17	10
Jahr	9,3	13,0	5,6	7,4	28,7	−7,8	46	368,7	29	10	31	163	171

NATURRAUM UND KULTURLANDSCHAFT

Die Pflanzenwelt

»*Die Welt hat ein Europa,*
Europa hat ein Spanien,
Spanien hat einen Garten –
die Kanarischen Inseln.«
Kanarisches Volkslied

Tod und Leben sind auf den Glückseligen Inseln enger verschlungen als irgendwo anders, und das macht den ereignishaften Einbruch in die Seele des Menschen aus. Hier werden wir Zeugen der Bedrohung durch die Vulkane, ihrer alles Leben auslöschenden Lavaglut, zugleich aber sind die Pflanzen, die auf den verwitterten Gesteinstrümmern Blüten und Blätter ausbreiten, ein untrüglicher Beweis lebendiger Entfaltung. Nicht nur Botaniker haben auf den Inseln den Höhepunkt ihrer Forscherlaufbahn erlebt, oder zukünftige werden hier ihr Arbeitsgebiet suchen, auch jeder aufgeschlossene und schöpferisch empfindende Mensch wird die Farbenpracht und Vielfalt der lebendigen Natur in sich aufnehmen und ein hochgestimmtes Lebensgefühl mit nach Hause tragen. Wir kennen kein Fleckchen der Erde, wo sich der Mensch so intensiv mit der Natur identifizieren kann, wo seine körperlichen und geistigen Kräfte zu solch ungeahnten Leistungen angespannt werden wie hier auf den Inseln.

Von allen Inseln des makronesischen Florenbereichs (vgl. S. 31) besitzen die Kanaren den größten Bestand endemischer Arten, also Pflanzen, die es nur auf diesen Inseln gibt und nirgendwo sonst auf der Erde. Nach letzten Schätzungen (Lems 1960, Bramwell 1972) sind von den insgesamt auf den Inseln vorkommenden 1700 Arten 470 endemisch, wachsen also nur auf den Kanaren, während ungefähr 110 Arten auch auf anderen makronesischen Inseln gefunden wurden; damit besitzt die kanarische Pflanzenwelt einen endemischen Anteil von etwa 33%. Die übrige nichtendemische Flora mit etwa 1100 Arten ist hauptsächlich mediterranen Ursprungs (42%), daneben sind alle Kontinente zwischen den gemäßigten und tropischen Zonen vertreten (25%).

Endemische Pflanzen der Kanaren und Madeiras sind als Fossilien (Blätter und Früchte) im Mittelmeerraum und im Alpengebiet gefunden worden (Barcelona, Rhônetal, Italien usw.). Diese Fossilien, vor allem des Drachenbaums (Umschlagvorderseite), des kanarischen Lorbeers und vieler kanarischer Farne, werden in das Miozän und Pliozän des Jungtertiärs zurückdatiert, was bedeutet, daß diese Pflanzen seit der Tertiärzeit bis heute nur auf den Kanarischen Inseln erhalten blieben. Vom Paläozoikum bis ins Alttertiär war das Mittelmeer Teil eines alten Ozeans, der Tethys-See (nach Tethys, der Gemahlin des griech. Gottes Okeanos), eine breite Meereszone, in der sich die mächtigen Sedimentpakete ablagerten, aus denen die alpidischen Faltengebirge gebildet wurden. An den Rändern dieses subtropischen Ozeans muß die Vegetation in Zusammensetzung und Erscheinung ähnlich der heutigen Lorbeergemeinschaft auf den Kanarischen Inseln gewesen sein. Wodurch konnten aber die Pflanzen auf dem Archipel im Gegensatz zu jenen Europas überleben, oder wodurch sind jene ausgerottet worden? Das Jungtertiär (vor rund 10 Millionen Jahren) brachte der Erde eine fortschreitende Abkühlung, die schließlich in den Eiszeiten des Pleistozän gipfelte. Dadurch wurde die subtropisch-humide Vegetation nach Süden abgedrängt. Dort breitete sich aber mit der Verkleinerung der Thetys-See ein Trockengebiet aus, so daß die veränderten Umweltbedingungen zum Aussterben vieler Pflanzenarten geführt haben. Nur in abgewandelter Form kommen sie gegenwärtig an wenigen Plätzen in Südspanien und Westportugal vor.

Die Kanarischen Inseln jedoch blieben von klimatischen Katastrophen durch ihre Lage im Ozean verschont, und so konnte ihre Flora unter Verlust einiger tropischer Gewächse überleben. Auch die Höhenerstreckung der meisten Inseln diente wahrscheinlich als weitere Absicherung gegen klimatische Wechsel. Dadurch wurde es den Pflanzengemeinschaften ermöglicht, vertikal zu wandern, um sich die jeweils günstigsten ökologischen Bedingungen auszusuchen, was schließlich zum Überleben einer bewunderungswürdigen Flora führte (›Relikt-Paläo-Endemiten‹). Der ›Inselendemismus‹ ist im übrigen ein weit verbreitetes Phänomen, wie die Prozentanteile an endemischen Pflanzenarten auf folgenden Inseln zeigen: Hawaii 94,5%/o der höheren Pflanzen, 64,9%/o der Farne; Madagaskar 85%/o; Neuseeland 80%/o.

Das entscheidende Merkmal der natürlichen Vegetation auf den Kanarischen Inseln ist die markante Gliederung nach Höhenstufen, die besonders auf den westlichen Inseln ausgeprägt ist. Vor allem die Insel Teneriffa mit ihrer Höhe von fast 4000 m innerhalb der subtropischen Klimazone wird seit Alexander von Humboldt immer wieder als Musterbeispiel einer klimatischen und vegetationskundlichen Höhenstufengliederung herangezogen.

Entsprechend ihrer Anpassung an Trockenheit und Temperatur werden folgende Typen unterschieden:[26]

I. Typen mit mesophiler Tendenz (mittlere Feuchtigkeit bevorzugend)
1 Lorbeerwald (laurisilva) (Abb. 8, 17)
2 Strauchformation der Faya und des Brezo (fayal-brezal) (Abb. 18)

II. Abgeschwächt xerophile Typen (abgeschwächt trockenheitsliebend)
3 Strauchige Cytisusformationen (escobonal)
4 Kiefernwald (pinar) (Abb. 28, 32)

III. Stark xerophile Typen (stark trockenheitsliebend)
5 Juniperus-Gehölze (sabinar) (Fig. S. 201)
6 Leguminosen des Hochgebirges (retama und codesco) (Abb. 13, 82)
7 Sukkulentenformation der warmen Tiefenstufe (Abb. 5, 6, 22, 53)
8 Subalpine Halbwüstenformation des Hochgebirges (violeta) (Abb. 83)

NATURRAUM UND KULTURLANDSCHAFT

Die Einstufung dieser acht Grundtypen in die verschiedenen Höhenzonen ist aus dem Idealprofil der Vegetationszonen (s. hintere Innenklappe) ersichtlich. Örtliche Verhältnisse, meist durch Gelände oder Boden bedingt, können die tatsächlichen Grenzen beträchtlich verschieben.

Zu 1 **Lorbeerwald**
Diese immergrüne und relativ artenreiche Baumformation ist der typische Repräsentant des starken Kondensationsbereiches der Wolkenzone. Neben verschiedenen Lorbeerarten, die bis zu 20 m hochwachsen, durchschnittlich aber bei 8-10 m bleiben, mit einem geraden, meist stark verzweigten Stamm und einer nicht sehr breiten Krone, gehören zu dieser Formation auch andere Arten. Bei Wäldern mit dichtem Laubdach breitet sich ein kräftiger Unterwuchs aus Sträuchern, Farnen, Flechten und Moosen aus.

Zu 2 **Fayal-Brezal-Formation**
Dieser Typ der Heidegehölze gleicht in manchen Zügen dem Lorbeerwald, ist ebenfalls an die Kondensationszone des Passatluvs gebunden und wird nach seinen beiden Hauptvertretern (Erica arborea, Myrica faya) benannt, die teils miteinander vermischt, teils aber auch rein vorkommen, im allgemeinen aber in dichten Massen auftreten. Die Baumheide (Brezo) kann in günstigen Lagen bis 15 m hochwachsen, in größeren Höhen ist sie dann aber noch als Strauch- oder Zwergstrauch ausgebildet. Die Faya bleibt gegenüber dem Brezo in den unteren Lagen der Höhenstufe und übersteigt im Durchschnitt die 1000-m-Höhenlinie nicht viel, wenn auch vereinzelte Exemplare bis 1700 m vorkommen. Sie wächst auf guten, silikatreichen Böden und kann bis 10 m hochwachsen.

Lorbeerwald und Fayal-Brezal-Formation werden unter dem Sammelbegriff ›Monte verde‹ zusammengefaßt (s. S. 55).

Zu 3 **Cytisus-Formation**
Diese 3-5 m hohen Sträucher bilden meist ein dichtes Gebüsch, mit nur wenigen anderen Gewächsen dazwischen. Die Formation kommt nur auf Teneriffa vor, und auch dort nur in mäßig großen Flecken.

Zu 4 **Kiefernwald**
Die endemische Kanarische Kiefer ist zweifellos der wichtigste Baum des Archipels. Sein Stammdurchmesser beträgt 0,5-1 m, seine Höhe kann 30 m erreichen. Im allgemeinen wächst dieser anspruchslose Baum auf humusarmen und steinigen Böden von meist geringer Mächtigkeit, die von einer dicken, sich nur langsam zersetzenden Nadelschicht bedeckt sind. Ein Unterwuchs ist nur ganz geringfügig entwickelt. Natürliche große Kiefernwälder findet man nur noch auf Teneriffa, La Palma, Gran Canaria und besonders auf Hierro (s. S. 53).

Zu 5 **Juniperus-Gehölze**
Die Wacholder-Formation ist eine spezielle Fazies der warmen Tiefenstufe, liebt die Trockenheit und ist für große Helligkeit und Temperaturschwankungen gut

angepaßt, den Bodenverhältnissen gegenüber völlig anspruchslos. Der im allgemeinen strauchige Wacholder kann sich in hohem Alter baumartig entwickeln (8 m).

Zu 6 **Hochgebirgsformation der Retama und des Codesco**
Diese beiden Sträucher, zu denen noch einige endemische Gewächse hinzukommen, wachsen auf Teneriffa oberhalb der Baumgrenze. Diese Vegetation ist an äußerste Trockenheit, große Lichtintensität und Sonnenstrahlung sowie an außerordentliche Temperaturschwankungen angepaßt; Polsterwuchs als wirksamer Wasserauffang und Speicherapparat (vgl. Anm. 36).

Zu 7 **Sukkulentenformation der warmen Tiefenstufe**
Ihre Pflanzen sind zum Überdauern von längeren Trockenperioden ausgerüstet (Stamm- oder Blattsukkulenz, Therophyten). Besonders markante Leitpflanzen sind die Säulen-Euphorbien und die Tabaiben (s. S. 53, 55).

Zu 8 **Subalpine Halbwüstenformation des Hochgebirges**
Extreme Trockenheit und Temperaturen (Frost!); äußerst artenarme Schutthaldenvegetation, vertreten im wesentlichen durch das Teide-Veilchen (nur auf Teneriffa) (s. S. 56).

In die bisherige Gliederung passen die Purpurarien Fuerteventura und Lanzarote nicht ganz hinein. Zwar entspricht ihre Vegetation in groben Zügen der des Küstenbereichs auf den Fortunaten, allerdings treten saharische Arten stärker in den Vordergrund. Charakteristisch für die Kleinstrauch-Halbwüstenvegetation auf Fuerteventura ist die Chenolea canariensis und für die Küstenregionen von Fuerteventura und Lanzarote die Färberflechte Roccelletum canariensis (Roccella tinctoria). Einziger Baum ist die Kanarische Palme.

Die ursprünglichen Vegetationsverhältnisse sind durch Eingriffe des Menschen (Waldrodung und Gewinnung von Holzkohle) entscheidend verändert worden. Leonardo Torriani konnte noch die erhabenen Wipfel des ›Bosque de Doramas‹, eines Waldes auf Gran Canaria lobend erwähnen.[27] Innerhalb von zwei Jahrhunderten wurden viele Wälder zerstört, und diese ›anthropogene Wüstenbildung‹ wäre noch ärger, wenn die Kanarier nicht Meister in der Kunst der Bewässerung gewesen wären und es heute noch sind. Aus Optimalformen haben sich Regressions- und Degradationsformen entwickelt; hinzu kam eine beträchtliche Unterwanderung durch fremde Pflanzen. Heute sind die beiden Ostinseln so gut wie ganz entwaldet, auf Gran Canaria ist Hochwald selten geworden (Pinar de Tamadaba), Teneriffa besitzt noch einige schöne Hochwälder (Esperanza-Wald, Lorbeerwald im Anaga-Gebirge u. a.), ebenso La Palma, Gomera und Hierro.

Die von den Spaniern eingeführten Kulturpflanzen bestimmen in den unteren Höhenlagen entscheidend das Landschaftsbild. Die küstennahe Tiefenstufe bis 400 m Höhe dient heute vor allem der Erzeugung von Ausfuhrprodukten. Auf terrassierten Feldern des luvseitigen Küstensaumes treten die Bananenpflanzungen beherrschend in den Vordergrund (Teneriffa, La Palma, Gomera); auf Gran Canaria fehlt der Terrassenanbau weitgehend aufgrund der weiten Ebenen zwischen Gebirge und Küste. Erst in den letzten Jahrzehnten werden auch die leeseitigen Küstenzonen im Winter intensiver mit Tomatenkulturen, Kartoffel- und Maisanbau bewirtschaftet. In einer stark terrassierten Mittelzone bis über 1000 m werden ausschließlich Kulturen für den lokalen Bedarf angepflanzt: Mais, Gerste, Weizen, Leguminosen, Kartoffeln und Obstbäume. Über dieser Mittelzone liegen dann die Wald- und Weidegebiete. Der Anbau auf den östlichen Kanaren dient fast ausschließlich dem Eigenbedarf, mit Ausnahme des Zwiebelanbaus auf Lanzarote.

Kleine Pflanzenkunde

Die Abkürzungen am Ende der Einzelbeschreibung verweisen auf die Zugehörigkeit der Pflanzen zu Familien; siehe die Übersicht am Ende dieses Kapitels.

Endemische Pflanzen

Centaurea canariensis (Fig. S. 54)
Strauch bis 1,5 m Höhe.
Die unteren Blätter des Busches sind gefiedert gelappt mit 4–5 Paar lanzettförmiger Lappen. Dagegen sind die oberen Blätter kleiner und einzeln stehend, gelegentlich in den unteren Partien etwas gefiedert. Diese Besonderheit ist auch in der Namensgebung der Pflanze ausgedrückt. Centaurea leitet sich von den Centauren her, Wesen der griechischen Mythologie mit menschlichem Oberkörper und Pferdeleib. Die Blüten sind malvenfarbig. Viele sind unfruchtbar und haben nur die Funktion, Insekten anzulocken. *Comp.*

Dachwurz (Aeonium urbicum) (Abb. 96)
Blattrosette auf längerem Stiel, häufig auf Dächern vorkommend. *Crass.*

Drachenbaum (Dracaena draco)
(Abb. 2, 103, Umschlagvorderseite)
Dieses archaisch wirkende Liliengewächs, der Charakterbaum der Kanarischen Inseln, kann eine Höhe bis zu 20 m erreichen. Die Bewohner von Icod/Teneriffa schwören, daß ihr berühmter Drachenbaum 2500 bis 3000 Jahre alt sei. Da diesem Baum Jahresringe zur Altersbestimmung fehlen, versuchte man sein Alter aus der Anzahl der Gabelungen zu bestimmen. Dieser Rhythmus ist jedoch sehr unterschiedlich, so daß man heute noch keine exakte Datierung nennen kann. Allerdings wird das Alter des Baumes als nicht ganz so hoch angesetzt (evtl. nur 400 Jahre). Die Ureinwohner der Inseln verehrten ihn als heiligen Baum, dessen ›Drachenblut‹, eine farblose, harzige Ausscheidung, die bei Verletzungen des Stammes austritt und sich an der Luft dunkelrot wie eingetrocknetes Blut färbt, in ihrer Heilkunst eine große Rolle spielte und ihnen auch zur

Mumifizierung ihrer Toten diente. Die nächsten rezenten Verwandten des Drachenbaumes wachsen in Somalia und im südnubischen Hochland. *Lil.*

Drachenwurz (Dracunculus canariensis) Verwandt mit der nichtendemischen riesigen Monstera-Pflanze. Höhe 1–1,6 m, gewundene, knollige Wurzeln. Blüte: Ende Januar, überaus lange, grüne Blütenscheide (bis zu 50 cm), die sich Februar/März prächtig weiß öffnet, wobei sich der gelbe Kolben schön gegen die Blütenscheide abhebt. Fäulnisgeruch zieht Insekten an, die durch Reusenhaare bis zur Bestäubung gefangen gehalten werden. *Ara.*

Escobón (Chamaecytisus proliferus) Weiße Schmetterlingsblüten. Die jungen Triebe werden gern als Ziegenfutter verwendet, die älteren als Stallstreu. Verbreitet ist die Pflanze auf *Teneriffa:* Aguamansa, Esperanza, Anaga, Cumbres de la Orotava, Cumbre de Güímar, Fasnia, Granadilla, Vilaflor, Los Realejos; *Gomera:* Agando, Cedro, Chipude; *Hierro:* Riscos de Tivataje, Cumbre de El Golfo, Hoya de Jinamita (Fig. S. 54). *Leg.*

Euphorbienstrauch, Tabaiba (span.) (Euphorbia regis-jubae) (Abb. 22, 143) Ein nach oben hin sich strauchartig verbreiterndes Wolfsmilchgewächs bis zu 1,5 m Höhe; lanzettförmige endständige Blattrosetten; giftiger Milchsaft. *Euph.*

Gelbe Fensterpflanze, Cardoncillo (span.) (Ceropegia dichotoma) (Fig. S. 54) Eine interessante xerophytische kandelaberartige Pflanze. Steckenhafte Basaltriebe mit sparsamer Vergabelung, meist blattlos, nur im Winter mit wenigen schmalen spitzen Blättern an den Nodien (wachstumsbedingte Einschnürungen); Blüte: Januar–Mai an Spitzen und Nodien Knospen, die gelb blühen, mit fünf seitlichen Eingängen (›Fenstern‹) für Insekten, welche an den wachsgeglätteten Innenwänden hinabgleiten und durch Reusenhaare bis zur Bestäubung gefangen gehalten werden (sogenannte Gleitfallenblüten). Nach der Bestäubung schrumpfen die Sperrhaare und die Wandungen verlieren ihre Glätte. Verbreitung: in Meeresnähe bis 1000 m ansteigend. *Ascl.*

Kanarische Dattelpalme (Phoenix canariensis) (Abb. 15, 51) Eine der schönsten Palmen der Welt. Die goldorange leuchtenden Fruchtstände enthalten sehr kleine Früchte, die nicht verzehrt werden. Zierpalme mit großen geschwungenen Fiederblättern. *Palm.*

Kanarische Glockenblume (Canarina canariensis) Glockenblumengewächs, 5 cm lange goldrote Blütenkelche. Blüte: Januar–April. *Camp.*

Kanarische Kiefer (Pinus canariensis) (vgl. S. 50) (Abb. 85, 113) Wichtigster Baum der Inseln (Nadellänge) 30 cm, dreinadelig), wächst in den ersten fünf Jahren nur sehr langsam, danach aber 15–20 Jahre sehr rasch, kann unter Umständen ein Alter von mehreren hundert Jahren erreichen. Das harte, zähe und harzreiche Kernholz (Teaholz) wird gerne als Baumaterial für kanarische Bal-

NATURRAUM UND KULTURLANDSCHAFT

Centaurea canariensis   *Chamaecytisus proliferus*   *Ceropegia dichotoma*

kone und Kirchendecken verwendet. Die Nadeln dienen als Streu zum Verpacken der Bananenstauden. Fossilien aus der Miozänzeit in Murcia (Spanien) und Gard (Südfrankreich) beweisen, daß die Kiefer auch in Europa heimisch war (s. S. 48 f.). Schon die Ureinwohner benutzten das Holz zum Fertigen ihrer Keulen, Spieße und Speere. Aus Berichten der Chronisten des 15. Jahrhunderts geht hervor, daß alle Inseln mit Ausnahme von Fuerteventura und Lanzarote mit diesen prachtvollen Kiefernwäldern bedeckt waren, von denen heute leider nur noch Reste übriggeblieben sind. Die Eroberer rodeten die Wälder für ihren Schiffsbau, für Harz- und Pechgewinnung, für Weinfässer, zur Verbrennung in den Zuckerraffinerien; außerdem wirkte sich der Viehverbiß verheerend aus. Heute bemüht man sich wieder verstärkt um die Aufforstung, um den Wasserhaushalt der Inseln zu sichern, der durch den ansteigenden Tourismus und die expandierende Wirtschaft immer größeren Anforderungen ausgesetzt ist. Die Kiefern in Höhenlagen von 1000 bis 2000 m sind in der Lage, »die Wolken zu melken«. An den Nadeln kondensiert das Wasser von Wolken und Nebel und tropft als Niederschlag ab. Messungen unter ausgewachsenen Bäumen haben ergeben, daß pro Jahr etwa 2000 Liter Niederschlag je qm fallen. Unter freiem Himmel ergaben die Messungen nur etwa 500 Liter. Zieht man den Eigenverbrauch der Bäume ab, so verbleibt immerhin noch ein Überschuß von 1500 Litern, der dem Wasserhaushalt der Insel zugute kommt (s. S. 125).   *Pin.*

Kanarisches Sempervivum
(Aeonium canariense)   (vgl. Abb. 86) Rosette (Durchmesser um 30 cm) aus breitlöffelförmigen, auf der Unterseite leicht filzigen, zur Mitte hin kleiner werdenden und enggeschichteten Blättern, Blütezeit: April–Juni, stämmiger aufrechter Blütentrieb mit weißgelblichen Blüten. Besonders auffallend wegen der flachen, tellerartigen Rosetten mit 100–200 Blättern ist Aeonium tabuliforme.   *Crass.*

Laurus azorica *Myrica faya* *Plocama pendula*

Kanarische Tamariske
(Tamarix canariensis)
Nicht sehr hohe Sträucher in Meeresnähe, oft mit unregelmäßig knorrig wachsendem Stamm, feinem Gezweig und winzigen Blättchen; Blüte: Frühjahr (graurosa); Samenstände fallen durch wollige Fädchen auf. *Tam.*

Lorbeer (Laurus azorica) (Abb. 17)
Besonders auf Gomera bis zu 20 m hohe Bäume, unansehnliche Blüten, einsamige Beeren; Blätter spitz und elliptisch (ca. 10 cm lang), dunkelgrün, ledrig und matt glänzend; Verwendung als Küchengewürz (s. S. 5c). *Laur.*

Säuleneuphorbie, Cardón (span.)
(Euphorbia canariensis) (Abb. 5, 89)
Fünfeckige, kandelaberartig bis zu 2 m in die Höhe ragende grüne ›Säulen‹, die wie alle Wolfsmilchgewächse einen weißen giftigen Milchsaft enthalten. Die Kanten sind mit paarigen Dornen besetzt. An den Triebspitzen kleine rötliche Euphorbienblüten; rötliche dreieckige Samenkapseln mit drei Samenkörnern. Blüte: April bis Juli. Verwandte stammsukkulente Euphorbien kommen in Marokko, aber auch in Indien, Südafrika und auf Madagaskar vor. *Euph.*

Scheidenblättrige Zistrose
(Cistus symphytifolius) (Abb. 79)
Endemische Cistus-Art, deren rosafarbene Blüten mit gelben Staubgefäßen in der Mitte an Rosen erinnern. Die kurzen Stengel der gegenständigen Blätter sind blattscheidenartig miteinander verwachsen. Blüte: März–Mai. *Cist.*

Teide-Besenrauke
(Descurainia bourgeauana)
Verwandt mit unserer Besenrauke; mannshohe Büsche, Blüte: Anfang Juni, leuchtend gelb; kommt auch außerhalb der Cañadas in ca. 2000 m Höhe vor. *Cruc.*

Teide-Codesco (Adenocarpus viscosus)
Intensiv gelbe Schmetterlingsblüten. Niedriger, zuweilen kriechender Strauch

NATURRAUM UND KULTURLANDSCHAFT

mit kleinen, leicht klebrigen Blättchen (Teneriffa/Cañadas, La Palma/Cumbrecita, Gomera). *Leg.*

Teide-Ginster, Retama (span.)
(Spartocytisus nubigenus) (Abb. 13, 82)
Auffälligste Charakterpflanze der Caldera de las Cañadas/Teneriffa, 1,5–2,5 m hohe Büsche mit starren Zweigen. Blüte: Ende April, stark duftende weiße oder rosafarbene Blüten (s. S. 51). *Leg.*

Teide-Skabiose
(Pterocephalus lasiospermus)
Meist flachere Büsche und Polster, in Gestalt und Farbe der rosafarbenen Blüten an unsere Skabiose erinnernd. *Dips.*

Teide-Veilchen, Violeta del Teide (span.)
(Viola cheirantifolia) (Abb. 83)
Eine botanische Rarität, die nur auf den trockenen Bimssteinabhängen der Teideflanken bis etwa 3600 m Höhe vorkommt. Durch lange, weitverzweigte Wurzeln wird die Feuchtigkeit aufgenommen. Blätter sind graugrün und sonnenabweisend. Blüte: Mai–Juni, 5–20 Blüten, erinnern an die Blüten unseres Feldstiefmütterchens (s. S. 51). *Viol.*

Roter Teide-Natterkopf, Taginaste (span.) (Echium wildpretii)
Die zur Familie der Rauhblattgewächse gehörende staudenartige Pflanze, die nur in der Caldera de las Cañadas auf Teneriffa vorkommt, treibt ab Anfang Juni bis zu 2 m hohe unverzweigte, kerzenartige Blütenstauden (bis zu 84000 Blüten). Einzigartig sind die nach dem Verblühen zurückbleibenden Skelette, die noch die Anordnung der Blüten gut erkennen lassen. *Bor.*

Blauer Teide-Natterkopf
(Echium auberianum) (Abb. 88)
Aus einem kräftigen Blattbüschel können ein oder mehrere Blütentriebe bis zu 1 m Länge aufsprießen (Anfang Juni), die mit himmelblauen Blüten besetzt sind. Standort wie Echium wildpretii. Die Gattung Echium tritt auf dem Archipel mit 23 Arten auf. *Bor.*

Valo (Plocama pendula) (Fig. S. 55)
Auffallend frischgrüne Sträucher mit vielgegabelten Grundschößlingen. Typische Pflanze der Trockenregionen, mit strähnenartig hängenden Zweigen und langen weichen nadelförmigen Blättern. Gelbliche Blüten zwischen Februar und Mai. Die häufig im Süden und Westen der Inseln bis zu Höhen von rund 600 m anzutreffende Pflanze wird gern als Ziegenfutter verwendet. *Rub.*

Verode (span.) (Senecio kleinia)
(Abb. 80)
Leicht mit Tabaiba zu verwechseln, doch sind ihre Blätter kräftiger und oleanderähnlich; nach der Blütenform keine Euphorbie. Blüte: Oktober–November; kleine Körbchenblüten an den Triebspitzen, im Winter weißhaarige Samenbüschel (erinnern an die Samen unserer Weiden und Pappeln). Gemäß den Vegetationsepochen haben die kräftigen Triebe oft deutliche Einschnürungen. *Comp.*

Tropische und subtropische Pflanzen aus anderen Ländern

Afrikanischer Tulpenbaum, Tulipero de Gabón (span.) (trop. Afrika)
(Spathodea campanulata) (Abb. 65/66)

Große, in Büscheln angeordnete, orangerote Kelchblüten, häufiger Park- und Alleebaum (Santa Cruz de Tenerife, Puerto de la Cruz). Blüte: Januar–Mai.
Big.

Agave
Die Gattung stammt aus Mittelamerika. Allen Arten gemeinsam ist die Rosette derber, fleischiger Blätter, aus deren Mitte nach 8–16 Jahren ein Blütensproß emporwächst, der eine Höhe von 12 m erreichen kann und der oben eine Anzahl von lockeren Zweigen besitzt, auf denen gelbgrünliche duftende Blüten sitzen. Die Pflanze hat zu diesem Zeitpunkt schon viele Ableger aus den Wurzeln und dem kurzen Stamm getrieben, die für die nach der Blütenbildung absterbende Pflanze wichtiger sind als der Samen. Die **Agave americana** (Mexiko) hat nach innen gekrümmte Blätter, die bis zu 150 cm lang sind und in einem etwa 6 cm langen Stachel enden. Die **Pulque-Agave** (Agave salmiana) ähnelt der amerikanischen Art, ist jedoch höher und breiter im Blatt und besitzt Endstachel von etwa 7 cm Länge. In Mexiko stellt man daraus das beliebte Pulque-Getränk her. Die schlanken, dunkelgrünen und mit sattbraunem Endstachel versehenen Blätter der **Sisal-Agave** (Agave sisalana) haben im Vergleich zu den anderen Arten glatte Ränder. Wie in Südamerika werden sie auch auf Fuerteventura zur Fasergewinnung angebaut. Bei der Gewinnung der Faser werden die Blätter einem Gärungs- und Röstprozeß unterworfen, der alles Gewebe bis auf die Fasern zerstört, die dann der Herstellung von grobem, festem Flechtwerk dienen (Kaffeesäcke, Stricke u. a.).
Agav.

Avocado-Birne (trop. Amerika)
(Persea gratissima)
Großer Baum mit immergrünen Blättern und weißgelblichen Blüten in offenen Rispen, Blüte: Februar–April. Die birnenförmigen Sommerfrüchte sind dunkelgrün und gekörnelt (es gibt auch Arten mit runden Früchten). Die vollreifen Früchte sind sehr weich und dienen zur Herstellung von Marmelade, sind aber auch als Salat mit Salz und Pfeffer wohlschmeckend.
Laur.

Baumheide, Brezo (span.)
(Südeuropa)
(Erica arborea)   (Abb. 18)
Heidekrautgewächs wie in unseren gemäßigten Breiten, jedoch von baumartiger Höhe, Blüte: Januar–April (weiß-rosa). Zweige werden gerne als Stallstreu verwendet (s. S. 50).
Eric.

Baumstechapfel (Datura arborea)
Zierpflanze; ein immergrüner Strauch mit charakteristischen großen, glockenförmigen hängenden weißen Blüten, die nachts einen betäubenden Duft ausströmen.
Sol.

Blaue Trichterwinde, Redadera (span.)
(Ipomoea acuminata)
Kletterpflanze mit tiefblauvioletten Trichterblüten, verwandt mit unserer Zaunwinde, Blüte: Winter und länger. *Conv.*

Bougainvillea, Papelera (span.) (Südsee)
(Bougainvillea spectabilis) (Abb. 72, 73)
Hochblätter (keine Blüten!) in Violett, Rot, Orange, Gelb und (selten) Weiß. An die drei farbigen Hochblätter schließen sich die weißlichen Blüten an.
Nyc.

NATURRAUM UND KULTURLANDSCHAFT

Cosco (Nordafrika)
(Mesembryanthemum nodiflorum)
(Abb. 81)
Unter intensivem Sonnenlicht oder anhaltender Trockenheit nimmt die Pflanze lebhafte rote Farbe an. Die kleinen gelblichen Mittagsblumen haben winzig kleine Knoten auf den äußeren Blättern. *Aiz.*

Eispflanze (Nordafrika)
(Mesembryanthemum crystallinum)
(Abb. 84)
Unscheinbare Pflanze in Küstennähe, aus der Soda gewonnen wird. Auf der Unterseite der dicken gekräuselten Blätter sind aufgeblähte Zellen, kristallklare Papillen, die wie dünne Eistropfen aussehen. In sehr trockenen Gegenden haben die Pflanzen weniger breite Blätter, und die rötlichen, auch mit Eistropfen versehenen Schößlinge herrschen vor. Die unzähligen hellen bewimperten Blüten schließen wie alle Mittagsblumen am frühen Nachmittag ihre Blüten. In Zeiten von Nahrungsmittelknappheit werden die kleinen Früchte gegessen. *Aiz.*

Eukalyptusbaum (Australien)
(Eucalyptus globulus)
Familie der Myrtengewächse, bis zu 40 m hoch. Die lanzettförmigen, silbrigen, hängenden Blätter sind so gestellt, daß sie dem Sonnenlicht möglichst wenig ausgesetzt sind. Die Blüte ist in kleine weißgrüne Kapseln eingeschlossen, deren Deckelchen durch die hellen Staubfäden gesprengt wird. Holz und ätherische Öle des schnell wachsenden Baumes finden vielseitige Verwendung; etwa 20 verschiedene Arten. *Myrt.*

Feigenkaktus oder **Opuntie** (Mexiko)
(Opuntia ficus-indica)
(Abb. 77, Fig. S. 116)
Dieser Kaktus mit seinen eßbaren Früchten wurde seit dem 16. Jahrhundert aus Mexiko in den Mittelmeerraum und auf die Kanaren eingeführt. Auf ihm wird bis heute die Cochenille-Schildlaus gezüchtet, aus der man den einst so begehrten roten Farbstoff gewinnt. Noch heute wird die Farbe für das Einfärben der Orientteppiche und zur Herstellung von Lippenstiften verwendet. Andere Opuntienarten sind die *Zylinder-Opuntie* (Opuntia cylindrica) mit ihren zylindrischen Gliedern und die *Gold-Opuntie* (Opuntia microdasys) mit ihren goldgelben Stachelpolstern. *Cact.*

Feuer-Akazie oder **Flamboyant**
(Madagaskar) (Delonix regia)
Halbhoher Baum mit farnartig gefiederten Blättern, im Sommer mit hochroten Blüten übersät. Im Winter sind die 40–60 cm langen dunkelbraunen Fruchtschoten auffallend. *Papil.*

Feuerbignonie (trop. Amerika)
(Pyrostegia venusta) (Abb. 78)
Kletterpflanze mit Haftwurzeln und Trieben von 10 cm Länge. In Büschen schön leuchtende orangegelbe Röhrenblüten, Blüte: Dezember–Februar. *Big.*

Hibiskus oder **Chinesischer Roseneibisch** (Südchina)
(Hibiscus rosa-sinensis) (Abb. 75)
Eindrucksvoll ist der weit aus der Blüte ragende, fünfzipfelige Stempel mit vielen Staubgefäßen; blüht ganzjährig in roter, gelber, rosa Farbe; auch gefüllt. Auf den Inseln gibt es auch einen *wilden Hibiskus* (Lavatera acerifolia, endemisch). *Malv.*

Japanische Wollmispel (Ostasien)
(Eriobotrya japonica)
Ein immergrüner Obstbaum mit fast pflaumengroßen gelben schmackhaften Früchten, die jedoch wegen ihrer geringen Haltbarkeit nicht exportiert werden können. *Ros.*

Kaffee (Coffea arabica)
Sträucher mit weißer Blüte und roten Früchten mit zwei Samen, den Kaffeebohnen (auf Gran Canaria und Gomera).

Kerzensträucher (Brasilien)
(Cassia didymobotrya)
Ganzjährig gelbblühend. *Leg.*

Luftnelke (trop. Amerika)
(Tillandsia dianthoidea)
Die Pflanze gedeiht nicht in der Erde, sondern man sieht sie meistens an Bindfäden an Fenstern und Balkonen aufgehängt. Die nelkenartigen Blätter nehmen die Luftfeuchtigkeit auf und ernähren somit die Pflanze. Blüte: Ende April–Juni in Rispen mit kleinen dunkelvioletten Blüten und roten Hochblättern. *Brom.*

Oleander (Mittelmeergebiet)
(Nerium oleander)
Oft baumgroße Sträucher mit weißen, rosafarbenen, roten oder gelben, gefüllten oder ungefüllten Blüten. Schmale, spitze und harte Blätter. Die Pflanze ist sehr giftig. *Apo.*

Papageiblume (Südafrika)
(Strelitzia reginae) (Abb. 67)
Eigenartige vogelkopfähnliche Blütenform, gelborange mit blau, ganzjährig blühend. *Mus.*

Papayo- oder **Melonenbaum** (trop. Amerika) (Carica papaya) (Abb. 70)
Beliebt wegen seiner melonenähnlichen, gut schmeckenden Früchte. *Car.*

Passionsblume, wechselfarbig (trop. Amerika) (Passiflora alata-caerulea) (Abb. 69)
Eine von mehreren Arten. Interessant ist der innere Aufbau der Passionsblüten: die beweglichen Staubgefäße betrachtet man als die Wundmale Christi, die Ranken werden als Geißel gedeutet. Aus dem Fruchtknoten selbst gehen oben an drei starken Trägern die doppelköpfigen Stempel hervor, die mit den Kreuzigungsnägeln verglichen werden. Der prachtvolle, blauviolette Strahlenkranz schließlich stellt die Dornenkrone dar. *Pass.*

Schwert-Aloë (Südafrika)
(Aloë arborescens) (Abb. 71)
Eine der zahlreichen Aloë-Arten, Blüte: Dezember–Februar, gelbe bis scharlachrote Blütentrauben. *Lil.*

Trompetenblume
(Phaedranthus buccinatorius) (Abb. 68)
Weniger häufig als andere Bignonienarten. Lange weinartige Sprößlinge mit kräftigen Blättern und einzelnen großartigen rötlichen Blüten, den ganzen Winter hindurch blühend, obwohl die eigentliche Blütezeit im Frühling liegt. *Big.*

Weihnachtsstern (Mittelamerika)
(Euphorbia pulcherrima)
(Abb. 2, 76; Frontispiz S. 2)
Einfache und gefüllte rote Hochblätter (keine Blüten), zu Weihnachten in europäischen Blumengeschäften als Topfpflan-

ze erhältlich, auf den Inseln dichte Büsche bis zu 3–4 m Höhe; Blüte: November– Januar. *Euph.*

Würgerfeige (Ficus dealbata) (Abb. 74) Pflanze keimt (wurzelt) im tropischen Regenwald in den Astgabeln anderer Bäume und kann sich unter Umständen als Überpflanze (Epiphyt) entfalten. Sie sendet dabei kräftige schnurgerade Luftwurzeln hinunter in den Erdboden. Dort erstarken sie rasch und stützen und ernähren den Epiphyt. Im Laufe der Zeit entstehen phantastische, verzweigte Gebilde mit einem einheitlichen Laubdach, wobei die gastgebende Pflanze durch Umschnürungen und Lichtmangel eingeht (Botanischer Garten von La Orotava/Teneriffa). Diese Gattung wird als Zwischengattung (Urticaceae Moraceae) angesehen. *Mor.*

Zuletzt sei noch eine Zusammenstellung von Namen einiger Pflanzenarten gegeben, auf die aus Platzgründen nicht näher eingegangen werden kann.

Wie im Mittelmeerraum findet man *Apfelsinen-, Zitronen-, Pampelmusen-, Granatapfel-* und *Mandelbäume*. Außerdem *Zimtbäume, Pfeffersträucher, Kampferbäume*. Neben verschiedenen *Palmenarten* (Phoenix canariensis, Washingtonia [Abb. 51], Königspalme) gibt es den *indischen Lorbeer* (Abb. 126), den *falschen Gummibaum* (Ficus decora), *südamerikanische Mimosen*, vereinzelt *Korkeichen, Platanen* und *Zitterpappeln*.

Auf die Banane wird im Kapitel über die Landwirtschaft ausführlich eingegangen.

Gruppierung der vorgestellten Pflanzen nach Familien

Agavaceae	Agavengewächse	**Euphorbiaceae**	Wolfsmilchgewächse
Aizoaceae	Mittagsblumengewächse	**Lauraceae**	Lorbeergewächse
Apocynaceae	Hundsgiftgewächse	**Leguminosae**	Hülsenfrüchtler
Araceae	Aronstabgewächse	**Liliaceae**	Liliengewächse
Asclepiadaceae	Schwalbenwurzgewächse	**Malvaceae**	Malvengewächse
Bignoniaceae	Bignoniengewächse	**Moraceae**	Maulbeergewächse
Boraginaceae	Rauhblattgewächse	**Musaceae**	Bananengewächse
Bromeliaceae	Ananasgewächse	**Myrtaceae**	Myrtengewächse
Cactaceae	Kaktusgewächs	**Nyctaginaceae**	Nachtblüher
Campanulaceae	Glockenblumengewächse	**Palmae**	Palmen
Caricaceae	Baum-Melonengewächse	**Papilionaceae**	Schmetterlingsblütler
Cistaceae	Zistrosengewächse	**Passifloraceae**	Passionsblumengewächse
Compositae	Korbblütlergewächse	**Pinaceae**	Piniengewächse
Convolvulaceae	Windengewächse	**Rosaceae**	Rosenartige Gewächse
Crassulaceae	Dickblattgewächse	**Rubiaceae**	Krappgewächse
Cruciferae	Kreuzblütlergewächse	**Solanaceae**	Nachtschattengewächse
Dipsacaceae	Skabiosengewächse	**Tamaricaceae**	Tamariskengewächse
Ericaceae	Heidekrautgewächse	**Violaceae**	Veilchengewächse

Die Tierwelt

Gegenüber der mannigfaltigen Pflanzenwelt ist die kanarische Tierwelt weniger artenreich und eigenständig. Beruhigend für den Fremden ist es, daß er bei seinen Wanderungen durch vulkanische Felslandschaften, durch unbekanntes Gestrüpp oder durch die Wälder nirgendwo von giftigen Schlangen oder Skorpionen bedroht wird. Von den vorhandenen Reptilien ist neben den verschiedenen Eidechsenarten vor allem eine *Blindschleiche* mit kurzen Beinen auffällig, die so stark zurückgebildet sind, daß man das Tier häufig fälschlicherweise mit einer Schlange verwechselt. Nachts jagt der *Gecko* nach Insekten, wobei er sich mit seinen Haftzehen am Gemäuer festklammert. Nur wenige Reisende werden auf der Insel Hierro vereinzelte Exemplare der 60 cm langen *Echse Lacerta simonyi* entdecken, deren archaisches Aussehen bestätigt, daß wir es hierbei mit einem lebenden Fossil aus der Tertiärzeit zu tun haben.

In dem Land, das dem *Kanarienvogel* seinen Namen verlieh, ist dieser Vogel nicht mit besonders schmeichelhaften Gaben der Natur ausgestattet: nur graugrün ist sein Gefieder, und auch als Sänger tritt er nicht besonders hervor. Im Vergleich zu seinem in Deutschland (Harz) gezüchteten Bruder mit auffallend gelbleuchtendem Federkleid und der prächtigen Singstimme ist der Kanariengirlitz (Serinus canaria) eine recht bescheidene Wildform. Als ›Harzer Roller‹ kehrt die Zuchtform häufig in die kanarischen Vogelbauer zurück; als vermeintlich ›echter‹ Kanarienvogel tritt er dann manchmal erneut eine Reise nach Deutschland an. Von den übrigen Vögeln hat sich der *Capriot* (Sylvia [phiomela] atricapilla) mit seinem verlockend schönen flötenden Gesang den Beinamen ›kanarische Nachtigall‹ verdient. In kleinen Gruppen eifrig trippelnd beleben die *Strandläufer* die Strände, desgleichen *Möwen* und *Ibisse*, ein storchähnlicher Vogel (Threskiornithidae). Der *Wiedehopf* ist hier weniger scheu als bei uns. Außerdem trifft man auf *Schwarzdrosseln, Buchfinken, Felsen-, Turtel-, Ringel-, Silberhals-* und *Lorbeertauben,* letztere auf La Palma und Gomera, auf *Spechte* und gelegentlich *Reiher* und *Fasane.* Gern jagt der *Bussard* in den Steilküsten; hoch in den Lüften kreisen kleine schwarz-weiße *Schmutzgeier* und hellbraune *Turmfalken.*

Liebhaber von Schmetterlingen begegnen auf den Inseln dem *Admiral* (Vanessa vulcania), der sich von dem europäischen allerdings unterscheidet, außerdem dem orangefleckigen *Zitronenfalter* (Gonepteryx cleobule). Der größte Falter des Archipels ist der *Danaus plexippus* mit einer Flügelspannweite von 9,4 cm. Die prächtig gestreifte Raupe hat vorne und hinten je zwei schwarze Taster. Die Falter entschlüpfen nach ca. 14 Tagen einer überraschend kleinen, jadegrünen Puppe mit Goldpünktchen. Früher für den eigenen Bedarf, heute nur noch als touristische Attraktion züchtet man den *Seidenspinner* (Bombyx mori) (El Paso/La Palma). Seine Raupen verpuppen sich in einem dichten Seidengespinst (Kokon), das aus bis zu 4000 m langen Seidenfaden bestehen kann, wovon jedoch höchstens 800 m abhaspelbar sind. *Heuschrecken* und besonders *Grillen* streichen mit ihrem Zirporgan (bestehend

Zu den Abbildungen 1-63

1 TENERIFFA San Pedro de Daute westlich von Garachico hoch über der brandungsumtobten Steilküste. Der runde Wasserauffangbehälter dient der Bewässerung der Bananenplantagen.
2 TENERIFFA Blick über die Dächer von von La Orotava (345 m) nach Puerto de la Cruz. Im Vordergrund ein junger Drachenbaum (Dracaena draco) und Weihnachtssterne (Euphorbia pulcherrima).
3 TENERIFFA La Orotava. Typische kanarische Holzbalkone in der Calle de San Francisco (Patio der Stickereischule, vgl. Abb. 36).
4 TENERIFFA Nordküste mit Trocken- und Bewässerungsfeldbau. Blick von La Matanza zum Orotava-Tal und zum schneebedeckten Pico de Teide (3718 m). Oberhalb von Puerto de la Cruz zieht die tägliche Passatwolke auf.
5 TENERIFFA Trockenzone im Süden bei Las Galletas mit Säulen-Euphorbien (Euphorbia canariensis, vgl. Abb. 89). Blick nach Norden zu einzelnen parasitären Vulkanen und zur wolkenverhangenen Caldera de las Cañadas.
6 TENERIFFA Blick auf die regenarme Südküste bei El Médano mit der Montaña Roja (171 m). An Lorbeerstöcken werden Tomaten gezogen; im Vordergrund rechts Opuntia dillenii, links Launaea arborescenz (span. Ahulaga).
7 TENERIFFA Der Weiler Masca am Rande des steilen Barranco de Masca im unwegsamen Teno-Gebirge; im Vordergrund wild wachsende Opuntien und Agaven.
8 TENERIFFA Anaga-Gebirge mit Lorbeerwald (Laurus azorica) und Baumheide (Erica arborea). Blick vom Mirador Pico del Inglés nach Südosten. Am Horizont erheben sich über den Passatwolken die Berggipfel der Insel Gran Canaria, Sichtweite 100 km.
9 TENERIFFA Orotava-Tal in Höhe des Dorfes Aguamansa (900 m). Das Landschaftsbild mit Obstbäumen, Gemüse- und Kartoffelfeldern erinnert an das unserer gemäßigten Breiten.
10 TENERIFFA Orotava-Tal. Kiefernzone in etwa 1700 m Höhe mit Blick auf den schneebedeckten Pico de Teide und auf die obere Grenze der sich auflösenden Passatwolke (Aufnahme im April).
11 TENERIFFA Sonnenaufgang in der Caldera de las Cañadas (ca. 2200 m). Blick vom Parador Nacional auf den beleuchteten Pico de Teide (3718 m). Noch liegen die Teide-Ginsterbüsche im Schatten der Krater-Randberge.
12 TENERIFFA Caldera de las Cañadas mit schneebedeckten Randbergen (Guajara 2717 m); braune Lavaströme und helle Bimssteinfelder.
13 TENERIFFA Caldera de las Cañadas bei Sonnenuntergang. Blick von der Ucanca-Ebene auf die Felsgruppe Los Roques und auf den Pico de Teide; sein Gipfel wird vom kegelförmigen Pitón gebildet, der sich 200 m über der Rambleta erhebt. Im Vordergrund Teide-Ginster (Spartocytisus nubigenus).
14 TENERIFFA Las Cañadas. Markantester Felsen von Los Roques. Windschliff hat die unteren Schichten dieses vulkanischen Härtlings zu einem dünnen Hals geformt (vgl. Umschlagrückseite), junge Kiefernaufforstungen.
15 GOMERA Kanarische Dattelpalmen (Phoenix canariensis, endemisch) und kunstvoll angelegte terrassierte Maisfelder bei Vallehermoso. Die Passatwolken hüllen den höher gelegenen Nebelwald ein.
16 GOMERA Alte Getreidemühle bei San Sebastián de la Gomera
17 GOMERA Dichter, mit Bartflechten behangener Lorbeerwald in der Nebelstufe des Monte del Cedro.

18 GOMERA Wälder mit Baumheide (Erica arborea, span. Brezo) an der oberen Grenze der Nebelstufe. Blick über den zentralen Monte del Cedro nach Nordosten. Am Horizont taucht in 70 km Entfernung die Nachbarinsel Teneriffa mit dem Pico de Teide und der Caldera de las Cañadas über den Passatwolken auf.

19 GOMERA Panoramastraße von San Sebastián de la Gomera nach Playa de Santiago. Blick in den Barranco Juan de Vera und zum Roque de Magro (Roque Sombrero).

20 GOMERA Blick vom Parador Nacional auf San Sebastián de la Gomera am Ende des Barranco de la Villa, Passatwolke.

21 HIERRO Blick vom Mirador de Jinama auf El Golfo mit dem Ort Frontera und seinen Wein-, Obst- und Gemüsefeldern. Der Bogen der bis zu 1500 m hohen Berge ist die Hälfte einer Riesen-Caldera, deren nördlicher Teil im Meer versunken ist.

22 HIERRO Lapillifelder, Lavaströme und parasitäre Vulkane im Süden bei La Restinga. Euphorbiensträucher (Euphorbia regis-jubae, span. Tabaiba, endemisch) sind Leitpflanzen dieser Trockenzone, Passatwolke.

23 HIERRO Santuario de Nuestra Señora de los Reyes (Schutzpatronin der Insel) im unwegsamen Westen der Insel.

24 HIERRO Fischerdorf La Restinga an der Südspitze der Insel.

25 LA PALMA Hölzerne Balkone an der Avenida Marítima in der Inselhauptstadt Santa Cruz de la Palma.

26 LA PALMA Bananenfrachter im Hafen vor Santa Cruz de la Palma. Die Banane steht im Export dieser Insel an erster Stelle.

27 LA PALMA Barranco de las Augustias bei Los Llanos mit terrassierten Bananenfeldern, im Hintergrund die Caldera de Taburiente. Das Zwischenplateau in 250 m Höhe ist der Rest des ehemaligen Barrancogrundes vor der jüngsten tektonischen Hebung der Insel.

28 LA PALMA Einblick vom Bergsattel Cumbrecita nach Norden in die Caldera de Taburiente, mit 9 km Durchmesser einer der größten Vulkankrater der Welt; im Vordergrund Kanarische Kiefern (Pinus canariensis) (vgl. Abb. 149).

29 LA PALMA Durch den Barranco de las Angustias in die Caldera de Taburiente, Ziel mehrtägiger naturkundlicher Wanderungen, links Felsstürze und Schuttkegel.

30 LA PALMA Weingärten im sonnigen Süden bei Fuencaliente. Hier reifen auf fruchtbarem Vulkanboden die süßen Malvasiatrauben.

31 LA PALMA Im Barranco del Agua mit seinen dichten Lorbeerwäldern ›Los Tilos‹ wird der Charakter der ›Grünen Insel‹ besonders anschaulich. Im Mittelgrund blühende Edelkastanie (Castanea vesca).

32 LA PALMA Passatwolken an der unteren Grenze der nördlichen Kiefernzone (ca. 1000 m); Erdstraße (Pista Forestal) von Barlovento nach Puntagorda.

33 LA PALMA Ausbruch des Vulkans Teneguía bei Fuencaliente am 26.10.1971. Noch heute entsteigen dem jüngsten Vulkan des Kanarischen Archipels heiße Schwefeldämpfe (vgl. Abb. 152).

34 Bauer mit Viehfutter auf La Palma.

35 Primitiver Hakenpflug auf Hierro, Hochfläche von San Andrés.

36 Stickereischule in La Orotava, Teneriffa.

37 Sonntäglicher Viehmarkt in Vega de San Mateo, Gran Canaria.

38 Bauern im Tal von Agaete, Gran Canaria.

39 Wäscherinnen bei Valleseco, Gran Canaria.

40 Gemälde einer gomerischen Dorffiesta (Romería de San Juan) von José Aguiar aus Agulo (Cabildo Insular in San Sebastián de la Gomera).

41, 42 Fiesta in Frontera, Hierro.

43 GRAN CANARIA Grandioses Zentralmassiv mit dem Roque Bentaiga (1404 m); Blick von Cruz de Tejeda nach Südwesten.

44 GRAN CANARIA Steilküste südlich von Puerto de las Nieves. Einzelne Felsnadeln sind durch die Meeresbrandung vom Kliff abgetrennt worden. Heftige Fallwinde peitschen die Wasserfontänen mehrere Meter hoch.

45 GRAN CANARIA Dünenlandschaft bei Maspalomas. Die Wanderdünen bestehen aus Sahara-Sand, den afrikanische Winde hierher getragen haben.
46 GRAN CANARIA Landhaus im subtropischen Tal von Agaete.
47 GRAN CANARIA Caldera de Bandama südlich von Las Palmas. Ein Bauernhaus mit Äckern liegt am Grunde des 200 m tiefen Kraters.
48 GRAN CANARIA Patio des Hauses der Patronatsherren der Virgen del Pino in Teror, 16./17. Jh.
49 GRAN CANARIA Vegueta, Altstadt von Las Palmas, überragt von der Kathedrale Santa Ana mit ihrer klassizistischen Fassade (1497–1570), im Vordergrund Bananenplantagen.
50 GRAN CANARIA Las Palmas. Volkstümliches Stadtviertel San Francisco. Hier ist die Volksseele der Inselbewohner zu Hause.
51 GRAN CANARIA Barranco de Agaete, fruchtbarstes und schönstes Tal der Insel mit tropischer und subtropischer Vegetation; unter den Palmen auch eine Priesterpalme (Washingtonia filifera) mit am Stamm herunterhängenden trockenen Blättern (Bildmitte), rechts kanarische Dattelpalmen (Phoenix canariensis).
52 FUERTEVENTURA In dieser wüstenhaften Landschaft bei La Antigua, die durch heiße afrikanische Winde heimgesucht wird, fördern Windräder das lebensnotwendige Wasser.
53 FUERTEVENTURA Halbwüste auf der Halbinsel Jandía auf der Leeseite der Jandía-Bergkette.
54 FUERTEVENTURA Wüstensand aus der afrikanischen Sahara wurde am Strand der Halbinsel Jandía zu hohen Wanderdünen aufgeweht.
55 FUERTEVENTURA Einsamer kilometerlanger Sandstrand auf der Halbinsel Jandía mit neuem Hotelkomplex bei Morro de Jable.
56 LANZAROTE Montañas del Fuego, eine heroische, urzeitlich anmutende Vulkanlandschaft, die 1730 bis 1736 entstand. Blick vom Vulkan Timanfaya (512 m) zur Caldera de los Cuervos.
57 LANZAROTE Die kubischen Häuser von Haría zwischen den zahllosen Palmen erinnern an die Nähe zum afrikanischen Kontinent.
58 LANZAROTE Sonnenuntergang bei den Salinen von Janubio. Die Salzgewinnung ist ein wichtiger Bestandteil der heimischen Fischindustrie.
59 LANZAROTE Dromedare sind auf der regenarmen Insel bevorzugte Arbeitstiere.
60 LANZAROTE Bauernhöfe in afrikanisch-kubischem Stil inmitten schwarzer Lapilli-Felder.
61 LANZAROTE Trockenfeldbau im Tal von La Geria. Jeder Weinstock oder Fruchtbaum wächst in einer eigenen Mulde. Niedrige Mauern aus losen Schlacken schützen vor dem ausdörrenden Nordostpassat, während die schwarzgrauen Lapilli die nächtliche Luftfeuchtigkeit aufsaugen (vgl. Abb. 173–175).
62 LANZAROTE El Golfo, Halbkrater mit salzhaltiger Krater-Lagune, palagonisierter Tuffring (vgl. Abb. 172).
63 LANZAROTE Cultura mixta im Nordosten der Insel. Weinreben wachsen im Windschutz von Feigenkakteen (Opuntia ficus-indica, vgl. Abb. 77), die zur Aufzucht der Cochenille-Schildlaus dienen.

1 TENERIFFA San Pedro de Daute bei Garachico ▷

2 TENERIFFA Blick über die Dächer von La Orotava

TENERIFFA Kanarische Holzbalkone in La Orotava

4 TENERIFFA   Nordküste mit Trocken- und Bewässerungsfeldbau
5 TENERIFFA   Trockenzone im Süden bei Las Galletas

TENERIFFA Südküste bei El Médano

7 TENERIFFA   Teno-Gebirge mit der Ortschaft Masca

8 TENERIFFA   Anaga-Gebirge mit Lorbeerwald und Baumheide ▷

9 TENERIFFA Orotava-Tal bei Aguamansa
10 TENERIFFA Kiefernwald im Orotava-Tal und Pico de Teide

1 TENERIFFA   Pico de Teide bei Sonnenaufgang
2 TENERIFFA   Caldera de las Cañadas

14 TENERIFFA Felsenlandschaft ›Los Roques‹ in der Caldera de las Cañadas

◁ 13 TENERIFFA Caldera de las Cañadas und Pico de Teide

GOMERA Kanarische Dattelpalmen bei Vallehermoso
GOMERA Alte Getreidemühle bei San Sebastián de la Gomera

17 GOMERA Lorbeerwald

18 GOMERA Wälder mit Baumheide

9 GOMERA   Barranco Juan de Vera
10 GOMERA   Barranco de la Villa mit San Sebastián de la Gomera

21 HIERRO   El Golfo
22 HIERRO   Küstenlandschaft bei La Restinga

3 HIERRO   Santuario de Nuestra Señora de los Reyes
4 HIERRO   Fischerdorf La Restinga

25 LA PALMA Hölzerne Balkone in Santa Cruz de la Palma

6 LA PALMA Bananenfrachter im Hafen von Santa Cruz de la Palma
7 LA PALMA Barranco de las Angustias

28 LA PALMA   Caldera de Taburiente
29 LA PALMA   Barranco de las Angustias

0 LA PALMA   Weingärten bei Fuencaliente
1 LA PALMA   Barranco del Agua

LA PALMA Kiefernwald in der Passatwolke

LA PALMA   Vulkan Teneguía, 26. 10. 71

34–42 Menschen bei ihrer Arbeit und ihren Festen auf den Kanarischen Inseln

43 GRAN CANARIA Zentralmassiv mit dem ▷▷
Roque Bentaiga

41

42

44 GRAN CANARIA Steilküste bei Puerto de las Nieves
45 GRAN CANARIA Dünenlandschaft bei Maspalomas

6 GRAN CANARIA Landhaus
7 GRAN CANARIA Caldera de Bandama
48 GRAN CANARIA Patio eines herrschaftlichen Hauses in Teror ▷

9 GRAN CANARIA   Las Palmas mit der Kathedrale Santa Ana

51   GRAN CANARIA   Barranco de Agaete mit tropischer und subtropischer Vegetation ▷

GRAN CANARIA   Stadtviertel San Francisco in Las Palmas

52 FUERTEVENTURA Wüstenhafte Landschaft bei La Antigua
53 FUERTEVENTURA Halbwüste auf der Halbinsel Jandía

54/55 FUERTEVENTURA Wanderdüne und Sandstrand auf der Halbinsel Jandía
56 LANZAROTE Mondlandschaft der Montañas del Fuego ▷

57 LANZAROTE   Palmenoase von Haría
58 LANZAROTE   Sonnenuntergang bei den Salinen von Janubio

9/60 LANZAROTE Menschen und Tiere in einer archaischen Landschaft
61 LANZAROTE Trockenfeldbau im Tal von La Geria ▷

62 LANZAROTE El Golfo
63 LANZAROTE Weinreben und Feigenkakteen

4 Gesteine und Mineralien der Kanarischen Inseln

8

9

70

1

2

73

74

75

76

77

78

79

80

82

3

84

85

7

88

89

90

91

92

93

94

95

Zu den Abbildungen 64–95

64 GESTEINE UND MINERALIEN der Kanarischen Inseln, Auswahl (a–i natürliche Größe)
a Trachyt
b Phonolith
c Basalt
d Dolerit, mit Feldspatkristallen (Huevos del Teide, Teneriffa)
e Obsidian (Las Cañadas, Teneriffa, Kst. 36,3)
f Lapilli; hell: trachytischer Bimsstein, dunkel: basaltisch (vgl. Abb. 114)
g Tuff (span. Tosca) mit dunklen Vulkaniteinsprenglingen und gelben angewitterten Bimssteinen (El Médano, Teneriffa)
h Schwefelkristalle (Pico de Teide, Teneriffa)
i Olivinknolle (El Golfo, Lanzarote)
k Basaltbombe, Durchmesser 15 cm (Teneguía, La Palma)
l Spindelförmige Bombe, 8 mal 13 cm (Teneguía, La Palma)

65, 66 Afrikanischer Tulpenbaum (Spathodea campanulata), trop. Afrika, im Botanischen Garten von Puerto de la Cruz, Teneriffa; Blüten und Blütenknospen.
67 Strelitzie oder Papageienblume (Strelitzia reginae), Südafrika.
68 Trompetenblume (Phaedranthus buccinatorius), trop. Amerika.
69 Wechselfarbige Passionsblume (Passiflora alata-caerulea), trop. Amerika.
70 Papayo oder Melonenbaum (Carica papaya), trop. Amerika.
71 Schmalblättrige Schwert-Aloë (Aloë arborescens), Südafrika.
72, 73 Bougainvillea (Bougainvillea spectabilis), Südsee. Die unscheinbaren weißlichen Blüten sind von rotvioletten Hochblättern umgeben.
74 Würgerfeige (Ficus dealbata), Brasilien; stammt aus der Gründungszeit des Botanischen Gartens von Puerto de la Cruz, 1788.
75 Hibiskus oder Chinesischer Rosen-Eibisch (Hibiscus rosa-sinensis), südl. Ostasien.
76 Weihnachtsstern (Euphorbia pulcherrima), trop. Amerika (vgl. Frontispiz S. 2).
77 Feigenkaktus (Opuntia ficus-indica), Mexiko.
78 Feuerbignonie (Pyrostegia venusta), trop. Amerika.
79 Scheidenblättrige Zistrose (Cistus symphytifolius), endemisch.
80 Verode (span.) (Senecio kleinia), endemisch.
81 Cosco (span.) (Mesembryanthemum nodiflorum), Nordafrika.
82 Teide-Ginster (span. Retama) (Spartocytisus nubigenus), endemisch; rechts: Aufforstung des Cañadas-Gebietes mit atlantischer Zeder (Cedrus atlantica).
83 Teide-Veilchen (Viola cheiranthifolia), endemisch
84 Eispflanze (span. Barilla) (Mesembryanthemum crystallinum), Nordafrika.
85 Kanarische Kiefer (Pinus canariensis), endemisch, männliche Blüte.
86 Aeonium, endemisch, zwei Exemplare der in einunddreißig verschiedenen Arten vorkommenden Gattung von Fettpflanzen; links: Aeonium percaneum, rechts: Aeonium nobile.
87 Taginaste (span.), Weißer Natterkopf (Echium simplex), endemisch.
88 Taginaste (span.), blauer Teide-Natterkopf (Echium auberianum), endemisch.
89 Cardón (span.), Säulen-Euphorbie (Euphorbia canariensis), endemisch.
90–95 Kultur der Banane (Musa cavendishii) auf den Inseln Teneriffa, La Palma, Gomera, Hierro, Gran Canaria.
90 Fruchttrieb mit männlichen, weiblichen und zwittrigen Blüten.
91 Blüten an den Spitzen jeder einzelnen Banane. Die Blütenreste werden einzeln abgeschnitten (Fäulnisgefahr!).
92 Bananenstaude mit ›Sohn‹ (links) als Nachfolgepflanze.
93 Ernte. Der abgeschnittene Fruchtstand wiegt ca. 25 kg.
94 Transport in Decken auf Lastwagen bis zur Bananenpackerei.
95 Sortieren nach Güteklassen und Verpackung (vgl. Abb. 26).

aus Schrilleiste und Schrillkante an den Flügeldecken) ihre typische Melodie. Afrikanische *Wanderheuschrecken* fallen gelegentlich über die Ostinseln her und vernichten die landwirtschaftlichen Erträge (s. S. 44 f.).

Nicht nur die großen Fischhallen in den Städten Las Palmas und Santa Cruz de Tenerife geben Auskunft über den Fischreichtum der atlantischen Gewässer rund um den Archipel, auch der wagemutige Unterwasserjäger (vgl. S. 319) wird im glasklaren Wasser der Felsenküste bizarre Fisch- und auch Pflanzenformen kennenlernen, darunter *Tintenfische, Schlangensterne, Porzellankrabbe, Edelsteinrose, Muränen, Seezungen* oder der harmlose und sehr scheue *Grund-Hai.* Den gefährlichen *Haifischen* ist man bisher in Küstennähe nicht begegnet. Ein Erlebnis ist das Beobachten des *Nagelrochens* mit seiner ›Flügelspanne‹ bis zu 2,5 m; allerdings ist dieses Tier nur schwer erkennbar, wenn es sich im Sand einwühlt, so daß nur die Andeutungen seines Umrisses sichtbar sind.

Gewarnt sei vor der *Blasenqualle* (Physallia carabella), die im Frühjahr die Küstenzonen heimsucht, und zwar im Süden und Westen mehr als im Norden. Diese 5–7 cm große Quallenart hat meterlange Nesselfäden, die außerhalb des Wassers zusammenschrumpfen. Bei Berührungen kommt es zu schweren Verbrennungen der Haut und Lähmungserscheinungen.

Landwirtschaft und Industrie

Die fehlenden Bodenschätze prädestinierten die Kanarischen Inseln von vornherein für die Landwirtschaft, zumal die günstigen klimatischen Verhältnisse einen meist ganzjährigen Anbau so gut wie aller Kulturpflanzen der gemäßigten Zone, der Subtropen und sogar der Tropen zulassen. Trotzdem geriet der Archipel durch seine Ausrichtung auf Monokulturen immer wieder in wirtschaftliche Schwierigkeiten. Ein erster zaghafter Handel blühte zur Zeit der ersten Seefahrer mit dem begehrten ›Drachenblut‹ des archaischen *Drachenbaumes* auf (s. S. 52 f.), das als Wundermittel in der alten Pharmakologie galt. Wesentlich wichtiger war dann der Handel mit dem Harz der *Kanarischen Kiefer* (s. S. 53 f.), aus dem man Teer herstellte (die hölzernen Schiffswände wurden mit geteertem Werg in den Fugen abgedichtet). Aber auch das harte Kiefernholz war für den Schiffsbau oder die kanarischen Holzbalkone begehrt. Der bis in phönizische Zeit zurückreichende Handel mit dem roten Farbstoff der *Orchilla-Flechte* (s. S. 12) erreichte seinen Höhepunkt im 17. und 18. Jahrhundert. Seit dem Ende des vergangenen Jahrhunderts werden nur noch geringe Mengen dieser Flechte zur Herstellung von Spezialfarben exportiert.

Einen weiten Weg mußte das *Zuckerrohr* zurücklegen, bevor es auf den Kanaren heimisch wurde. Araber brachten die Pflanze von Indien mit nach Zypern; weitere

Trachten des 19. Jh., junge Leute von Lanzarote, Hirt von Hierro in Sommerkleidung

Stationen waren Sizilien und schließlich Madeira, das die portugiesischen Kolonisten zur Zeit Heinrichs des Seefahrers besiedelten. Von dort gelangte das Zuckerrohr schnell auf die Kanarischen Inseln, wo es ideale Wachstumsbedingungen vorfand und in der Folgezeit zu einem starken kommerziellen Aufschwung der Inseln beitrug. Auch dieser neue Landwirtschaftszweig ließ die Kiefernwälder zusammenschrumpfen, einerseits um neue Anbaufläche bereitzustellen, anderseits um den Zuckerraffinerien Brennmaterial zu liefern. Die starke Zuckernachfrage machte sogar die Einfuhr von afrikanischen Sklaven zur Bestellung der Zuckerrohrfelder notwendig. Ohne sich der wirtschaftlichen Auswirkungen bewußt zu sein, nahm Christoph Kolumbus 1493 auf seiner zweiten Reise von Gran Canaria zu den Antillen die Zuckerrohrpflanze mit und war damit indirekt am späteren Untergang des Zuckerhandels auf dem Archipel beteiligt. Hohe Produktionskosten gegenüber der preisgünstigen mittelamerikanischen Konkurrenz, der spürbare Wassermangel auf den Inseln und schließlich die Züchtung der Zuckerrübe im 18. Jahrhundert in Europa besiegelten das Schicksal dieser Monokultur. Hier und da entdecken wir noch heute kleine Zuckerrohrfelder für die lokalen Rumbrennereien.

Retter in der damaligen Not war die *Weinrebe,* die Ende des 15. Jahrhunderts von Kreta eingeführt worden war. Ideale Voraussetzungen, minimale Niederschläge und fruchtbarer Vulkanboden, ließen einen prächtigen Wein mit starkem Alkoholgehalt und würzig trockener Blume gedeihen, den kanarischen Malvasier, der in Europa und in der Neuen Welt bald bekannt war. Besonders die Engländer wurden zu Großabnehmern. Doch wie die Mode, so wandelte sich am königlichen Hof auch der Geschmack der Gourmets; und der Malvasier wurde nach und nach vom Sherry

Cochenille-Schildlaus auf Opuntie

und den Bordeaux-Weinen von der Tafel verdrängt. In Amerika fand sich noch einmal ein neuer Kunde, doch eine bis dahin unbekannte Pflanzenseuche, der Mehltau, vernichtete in der 2. Hälfte des 19. Jahrhunderts einen großen Teil der Weinstöcke. Gleichzeitig hatte sich die eingeschleppte Reblaus rasch verbreitet. Zwar versuchte man noch die kanarische Weinrebe mit einer reblauswiderstandsfähigeren amerikanischen Rebe zu pfropfen, aber inzwischen hatten sich die Konsumenten nach anderen Weinen – Madeira und Port – umgesehen. Heute hat die Weinrebe längst einer anderen Kulturpflanze das Feld geräumt, nämlich der Banane. Noch immer aber wird aus den wenigen übriggebliebenen Reben ein wohlschmeckender Wein gekeltert, der von Einheimischen wie von Fremden geschätzt wird. Der beste Weißwein gedeiht auf der Insel Lanzarote (Abb. 61), ein Wein, in dem man das Feuer der Vulkane schmeckt, aber auch die übrigen Inseln produzieren ausgezeichnete Weiß- und Rotweine (Abb. 30).

Dem Niedergang der Weinexporte folgte zwischen dem 18. und 19. Jahrhundert der Handel mit der wildwachsenden *Sodapflanze* Mesembryanthemum crystallinum (Abb. 84, s. S. 58), bis die aufblühende chemische Industrie auch dieser Erwerbsquelle ein Ende setzte.

Auch die gewinnbringende *Cochenille-Zucht* verlor ihre Bedeutung nach der Entdeckung des billiger herzustellenden Anilinfarbstoffes. Aus Mexiko hatten die Konquistadoren die Opuntie mitgebracht (s. S. 58). Diese Kaktusart wird von einem Parasiten, der Cochenille-Laus (Cocus cacti), bevölkert, einem Halbflügler aus Mexiko. Dieses dicke, rundliche Tier von der Größe eines Aniskornes mit quergefaltetem Leib ist schon von weitem daran zu erkennen, daß der Körper mit einem weißlichen Flaum bedeckt ist. Sein Kopf ist kegelförmig, mit kurzen Fühlern und fadenförmigem Rüssel. Unter günstigen Bedingungen vermehren sich die Insekten derart schnell, daß fünf Generationen im Jahr folgen können. Auf einem Hektar Land (günstig waren vor allem auch Opuntienpflanzungen im Malpaís – s. S. 288) konnte man bei guter Verteilung der weiblichen Tiere bis zu 400 kg Läuse jährlich züchten, wobei auf 1 kg etwa 140 000 getrocknete Tiere fielen. Diese wurden zu Pulver zermahlen und erbrachten die beliebte karminrote Farbe, die heute nur noch in der persischen Teppichindustrie und in der Lippenstiftherstellung Verwendung findet. Deshalb begegnet man der Conchenille-Zucht auch nur noch an wenigen Plätzen, auf Lanzarote und auf Teneriffa im Bezirk von Granadilla.

Auf recht abenteuerlichen Wegen gelangte dann die *Banane* als die heute noch wichtigste Kulturpflanze auf die Inseln. Aus den Tälern des Himalaya hatten Kaufleute sie zunächst an die Ostküste Afrikas mitgebracht. Arabische Händler verpflanzten sie an die Guinea-Küste, und so gelangte sie schließlich durch portugiesische Seefahrer zu den Inseln. Schon Anfang des 16. Jahrhunderts setzte sie ihre Reise nach Westindien fort. Die Banane oder Paradiesfeige (Musa paradisiaca) trug zwar damals schon genießbare Früchte, diente aber in erster Linie als Zierpflanze, bis Mitte des 19. Jahrhunderts die ›Zwergbanane‹ (Musa cavendishii oder Musa sinensis) aus Indochina auf den Archipel gelangte und auf den Inseln Teneriffa, Gran Canaria, La Palma, Gomera und Hierro heimisch wurde. Diese Bananenstaude ist gegenüber ihren afrikanischen und amerikanischen Artgenossen wetterunempfindlicher, und so trifft man sie von Küstennähe bis zu den Höhen von 300 bis 400 m an (Abb. 27, 49). Hohe Mauern schützen sie vor allzu starker Meeresbrise, und gefährdete Stauden sind mit Eisendrähten am Boden befestigt. Der Stamm der Staude besteht aus einzeln zusammenhaftenden Blattscheiden mit länglichen windempfindlichen Riesenblättern, deren glatte Flächen häufig vom Wind zerfranst werden. Die Banane wird als Knolle gepflanzt und braucht dann rund ein Jahr, bis die Staude voll ausgewachsen ist (1,5–2,5 m) und der Fruchtstand (piño) auf einem dicken, sich nach unten beugenden Stiel erscheint, dessen Ende von einer riesigen, violettroten Blütenknospe aus dicht aufeinandergeschichteten, kräftigen Blütenblättern geschmückt wird. Die Blüte verlängert sich immer mehr, wobei die oberen Blütenblätter allmählich beginnen, sich leicht abzuheben und sich zwischen den Blütenblättern schraubenartig um den Stiel herum in jeweils zwei Bananenreihen zu schieben, solange bis der ganze Fruchtstand voll ausgebildet ist (4–6 Monate) (Abb. 90). Am Ende jeder Banane sitzen Blütenreste, die alle einzeln mit einem scharfen Messer abgeschnitten werden müssen, um Fäulnis durch Tau und Regen zu vermeiden (Abb. 91). Auch die violetten Blütenblätter sowie der Blütenkern am Stielende werden abgetrennt, zerkleinert und mit unter das Viehfutter gemischt. Ist der Fruchtstand ausgewachsen, wird er grün geerntet, denn der Reifeprozeß vollzieht sich erst während des Transportes und sollte am Ziel abgeschlossen sein. Auf den Schultern der Plantagenarbeiter gelangen die 25–35 kg schweren Fruchtstände zur Sammelstelle an der Straße, wo sie in Decken gehüllt auf Lastkraftwagen zur Bananenpackerei gefahren werden (Abb. 93, 94). Dort werden sie nach Qualität sortiert, gewogen, in Kartons verpackt (Abb. 95) (früher in Reisstroh oder Kiefernnadeln), zum Hafen transportiert und auf Bananenfrachtschiffe verladen (Abb. 26). Nach der Ernte wird auch die alte Mutterstaude abgehackt und als Streu bzw. Viehfutter verwendet. Inzwischen ist aber schon wieder aus dem Wurzelballen eine neue Pflanze aufgeschossen, der sogenannte ›Sohn‹ (hijo), der zu einer neuen Bananenstaude heranwächst; die Fortpflanzung geschieht also vegetativ (Abb. 92). Insgesamt haben die Pflanzungen eine Lebensdauer von 15–25 Jahren. Die winterliche Produktion ist etwa um die Hälfte geringer als jene des Hochsommers und des Herbstes. Der Großteil der spanischen Bananenproduktion entfällt auf die Inseln Teneriffa und La Palma. Der Hektarertrag zählt zu den besten aller Bananen produzierenden Länder (1958: 36 Tonnen pro Hektar gegenüber 28 Tonnen pro Hektar in Brasilien, das an zweiter Stelle liegt[28]).

Unter den Plantagenbesitzern gibt es nur wenige Großgrundbesitzer wie die norwegische Reederei Olsen auf Teneriffa und Gomera oder die Besitzungen der Marquese de Arucas und des Conde de la Vega auf Gran Canaria. Meist finden wir Mitteloder Kleinbesitz; z. B. gibt es auf Teneriffa 7000 Betriebseinheiten mit einer Nutzfläche von ¼ Hektar, 3000 Betriebseinheiten zwischen ¼ und 1 Hektar und weniger als 1000 Betriebe mit über 1 Hektar.[28] Durch hohe Unkosten, wie künstliche Bewässerung, Bodenbereitung, Düngemittel, Landarbeiterlohn, Insektenvertilgungsmittel u. a. sind die kleineren Betriebe nur als Nebenerwerb zu verstehen. Heutzutage leiden alle *Plantaneros* unter dem Preisverfall der Banane, immer mehr Pflanzungen werden unrentabel und aufgegeben.

Während sich die Bananenplantagen vor allem in den nördlichen Teilen der genannten Inseln ausbreiten, nimmt der Anbau von *Tomaten* die östlichen und südlichen landwirtschaftlichen Nutzflächen ein, wo auch eine spezielle Trockenfeldbaumethode entwickelt wurde (Abb. 6, s. S. 119 ff.). Damit wurde der sich so oft verheerend auswirkenden Monokultur ein Ende gemacht. Zu einem beachtlichen Ausfuhrprodukt sind auch *Frühkartoffeln* geworden, von denen man drei Ernten im Jahr einbringt.

Die drei genannten Agrargüter Tomate, Kartoffel und Banane bilden immer noch das Rückgrat der kanarischen Landwirtschaft. Als Exportprodukte bekommen seit einigen Jahren Blumen, Pfirsiche, Avocados, Zwiebeln, Papayas und neuerdings auch Ananas größere Bedeutung. Daneben existieren Kulturen nur von lokaler Bedeutung: Mais, Weizen, Gerste, Leguminosen, Gemüse und Futterpflanzen. Auch die Viehzucht – Rinder und Schweine bei Stallfütterung für den lokalen Fleischbedarf, Maulesel und Dromedare – spielt nur eine zweitrangige Rolle. Das Dromedar, ein einhöckeriges Kamel, lebt als Last- und Zugtier in den heißen Zonen der Inseln, besonders im Süden von Teneriffa (Abb. 112) und auf Lanzarote (Abb. 59, 177), wo es den Touristen beim Aufstieg auf die Feuerberge ein kurzzeitiges Karawanenerlebnis vermitteln soll (s. S. 283). Ziegenhirten mit ihren Herden und wachsamen Hunden treffen wir auf allen Inseln an (Abb. 146). Für den hohen Milchbedarf mußte man holländisches Rindvieh einführen, das vor allem Zuchtzwecken dient.

Die Fischerei wird im Umkreis aller Inseln betrieben, mit den Häfen Las Palmas und Arrecife als Hauptstützpunkten. Beide sind auch Standorte einer Fischkonservenindustrie, deren Zukunft aber nicht sehr optimistisch eingeschätzt wird.

Zu den zwei bedeutenden Industrieanlagen des Archipels gehört in Santa Cruz de Tenerife die Großraffinerie der Spanischen Petroleumgesellschaft (Compañía Española de Petróleos, Sociedad Anónima = C.E.P.S.A.), die zweitgrößte Raffinerie Spaniens und das größte Industriewerk des Archipels (Destillationskapazität von 8 Mill. Tonnen). Die elektrische Energieerzeugung, die fast ganz auf dem wärmetechnischen Verfahren beruht, ist bis zu 90% von dieser Raffinerie abhängig. Das zweitwichtigste Werk ist die C.I.N.S.A. (Compañía Insular del Nitrógeno, S.A.) auf Gran Canaria, die Kunstdünger herstellt.

Hinzu kommen kleinere Werke der Nahrungsmittel- und Getränkeindustrie, Tabakindustrie, Holzindustrie, chemischen und metallverarbeitenden Industrie, der Papier- und der Baustoffindustrie. Ein großer Anteil am Wirtschaftsleben der Kanaren fällt schließlich auf die beiden zu vorzüglichen Stützpunkten des Atlantikverkehrs ausgebauten Großhäfen Las Palmas de Gran Canaria und Santa Cruz de Tenerife mit ihren weltweiten Verbindungen.

Handelsschiffahrt[29]

Hafen	Anzahl der Schiffe	Bruttoregistertonnen in 1000
Häfen der Provinz Santa Cruz de Tenerife 1975		
Santa Cruz de Tenerife	7 746	52 277
Los Cristianos	1 452	1 339
Santa Cruz de la Palma	982	1 633
Santa Sebastián de la Gomera	1 828	1 763
La Estaca (Hierro)	284	229
Häfen der Provinz Las Palmas de Gran Canaria 1975		
Las Palmas	9 407	44 692
Arrecife	1 343	2 850
Puerto del Rosario	676	885

Der Trockenfeldbau

Der Secano, das ist der Feldbau auf unbewässertem Land, erfolgt auf dem Archipel nach zwei verschiedenen Systemen, einmal nach jenem, wie es den Trockenzonen der Alten Welt gemeinsam ist, und zum anderen nach einem ganz speziellen kanarischen Trockenfeldbausystem, das hier entwickelt wurde.[30] Die Feldbestellung der altweltlichen Trockenzonen ist streng an die ersten Niederschläge, Terrassierung, Errichtung von Windschutzhecken, Pflügen quer zum Hang sowie künstlichen Stau des Niederschlagwassers mit Hilfe kleiner Mäuerchen gebunden. Auf den Inseln ist jedoch diese Trockenfeldbaumethode wenig ausgebildet, noch befindet sie sich in der Weiterent-

NATURRAUM UND KULTURLANDSCHAFT

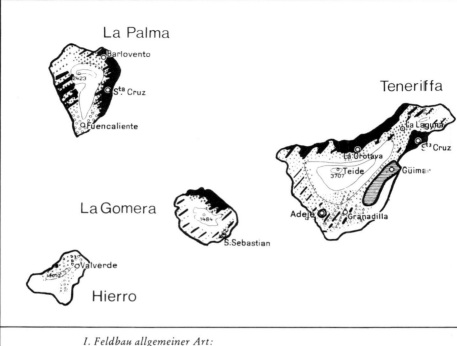

Trockenfeldbau auf den Kanarischen Inseln (nach J. Matznetter)

wicklung, was durch die besondere Stellung des speziellen kanarischen Trockenfeldbaus und des Bewässerungsfeldbaus bedingt ist. Als Pflug wird noch der hölzerne Hakenpflug mit eisernem Schuh verwendet, der jedoch ein tiefes Durchpflügen nicht gestattet (Abb. 35, 112).

Der spezielle kanarische Trockenfeldbau basiert im wesentlichen auf der Verwendung vulkanischer Auswürflinge, mit denen der Boden bedeckt oder auch vermengt

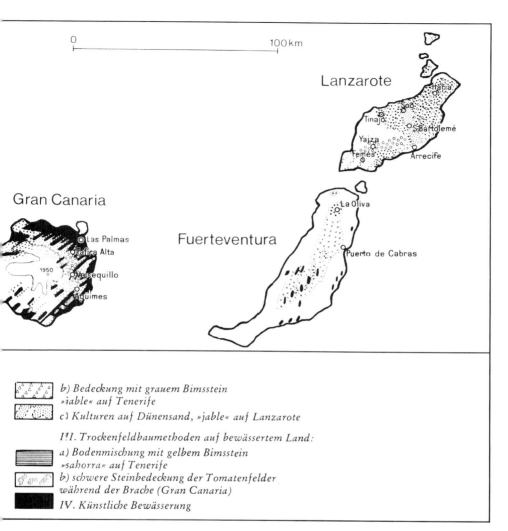

b) Bedeckung mit grauem Bimsstein
»jable« auf Tenerife

c) Kulturen auf Dünensand, »jable« auf Lanzarote

III. Trockenfeldbaumethoden auf bewässertem Land:

a) Bodenmischung mit gelbem Bimsstein
»sahorra« auf Tenerife

b) schwere Steinbedeckung der Tomatenfelder
während der Brache (Gran Canaria)

IV. Künstliche Bewässerung

wird. Es sind die dunklen basaltischen Lapilli, aber auch heller Bimsstein (Abb. 64 f), auf deren besonderen Eigenschaften das ganze System aufgebaut ist, denn ihre starke Porosität verleiht ihnen eine hygroskopische Wirkung, die vor allem dem Taufall gegenüber zur Geltung kommt. Außerdem erwärmen sich diese Lapilli tagsüber sehr stark, kühlen aber nachts rasch ab und verstärken damit die Kondensation der bodennahen Luftschichten. Eine Art Glashauseffekt entsteht bei der Bedeckung des Bodens mit diesen vulkanischen Auswürflingen dadurch, daß zwar einerseits der Niederschlag gut durchgelassen wird, andererseits aber diese Deckschicht den Boden vor direkter Sonnenbestrahlung schützt, die Erwärmung des Bodens verhindert und damit auch die Verdunstung herabsetzt. Zugleich hat der trockene, ausdörrende Passatwind weniger Angriffsfläche. Außerdem können die einzelnen Lapilli das aufgesaugte Niederschlagswasser allmählich an den Boden abgeben, was die bodenzerstörende Wirkung meist heftig niedergehender Regenfälle beträchtlich vermindert. Dort freilich, wo die Lapilli nur mit dem Boden vermengt sind, beschränkt sich die Wirkung auf die Wasserspeicherung und die allmähliche Wasserabgabe an den Boden.

Alle speziellen Trockenfeldbauarten mit einer Deckschicht von vulkanischen Auswürflingen werden als ›enarenado‹ bezeichnet. *Enarenado natural* ist die Anpflanzung auf natürlich entstandenen Lapillischichten. Die Pflanzen werden in kreisrunde ausgegrabene Vertiefungen gesetzt und müssen mit ihren Wurzeln den darunter anstehenden Boden erreichen. Wenn diese Gruben flacher als etwa einen Meter sind und in ihnen Fruchtbäume wachsen sollen, dann werden an ihren Rändern Trockenmäuerchen aus vulkanischen Schlacken als Windschutz aufgeschichtet, entweder halbkreisförmig gegen den Nord-Ost-Passat ausgerichtet, manchmal auch völlig umhegt. Das Hauptverbreitungsgebiet dieses speziellen Trockenfeldbaus finden wir im Westen von Lanzarote bei Yaiza, von wo er sich in einem breiten Streifen, einer Vulkanreihe entlang, in ost-nordöstlicher Richtung über La Geria bis nahe San Bartolomé hinzieht (Abb. 61). Sporadisch kommt er auch im Norden der Insel in der Gegend von Haría vor (Abb. 63). Ähnliche Formen von ›enarenado natural‹ finden wir auf Gran Canaria, und zwar oberhalb von Tafira Alta im Nordostteil der Insel, wo das Gelände etwa 1 bis 2 dm hoch mit basaltischen Lapilli bestreut ist, die aus der etwa 2 km entfernt gelegenen Caldera de Bandama (Abb. 47) stammen (vorwiegend Weinbau). Auch an der äußersten Südspitze der Insel La Palma bei Fuencaliente sind die Weinbaufelder nach dieser Methode angelegt. Hier stammen die Auswürflinge vom 1646 ausgebrochenen Vulkan Tigalate. Ein kleines Areal ist schließlich noch im Nordosten von Hierro verbreitet.

Ist die vulkanische Deckschicht nicht von Natur aus vorhanden, sondern durch Menschenhand herangeschafft, dann handelt es sich um *enarenado artificial*. Die Lapillischicht muß im allgemeinen alle 10–12 Jahre erneuert werden, da sie ihre Wirkung in diesem Zeitraum verliert. Die Feldbestellung läuft dann folgendermaßen ab: Zuerst wird die Lapillidecke flächenweise beiseite geräumt, anschließend kann der Boden mit dem Hakenpflug mehr geritzt als gepflügt werden; es folgen Aussaat und Düngung, und zuletzt werden dann die Auswürflinge wieder behutsam ausgebreitet. Liegen die Felder an Hängen, dann muß in zeitraubender Arbeit in horizontalen Reihen von oben nach unten gearbeitet werden. Hauptverbreitungsgebiet des ›enarenado artificial‹ sind im nördlichen Teil von Lanzarote die Gebiete um Teguise, Haría und Tinajo. Diese Anbauform verbreitet sich auf Lanzarote zunehmend, während sie auf Fuerteventura nur geringen Umfang erreicht (bei Villaverde, La Oliva, La Antigua).

Keinen speziellen Namen trägt die in großem Ausmaß auf Hierro und bei Valsequillo auf Gran Canaria vorkommende Trockenfeldbaumethode, bei der die basaltischen Lapilli nur mit dem Boden vermischt sind. Bei Regengüssen besteht die Gefahr von Klumpenbildung; der einzige Vorteil liegt in der Feuchtigkeitsspeicherung der Lapilli.

Eine dem ›enarenado artificial‹ ähnliche Methode ist die mit der Bezeichnung *jable* (= Sand), die im Süden der Insel Teneriffa zwischen Granadilla, Vilaflor und San Miguel verbreitet ist. Hierbei wird der Acker mit einer 3–10 cm dicken Schicht aus zerkleinertem grauen Bimsstein bedeckt, die alle 5–6 Jahre erneuert werden muß. Der Anbau erfolgt hier fast ausschließlich auf Terrassen und sieht sonst genau so aus wie bei der ›Enarenado artificial‹-Methode (Abb. 112).

Nur auf Lanzarote gibt es eine Dünensandkultur, die ebenfalls den Namen *jable* trägt, hier aber auf ganz anderen Grundlagen beruht. Im Gegensatz zur Anbaumethode auf Teneriffa ist hier der Name in seiner wahren Bedeutung (= Sand) richtig gebraucht. Wie auf Fuerteventura, so verläuft auch auf Lanzarote mitten durch die Insel ein etwa 3–5 km breiter Dünenzug mit einer maximalen Mächtigkeit von einem Meter, meist jedoch weniger, was sich als günstig erweist, da er nur als Anbaufläche genutzt werden kann, wenn die Sanddecke höchstens 40 cm hoch ist. Die Wirkungsweise des Sandes ist in bezug auf Feuchtigkeitssammlung und Speicherung dieselbe wie bei Lapilli oder den Bimssteinen. Ausgesät wird auf dem Sand; doch bald erreicht das keimende Saatgut mit seinen Wurzeln den darunter liegenden Boden. Durch Streifenfluren und durch Beschweren des Sandes mit Steinen versucht man ein Weiterwandern der Düne zu verhindern. Seit einiger Zeit mischt man den Sand auch mit Lapilli, wodurch die Angriffsfläche für den Wind geringer wird, zugleich aber die günstigen Eigenschaften des porösen Materials zur Wirkung kommen.

Mit dem Ausbau der künstlichen Bewässerung hat sich eine weitere Anbaumethode verbreitet, die unter der Bezeichnung ›sahorra‹ bekannt ist. Hierbei werden Bimssteine über den Boden ausgebreitet und später mit dem Pflug untergemengt. Der Vorteil besteht darin, daß der Bimsstein wesentlich mehr Wasser speichern kann als etwa die basaltischen Lapilli bei der vorwiegend auf Hierro vorkommenden Mischmethode. Hierdurch spart man Wasser, das künstlich zugeleitet wird. Während bei normaler künstlicher Bewässerung im allgemeinen drei Ernten erzielt werden, können in günstigen Jahren mit der ›Sahorra‹-Methode vier Ernten eingebracht werden. Das Hauptverbreitungsgebiet dieser Trockenfeldbaumethode auf bewässertem Land befindet sich um Güímar auf Teneriffa und ist in zunehmender Ausdehnung begriffen.

Die Wasserversorgung

Die Landwirtschaft, neben dem Fremdenverkehr die Lebensgrundlage der Bevölkerung, ist an eine intensive Nutzung der Böden mit einer breiten Palette von Kulturpflanzen gebunden, die nur durch immer ausgereiftere Anbaumethoden und eine

NATURRAUM UND KULTURLANDSCHAFT

Ausdehnung der bisher noch nicht für die Landwirtschaft erschlossenen Gebiete im Zusammenspiel mit hochentwickelteren Systemen künstlicher Bewässerung gelingen kann. Bei einem durchschnittlichen Jahresniederschlag von knapp 400 mm, der freilich zeitlich wie räumlich sehr ungleich verteilt ist, stellt der Wasserhaushalt und die Wasserbeschaffung die Existenzfrage der Kanarier dar.

Den ursprünglichen Zustand erreicht noch am ehesten die Insel La Palma mit einer beträchtlichen Anzahl perennierender und stark schüttender Quellen, bei San Andrés, Los Sauces, Santa Cruz, Mazo. Die stärksten Quellen treten an den Wänden innerhalb der Caldera de Taburiente aus, die mit einem ständigen Wasserlauf den Barranco de las Angustias füllen (Abb. 29). Außerdem findet man eine Reihe perennierender Quellen im Nordosten, wo 1955 im Barranco del Agua (Abb. 31) ein hydraulisches Elektrizitätswerk gebaut wurde. Ähnlich wie bei La Palma liegen die Verhältnisse im Norden von Gomera, im Monte del Cedro (Abb. 18) und an den oberen Wänden der gegen Vallehermoso (Abb. 15), Agulo und Hermigua ausgerichteten Barrancos. Die Insel besitzt darüber hinaus reichhaltige und leicht erschließbare Grundwasservorräte.

Anders steht es mit der Insel Hierro, wo es in jüngster erdgeschichtlicher Vergangenheit kaum je oberflächlich abfließendes Wasser oder nennenswerte Quellen gab. Die Insel ist niederschlagsärmer als die Nachbarinseln und besteht aus einer stark durchlässigen Gesteinsoberfläche. Als Nutzwasser wird hier in Zisternen gesammeltes Regenwasser verwendet. Die Brunnen, die seit einigen Jahren das Grundwasser der El Golfo-Region fördern, sind unter Ökologen umstritten: man befürchtet ein Absinken des Grundwasserspiegels und damit verbunden eine fortschreitende Versteppung der Insel.

Die Insel Teneriffa, im 16. Jahrhundert noch mit zahlreichen perennierenden Gerinnen ausgestattet, besitzt heute nur noch einen einzigen ständigen Wasserlauf im Barranco del Infierno. Weitere Quellen verteilen sich auf das Anaga-Gebirge und das Orotava-Tal.

Obwohl auf Gran Canaria die oberflächlich abfließenden Gewässer allem Anschein nach noch stärker als auf Teneriffa zurückgingen, sind gerade an der Nordabdachung dieser Insel ungeachtet der überaus starken Entwaldung die Grundwasservorräte recht bedeutend. Hier findet man auch noch viele Quellen, darunter einige mineralische, z. B. bei Agaete, Firgas, Moya, Teror, Jinamar, Valsequillo u. a. Zu Quellaustritten kommt es auch an den Talgehängen der in der Inselmitte gelegenen calderaartigen Talschlüsse der Barrancos von Tejeda und Tirajana und dem Valle de Tentiniguada.

Mehr als auf den anderen Inseln scheint der Wasserhaushalt auf Fuerteventura in historischer Zeit verändert worden zu sein. Älteren Berichten zufolge dürfte die Insel nicht nur Bewaldung (wenngleich auch das Ausmaß unbekannt ist), sondern auch eine Anzahl von Quellen gehabt haben. Davon ist jedoch seit etwa 300 Jahren so gut wie nichts mehr vorhanden. Die etwa 40 Brunnen, die 1979 in Betrieb waren, konnten die Bevölkerung nicht ausreichend versorgen: Wasser mußte mit einem Tankschiff herantransportiert werden. Die neue Meerwasserentsalzungsanlage unweit der Hauptstadt schaffte da Abhilfe.

Auf Lanzarote dürfte sich der Wasserhaushalt über einen längeren Zeitraum hinweg kaum verändert haben. In der Montaña de Famara existieren sieben ›galerías‹ (s. u.), von denen nur vier mit einer Leistung von ca. 10 Liter pro Sekunde ausgenützt werden. Ansonsten erfolgte die Wasserversorgung bis vor kurzem durch in Zisternen gesammeltes Regenwasser. Heute besitzen jede Touristensiedlung und alle großen Hotels eigene Entsalzungsanlagen; die Entsalzungsfabrik, die neben dem Hafen von Arrecife liegt, hat den größten Anteil an der Wasserversorgung.

Während einerseits die spanischen Eroberer mit ihrem rücksichtslosen Raubbau an den kanarischen Kiefernwäldern die natürliche Wassermenge sehr stark reduziert haben, steigt andererseits der Wasserbedarf durch die rapide anwachsende Bevölkerung, den explosionsartig anschwellenden Tourismus und die Ausweitung der Landwirtschaftsgebiete sehr stark an. Immerhin werden mit Hilfe der künstlichen Bewässerung wertmäßig drei Viertel bis vier Fünftel der gesamten kanarischen Agrarproduktion erzeugt. Somit stellt sich der kanarischen Wasserwirtschaft die Hauptaufgabe, den verhältnismäßig geringen natürlichen Wasservorrat wirksam zu erschließen, zu speichern und zu verteilen. Dazu nutzt man zunächst alle Quellen und perennierenden oberflächlichen Gewässer aus, nämlich die oben erwähnten auf La Palma, Gomera und Teneriffa. Eine andere Methode der Wassergewinnung ist die durch ›galerías‹, die vor allem auf Teneriffa angewandt wird (998 galerías mit 1508 km). Galerías sind natürliche Wasserreservoirs, umgeben von wasserundurchlässigen Gesteinsschichten, die durch riskante und mit erheblichem Kostenaufwand verbundene Bohrungen erschlossen werden, aber nicht immer den erwünschten Erfolg bringen. Diese ›galerías‹ gibt es auf La Palma seltener, auf Gran Canaria nur ganz vereinzelt. Nicht so ergiebig sind die als ›pozos‹ bezeichneten Brunnen, bei denen hohe Unkosten durch Anlegen tiefer Schächte und durch die mit Verbrennungsmotoren angetriebenen Pumpanlagen entstehen. Dieser Art Wassergewinnung begegnet man vor allem in der luvseitigen Mittelzone von Gran Canaria, und zwar im Grund der Barrancos oder am Ansatz ihrer Talgehänge, von wo sie den unterhalb fließenden Grundwasserstrom anzapfen. Die küstennahen Bereiche an der Ost- und Südseite von Gran Canaria, das Innere von Fuerteventura (fast 1500 Anlagen, Abb. 52), die äußerste Südspitze von Teneriffa, der Süden von Gomera, der Westen von La Palma und Hierros Golf-Region werden von einem wesentlich lukrativeren mittels Windmotor betriebenen ›pozo‹ geprägt.

Die Grundlage der Bewässerungswirtschaft stellen aber, abgesehen von den leistungsfähigsten ›galerías‹, die Stauseen (presas, embalses) dar. Die größten Anlagen liegen auf Gran Canaria im Bereich undurchlässiger Gesteinsschichten in der Mitte bzw. im Südwest-Sektor der Insel (Soria 32,8 Mill. cbm; Las Niñas 5,2 Mill. cbm; Presa de Chira 4,0 Mill. cbm).[31] Auf der Inselnordseite kommt eine Anzahl kleinerer Anlagen hinzu. Durch ein kompliziertes Wasserverbundsystem mit Hilfe mehrerer Kanäle stehen die Stauseen miteinander in Verbindung und können gezielt zur Wasserversorgung in den verschiedenen Landschaftsteilen Gran Canarias angezapft werden. Das steile Gefälle der Barancos von Teneriffa und La Palma erschwert die Anlage von Stauseen.

Die Meerwasserentsalzungsanlagen, die auf den östlichen Inseln Engpässe bei der Wasserversorgung vermeiden halfen, haben inzwischen die Grenzen ihrer Kapazität erreicht. Deshalb werden auf Lanzarote und Fuerteventura neue Entsalzungsanlagen geplant. Auf Gran Canaria wird diskutiert, ob Tankschiffe Wasser von Madeira nach Gran Ganaria transportieren sollen, eine durchaus rentable Lösung des Wasserproblems, die vor Jahren schon zwischen Gran Canaria und Fuerteventura bzw. Lanzarote praktiziert wurde.

Da der Ausbreitung der künstlichen Bewässerung in der Landwirtschaft selbst mit den bestausgeklügelten Methoden Grenzen gesetzt sind, ist der spezielle kanarische Trockenfeldbau um so mehr eine Notwendigkeit (s. S. 119 ff.).

Wasserversorgung im Hm³ 1975[32]

	Teneriffa	La Palma	Gomera	Hierro	Gran Canaria	Lanza-rote	Fuerte-ventura
Quellen	0,3	17,5	7,5	–	0,3	–	0,05
Brunnen	30,0	29,0	4,0	3,5	100,0	0,5	8,00
Galerías	195,0	37,0	0,3	1,5	20,0	0,45	0,05
Oberflächengewässer	2,0	5,0	2,5	–	30,0	0,5	1,5
Meerwasseraufbereitungsanlagen	–	–	–	–	5,1	4,0	0,5
Wasser aus Kläranlagen	–	–	–	–	2,7	–	–
	227,3	88,5	14,3	5,0	158,1	5,45	10,1

Der Fremdenverkehr

Es sind vor allem die gleichmäßig hohen Temperaturen und Bademöglichkeiten im Freien das ganze Jahr hindurch, die vielgestaltigen Küstenformen, eine abwechslungsreiche Landschaft, die gerade auf engstem Raum in starkem Kontrast zueinander steht, der vulkanische Aufbau der Inseln, die reiche subtropische Vegetation und ein höchst interessanter, wenig strapazierender Wetterablauf, was den Archipel zu einer idealen Erholungslandschaft hat werden lassen, wie sie sonst nirgends als vielleicht noch auf Hawaii anzutreffen ist.

Mit dem Jahr 1957, dem Beginn des Charterflugverkehrs, setzte der Massentourismus auf den Kanarischen Inseln ein, der zu einer entscheidenden Wandlung in der Wirtschaftsstruktur beitrug. Zu den Vorläufern des Fremdenverkehrs zählen die Kaufleute und Wissenschaftler des 19. Jahrhunderts, später in der zweiten Jahrhunderthälfte auch Reisende, die das Heilklima der Inseln zu schätzen wußten. Schließlich kamen in den zwanziger Jahren dieses Jahrhunderts die Vergnügungsreisenden hinzu.

Entwicklung und Struktur des Fremdenverkehrs sind leicht aus den Statistiken (s. S. 128) abzulesen. Darüber hinaus sollte erwähnt werden, daß Deutsche und Skandinavier, die früher ihrem Winter entflohen und die Inseln vorzugsweise zwischen Oktober und April aufsuchten, nun wie die Briten in allen Monaten etwa gleich stark vertreten sind, während die Spanier der meist unerträglichen hochsommerlichen Hitze auf dem Kontinent ausweichen, um sich auf den ›Inseln des ewigen Frühlings‹ zu erholen. In seinem Jahresgang (ganzjährige Saison) findet der Fremdenverkehr auf den Kanaren damit keine Parallele in Europa. In der Anzahl wie in der räumlichen Herkunft zeigen sich zwischen Teneriffa und Gran Ganaria erhebliche Unterschiede. (Hierbei können die Gästezahlen der übrigen Inseln vernachlässigt werden.) Seit 1975 haben sich die Briten in der Rangliste der ausländischen Touristen auf Teneriffa vor die bis dahin führenden Deutschen an die erste Stelle gesetzt; auf dem dritten Platz folgen die Skandinavier. Auf Gran Canaria waren die Briten in den 70er Jahren dagegen nur relativ schwach vertreten. Hier nahmen bis 1970 die Schweden die oberste Stelle in der ausländischen Gästezahl ein, und zwar vorzugsweise in Las Palmas. Heute dagegen stehen die Deutschen an der Spitze und halten die neuen Fremdenverkehrsgebiete um Maspalomas im Süden von Gran Canaria fest in ihrer Hand. Fuerteventura ist eine deutsche Ferieninsel geworden: von 140 000 ausländischen Gästen (1984) waren etwa 90 Prozent Deutsche, wobei sich die Touristen hauptsächlich um die Zentren Corralejo im Norden und Playas de Sotavento im Süden konzentrieren. Auf Lanzarote ist der Fremdenverkehr im Vergleich zu Fuerteventura entwickelter. Beide Inseln erleben inzwischen einen regelrechten Touristenboom, bieten aber trotzdem noch weite Gebiete unberührter Landschaft. Das gilt glücklicherweise auch für die noch stärker besuchten Inseln Teneriffa und Gran Canaria, da sich die Fremdenverkehrszentren an wenigen Stellen ballen (Puerto de la Cruz, Los Cristianos, Playa de las Américas, Bajamar; Las Palmas, Maspalomas, Puerto Rico). Auch die ›Grüne Insel‹ La Palma wird in Zukunft Anschluß an die Tourismus-Entwicklung der großen Nachbarinseln finden: die Verantwortlichen beginnen gerade, dementsprechende Pläne in die Tat umzusetzen. Allerdings besteht nicht die Gefahr einer Touristenflut wie heute im Süden Gran Canarias, da weite Teile des gebirgigen La Palma sich einer Entschließung entziehen. Gomera und Hierro bleiben heute noch hauptsächlich den Individualtouristen vorbehalten. Unberührt sind diese beiden letzten ›Inseln der Glückseligen‹ allerdings auch nicht mehr. Das gilt insbesondere für Gomera, wo im Valle Gran Rey inzwischen Tausende Aussteiger ›pausieren‹, die einen rasanten Bauboom ausgelöst haben.

Der Ansturm der Touristen hat auf den Inseln manches in Bewegung gebracht: Viele Gewerbezweige verbuchten ein starkes Wachstum, die Auswanderung konnte fast ganz gestoppt werden. Gleichzeitig wurden zahlreiche Arbeitskräfte der Landwirtschaft entzogen. Dennoch darf nicht vergessen werden, daß eine Wirtschaft, die sich hauptsächlich auf den Tourismus abstützt, große Risiken in sich birgt: Die Abhängigkeit von der mitteleuropäischen Konjunkturlage wurde Anfang der 80er Jahre deutlich, als die Fremdenzahlen auf den Kanarischen Inseln stagnierten, ja sogar zeitweilig zurück-

NATURRAUM UND KULTURLANDSCHAFT

gingen. Inzwischen gibt man sich wieder sehr optimistisch, und allerorts werden neue Feriensiedlungen, Apartmenthäuser und Hotels gebaut. Die Verbesserung der Wohnsituation der einheimischen Bevölkerung ist auch in Angriff genommen worden: moderne, aber unwirtlich anmutende Wohnblocks in den Satellitenorten der Hauptstädte geben davon Zeugnis. Eine steigende Abneigung – trotz des Touristenbooms gibt es eine große Arbeitslosenrate – gegen Inder und Pakistani, welche die Zahl ihrer Basare auf Teneriffa und Gran Canaria sprunghaft vermehrt haben, ist seit einigen Jahren zu beobachten. Ein kleiner Teil der Kanarier fordert zwar noch immer eine völlige Loslösung vom Mutterland Spanien, mit dem Autonomie-Status der Inseln ist ihm aber der Wind aus den Segeln genommen worden. Die Zeit der terroristischen Gewalttaten der Separatisten ist lange vorbei, im Jahre 1985 konnten sich die Behörden sogar leisten, das Exil des Separatisten-Anführers Antonio Cubillo in Algier zu beenden, um ihn direkt auf Teneriffa im Auge zu behalten. Dieser gründete eine neue Partei, die aber bisher keinerlei Zulauf hat.

Es bleibt zu hoffen, daß die ›Inseln der Glückseligen‹ auch in Zukunft allen Besuchern in großen Teilen unverfälscht erhalten bleiben, die auf ihnen das Erlebnis einer überwältigenden Landschaft erfahren wollen.

Entwicklung des Fremdenverkehrs[33]

Provinz Santa Cruz de Tenerife (1967 = 100)			Provinz Las Palmas de Gran Canaria (1965 = 100)		
Jahr	*Zahl der Fremden*	*Index*	*Jahr*	*Zahl der Fremden*	*Index*
1967	189 356	100	1965	191 663	100
1970	291 198	154	1970	498 942	260
1975	1 003 214	530	1975	1 007 810	526
1984	1 442 403	762	1984	2 066 808	1 078

Anteil der wichtigsten Nationalitäten am Fremdenverkehr[34]

	Provinz Santa Cruz de Tenerife			Provinz Las Palmas de Gran Canaria		
	1967	*1976*	*1984*	*1967*	*1976*	*1984*
Bundesrepublik Deutschland	51 068	204 914	259 753	16 177	314 545	704 646
Benelux	12 991	73 899	74 645	4 660*	39 401*	127 553
Frankreich	13 105	69 212	44 465	13 042	35 743	16 191
Großbritannien	34 710	299 378	511 656	24 478	46 023	277 710
Skandinavien**	23 114	127 797	162 646	131 290	201 350	379 618
Schweiz	8 636	12 158	8 608	5 089	30 364	61 384
USA und Kanada	819	26 061	10 231	7 848	24 263	8 781
Spanien	17 892	401 079	272 361	50 233	309 508	345 023
Sonstige	27 021	48 920	98 078	42 326	79 369	145 902
Summe	189 356	1 263 418	1 442 443	295 143	1 080 566	2 066 808

* nur Niederlande
** Schweden, Norwegen, Finnland, Dänemark

Teneriffa – Insel des ewigen Frühlings
(Abb. 1–14, 96–124)

> »*Teneriffa..., gleichsam an der Pforte der Tropen und doch nur wenige Tagereisen von Spanien, hat schon ein gut Teil der Herrlichkeit aufzuweisen, mit der die Natur die Länder zwischen den Wendekreisen ausstattet. Im Pflanzenreich treten bereits mehrere der schönsten und großartigsten Gestalten auf, die Bananen und Palmen. Wer Sinn für Naturschönheit hat, findet auf dieser köstlichen Insel noch kräftigere Heilmittel als das Klima. Kein Ort der Welt scheint mir geeigneter, die Schwermut zu bannen und einem schmerzlich ergriffenen Gemüte den Frieden wiederzugeben, als Teneriffa...«*[35]
>
> Alexander von Humboldt, 1799

Der majestätische, weit über die Passat-Wolkendecke aufragende Vulkankegel des Pico de Teide, mit 3718 m höchster Berg Spaniens, im Winter häufig schneebedeckt und weithin sichtbar, ist die erste Begegnung des Flugreisenden mit der Kanarischen Inselwelt (Abb. 4, 10, 11, 13, 14, 111, Umschlagrückseite). Dieser Berg bleibt auch in den kommenden Wochen des Aufenthaltes auf Teneriffa allgegenwärtig, sei es auf unseren Ausflügen, wenn er immer wieder den Blick auf sich zieht, sei es während der Tagesabläufe am Urlaubsort, wenn wir uns daran gewöhnen, den Gang der Wolkenbildung zu beobachten und dabei geradezu gezwungen nach ihm Ausschau halten; denn der Teide geizt mit seinem Anblick. Nachdem der Reisende wenige Stunden zuvor der Kälte und Eintönigkeit des europäischen Winters entflohen ist, wird er zunächst enttäuscht sein über jene Wolkenschicht, welche die Sicht auf die Inseln verstellt, kann er sich noch kaum vorstellen, daß der Naturforscher Alexander von Humboldt niederkniete und das blütenreiche Orotava-Tal als das reizvollste der Welt pries. Doch die Insel wird schöner, je mehr wir uns ihr nähern. Ihre vollkommene Schönheit erfahren wir aber erst dann, wenn wir ihre mannigfaltigen Naturlandschaften abseits der Touristenzentren durchfahren und erleben. Im Gegensatz zu Gran Canaria, Fuerteventura und Lanzarote ist Teneriffa nicht mit jenen weißen Sandstränden gesegnet, doch dafür überraschen die vielen Naturschönheiten, der Norden mit seinem immergrünen, blumenreichen Garten (Abb. 1, 2, 4, 8, 9, 65 folgende), der Süden mit seinen bizarren Felsklippen von trockenbrauner Klarheit und den wenigen schmalen dunkelfarbigen Lavastränden (Abb. 5, 6). Die Insel besitzt das ausgewogene Verhältnis zwischen fruchtbaren, lieblichen, verwöhnenden, paradiesisch anmutenden Landschaften und den dazu kontrastierenden vegetationsarmen, lebensfeindlichen, alt und tot und doch zugleich heroisch sich auftürmenden Gesteinskulissen (Abb. 7, 11, 12, 13, 14, 115, 116, 117, 119, 124). Dazu gesellt sich ein ausgeglichenes und gesundes Klima des ›ewigen Frühlings‹, das zur menschlichen Aktivität des Sehen- und Erlebenwollens geradezu herausfordert. Gerne verlassen wir dann die uniformierte Hotelwelt

TENERIFFA – INSEL DES EWIGEN FRÜHLINGS

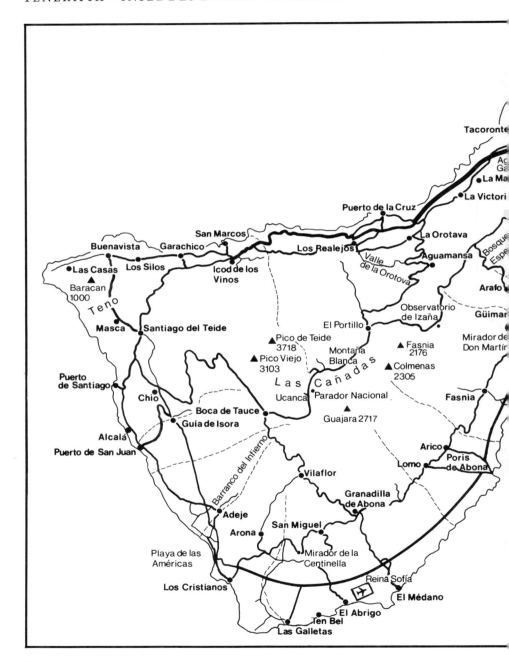

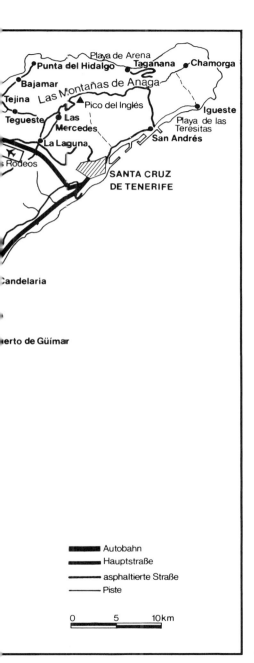

Übersichtskarte von Teneriffa

TENERIFFA – INSEL DES EWIGEN FRÜHLINGS

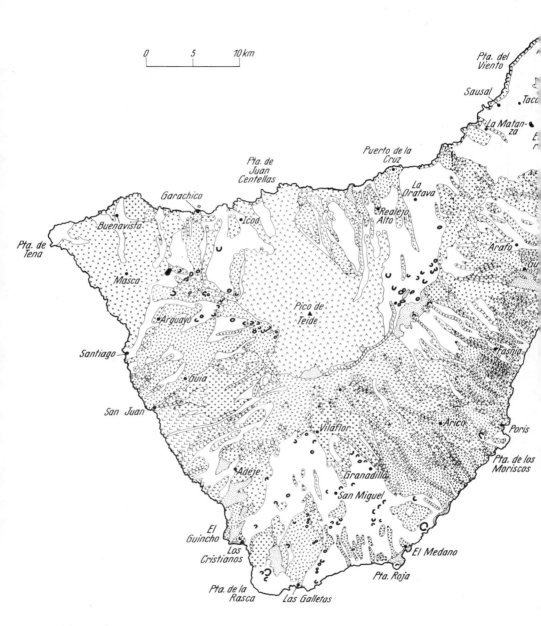

Geologische Karte von Teneriffa (verändert nach Inst. Geol. y Minero de España, 1968; Quelle: Mitchell-Thomé 1976)[49]

TENERIFFA – INSEL DES EWIGEN FRÜHLINGS

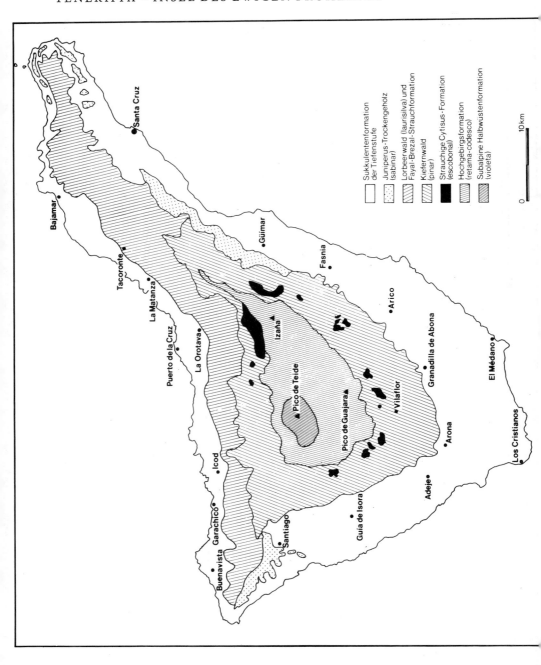

von Puerto de la Cruz oder die futuristische Bade- und Flanieranlage der Costa Martiánez oder jene anderen Freizeitanlagen für den Massentourismus. Für Naturforscher und Naturfreunde ist und war die Insel das klassische Beispiel zur Entdeckung und Erforschung der Klima- und Vegetationszonen der Erde, die hier auf engstem Raum übereinander liegen. Dem geologisch Interessierten bietet Teneriffa eine Fülle von vulkanischen Erscheinungen, und die Kanarischen Inseln gelten zweifellos seit langem neben Island und Hawaii als die anschaulichsten und vielfältigsten Studienobjekte für den Vulkanismus, der auch den aufgeschlossenen Nichtfachmann sofort in seinen Bann zieht.

Teneriffa hat die Form eines nordostwärts gerichteten Dreiecks, aus dessen Zentrum der Pico de Teide emporsteigt. Am Fuße des Berges, etwa 1500 m unterhalb des Gipfels, breitet sich schwermütig schweigend die von dunklen, erstarrten Lavaströmen erfüllte Vulkanlandschaft der riesigen halbrunden Caldera de las Cañadas wie ein grandioses geologisches Museum aus (Abb. 11, 12, 13, 117). Sein Kegel nimmt den ganzen Südwesten, Süden und Südosten der Insel ein, zertalt von tiefen Barrancos, die ins Meer münden (Abb. 7). Im Norden der Cañadas schließt sich in nordöstlicher Richtung von etwa 2367 m (Izaña) auf etwa 1500 m (Montaña Cabeza de Toro) absinkend das Rückgrat der Insel, die Cumbre Dorsal, an. Diese Gebirgskette wird von dem etwa 600 m hochgelegenen Plateau von La Laguna, einem der fruchtbarsten Gebiete Teneriffas, unterbrochen, wo auch der interinsulare Flughafen Los Rodeos angelegt wurde. Mancher Fluggast wird sich hier bei seiner Ankunft in einer dichten Wolkenschicht eingehüllt finden, andere wiederum müssen ihren Aufenthalt auf der Insel um einige Stunden ausdehnen, weil die Wetterlage zur Einstellung des gesamten Flugverkehrs zwingt (s. S. 179, 299). Die sonst übliche scharfe Klimascheide zwischen Nord- und Südküste ist hier durch die fehlende Gebirgskette nicht ausgebildet, so daß die Passatwinde und -wolken ein örtlich windiges, kühles, nebeliges und regenreiches Klima verursachen. Im Norden dieser Hochfläche von La Laguna steigt dann mit Ost-Nordost-Verlauf die im Taborno bis 1024 m aufragende wilde und zerklüftete Gebirgswelt des Anaga-Gebirges (Las Montañas de Anaga) mit ihren tief eingeschnittenen, steilhangigen Kerbtälern auf der gleichnamigen Halbinsel an, die aus vorherrschend älteren Basaltgesteinen besteht (Abb. 8). Da das im Nordwesten Teneriffas an den Teide anschließende Teno-Gebirge mit knapp 1000 m Höhe (Abb. 7) und ebenfalls ein Gebiet im Südwesten bei Adeje aus demselben älteren Basaltgestein aufgebaut sind, wird vermutet, daß diese drei Komplexe ursprünglich isolierte Inseln darstellten, die erst durch den heftigen Ausbruch des riesigen Cañada-Vulkans, der dann später wieder einbrach und eine Caldera bildete, zu einer Insel zusammengewachsen sind. Am Fuße des Teide und der Cañadas sind weite Täler

◁ *Karte der Vegetationstypen auf Teneriffa (nach L. Ceballos und F. Ortuño)*

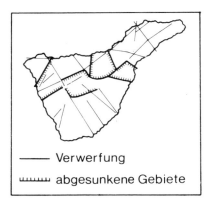

Geologische Strukturen auf Teneriffa (nach Mitchell-Thomé 1976)

angelegt, z. B. das bekannte Orotava-Tal, auch Taoro-Tal genannt, das sich der Nordküste zuneigt, ferner westlich das Tal von Icod, an der Westküste das Tal von Santiago und schließlich an der Ostküste das Tal von Güímar. Die Nordküste, die gesamte Küste der Anaga-Halbinsel sowie die des Teno-Gebirges sind schroff und fallen steil zum Atlantik ab (Abb. 1), während die Süd- und Westküste flacher ausgebildet ist und einige Strände aufweist (Candelaria, Güímar, El Médano [Abb. 6], Los Cristianos, Alcalá und Santiago).

Das wasserreiche, fruchtbare Anbaugebiet der Insel, die ›Bananenzone‹ (Abb. 90–95), zugleich Hauptsiedlungs- und Wirtschaftsraum (Abb. 4), liegt an der Nordküste, insbesondere im Orotava-Tal, auf der Hochfläche von La Laguna und an der Ostküste im Bereich der Hauptstadt Santa Cruz de Tenerife. Im Gegensatz zu den dicht aneinandergereihten und durch Streusiedlungen miteinander verbundenen Ortschaften liegen die Ansiedlungen im trockenen, vegetationsärmeren Süden weit voneinander entfernt. Diese sogenannte ›Tomatenzone‹ (Abb. 6) hat einen wesentlich geringeren Anteil an der wirtschaftlichen Produktion bzw. am Export. Schon für die vorspanische Zeit galten diese demographischen Unterschiede, wie sie *I. Schwidetzky* anhand der dichter beieinanderliegenden Wohn- und Begräbnishöhlen im Norden Teneriffas belegen konnte. Sie fand auch heraus, daß die Lebenserwartung der im Norden siedelnden Ureinwohner höher war, was offenbar ein Ausdruck für die weniger harten Lebensbedingungen dieser Region ist.

Die Caldera de las Cañadas und der Pico de Teide

Eine Reise nach Teneriffa bliebe unvollkommen ohne die obligatorische Fahrt hinauf in das geologische ›Freilichtmuseum‹, die Caldera de las Cañadas, verbunden mit einem Aufstieg zum höchsten Gipfel des Archipels, dem Pico de Teide (3718 m). Wer

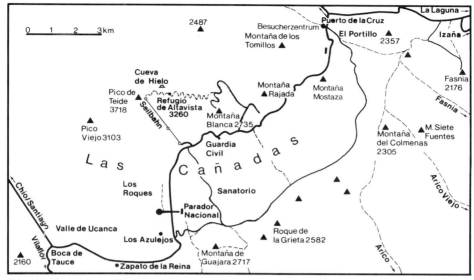

Übersichtskarte der Caldera de Las Cañadas

seinen Ausflug vom blütenreichen Orotava-Tal aus unternimmt, erlebt in etwa 2200 m Höhe einen besonders extremen Landschaftskontrast: unter einem tiefblauen Himmel breitet sich die steinerne Wüste[36] des Calderakessels mit seinen bis zu 500 m sich auftürmenden Wänden aus (Abb. 12, 117), weithin dunkle Lavafelder, erstarrte Riesenströme farbig oxydierte Schichten in Ocker, Rostrot, Gelbrot und Braun, dazu Schlackenhalden, sekundär ausgebrochene Vulkane mit aufgetürmten Kegeln, bizarre porphyrische und basaltene Felsfiguren mit unterschiedlicher Lava (Abb. 14), schwarze Obsidianfelder (Abb. 64e) und -kanten, mannshohe Lavablöcke auf hellen Bimssteinfeldern (Abb. 119). Hier gibt es Unmengen von Phonolithen in ziemlich formloser Lagerung, die gespalten in dünnen Platten beim Aneinanderschlagen jenen metallischen Klang von sich geben, der ihnen den Namen ›Klingstein‹ einbrachte; eine weißliche Verwitterungsschicht verdeckt häufig die ursprüngliche Gesteinsfarbe (Abb. 64b). Besonders eindrucksvoll sind aber die bizarren Felsformationen ›Los Roques‹, die einer Landschaft des ›Wilden Westens‹ gleichen und im sich wandelnden Licht der Tageszeiten immer wieder neue Begeisterung des Betrachters auslösen (Abb. 13, 14, Umschlagrückseite). Betroffen blicken wir auch von dem erhöhten Standort von ›Los Roques‹ auf den 50 m tiefer abgesunkenen Teil der Cañadas, auf die Ebene von Ucanca (Llano de Ucanca). Es ist ein Gebiet mit großen Retama- und Codesco-Sträuchern (Abb. 13, 82), beide sehr geschätzt von den Reisigsammlern als Stallstreu.

Die eisenhydrathaltigen blau-grünlichen Felsen ›Los Azulejos‹, die abseits der Autostraße liegenden ockergelben Felsen mit ihrem künstlerisch geformten Windschliff vor der Montaña de Guajara (Abb. 124) oder gar die seltsame Natursklptur ·Schuh der Königin‹ (Zapato de la Reina, Abb. 122) am Rande der Ucanca-Ebene sind weitere schöne Beispiele für die Farbigkeit und Dynamik dieser Vulkanlandschaft, für die faszinierenden plutonischen Gewalten, die in heftiger Bewegung die Ergußgesteine aus dem Erdinnern zutage förderten. Hier befällt manchen Reisenden plutonischer Schrecken und ein beunruhigendes Gefühl menschlicher Ohnmacht.

Ein überwältigendes Erlebnis werden die Cañadas demjenigen Reisenden werden, der sich zu einem mehrtägigen Aufenthalt in dem 1954 gegründeten Nationalpark des Teide entschließt (13 571 ha; vielfältige Möglichkeiten zu Wanderungen, s. S. 158, 319 f., gute Übernachtungsmöglichkeiten im Parador Nacional). Wenn am späten Nachmittag die Tagestouristen in ihren Reisebussen längst wieder in ihren Küstenquartieren angelangt sind, wird es hier oben ruhig und entsprechend der Höhe und der klaren Luft auch kühl. In der Nacht ist der Sternenhimmel greifbar nahe gerückt, und der weiße Pitón schimmert im Mondlicht. Wer früh genug wach wird, kann das farbenprächtige Schauspiel des Sonnenaufgangs verfolgen, wenn der gesamte Kegel des Teide in glutrotes Licht eingetaucht ist (Abb. 11, Umschlagrückseite). Schon nach wenigen Minuten ist das Morgenrot verglüht, die Farbigkeit des Bergkegels nimmt ab; das Erleben dieser fremdartigen Bergwelt kann beginnen, auf einsamen, kaum begangenen Wegen, in der Begegnung mit Pflanzenarten, die sonst nirgendwo auf der Welt als nur hier oben in der reinen Höhenluft zu finden sind (Abb. 82, 83, 88).

Auf dem alten geologischen Unterbau, dem Teno-Gebirge, dem Anaga-Gebirge, dem alten basaltischen Untergrund bei Adeje und schließlich der Cumbre Dorsal, auf der die aussichtsreiche Höhenrückenstraße von den Cañadas nach La Laguna verläuft (Abb. 111), entstand ungefähr dort, wo sich heute der Teide erhebt, das gigantische Nebenprodukt einer gewaltigen Eruption, ein großer Stratovulkan, der an Höhe den heutigen Pic noch übertroffen haben mag. Von diesem Urvulkan sind heute nur noch die bis zu 500 m aufragenden Steilränder erhalten, z. B. in der Montaña de Colmenas (2305 m), Roque de la Grieta (2582 m), Montaña de Guajara (2117 m). Damit ist der vor allem aus phonolithischen und trachyphonolithischen Laven aufgebaute riesige halbrunde Wall der Cañadas (Abb. 12, 117) der noch erhaltene Rand des einstigen Prä-Caldera-Vulkans, dessen Zentrum nach den meisten geologischen Forschungsergebnissen eingestürzt ist und damit die Fachbezeichnung ›Caldera‹ trägt.[37] Auch ›Los Roques‹ in der Nähe des Paradors sind schmale und durch die Abtragung stark zerfressene Reste des alten Vulkans, die beim Einsinken der Caldera zurückblieben (Abb. 13, 14). Genau weiß man heute noch nicht, wann dieses einschneidende Ereignis jener Calderabildung stattfand, man vermutet eine Datierung im späten Tertiär. Wahrscheinlich gingen diesem Einsturz gewaltige Eruptionen von hellen phonolithischen Bimstuffen voraus, die heute weite Teile im Süden der Insel zwischen Adeje und Candelaria bedecken. Ähnlich wie bei dem bekannten Brohltal-Traß in der Eifel

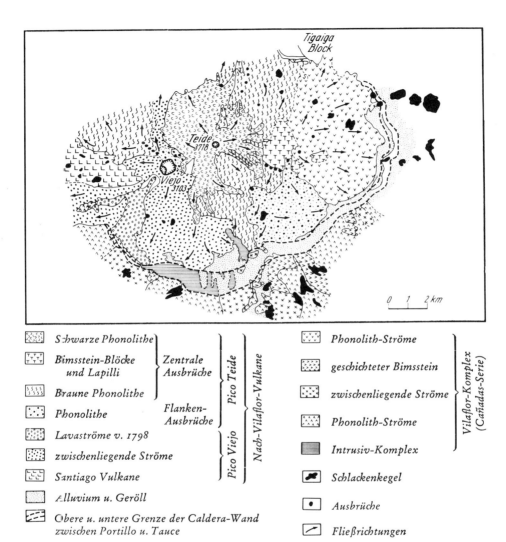

Geologische Karte von Las Cañadas, Teneriffa (verändert nach Ridley 1972, Quelle: Mitchell-Thomé 1976)

handelt es sich hierbei um zum Teil ungeschichteten ›Pozzulan‹ (Vorkommen am Strand von El Médano).

Im weiteren geologischen Verlauf baute sich in der Caldera de las Cañadas ein neuer, wiederum trachyphonolithischer Zentral-Vulkan, der heutige Teide auf, der sich

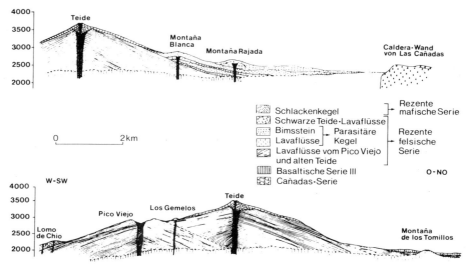

Geologische Querschnitte des Teide-Komplexes (nach H.-U. Schmincke 1976)

1500 m über die Cañadas erhebt (Abb. 13). Die stratigraphischen Untersuchungen beweisen, daß sich vorher schon 3 km westlich der Pico Viejo (3103 m) mit seinem stark abgestumpften Kegel gebildet haben muß (letzter Ausbruch am Nebenkegel Chahorra im Jahre 1798) (Abb. 116).

Der Blick von den Cañadas zeigt deutlich, daß der Pico de Teide keinen gleichmäßigen Kegel bildet, sondern daß einem unteren abgestumpften Teil über einer Plattform (der Rambleta) der eigentliche Gipfel, der 200 m hohe Pitón, aufgesetzt ist (Umschlagrückseite). Die Rambleta ist damit der Rest eines alten Kraters, dem die zahlreichen dunklen phonolithischen Lavaströme entstammen, welche die Hänge des Teide bedecken und bis hinunter in die Cañadas reichen, teilweise aus glasigem Obsidian bestehen, die in zahllose, scharfkantige und splitterige Stücke zerfallen sind (Abb. 64e). Der Pitón, der die Kegelgestalt des Teide kaum verändert, ist 40 m tief und hat einen Durchmesser von 50 bis 70 m (Abb. 117). An einzelnen aus Spalten und Ritzen hochsteigenden Gasaushauchungen mit Absätzen von Schwefelkristallen (Abb. 64h) erkennen wir, daß sich der Teide im ausklingenden Solfatarenstadium befindet, während das westlich gegen das Teno-Gebirge angrenzende Gebiet, der sogenannte ›Talus de Bilma‹, noch aktiven Vulkanismus aufweist. Von parasitären Vulkanen durchsetzt, war dieser bis in die neuere Zeit Schauplatz von Eruptionen (Vulkan von Chinyero, 1909).

Der Teide als ›das kanarische Ereignis‹ wurde von Tausenden von Reisenden als Höhepunkt ihres Aufenthaltes auf dem Kanarischen Archipel erlebt. Am 22. Juni 1799 verweilte der große deutsche Naturforscher Alexander von Humboldt nach strapaziösem Aufstieg mit Maultieren und aufsässigen Führern hier oben auf dem Kraterrand und vergaß beim überwältigenden Rundblick über den Archipel schnell die erfahrenen Mühen. Wenn sich auch an der Küste so manches Örtchen zu einem belebten Touristenzentrum gewandelt hat, sich auch manches ursprüngliche Landschaftsbild zu einer ertragreichen Kulturlandschaft veränderte, so treffen Humboldts Empfindungen und Beobachtungen dennoch immer noch zu:

»*Die Besteigung des Vulkans von Teneriffa ist nicht nur dadurch anziehend, daß sie uns so reichen Stoff für wissenschaftliche Forschungen liefert; sie ist es noch weit mehr dadurch, daß sie dem, der Sinn hat für die Größe der Natur, eine Fülle malerischer Reize bietet. Solche Empfindungen zu schildern ist eine schwere Aufgabe; sie regen uns desto tiefer auf, da sie etwas Unbestimmtes haben, wie es die Unermeßlichkeit des Raumes und die Größe, Neuheit und Mannigfaltigkeit der uns umgebenden Gegenstände mit sich bringen. Wenn ein Reisender die hohen Gipfel unseres Erdballes, die Katarakte der großen Ströme, die gewundenen Täler der Anden zu beschreiben hat, so läuft er Gefahr, den Leser durch den eintönigen Ausdruck seiner Bewunderung zu ermüden. Es scheint mir den Zwecken, die ich bei dieser Reisebeschreibung im Auge habe, angemessener, den eigentümlichen Charakter zu schildern, der jeden Landstrich auszeichnet. Man lernt die Physiognomie einer Landschaft desto besser kennen, je genauer man die einzelnen Züge auffaßt, sie untereinander vergleicht und so auf dem Wege der Analysis den Quellen der Genüsse nachgeht, die uns das große Naturgemälde bietet.*

Man erblickt auf seiner Spitze nicht allein einen ungeheuren Meereshorizont, der über die höchsten Berge der benachbarten Inseln hinaufreicht, man sieht auch die Wälder von Teneriffa und die bewohnten Küstenstriche so nahe, daß noch Umrisse und Farben in den schönsten Kontrasten hervortreten.

Wir lagerten uns am äußeren Rande des Kraters und blickten zuerst nach Nordwest, wo die Küsten mit Dörfern und Weilern geschmückt sind. Vom Winde fortwährend hin und her getriebene Dunstmassen zu unseren Füßen boten uns das mannigfaltigste Schauspiel. Eine ebene Wolkenschicht zwischen uns und den tiefen Regionen der Insel war da und dort durch die kleinen Luftströme durchbrochen, welche nachgerade die von der Sonne erwärmte Erdoberfläche zu uns heraufsandte. Der Hafen von Orotava, die darin ankernden Schiffe, die Gärten und Weinberge um die Stadt wurden durch eine Öffnung sichtbar, welche jeden Augenblick größer zu werden schien. Aus diesen einsamen Regionen blickten wir nieder in eine bewohnte Welt; wir ergötzten uns am lebhaften Kontrast zwischen den dürren Flanken des Piks, seinen mit Schlacken bedeckten steilen Abhängen, seinen pflanzenlosen Plateaus und dem lachenden Anblick des bebauten Landes; wir sahen, wie sich die Gewächse nach der mit der Höhe abnehmenden Temperatur in Zonen verteilten. Unter dem Piton beginnen Flechten die verschlackten, glänzenden Laven zu überziehen, ein Veilchen (Viola cheiranthifolia), das der Viola decumbens nahe steht, geht am Abhang des Vulkanes bis zu 3390 Meter Höhe. Mit Blüten bedeckte Retamabüsche

TENERIFFA – INSEL DES EWIGEN FRÜHLINGS

schmücken die kleinen von den Regenströmen eingerissenen und durch die Seitenausbrüche verstopften Täler; unter der Retama folgt die Region der Farne und auf diese die der baumartigen Heiden. Wälder von Lorbeeren, Rhamnus und Erdbeerbäumen liegen zwischen den Heidekräutern und den mit Reben und Obstbäumen bepflanzten Geländen. Ein reicher grüner Teppich breitet sich von der Ebene der Ginster und der Zone der Alpenkräuter bis zu den Gruppen von Dattelpalmen und Musen, deren Fuß das Weltmeer zu bespülen scheint.

Daß auf der Spitze des Piks die Dörfchen, Weinberge und Gärten an der Küste einem so nahe gerückt scheinen, dazu trägt die erstaunliche Durchsichtigkeit der Luft viel bei. Trotz der bedeutenden Entfernung erkannten wir nicht nur die Häuser, die Baumstämme, das Takelwerk der Schiffe, wir sahen auch die reiche Pflanzenwelt der Ebenen in den lebhaftesten Farben glänzen. Auf dieser Durchsichtigkeit beruht vornehmlich die Pracht der Landschaften unter den Tropen; sie hebt den Glanz der Farben der Gewächse und steigert die magische Wirkung ihrer Harmonien und ihrer Kontraste.

Umsonst verlängerten wir unseren Aufenthalt auf dem Gipfel des Piks, des Momentes harrend, wo wir den ganzen Archipel der glückseligen Inseln würden übersehen können. Wir sahen zu unseren Füßen Palma, Gomera und die Große Canaria. Die Berge von Lanzarote, die bei Sonnenaufgang dunstfrei gewesen, hüllten sich bald wieder in dichte Wolken.

Die Kälte, die wir auf dem Gipfel des Piks empfanden, war für die Jahreszeit sehr bedeutend. Das Thermometer zeigte im Schatten 2,7 Grad Celsius. Der Wind war West, also dem entgegengesetzt, der einen großen Teil des Jahres Teneriffa die heiße Luft zuführt, die über den glühenden Wüsten Afrikas aufsteigt.

Trotz der Wärme, die man am Rande des Kraters unter den Füßen spürt, ist der Aschenkegel im Winter mehrere Monate mit Schnee bedeckt. Der heftige kalte Wind, der seit Sonnenaufgang blies, zwang uns, am Fuße des Piton Schutz zu suchen. Hände und Gesicht waren uns erstarrt, während unsere Stiefel auf dem Boden, auf den wir den Fuß setzten, verbrannten. In wenigen Minuten waren wir am Fuß des Zuckerhutes, den wir so mühsam erklommen, und diese Geschwindigkeit war zum Teil unwillkürlich, da man häufig die Asche hinunterrutscht. Ungern schieden wir von dem einsamen Ort, wo sich die Natur in ihrer ganzen Großartigkeit vor uns auftut.

Wir gingen langsam durch das Malpays; auf losen Lavablöcken tritt man nicht sicher auf. Der Station bei den Felsen zu wird der Weg abwärts äußerst beschwerlich; der dichte kurze Rasen ist so glatt, daß man sich beständig nach hinten beugen muß, um nicht zu stürzen. Auf der sandigen Ebene der Retama zeigte das Thermometer 22,2 Grad, und dies schien uns nach dem Frost, der uns auf dem Gipfel geschüttelt, eine erstickende Hitze. Wir hatten gar kein Wasser; die Führer hatten nicht allein den kleinen Vorrat Malvasier heimlich getrunken, sondern sogar die Wassergefäße zerbrochen.

In der schönen Region der Farne und der baumartigen Heiden genossen wir endlich einige Kühlung.«[38]

Heute ist es wesentlich einfacher, den Gipfel zu erreichen. An die Stelle der Maultiere, die einige Tage von La Orotava aus brauchten, fährt das Auto in einer guten Stunde bis zur Talstation der seit 1971 bestehenden Teide-Seilbahn in 2356 m Höhe. In 8 Minuten erreicht die Seilbahn-Kabine die Bergstation in 3555 m Höhe auf dem schmalen Absatz der Rambleta; von hier aus muß dann noch der 163 m hohe Pitón in einem halbstündigen Fußmarsch bewältigt werden. Der Weg führt im Zickzack steil bergan, an schwefeligen Aushauchungen vorbei. Von Zeit zu Zeit zwingt die dünne Luft hier oben zum Verschnaufen. Endlich aber ist der Gipfel erreicht; es ist zwar nicht mehr so einsam hier oben wie zu Humboldts Zeiten – immerhin ist die Seilbahn pausenlos im Einsatz –, doch die Empfindungen angesichts des grandiosen Panoramas bleiben persönlicher Besitz jedes einzelnen.

Eine Bergbesteigung zu Fuß bleibt auch heute noch ein nachhaltiges Erlebnis, um die Höhe des Teide erst richtig begreifen zu lernen und die am Weg liegenden Überraschungen dieser Landschaft entdecken zu können. Von der Cañadas-Straße zweigt bei Kst. 40,3 eine kurvenreiche Piste über helle Bimssteinfelder zur Montaña Blanca (2735 m) ab (beschildert). Vorbei an übermannshohen Lavabrocken aus Dolerit (Huevos del Teide, Abb. 119, 64 d), die, will man mehreren wissenschaftlichen Quellen Glauben schenken, aus dem Teide-Krater herausgeschleudert worden sein sollen (?), fahren wir bis zum Ende der Piste, wo wir den Wagen stehenlassen und zu Fuß vom Gipfel der Montaña Blanca ein Stück zurück zu einer tiefer gelegenen Senke laufen, um dann den schmalen Fußpfad hinauf zur Schutzhütte ›Refugio de Altavista‹ (3260 m) einzuschlagen. An langen Sommertagen ist der Auf- und Abstieg zwar an einem Tag zu bewältigen, doch die Übernachtung in der Schutzhütte empfiehlt sich demjenigen, der den Sonnenaufgang oder Sonnenuntergang auf dem Gipfel miterleben möchte. Schon vor Sonnenaufgang müssen bei Dunkelheit mit Fackelbeleuchtung der Führer die letzten 500 Meter bis zum Gipfel zurückgelegt werden. Ein schmaler Weg klettert zwischen meterhohen Brocken schwarzbrauner Lava empor und macht den Aufstieg beschwerlich. Die bissige Kälte mit Temperaturen unter dem Gefrierpunkt verschlägt einem den Atem. Nach einer Stunde erreichen wir die Rambleta, von der es dann nicht mehr lange bis zum Gipfel dauert. Der lose gelbe Bims liegt hier knöcheltief und macht jeden Schritt recht beschwerlich. Endlich gelangen wir zum schützenden Krater; das unvergeßliche Schauspiel des Sonnenaufgangs beginnt. Während die Täler noch im blaugräulichen Dunkel liegen und die Gebirgszüge lange, dann sich immer rascher verkürzende Schatten werfen, erstrahlt in prachtvollem Orange der aufgehenden Sonne der großartige Schauplatz der Urelemente Feuer, Erde, Wasser und Luft (vgl. S. 319 f.).

Das Orotava-Tal mit Puerto de la Cruz und La Orotava

»Wenn man ins Tal von Tacoronte hinabkommt, betritt man das herrliche Land, von dem die Reisenden aller Nationen mit Begeisterung sprechen. Ich habe im heißen Erdgürtel Landschaften gesehen, wo die Natur großartiger ist, reicher in der Entwicklung organischer Formen. Aber nachdem ich die Ufer des Orinoko, die Cordilleren von Peru und die schönen Täler Mexikos durchwandert, muß ich gestehen, nirgends ein so mannigfaches, so anziehendes, durch die Verteilung von Grün und Felsmassen so harmonisches Gemälde vor mir gehabt zu haben ... Ich kann diesen Anblick nur mit den Golfen von Genua und Neapel vergleichen, aber das Orotava-Tal übertrifft sie bei weitem durch seine Ausmaße und die Reichhaltigkeit seiner Vegetation.«
Alexander von Humboldt, 1799

Die meisten Reisenden, die mit Autobus oder Taxi vom Flughafen Los Rodeos bei La Laguna zum Haupttouristenort der Insel, Puerto de la Cruz, befördert werden, warten voller Spannung auf den Moment, wo sich vor ihnen das viel gepriesene und weltberühmte Orotava-Tal auftut. Seit Humboldts Zeiten hat das Tal sein Aussehen stark gewandelt. Noch immer grüßt der Teide zur Linken, am Abhang schimmern die weißgetünchten Häuser von La Orotava mit ihren roten Ziegeldächern, und auch die Vegetationszonen der Erde von der subtropischen über die gemäßigte bis zur alpinen Zone können mit einem Blick von der Küste bis zum Teide-Gipfel erfaßt werden (Abb. 4), doch heute beherrscht die Skyline der Touristenstadt Puerto de la Cruz die Meeresküste. Die silbrig-grünschimmernden Bananenplantagen (und ihre zugehörigen Wasserbehälter, die Humboldt noch nicht kennen konnte), die vor einigen Jahrzehnten nur von einzelnen Landhäusern und Herrensitzen aufgelockert waren, werden jetzt von einem Netz von Urbanisationen durchzogen, von Bungalows im kanarischen Stil mit kunstvoll angelegten Gärten, in denen die Vegetation zu allen Jahreszeiten üppig und schwelgerisch wuchert und blüht, seien es die rankenden Feuerbignonien an Mauern und Wänden (Abb. 78) oder die Farbenpracht der Bougainvillea (Abb. 72, 73), das leuchtende Rot der Weihnachtssterne (Abb. 2, 76, Frontispiz S. 2) oder die gelben Blütenstände der Kerzensträucher. Oberhalb von Puerto de la Cruz fallen einige ursprüngliche Vulkankegel auf, die das Gleichmaß der Orotava-Senke unterbrechen, Orte, auf denen nur anspruchslosere Euphorbien sich wohlfühlen.

Nördlich vom Pico de Teide ist von den Gesteinen des Prä-Caldera-Vulkans nur wenig erhalten; junge Laven des Teide haben alles überdeckt. Nur in der nach Norden hin abfallenden Scholle der Tigaiga treten ältere phonolithische Gesteine an die Oberfläche. Die ›Ladera de Tigaiga‹, welche im Westen an das fruchtbare Orotava-Tal angrenzt und es wie eine Mauer abriegelt, ist als Bruchzone des Tigaiga-Blocks besonders auffällig von Puerto aus mit Blick auf den Teide zu beobachten. Da auch die östliche Begrenzung des Orotava-Tals in der ›Ladera de Santa Ursula‹ eine solch steil ansteigende Bruchzone aufweist, können wir das Orotava-Tal insgesamt als geologischen Graben deuten (vgl. Fig. S. 136). Mit den Ausmaßen von 10 mal 11 km paßt der Name ›Valle de la Orotava‹ nicht mehr ganz in unsere morphologischen Vorstellungen.

Puerto de la Cruz

Die Stadt (39 241 Einw./1981), auf einem alten Lavastrom erbaut, wurde zu Beginn des 17. Jahrhunderts als Hafen für die höhergelegene Stadt La Orotava gegründet, der den Weinexport des Tales abwickeln sollte. Von der Wohlhabenheit der Weinaristokratie zeugen noch die architektonisch schönen Häuser im kanarischen Baustil, mit ihren aus der kanarischen Kiefer geschnitzten Balkons, ihren roten Ziegeldächern mit den weißen Firstlinien und ihren mit Pflanzen und Springbrunnen belebten Patios.

Nicht nur die schöne und zentrale Lage, auch das ausgezeichnete Klima haben den Ort, der nicht mit ausgedehnten Sandstränden aufwarten kann, zum größten Touristenzentrum Teneriffas anwachsen lassen. Zwar hat sich auch hier in den letzten Jahren der große Bauboom beruhigt, doch ein Stillstand ist noch immer nicht abzusehen. Es scheint, als wolle sich Puerto de la Cruz zum größten Ferienort Europas entwickeln.

Heute ist der Hafen der Stadt nur noch ein pittoresker Altstadtwinkel für Maler und Fotografen, und seine beiden Kais dienen nur noch ein paar Dutzend Fischern als Anlegeplatz. Mit dem Ausbau eines guten Straßennetzes hat die Hauptstadt Santa Cruz de Tenerife den gesamten Überseehandel übernommen. Dafür wuchs Puerto de la Cruz in den letzten fünfzehn Jahren zu einem riesigen Urlauberumschlagplatz heran. Nachdem der benachbarte Strandbogen für Hotelbauten schnell zu klein geworden war, stieg die Zahl der Stockwerke und mit ihnen die Grundstückpreise, die vor einigen Jahren schon die Bodenpreise deutscher Großstädte erreicht hatten. Dann drängte das Manhattan von Teneriffa die Altstadtidylle mehr und mehr zusammen und beherrscht nun mit seiner Skyline die kurze flache Küstenzone vor der Steilküste, über die sie mittlerweile auch schon mit z. T. faszinierender Architektur hinaufklettert (Abb. 108). In den Straßen der Hotelstadt entfalten sich auserlesene Geschäfte und orientalisch anmutende Basare mit exotischen Waren aus Indien, Marokko und Schwarzafrika, dazu Restaurants, Bars, Diskotheken und Nachtclubs. Besonders reizvoll ist die betriebsame Atmosphäre Tausender von Menschen verschiedenartigster Nationalitäten mit ihrem Hang zu exhibitionistischen Extravaganzen. Baumbestandene Alleen (Tulpenbäume [Abb. 65, 66], Eukalyptus, Baumstechapfel, Oleander, Hibiskus [Abb. 75] u. a.) und von Weihnachtsstern-Büschen (Abb. 76) gesäumte Straßen, dazu eine der schönsten und modernsten Strandpromenaden der Welt lockern die strengen Linien des Beton in natürlicher Weise auf.

TENERIFFA – INSEL DES EWIGEN FRÜHLINGS

Die meist starke Meeresbrandung des Atlantik und die verschiedentlich auftretenden Felsenriffe machen ein Baden im offenen Meer an dem kurzen schwarzen Lavastrand am Rande der Playa de Martiánez nicht ungefährlich. Auch die an der Altstadtpromenade vorhandene Felsenbucht schreckt ab. Was jedoch von Natur aus nicht vorhanden war, das versuchte man auf künstlichem Wege zu beschaffen, was allem Anschein nach bestens gelöst worden ist. Zwischen den beiden natürlichen Stränden hat man am Lido von Telmo künstliche luxuriöse Meeresbecken geschaffen, von denen die 1977 fertiggestellte Badeanlage nach dem Entwurf des Lanzarotiner Künstlers und Architekten César Manrique (vgl. S. 284) besondere Beachtung verdient. Große, weitflächige und abgerundete Schwimmbecken werden von mit Palmen und Kakteen bestandenen Inselchen aus schwarzem Lavagestein in einzelne Teilbereiche gegliedert; aufgelockerte, verteilte Sonnenliegeplätze und eine kleine Bar vervollkommnen die Anlage und lassen die sonst übliche Schwimmbad-Atmosphäre nicht aufkommen, im Gegenteil, über dem Ganzen schwebt ein leichter verführerischer Hauch von Südsee. Aber auch fast alle größeren Hotels besitzen ihr eigenes Schwimmbad, oft inmitten herrlichster Vegetation oder hoch oben auf den sonnigen Dachterrassen.

Stadtplan von Puerto de la Cruz

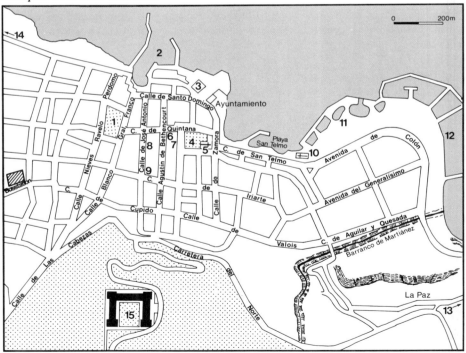

Sehenswürdigkeiten von Puerto de la Cruz

1 Plaza del Charco mit mächtigen indischen Lorbeerbäumen, Zentrum der Altstadt
2 Puerto Pesquero, der alte Hafen
3 Mercado, Markt mit buntem Treiben
4 Plaza de la Iglesia mit Palmen und Blumenanlagen. An seiner Nordseite einige Hotels, von denen das erst 1964 im altspanischen Stil erbaute ›Marquesa‹ mit schönem Patio hervorsticht.
5 ›Nuestra Señora de la Peña de Francia‹ vom Anfang des 17. Jh. mit prächtigem Barock-Retabel von Luis de la Cruz y Rio; barocke Statue ›Nuestra Señora del Rosario‹ mit verinnerlichten Zügen; die Statuen ›Ecce-Homo‹ und ›Santo Domingo‹ von dem größten kanarischen Bildhauer Luján Pérez (1756–1815); beachtenswerte Holzschnitzereien aus dem 18. Jh., silberne und goldene Kultgegenstände von einheimischen und kubanischen Kunstschmieden (17. und 18. Jh.).
6 Correos y Telegrafos (Post- und Telegraphenamt)
7 Touristisches Informationsbüro
8 Theater, Kino
9 ›Pension Iriarte‹ im typisch kanarischen Stil mit elegantem Patio mit subtropischen und tropischen Gewächsen.
10 Kapelle San Telmo (Abb. 109), 1626 von Seefahrern und Fischern für ihren Schutzheiligen ›San Pedro González Telmo‹ erbaut, 1778 durch einen Brand und 1826 durch eine Unwetterkatastrophe stark zerstört und anschließend wieder aufgebaut, 1968 zuletzt restauriert; anstelle der zerstörten Statue eine neue von 1783. (Fest des San Telmo am 2. Sonntag nach Pfingsten.) Weitere Heiligenstatuen: Madonna de Candelaria, Hl. Nikolaus von Bari, Hl. Blasius und Martin von Peru. Die Wappen über den Türen der Altarwand zeigen das Emblem der Dominikaner und der Seefahrer, während das gobelinartige Gemälde eine Szene der Eroberung der Insel zeigt. Moderne Werke von Fred Hellwig: Kruzifix in Stahlbrenntechnik, eucharistischer Stahltisch in Bronze-Zinntechnik und Deckenleuchten aus Eisen und Silber.
11 Lido San Telmo
12 Playa de Martiánez mit natürlichem schwarzem Lavastrand
13 Sitio de la Paz (Friedensplatz) hoch über der Steilküste mit prachtvoller Aussicht über Hotels und Strand. In der Umgebung liebevoll gepflegte Gärten der Bungalows und Hotels. Hier oben wohnte 1799 Alexander von Humboldt bei reichen Kaufleuten irischer Herkunft.
14 Castillo San Felipe im spanischen Kolonialstil (16. Jh.), heute Restaurant
15 Casino ›**Taoro**‹ mit prachtvoller tropischer und subtropischer Park- und Gartenanlage

Interessant und abwechslungsreich ist der Besuch einer Bananenpackerei oder einer Bananen-Likörfabrik, die etwas außerhalb von Puerto de la Cruz liegen (vgl. Abb. 90–95).

Oberhalb der Stadt an der Carretera Botánico nach Santa Cruz liegt der weltberühmte Botanische Garten (Jardín Botánico), der leicht zu Fuß zu erreichen ist. Die Anlage wurde 1788 unter der Regierung König Carlos III. mit dem Ziel gegründet, hier tropische Pflanzen allmählich an ein gemäßigteres Klima zu gewöhnen, um sie später in die Hofgärten von Madrid und Aranjuez überzuführen. Diese Akklimatisation glückte zwar für Teneriffa, nicht aber für die festlandsspanischen Parkanlagen, und so entstand aus diesem gescheiterten Versuch einer der sehenswertesten botanischen Gärten der Welt mit der damals üblichen geometrischen Grundrißform. Auf einem rechteckigen Raum von nur 2 ha ist heute eine unübersehbare Fülle seltener tropischer und subtropischer Pflanzen aller Gattungen vertreten, die hier in dem milden Klima ihre Heimat offensichtlich nicht vermissen. Nur einige Pflanzen können hier aufgezählt werden, darunter Brotbäume, Zimtbäume, Pfefferbäume, Kaffeestauden, die Würgerfeige (Abb. 74). Ananaspflanzen, Papaya- (Abb. 70), Mango- und Tulpenbäume (Abb. 65, 66). Im Treibhaus findet man besonders zarte und empfindliche Pflanzen wie Orchideen, Bromelien, Araceen, tropische Farne u. a. Am Eingang des Gartens lohnt sich der Erwerb eines deutschsprachigen Führers, der 222 Pflanzen und ihre Lage im Garten beschreibt (vgl. S. 302).

Hinter dem Botanischen Garten führt die Straße zu dem etwa 1 km entfernten Mirador Humboldt. Der herrliche Ausblick von dieser Stelle auf das Orotava-Tal und den Pico de Teide hat den großen Gelehrten zu seinem berühmt gewordenen Bekenntnis über diesen Platz der Erde veranlaßt, das in spanischer Sprache in einem Gedenkstein eingemeißelt ist (vgl. Zitat S. 144).

La Orotava

La Orotava (31 494 E./1981) in etwa 340 m Höhe oberhalb von Puerto de la Cruz ist die repräsentative Hauptstadt des fruchtbaren Orotava-Tales, still und etwas abseits vom großen Verkehr gelegen. Durch die Hanglage sind die Straßen oft mit beachtlichem Gefälle angelegt. Auf den Dächern alter Häuser und deren Balkons hat sich das endemische Dickblatt (Aeonium urbicum) niedergelassen; in vielen Häusern spiegelt sich noch der ehemalige Reichtum in den geschnitzten Balkons, den Türbalken und Fensterläden oder in den Säulenpatios mit üppiger Vegetation (Abb. 2, 3). Weithin sichtbare Wappen an den Frontseiten kennzeichnen die Adelspaläste.

Mittelpunkt des Ortes ist die Plaza, der Balkon von La Orotava mit herrlichen Blumenanlagen und Steinbänken unter schattenspendenden Bäumen. Hier treffen sich am späten Nachmittag die Einheimischen zu ihrem lebhaften Korso. Das ehemalige Kloster San Augustín mit einer eindrucksvollen Fassade und seinem Glockenturm dient heute als Kaserne.

In der Nähe der Plaza erhebt sich eine der schönsten Pfarrkirchen der Insel, La Concepción, mit ihren zwei eleganten Türmen ein Meisterwerk des Barock und Rokoko. Eine große, freitragende Kuppel erhöht den schön gegliederten Innenraum. Die ursprüngliche Kirche aus dem 16. Jahrhundert wurde durch Erdbeben, ausgelöst durch die Eruptionen von Güímar 1705, zerstört; der heutige Bau stammt aus der Zeit zwischen 1768–88. Aus der alten Kirche ist noch der alabasterne und marmorne Hauptaltar des Italieners Giuseppe Gagini erhalten. Das Barockretabel der Virgen de la Concepción ist eine Arbeit aus dem 17. Jahrhundert. Weitere beachtenswerte Sakralfiguren sind im rechten Seitenaltar das barocke Bildwerk des San Pedro, die Statue der Madonna La Dolorosa und die des hl. Johannes, die beiden letzten von Luján Pérez aus dem 18. Jahrhundert. Sehr schöne silberne Gegenstände birgt die Schatzkammer, darunter ein gotisches Ziborium, umgeändert und mit einem Renaissance-Fuß versehen (Abb. 97, 98).

Oberhalb der Kirche erreicht man das Rathaus (19. Jh.) am Rande eines großen Platzes, auf dem jedes Jahr zu Fronleichnam das Fest des hl. Isidro gefeiert wird. Die Plätze, aber auch die Straßen sind dann mit ›Blumenteppichen‹ bedeckt, die aus Blütenblättern, Samen, Beeren und aus bunter Vulkanasche künstlerisch zu Ornamenten oder gar Gemälden mit religiösen Themen komponiert sind, eine Tradition, die bis 1847 zurückreicht. Am darauffolgenden Sonntag findet die ›Romería de San Isidro‹ als eine der bedeutendsten folkloristischen Veranstaltungen des Archipels statt, wobei Gruppen aus allen Teilen Teneriffas und auch von anderen Inseln mitwirken.

Hinter dem Rathaus befindet sich ein kleiner botanischer Garten mit tropischen und subtropischen Pflanzen, mit gelb- und rotblühenden Engelstrompeten (Datura sangunea), der großen Dombeya mit ihren hängenden Blütenbomben (Dombeya wallichii; rosafarbene Blüten Nov.–Jan., aus trop. Asien stammend), Kamelien, schöngeformten Flaschenkürbissen u. v. m.

In der Calle de San Francisco steht das Hospital de la Santísima Trinidad der Vinzentinerinnen. Von seiner Terrasse aus genießt man einen herrlichen Ausblick auf das Orotava-Tal bis hinunter nach Puerto zum Meer und den davor lagernden zwei dunklen Schlackenkegeln. In der Tür des Hospitals erkennen wir noch einen der ›Drehschränke‹ oder ›Drehwiegen‹, wie sie früher in jedem Haus dieses Schwesternordens zu finden waren; in ihnen wurden die Findelkinder abgelegt. Obwohl diese Einrichtung heute nicht mehr verwendet wird, erinnert die Drehwiege immer noch ganz wie in den vergangenen Tagen mit Kissen und Deckchen an jene wohltätige Epoche.

Etwa 100 m unterhalb des Hospitals sind zwei prächtige Beispiele des kanarischen Baustils aus dem 17. und 18. Jahrhundert zu bewundern. In den Innenräumen ist eine Stickereischule untergebracht, deren Handarbeiten – Kleider, Tischdecken usw. in Hohlsaumstickerei (Calado) – auch zum Verkauf angeboten werden (Abb. 3, 36).

Santa Cruz de Tenerife, Inselhauptstadt und Welthafen

Die moderne Hauptstadt der Insel Teneriffa und zugleich der gleichnamigen Provinz, Santa Cruz de Tenerife (190 784 E./1981), liegt malerisch in einer geschützten Bucht mit baumlosen, nur locker mit Tabaiba, Cardón und Valo bestandenen Hängen. Das steil ansteigende Anaga-Gebirge im Norden und die Lage am Fuß der Hochebene von La Laguna sichern ein mildes, sonnenreiches Klima. Diese vorzügliche Lage wie auch die natürliche Bucht waren wie geschaffen für eine Hafenanlage und haben die Stadt trotz ihrer exponierten Lage im Nordostzipfel Teneriffas zum wichtigsten Handelszentrum der Insel gemacht. Ihre bis 1927 gültige Funktion als alleinige Metropole des gesamten Archipels ist verantwortlich für das repräsentative Stadtbild.

TENERIFFA – INSEL DES EWIGEN FRÜHLINGS

Geschichtlicher Überblick

1492 war die Bucht von Santa Cruz, der Strand von Añaza, ein günstiger Platz für die Landung des Spaniers Alonso Fernández de Lugo, der von hier aus die Eroberung der Insel einleitete.

1494 am 31. Mai scheiterte sein erster Eroberungsversuch; seine Truppen wurden bei La Matanza vernichtend geschlagen; am 2. November landete Lugo ein zweites Mal auf Teneriffa, fügte den Guanchen bei einem Kampf im offenen Gelände (Ebene von Aguere in der Nähe der heutigen Stadt La Orotava) schwere Verluste zu, mußte sich aber ebenfalls geschwächt in sein Feldlager Añaza zurückziehen und auf Nachschub warten. Eine aus Europa eingeschleppte Epidemie wütete währenddessen unter den Guanchen, so daß sie das spanische Feldlager nicht angreifen konnten. Zur selben Zeit gründete A. Fernández de Lugo die Stadt Santa Cruz (Heiliges Kreuz) als Zeichen der Inbesitznahme für die Katholischen Könige. Im 17. und 18. Jahrhundert wurden mehrere englische Flottenangriffe erfolgreich abgewehrt.

1495 am 25. Dezember siegten die Spanier über die stark geschwächten Guanchen in der Nähe des heutigen Dorfes La Victoria de Acentejo

1496 Ende September boten die letzten ›Menceys‹ den Eroberern den Frieden an

1657 Sieg über die Flotte des Admirals Blake

1706 während des Spanischen Erbfolgekriegs Sieg über die Schiffe des englischen Admirals Gennings

1723 übernahm Santa Cruz von La Laguna die Funktion der Hauptstadt

1797 Sieg über Admiral Nelson, den späteren Sieger von Abukir und Trafalgar. Die drei Löwenköpfe im Stadtwappen erinnern an jene drei vergeblichen Versuche, sich in den Besitz der Stadt zu bringen.

Mitte des 18. Jahrhunderts begann der Ausbau des Hafens, und mit gleichzeitigem Beginn der stärkeren Bedeutung des Welthandels setzte ein rasches wirtschaftliches Wachstum ein. Ihre jüngste Entwicklung verdankt die Stadt der konsequenten Erweiterung des Hafens, der zwar nicht die Bedeutung desjenigen von Las Palmas erreicht, aber immerhin mit einem monatlichen Durchschnitt von 500 bis 600 Schiffen bei einer jährlichen Tonnage von 1,5 bis 2 Mill. t einen Schiffsverkehr erster Ordnung aufzuweisen hat. Schiffe aus allen europäischen Ländern, der Mittel- und Südamerika-Route ebenso wie der Afrika-Route laufen hier ein. Hinzu kommt die Ansiedlung einer bedeutenden Erdölraffinerie. Schließlich leistet der sich immer noch ausweitende Tourismus einen wesentlichen Beitrag. Ein typisches Merkmal der rasanten wirtschaftlichen Entwicklung zeigt sich in den ins Traumhafte gesteigerten Bodenpreisen: die kleinen, niedrigen Häuser der Kolonialzeit müssen imponierenden Hochhäusern Platz machen.

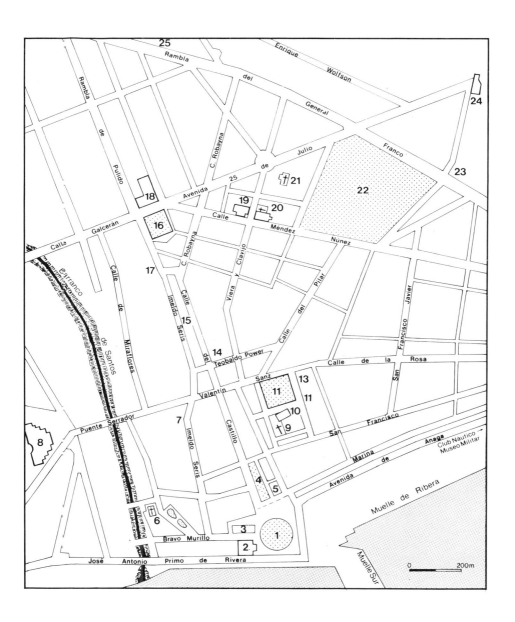

Stadtplan von Santa Cruz de Tenerife (Legenden umseitig)

TENERIFFA – INSEL DES EWIGEN FRÜHLINGS

Sehenswürdigkeiten von Santa Cruz

1 Gegenüber vom Hafen liegt die runde blumengeschmückte **Plaza de España** mit dem an die Gefallenen des Spanischen Bürgerkrieges (1936–39) erinnernden Kriegerdenkmal ›Monumento de los Caídos‹. Im Sockel ist eine Gedächtniskapelle eingebaut. Von der Spitze des Turmes (Lift, Treppe) hat man einen herrlichen Ausblick auf die Stadt, den Hafen und auf das bewegte Relief des Anaga-Gebirges. Über 1 km erstreckt sich die Muelle Sur, die Südmole des Hafenbeckens, an der Tag und Nacht große Passagierschiffe, Bananendampfer und andere Frachtschiffe, aber auch Hochseefischereiboote festgemacht haben. An der Muelle de Ribera, der zur Landseite hin gelegenen Mole, nehmen die Passagierschiffe des interinsularen Verkehrs ihre Gäste auf. Hier befinden sich auch die Lagerhäuser, Büros, Transportstraßen und Kräne. Von der Avenida de Anaga mit ihren zahlreichen Reise- und Schiffahrtsbüros fühlen wir mit dem Blick über die Lagerhäuser den Pulsschlag des Hafens besonders gut. Auch von dem erhöhten Standort der Südmole ist das Bild auf das lebendige Treiben im Hafen vor der modernen Stadtkulisse sehr beeindruckend (lohnender Abendspaziergang). Am Ende der Avenida de Anaga liegt der **Club Náutico** mit Schwimmbädern (Olympiamaß), Tennisplätzen, baskischen Ballspielplätzen und dem Segeljachthafen (Mitgliedschaft auf Zeit möglich). Neben dem Club stehen die verfallenen Reste des Castillo de Paso Alto mit dem **Museo Militar** (Militärmuseum). Wichtigste Kriegstrophäe im Museum ist die Kanone ›El Tigre‹: Admiral Nelson verlor durch sie seinen rechten Arm (vgl. S. 29). Etwas weiter (2,6 km von der Plaza de España) entfernt liegt ein öffentliches Bad (Balneario), wo man zwischen einem großen künstlichen Schwimmbecken und dem offenen Meer wählen kann.
2 Palacio Insular. An der Uferseite befindet sich die **Inselverwaltung** (Cabildo Insular) und das **Staatliche Fremdenverkehrsamt** (Dirección General de Turismo). Im selben Gebäudekomplex ist das **Archäologische Museum** (Museo Arqueológico) untergebracht, das von der Seitenstraße Bravo Murillo aus zu erreichen ist. Gemeinsam mit dem Museo Canario in Las Palmas de Gran Canaria ist es eine Fundgrube für die Geschichte und Kultur der kanarischen Ureinwohner, und zwar nicht nur der von Teneriffa, sondern des gesamten Archipels. Das Museum ist in eine anthropologische und in eine archäologische Abteilung gegliedert. So besitzt es eine Kollektion von mehr als tausend Schädeln, von denen ein großer Teil von neueren Ausgrabungen herrührt. Die Sammlungen des Archipels umfassen insgesamt fast 5000 Schädel. Ethnologische Studien darüber wurden vor allem von Ilse Schwidetzky (vgl. S. 23 f.) betrieben. Auch über die Methoden der Mumifizierung, hinter der der Glaube der Guanchen an ein Weiterleben nach dem Tode steht, bietet die Sammlung genügend Material. Ferner kann man die Verteilung der Urbevölkerung in den einzelnen Landschaftszonen verfolgen, ihre Wohnhöhlen, ihr häusliches Leben, ihre Kleidung und Ernährung sowie ihre handwerklichen Arbeiten kennenlernen (vgl. S. 302). Ausführliche Informationen sind einem deutschsprachigen Führer zu entnehmen.
3 Correos y Telégrafos (Hauptpostamt)
4 Plaza de la Candelaria, ein schmaler rechteckiger Platz mit dem Denkmal ›Triumph der Candelaria‹ aus Carrara-Marmor, einem klassizistischen Frühwerk des berühmten italienischen Bildhauers Antonio Canova (1778). Auf einer schlanken pyramidenförmigen Säule erhebt sich die Statue der Madonna de la Candelaria (›Lichtbringerin‹), der Schutzpatronin des Archipels (vgl. Abb. 99), zu ihren Füßen vier Gestalten von Guanchen-Königen. Damit soll das Denkmal den Sieg der Spanier über die Ureinwohner symbolisieren.
Am Platz liegen einige Hotels, mehrere Banken und Geschäftshäuser und zahlreiche Läden und Basare mit vorwiegend indischen und orientalischen Besitzern, die sich auch in der lebhaften Geschäftsstraße ›Calle del Castillo Candelaria‹ ausdehnen (Abb. 110).
5 An der Plaza steht das palastartige ›**Casino de Tenerife**‹ aus der Mitte des 18. Jahrhunderts, ein Privatclub, dessen Räume von mehreren kanarischen Künstlern geschmückt

wurden: von Néstor de la Torre, Aguiar, Bonnin. Dabei wurden vor allem Motive alter Sitten und Gebräuche der Insel gewählt.

6 Iglesia a Nuestra Señora de la Concepción, die älteste Kirche der Stadt, wurde 1502 erbaut und mußte nach einem schweren Brand 1652 erneuert werden. Wahrzeichen ist ihr Glockenturm, dessen Stil auch bei der gleichnamigen Kirche in La Laguna zu finden ist. Das Kircheninnere, gegliedert in fünf niedrige Schiffe, birgt beachtenswerte Barockkunstschätze: einen reich geschnitzten Hochaltar mit der Schmerzensmutter von Luján Pérez, eine schöne alabasterfarbene Marmorkanzel mit eingelegten Spiegeln, schön geschnitztes Chorgestühl und Gemälde aus dem 17. und 19. Jh. In Glastruhen werden einige geschichtsträchtige Erinnerungsstücke aufbewahrt, darunter das ›Kreuz der Eroberung‹, das A. Fernández de Lugo errichtete, und Fahnen- und Kriegstrophäen, welche die Spanier von Admiral Nelson erbeutet hatten (vgl. S. 29).

Hinter der Kirche verläuft das ausgetrocknete Flußbett des ›Barranco de Santos‹. Das Viertel, das sich auf beiden Seiten zusammendrängt, wird ›Cabo‹ genannt und bildet den ältesten Kern der Stadt.

7 Teatro Guimerá, benannt nach dem bekannten kanarischen Dramatiker Ángel Guimerá (1846 in Santa Cruz geboren), ist Mittelpunkt des kulturellen Lebens von Santa Cruz. Im Gegensatz zu dem äußerlich wenig ansprechenden Gebäude sind die Innenräume prunkvoll dekoriert.

8 Der Mercado (Hauptmarkt) im südlichen Stadtteil wird über die Brücke ›Puente Serrador‹ erreicht. In den frühen Morgenstunden läuft hier ein urwüchsiges, unverfälschtes Marktleben ab. Unter freiem Himmel befinden sich drei große ›Patios‹, umgeben von Arkaden, wo die Stände mit Früchten und Gemüse aus Europa und den tropischen Zonen aufgebaut sind.

9 Die Iglesia de San Francisco am gleichnamigen Platz wurde 1680 als Kirche des Klosters San Pedro Alcántara gegründet und im 18. Jh. mehrfach restauriert. Beachtenswert ist der dem Platz zugeneigte von Säulen eingefaßte Portikus im spanischen Kolonialbarockstil, ebenso der Glockenturm und seine mit bunten Keramikfliesen (Azulejos) gedeckte Kuppel. Kunstvolle Altaraufsätze (17. und 18. Jh.), Bildwerke (18. Jh.) und Deckenfresken zeigen im Innern den Stil der Zeit. Die Kirche besitzt eine klangvolle Orgel und bildet einen optisch wie akustisch ausgezeichneten Ort für die häufig stattfindenden guten Kirchenkonzerte.

10 In den ehemaligen Räumen des Franziskanerklosters sind heute das **Museo Municipal** und die **Stadtbibliothek** untergebracht. Das Museum hat Abteilungen zeitgenössischer kanarischer Künstler, aber auch holländischer und italienischer Meister: Ribera, Brueghel, Madrazo, Van Loo, Jordaens, Guido Reni. Außerdem existiert eine Skulpturen-, Waffen- und Keramiksammlung (vgl. S. 302).

11 Die **Plaza del Príncipe** ist der ehemalige Garten des Franziskanerklosters und wird von dichten indischen Lorbeerbäumen beschattet.

12 Der Gesellschaftsklub **Círculo de Amistad XII de Enero** ist eine der führenden kulturellen Vereinigungen der Insel (Konzerte, Kammermusikabende, Literaturvorträge, Schachturniere u. a.)

13 Der Kulturverein **Masa Coral Tinerfeña** sei dem Touristen wegen seiner folkloristischen Darbietungen, aber auch wegen seiner Mandolinen- und Guitarrenkonzerte empfohlen.

14 Konservatorium, Heimstätte des Kammerorchesters der Kanarischen Inseln.

15 Club Circulo de Bellas Artes, der führende Kunstverein der Stadt mit ständigen Kunstausstellungen, Vorträgen und Konzerten.

16 Die belebte parkähnliche **Plaza de Weyler** liegt am Westende der Geschäftsstraße Calle del Castillo

17 Endhaltestelle der Linienbusse nach Puerto de la Cruz und anderen Orten der Insel befindet sich an der Einmündung der Calle Imeldo Seris.

18 Gebäude der **Capitania General**, in dem General Franco vor Ausbruch des Spanischen Bürgerkrieges eine Zeit lang wohnte.

19 Gobierno Civil (Regierungsgebäude)
20 Ayuntamiento (Rathaus)
21 Anglikanische St.-Georgs-Kirche
22 Parque Municipal García Sanabria, wohl

die schönste städtische Parkanlage des Archipels, benannt nach einem früheren Bürgermeister. Am südlichen Eingang ist neben einem Pavillon-Restaurant eine funktionierende Blumenuhr angelegt worden. Erholsam wandelt man auf breiten Parkalleen unter indischen Lorbeerbäumen und Tulpenbäumen und bewundert eine Fülle tropischer und subtropischer Pflanzen. Ein kleiner Tierpark, ein Kinderspielplatz sowie Minigolfplatz sind zusätzliche Attraktionen. Um den Park erstreckt sich das elegante Wohnviertel von Santa Cruz. Die Nordseite des Parks grenzt an die breite Prachtstraße Rambla del General Franco, die in östlicher Richtung zum Meer führt, vorbei an dem

23 Luxushotel ›**Mencey**‹
24 Hotel ›**Pino de Oro**‹ (am Ende der Seitenstraße Dr. José Naveiras) mit prächtigem Hotelgarten und einem schönen Exemplar des Drachenbaumes.
25 Plaza de Toros (Stierkampfarena).

In der Calle Enrique Wolfson 34 befindet sich das **Goethe-Institut**, das dem kulturellen Austausch dient und vornehmlich für die spanische Bevölkerung Kulturabende, Vorträge, deutsche Sprachkurse usw. veranstaltet. Ihm sind eine deutsche Schule und ein deutscher Kindergarten angeschlossen.

La Laguna

Die Universitätsstadt La Laguna ist heute die zweitgrößte Stadt der Insel (112 635 E./ 1981). In ihren alten Stadtvierteln mit den zur Straßenseite hin geschlossenen Fronten, den hübschen Patios im Innern der Häuser, den holzgeschnitzten Balkons und farbigen Fensterläden, prächtigen wappengeschmückten Portalen seiner herrschaftlichen Bürgerhäuser und Adelspaläste hat La Laguna (im übrigen die einzige Stadt mit einer geometrischen Grundrißanlage auf einer Ebene angelegt) seinen Charakter als altspanische Stadt im Kolonialstil des 16. und 17. Jahrhunderts bis heute bewahrt. Entsprechend ihrer Höhenlage von etwa 550 m auf einer fruchtbaren Hochfläche sind die Temperaturen um durchschnittlich 5° C niedriger als an der Küste (vgl. S. 47), weshalb die Stadt auch bevorzugt von Ausländern als Wohnort gewählt wird, während die Spanier aus den heißeren Küstensäumen die Stadt als ideale Sommerresidenz bewohnen. Vom südlich ansteigenden Esperanza-Wald (Bosque de la Esperanza) hat man einen weiten Ausblick auf die Stadt, an deren Rändern sich zunehmend moderne Wohnviertel anschließen. Im Hintergrund erhebt sich die Kulisse des Anaga-Gebirges mit dem Mercedes-Wald. Ganz in der Nähe liegt der internationale Flughafen ›Los Rodeos‹.

Geschichtlicher Überblick

1496 wurde die Stadt von dem spanischen Eroberer Alonso Fernández de Lugo an den Ufern einer Lagune (die seit der 2. Hälfte des 18. Jh. ausgetrocknet ist) als Residenz der Insel und des gesamten Archipels gegründet und war bald geistiger Mittelpunkt dank der Fürsorge der spanischen Generalkapitäne sowie der Tätigkeit von Dominikanern und Augustinern.

1534 erhielt die Stadt den Titel ›Sehr edle und treue Stadt‹
1723 Verlegung der Hauptstadtfunktion nach Santa Cruz, wodurch La Laguna an Bedeutung verliert.
1817 gründeten die Augustiner die Universität.
1818 wurde La Laguna Bischofssitz.

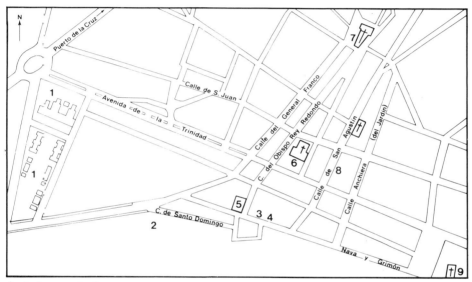

Stadtplan von La Laguna

Sehenswürdigkeiten von La Laguna

1 Neue Universität inmitten schöner Gartenanlagen.
2 Ehemaliges **Dominikanerkloster** (heute Priesterseminar) in der Calle de Santo Domingo. Die Pfarrkirche im plateresken Stil des 16. und 17. Jahrhunderts überrascht im Innern mit neuzeitlichen monumentalen Fresken, deren Wert wohl erst mit zeitlichem Abstand beurteilt werden kann. Im verwilderten Klostergarten, erreichbar von einer Nebenstraße aus steht ein Drachenbaum, der zwar nicht so groß und alt wie jener von Icod (vgl. S. 52) ist, dafür aber mit seiner wuchtigen abgerundeten Krone und dichter Belaubung ein sehr eigenwilliges Exemplar dieser Spezies ist (Abb. 103; 1980 durch Blitzeinschlag zerstört).
3 An der schattigen Plaza del Adelantado steht das Kloster **Santa Catalina**, einige Schritte weiter, der
4 Palacio de Nava als sehenswertes Beispiel des spanischen Kolonialbarocks, der der Familie Nava Grimón, Marqueses de Villanueva del Prado gehört (Abb. 102).

155

5 Das neoklassizistische **Rathaus** (Ayuntamiento) aus dem 19. Jh. besitzt im Innern Fresken zur Geschichte der Insel.

6 An der Plaza de la Catedral erhebt sich die 1515 als Pfarrkirche gegründete **Kathedrale**, die nach mehrfachen Um- und Ausbauten zu Beginn des 20. Jh. von Grund auf erneuert wurde. Während ihre neoklassizistische Fassade wenig Reiz bietet, erscheint das Kircheninnere anmutig und ausgeglichen. Neben dem schmucklosen Grab des Eroberers, Alonso Fernández de Lugo, im Rundgang hinter dem Hauptaltar, verdienen besondere Aufmerksamkeit die schöne Apsis, das elegante marmorne Presbyterium mit seinen neogotischen Stilzügen, weiterhin ein Metallgitter mit bronzenen, birnenförmigen Abschlüssen, bezeichnet als Via Sacra. Das Tabernakel, entworfen von Luján Pérez, hat eine weitläufige Ähnlichkeit mit den klassischen römischen Altären, ein dem Geschmack jener Epoche entsprechender Stil. Sechs Holzstatuen in dem kleinen Tempel stammen ebenfalls von der Hand des berühmten kanarischen Bildhauers. Die Kapelle der Virgen de los Remedios schmückt ein barocker Altaraufsatz (1715) mit flämischen Gemälden.

In der Nähe der Kathedrale, in der Calle Obispo Rey Redondo, stehen schöne Bürgerhäuser aus dem 16. und 17. Jh., deren Dächer und Balkons häufig mit Aeonium urbicum geziert sind.

7 **Iglesia Nuestra Señora de la Concepción** (Anfang 16. Jh.), die älteste Kirche der Stadt, hat ihr ursprüngliches Aussehen weitgehend erhalten. Im Jahre 1948 wurde die Kirche zum historisch-künstlerischen Nationaldenkmal erklärt und die Statue Inmaculada Concepción (Unbefleckte Empfängnis Mariens) nach kanonischem Recht gekrönt. Der Hauptaltar aus gehämmertem Silber liegt einem kunstvoll geschnitzten dunkelfarbigen Chorgestühl gegenüber am anderen Ende der Kirche. Herrlich sind vor allem die polychromen kanarischen Holzdecken (16. Jh.). Die barocke Kanzel aus Zedernholz, das Taufbecken aus Majolika (15. Jh.), das schon der Taufe der Guanchenfürsten diente (Abb. 100), und figürliche Darstellungen von Fernando Estévez (Nuestra Señora de la Concepción, 1847) sowie von Luján Pérez (La Dolorosa, genannt Predilecta) vervollständigen die wertvolle Ausstattung. Der mit maurischen Stilelementen versehene Glockenturm mit einem kleinen, säulentragenden oberen Stockwerk wurde um 1700 errichtet.

8 Barocker **Bischofspalast** (17. Jh.) mit schönem Patio. In der Calle de San Agustín liegen auch das ehemalige Augustiner-Kloster mit der Pfarrkirche San Agustín (17. und 18. Jh.) sowie die alte Universität (18. Jh.) mit der Provinzialbibliothek.

9 Wallfahrtskirche **Santuario del Cristo**, Kirche des anschließenden Franziskanerklosters, beherbergt mit dem gotischen Santísimo Cristo eines der am meisten verehrten Christusstandbilder der Kanaren, das 1520 von A. Fernández de Lugo nach Teneriffa gebracht wurde. Retabel und Kreuz in der Kirche sind aus getriebenem Silber (Abb. 101, 104).

Route I: Puerto de la Cruz – La Orotava – Las Cañadas – Vilaflor – Granadilla – El Médano

95 km; Tagestour

Wichtigste Route für die Kenntnis der Insel: alle Klimazonen und Vegetationszonen werden durchfahren, Verschiedenartigkeit zwischen dem nördlichen und südlichen Landschaftsbild, interessante geologische Erscheinungen. Möglichst frühzeitige Abfahrt vor Bildung der Passatwolke (vgl. S. 43). Von Puerto de la Cruz über die Vororte San Antonio oder

* *besondere Sehenswürdigkeit*

La Paz, an den Straßenrändern Weihnachtssterne, Tamarisken, Eukalyptusbäume, Bougainvillea, weiße Engelstrompete und viele Bananenplantagen.
La Orotava*, 8 km (s. S. 148 f.), Beginn der Cañadas-Straße;
Kst. 10,9 Ausweichstelle (745 m), um das herrliche Landschaftsbild zu genießen, Beginn der Baumheide;
Kst. 12 Kirche **Aguamansa** (ruhiges Wasser) (Abb. 9), Ausgangspunkt für Wanderungen in Lorbeer- und Kiefernwäldern. Ein Fußweg führt unterhalb der Ladera Pedro Gil vorbei an den Basaltsäulen **Los Organos** zum Paß Pedro Gil (Schutzhütte); unterhalb der Felsen Los Organos der Zugang bis zur 300 m tiefen Felsenschlucht del Agua;
Kst. 15,6 Forsthaus (Casa Forestal), die Monte verde-Zone oder Fayal-Brezal-Zone (vgl. S. 50) bildet hier die untere Randzone des Nebelwaldes. Typische Pflanzen: Baumheide (Erica arborea), Wachsbeerbaum (Myrica faya), Lorbeer (Laurus azorica), Mastixbaum (Schinus molle), Erdbeerbaum (Arbutus canariensis), Zistrose (Cistus symphytifolius) (Abb. 79), links und rechts der Straße endemischer Escobón, strauch- und baumartig mit vielen weißen Schmetterlingsblüten, Wald-Dotterblumen (Ranunculus cortusaefolius);
Kst. 21 Beginn der Kiefernwaldzone (1340 m) mit viel Escobón und Codeso, violetter Berglack (Cheirantus mutabilis); Zedernwacholder (Juniperus cedrus), eine endemische Wacholderart ohne Zedernzapfen, bei der die weibliche Pflanze Wacholderbeeren trägt.
Kst. 22,5 Basaltblume (Abb. 118) links der Straße in einem kleinen Barranco;
Kst. 29,2 Rechts Abzweigung der Aussichtshochstraße über dem Orotava-Tal.
Kst. 32 **Portillo de las Cañadas** (2020 m), Eingang zur *Caldera de las Cañadas** (s. S. 136 ff.). Links zweigt die Carretera Dorsal nach La Laguna (s. Route IV) ab. 100 m weiter rechts Besucherzentrum (Centro de Visitantes) mit Ausstellung, Bibliothek und Multivisions-Dokumentation zu den Nationalparks auf den Kanarischen Inseln (Geologie, Botanik, Zoologie, Archäologie, Ökologie). Gegenüber vom Besucherzentrum lohnender Wanderweg in die Cañadas;
Kst. 36,3 Obsidiankanten an trachytischen Lavablöcken, links und rechts der Straße ebene Flächen mit Bimsstein-Lapilli (Tosca, Piedra Pomez, Jable) (Abb. 12);
Kst. 40,3 Abzweigung nach **Montaña Blanca*** (s. S. 143), zu den Huevos del Teide und *Besteigung des Teide** (Abb. 119);
Kst. 41,4 Kurz vor dem Posten der Guardia Civil (Polizeistation für Unfälle) links der Straße endemischer Teide-Lack (Cheiranthus scoparius), schmalblättriger Berglack, Blüte ab April;
Kst. 42,8 Abzweigung zur Teide-Seilbahn (s. S. 302). Fast gegenüber Schotterweg zum ehemaligen Lungensanatorium;
Kst. 44,1 Teide-Margarete, im Winter besenartige Büsche, Blüten ab April.
Kst. 46,3 links zum **Parador Nacional** (staatliches Hotel), hier vor allem Standort des Teide-Natternkopfes (Taginaste) (s. S. 56). Gegenüber dem Parador eine kurze Stichstraße zu der Felsgruppe **Los Roques*** mit großartigem Ausblick auf die tiefergelegene Ucanca-Ebene, den Teide und die südliche Calderawand mit der Montaña de Guajara (Abb. 14, Umschlagrückseite). Die Straße führt vorbei

157

an den Los Azulejos, den blaugrünlichen eisenhydrathaltigen Felsen;

Kst. 48 Quelle mit Zapfstelle; rechts der Straße die **Ucanca-Ebene** (Valle de Ucanca) mit Teide-Ginster (Retama) (s. S. 56) und Codesco (Abb. 13);

Kst. 50,7 links der Straße, etwa 100 m entfernt Zapato de la Reina, ein eigenartig verwitterter Lavafelsen (Abb. 122).

Wanderungen in den Cañadas abseits der Straße

A El Portillo – Parador Nacional
Ausgangspunkt: Besucherzentrum. Gegenüber zweigt ein Fahrweg ab, der in einem großen Bogen in westlicher Richtung am Fuß der Cañadas-Randberge entlangführt. Nach 4 km Phonolith-Blöcke im Valle de las Piedras Arrancadas; Retama-Büsche, Teide-Margarete, Teide-Lack und Taginaste (5 Std.).

B Besteigung des Guajara (2717 m)
Ausgangspunkt: Parador Nacional. 200 m südlich zweigt links eine Straße ab, die nach 300 m hinter einer Schranke in einen befahrbaren Schotterweg übergeht. Von der Schranke genau 3 km am Fuß der Cañadas-Berge entlang fahren bzw. Fußweg in 45 min. (Abb. 124). Rechts des Fahrwegs zeigen dann ein weißer Pfeil auf dem Fels bzw. ein Steinmännchen den Beginn des markierten Wanderweges an (Aufstieg ca. 2 Std.). Zunächst 30 min. bis zum Paß hinauf; nach weiteren 5 min. Tuffgestein mit Überhängen und Obsidianeinschlüssen (Quelle!); nach 15 min. – vor einem braunen Lavabuckel – rechts hinauf in 60 min. zum Guajara-Gipfel (Pfeile und Meterangaben bis zum Ziel). Prachtvolle Aussicht auf den Teide, die Cañadas, die Inseln Gomera, La Palma und Gran Canaria.

Kst. 53 *Abstecher nach Chio*
Am südlichen Ende der Cañadas ›Boca de Tauce‹ (2050 m) zweigt rechts die Asphaltstraße nach Chio s. S. 178 ab. Zunächst verläuft sie schnurgerade über tiefschwarze, obsidianglänzende Lavagebiete des Vulkanausbruchs von 1798. Rechts oben parasitäre Vulkane am Südwesthang der Chahorra (3075 m) und des Pico Viejo, im Volksmund Las Narices del Teide (die Nasenlöcher des Teide) genannt.
Von Chio über Santiago und Icod zurück nach Puerto de la Cruz, vgl. Route II in umgekehrter Richtung (Tagesausflug).

An der **Boca de Tauce** (2050 m) Verlassen der Caldera de las Cañadas;

Kst. 56,5 Lomo de Retamar (Rücken mit viel Retama); Beginn der Kiefernwaldzone, die hier im Süden der Insel höher hinaufreicht als im Norden;

Kst. 58 Verwitterter Basalt links neben und über der Straße (Abb. 120, 121);

Kst. 63 In einer Linkskurve prachtvoller Fernblick auf Kiefernwald, Vilaflor und El Médano (Abb. 113); windungsreiche Fahrt bergab durch Kiefern-Hochwald;

Kst. 65,7 *Abstecher zur ›Mondlandschaft‹ (Paisaje Lunar, Tuffsteinsäulen)*
Beim Schild ›Lomo Blanco 1600‹ zweigt ein Fahrweg ab. Nach 9 km erreicht man den Campamento Madre del Agua (Ferienlager mit Holzhütten), wo man parkt. Dem Fahrweg hinauf 10 min. zu Fuß folgen; in einer Haarnadel-Rechtskurve links in einen schmalen Pfad einbiegen (weiße Pfeilmarkierung auf dem Fels). Nach 10 min. quert man eine Wasserleitung, dann einen Lavasandbuckel von unten nach oben und gelangt auf gut erkennbarem Pfad zum Ziel (Fußweg hin und zurück 2 Std.).

Vilaflor*, 70 km (1400 m), Luftkurort für Lungen- und Asthmakranke, Mineralquelle, umgeben von Gärten, Obst- und Tomatenanpflanzungen. Berühmt durch die ›Vilaflor-Spitzen‹, die von den Frauen des Ortes geklöppelt werden. Kirche San Pedro mit Alabaster-Statue des hl. Petrus (16. Jh.), ebenfalls reichgeschnitzte Altäre. Während sich in den höheren Lagen von Vilaflor noch die Kiefernzone ausbreitet, dazu Kastanienbäume, Mandelbäume, Roggenfelder, beginnen südlich des Ortes die typischen Terrassenfelder mit Mauerschichtungen ohne Mörtel (s. S. 123). Hier wächst ein erstklassiger Bergwein, in den weniger begünstigten Lagen Weizen und Tomaten. Schöne Wanderungen hinauf in die Kiefernwälder, zum Kamm der Caldera de las Cañadas (Sombrerito 2512 m; Sombrero 2410 m, Guajara 2717 m) oder zu den südwestlichen Weilern Trevejos, La Escalona und Jama.

In zahlreichen Kehren weiter bergab, vorbei an Mimosen- und Eukalyptusbäumen nach
Granadilla de Abona, 84 km (654 m), wichtigste Stadt im Süden der Insel, Mittelpunkt der Agrarwirtschaft (Weinbau, Mais, Tomaten, Kartoffeln, Orangen) (Abb. 112), Kreuzungspunkt der Carretera Sur (Santa Cruz – Los Cristianos) mit der Nord-Süd-Route.

Südlich in Richtung El Médano, Steppenzone und Tomatenanbau, über San Isidro nach
El Médano*, ›Sanddüne‹, 95 km. Als der Süden noch kaum erschlossen war, hat dieser Ort eine wichtige Verkehrsfunktion mit seinem Hafen erfüllt, heute nur noch Fischerhafen; schönster Sandstrand der Insel zwischen dem Ort und der Montaña Roja (roter Berg); häufig kühle Winde und Sandstürme; Spaziergänge zur Playa de la Tejita, westlich der Montaña Roja, dabei Antreffen der Fensterpflanze (s. S. 53); landeinwärts von der Playa del Médano über die Dünensenke in das dahinterliegende Erosionstal mit einem wahren Eldorado an Trockenpflanzen (Säulen-Euphorbien, s. S. 55; Eispflanze, s. S. 58; Cosco, s. S. 58, und Tabaiben s. S. 53) (Abb. 5, 6). *Zurück über die Schnellstraße nach Santa Cruz und über die Autobahn nach Puerto de la Cruz.*

Route II: Puerto de la Cruz – Icod de los Vinos – Puerto de Santiago – Los Cristianos

93 km; Tagestour ohne Abstecher.

Die Route ist eine der schönsten auf Teneriffa und führt durch reizvolle Landschaften, steter Wechsel zwischen Höhenrücken und tiefen Barrancos, weite Ausblicke auf Steilküsten und Meer, üppige Vegetation.

Zwei verschiedene Straßen führen von Puerto de la Cruz nach Icod de los Vinos. Die landschaftlich reizvollere neue Küstenstraße ist der Höhenstraße vorzuziehen.

A   Küstenstraße

Die Straße führt durch Bananenplantagen nach dem Ort
Los Realejos, 6 km, besteht aus dem unteren Ortsteil Realejo Bajo (300 m) und dem oberen Ortsteil Realejo Alto (375 m). 1496 ergaben sich hier die letzten Guanchen und wurden in der ältesten Kirche der Insel ›Santiago‹ (1498) getauft. Die Glocke soll vom spanischen König Ferdinand von Aragonien gestiftet worden sein. Auf dem Kirchplatz der Pfarrkirche Señora de Carmen ein Denkmal zu Ehren von Viera y Clavijo (1731–1812), Schriftsteller und Fundamentalhistoriker der Kanaren. In Realejo Bajo die Kirchen Nuestra Señora de la Concepción in gotischem und plateresken Stil und San Isidro, benannt nach dem Schutzheiligen der Bauern und Landarbeiter; beide mit schönen Holzdecken im Mudéjarstil.
San Juan de la Rambla, 15 km, der Beiname weist auf die mit Bananenpflanzungen bedeckte, ins Meer vorgeschobene Landzunge hin, Ablagerungen des Barranco de Ruíz;

Doña Juana, 22 km, Einmündung der Höhenstraße.

B Höhenstraße

Von Puerto de la Cruz über den Vorort San Antonio nach
Tierra de Oro, 6 km, komfortabler Heilbadeort.
Realejo Alto, 10 km, s. o.
La Guancha, 21 km (550 m), kleiner Abstecher nach N zum kleinen Weiler San José mit anheimelnder Dorfkirche. Vorbei an der Wassergalerie El Pinalete bis zur Einmündung in die Küstenstraße, 28 km.

Icod de los Vinos*, 25 km, inmitten von Weingärten, bekannter vorzüglicher Weißwein. Der 1501 gegründete Ort macht einen wohlhabenden Eindruck. Berühmt wurde er durch seinen Drachenbaum (s. S. 52 f.), Höhe 16 m, Stammumfang ca. 6 m, herrlicher Ausblick auf Icod mit alten typisch kanarischen Häusern und auf den Pico de Teide (Umschlagvorderseite, Abb. 96), Pfarrkirche San Marcos (16. Jh.) im Renaissancestil, prunkvoller Barockaltar mit silbergetriebenen Ornamenten (17. Jh.), ein in Mexiko gearbeitetes Silberkreuz, mehrere Statuen (17.-19. Jh.), prächtige Rokokoschnitzereien in der Capilla de los Dolores. Zwischen Drachenbaum und Kirchplatz aufwärts, nach ca. 80 m eine botanische Kuriosität: eine Washington-Palme mit acht Ästen.
San Marcos, 27 km, malerisch von Felsen umrahmte Badebucht mit schwarzem Sand (Fischspezialitäten in den Restaurants). In wildzerklüfteten Felsen Bestattungshöhlen der Guanchen; sehenswert die 2 km östlich gelegene Cueva de Rey (Besichtigung nur mit ortskundigem Führer möglich).

Abstecher von Icod nach Garachico – Los Silos – Buenavista – Punta de Teno, 27,5 km
Garachico*, 5 km. Am 5. und am 13. Mai 1706 wurde der Ort, den L. Torriani 1590 noch wegen der fruchtbaren Lage und wegen seiner Schönheit gepriesen hatte, von Lavaströmen verschüttet. Das heutige Städtchen erstreckt sich auf der vom Lavastrom ausgefüllten Halbinsel. Nur noch wenige alte Bauten aus schwarzem Lavastein zeugen vom ehemaligen Reichtum, darunter das Castillo de San Miguel (Abb. 106). Die Pfarrkirche Santa Ana, Anfang des 18. Jh. wiedererbaut, birgt das eigenwillige Bildwerk San Joaquin von Luján Pérez (im Rokokohauptretabel rechts). Das Meeresschwimmbecken (Balneario Caletón) dehnt sich in zwei natürlichen, 3–8 m breiten und über 100 m langen Längsfurchen des Lavastromes aus. Wellenbrecher halten die meist starke Brandung auf. Von Garachico führt eine kehrenreiche Straße hinauf nach Tanque. Herrlicher Blick auf Garachico und auf San Pedro de Daute (Abb. 1, 105).
Los Silos, 12 km, Pfarrkirche mit Standbild des Cristo de la Misericordia (17. Jh.), Marktplatz mit indischen Lorbeerbäumen. Etwa 1,5 km entfernt an der Küste ein großzügig angelegtes Meerwasserschwimmbecken. 350 m hinter Los Silos Johannisbrotbäume mit dunklen, paarig gefiederten Blättern, Früchte je nach Jahreszeit grün, rötlich oder dunkelbraun. Durchquerung des Weilers Taco, rechts der Vulkankegel Montaña de Taco (308 m), Besteigung lohnt wegen der schönen Aussicht auf
Buenavista, 16 km, stattliche alte Häuser, sehenswerte Kirche (1513) mit Altaraufsatz und getäfelter Holzdecke im Mudéjarstil, auf dem Kirchplatz eine Norfolk-Tanne (Araucaria excelsa). Gebirgsstraße über Masca nach Santiago del Teide. 4 km hinter Buenavista rückt das Teno-Gebirge mit dem Felsen El Fraile (Mönch) in steilem Abfall bis dicht an das Meer. Der dahinter liegende westliche Ausläufer des Teno-Gebirges endet flacher in einer sanft zum Meer geneigten Halbinsel, die wegen ihrer Unzugänglichkeit noch nicht landwirtschaftlich genutzt wurde.

TENERIFFA Icod de los Vinos. Kanarischer Balkon eines altspanischen Hauses mit Dachwurz (Aeonium urbicum)

98 TENERIFFA La Orotava. Fassade der barocken Pfarrkirche La Concepción (1768–88), bedeutendstes Baudenkmal der Stadt

97 TENERIFFA La Orotava. Vornehme Adelspaläste, Kirchen und Klöster sind Zeugen einer reichen Vergangenheit. Im Hintergrund Türme und Kuppel der Pfarrkirche La Concepción

99 TENERIFFA Virgen de Candelaria, Schutzpatronin der Kanarischen Inseln, in der 1958 vollendeten Basilika des Wallfahrtsortes Candelaria

00 TENERIFFA La Laguna. Taufbecken aus Majolika (15. Jh.) in der Kirche La Concepción

101

102

104 TENERIFFA La Laguna. Kirche San Francisco. Santísimo Cristo, Holzskulptur eines anonymen Künstlers aus der Schule von Sevilla (Ende 15. Jh.), eines der am meisten verehrten Christusstandbilder der Kanarischen Inseln

◁ 101 TENERIFFA La Laguna. Kirche San Francisco oder Santuario del Cristo

◁ 102 TENERIFFA La Laguna. Santa Catalina-Kloster und Palacio de Nava im spanischen Kolonialbarock

◁ 103 TENERIFFA La Laguna. Garten des Dominikanerklosters mit einem besonders schönen Exemplar des Drachenbaumes (2000–3000 Jahre?)

105/106 TENERIFFA Garachico. Ehema[ls] größter Ausfuhrhafen der Inse[l] wurde durch schwere Vulkanaus[-] brüche im Jahre 1706 von Lavaströ[-] men größtenteils verschüttet. Vo[n] der alten Stadt ist noch das Castill[o] de San Miguel aus dem 16. Jh. e[r-] halten; Inschriften und Wappen a[m] Eingang

TENERIFFA Adeje. Bemalte Holzdecke in der Pfarrkirche Santa Ursula, 16. Jh.

108 TENERIFFA Puerto de la Cruz, Touristenzentrum der Insel. Moderne Hotels hoch über der Steilküste

109 TENERIFFA Puerto de la Cruz. Kirche San Telmo mit Palisaden und altertümlichem Wachtturm 1626 von Fischern und Seefahrern für ihren Schutzheiligen erbaut ▷

110 TENERIFFA Santa Cruz de Tenerife, Hauptstadt der Insel und der gleichnamigen Provinz, ist geistiger, kultureller und wirtschaftlicher Mittelpunkt. Plaza de la Candelaria mit repräsentativen Banken und Geschäftshäusern, Hotels und Basaren ▷

111 TENERIFFA Blick über die Passatwolken auf den Pico de Teide; Straße La Laguna – Las Cañada an der oberen Grenze der Kiefernzone

112 TENERIFFA Pflügen mit dem Dromedar im trockenen Süden bei Granadilla

113 TENERIFFA Großartiger Weitblick über lockeren Kiefernwald (Pinus canariensis, vgl. Abb. 85) au die Insel-Südseite mit dem Ort Vilaflor (1400 m) inmitten seiner Terrassenfelder. Bei Auflösung de Passatwolkenwand Sicht bis zum Meer bei El Médano; Straße Las Cañadas – Granadilla Kst. 63 ▷

114 TENERIFFA Dunkle basaltische und helle trachytische Lapilli (Bimssteinchen) in Wechsellagerung. Aufschluß an der Straße La Laguna – Las Cañadas bei Kst. 31,8 (vgl. Abb. 64 f.)

115 TENERIFFA Dunkler Schlackenvulkan von Fasnia (2176 m), Ausbruch 1705

6 TENERIFFA   Blick vom Pico de Teide auf den Pico Viejo (3103 m). Der dunkle Blocklava-Strom mit seinen gut erkennbaren Dämmen stammt vom Teide.

7 TENERIFFA   Blick vom Kraterrand des Pico de Teide in den hellen Vulkankrater des Pitón, auf das 1700 m tiefer gelegene Ucanca-Tal und auf die südliche Kraterwand der Caldera de las Cañadas

118 TENERIFFA Basaltblume (Rosette) mit radial angeordneten Säulen, entstanden durch allseitige Abkühlung eines zylindrischen Lavaflusses; Straße La Orotava – Las Cañadas, Kst. 22,5

119 TENERIFFA Montaña Blanca (2735 m) mit den Huevos del Teide; im Hintergrund dunkle phonolithische Lavaströme

120, 121 TENERIFFA Kugelig verwitterter Basalt, freigelegt und im Gesteinsverband; Straße Las Cañadas – Vilaflor, Kst. 58

122 TENERIFFA Zapato de la Reina (Schuh der Königin), durch Verwitterung durchbrochener Lavafluß. Las Cañadas, Kst. 50,7

123 TENERIFFA Strick- und Gekröselava, südlich von Puerto de Santiago

124 TENERIFFA Las Cañadas. Ockergelbe Felsen mit Windschliff vor dem Guajara, dem höchsten Gipfel der Caldera-Umrandung (2717 m)

Mirador de Don Pompeyo, 21 km, großartiger Aussichtspunkt 100 m steil über dem Meer: im Nordosten die reichbebaute Fruchtebene von Buenavista, im Westen ein Teil der bislang brachliegenden niedrigen Halbinsel, im Süden steile Tenogebirgsabstürze. Etwa 3 km hinter dem Mirador sanft abfallende Hänge mit Tabaiba, Cardón, Valo u. a.

Punta de Teno, 27,5 km, mit dem Leuchtturm auf einer kleinen Anhöhe von schwarzer blasiger Lava. Bei klarem Wetter gute Sicht auf die Insel Gomera. In der Nähe des Meeres stehen für den Pflanzenliebhaber die Nymphendolde (Astydamia latifolia), Zwerg-Strandflieder (Statice pectinatum), Flachkraut (Aizoon canariense) mit langen flachliegenden Trieben, voller rötlicher ›Näpfchen‹ zwischen sukkulenten Blättern, oder die endemische Steinbeere (Neochamaelea pulverulenta = Leña blanca) mit ihren Beerengruppen, deren Fleisch von den Guanchen zur Wundbehandlung verwendet wurde.

Fortsetzung der Route von Icod aus

Hinter Icod ständiger Anstieg durch Bananenkulturen, nach 6 km Überquerung des Lavastromes, der die Stadt und den Hafen Garachico 1706 unter sich begrub (s. S. 160), kurz danach der unterhalb der Straße liegende Weiler Tanque mit schönem Ausblick auf Garachico (Abb. 105). Etwas weiter rechts die grünen Terrassenhänge von La Tierra del Trigo (Weizenboden). Die Straße führt bergan durch Landschaft mit Stechginster, Baumheide und Wacholder zum Paß von Erjos (1117 m) mit deutlicher Wetterscheide und abruptem Vegetationswechsel. Die von Norden her kommenden Wolken werden hier oben, sobald sie den Kamm übersteigen, von der warmen aufsteigenden Luft aus dem Valle de Santiago und der Südwest-Küste aufgewärmt und aufgelöst. Tief unten das grüne Tal ›Valle de Arriba‹ (Hochtal), überragt von der Montaña de los Riegos (Berg der Bewässerungen), rechts die Osthänge des Teno-Gebirges. Die Straße führt in Windungen hinab nach

Santiago del Teide (950 m), 47 km, mit eigenartiger maurisch anmutender Kuppelkirche, Statue des St. Georg und Christusstatue, 15. Jh.

Abstecher nach **Masca*** im Teno-Gebirge, 3 km. Gegenüber der Kuppelkirche beginnt die Straße hangaufwärts bis etwa 1000 m, dann bergab mit großartigen Ausblicken zum weltabgeschiedenen Weiler Masca oberhalb des mehrfach gegabelten wildromantischen Barranco de Masca, lohnendes Studium der alten Bautechniken der Häuser (Abb. 7). Weiterfahrt nach Buenavista auf schöner Gebirgsstraße möglich.

Wohnhaus in Lomo del Medio mit drei Schlafräumen, Küche und Anbau für Ackergeräte (nach A. Alemán de Armas. 1975)

Über die Ortschaften El Retamar und Tamaimo (beide bekannt durch die Calados-Stickereien) in Straßenkehren bergab. In Tamaimo zwei Möglichkeiten zur Weiterfahrt nach Adeje, die kurvenreiche, aber sehr schöne Küstenstraße (31 km) oder die Höhenstraße (24,5 km).

A Küstenstraße

In vielen Windungen die Schlucht von Tamaimo hinunter. Nach 3 km herrlicher

Ausblick auf die zum Meer abstürzenden Felsen *Los Gigantes*. Ergiebige dem Malpaís abgewonnene terrassierte Tomatenkulturen, Bewässerung durch Kanäle aus dem Gebiet des Pico Viejo.
Puerto de Santiago, 59 km. Die südlich des Fischerhafens gelegene Playa de Arena mit grobkörnigem schwarzen Lavasand ist einer der schönsten Inselstrände (bei starker Brandung gefährlicher Sog!). Am Nordende des Hafens, am Fuße der 500 m hohen Felsabstürze des Teno-Gebirges (Los Gigantes) der berühmte Hotelkomplex gleichen Namens. Ausflugsfahrten mit dem Motorboot entlang der *Steilküste** (schichtenreicher Basalt mit senkrecht verlaufenden Magmagängen: die flüssige Gesteinsschmelze konnte in dem zerklüfteten und an Bruchzonen reichen Gebiet in schmalen Spalten nach oben steigen), Einblicke in romantische Schluchten, vor allem in den gewaltigen *Barranco de Masca*; Aufenthalt an einem kleinen Sandstrand zum Besuch einer schwarzen Lavahöhle. Ausdehnung des Ausfluges bis zur flachen Landzunge von Punta de Teno möglich. Südlich von Puerto de Santiago seltene Lava-Fließstrukturen (Abb. 123). Zurück auf der Küstenstraße südwärts das kleine Fischerdorf
Alcalá, 65 km, auf schwarzen zerklüfteten Basaltklippen. Durch reizvolle Küstenlandschaften nach
Adeje, 83 km, z. Z. der Guanchen Sitz eines Mencey, später Wirtschaftszentrum mit Zuckerrohrkultur, heute Tomatenanbau. Lange Hauptstraße mit indischem Lorbeer; zweischiffige Pfarrkirche Santa Ursula, oberhalb der Apsis die beiden dem Ortsadel vorbehaltenen vergitterten Söller (azoteas), die den Einblick des einfachen Volkes verhindern, bemalte Holzdecke (Abb. 107).
Ausflug zu Fuß in den **Barranco del Infierno*** (Höllenschlucht), (s. S. 37) (Hinweg 2 Std., Rückweg 1 1/2 Std., nur für geübte schwindelfreie Wanderer). An der Kirche Santa Ursula links abzweigen bis zur festungsartigen Casa Fuerto (ehemaliger Sitz der Gutsherrschaft aus der Zuckerrohrzeit, heute Tomatenpackerei), rechts auf holpriger Basaltstraße bergauf, ständiges Wasserrauschen (Wasserverteilungssystem), unauffällige Abzweigung nach rechts, schmaler von Basaltmauern begrenzter Pfad, entlang am Steilhang der Schlucht, 100 m über der Talsohle. Sukkulenten an den Hängen (Tabaiba, Cardón, Valo, Verode, Opuntien, weißer Natterkopf, hoch oben Drachenbäume). Die Schlucht wird enger und klammartiger, der Pfad führt ober- und unterhalb eines gut gemauerten Wasserkanals. Vorbei an üppiger Strauchvegetation gelangt man zur abschließenden Steilwand, wo das Wasser in drei Kaskaden herabstürzt.

B Höhenstraße

Hinter Tamaimo (2,5 km) herrlicher Tiefblick auf die Straße nach Puerto de Santiago und bei klarer Sicht bis zur Insel Gomera. Bei Chio Einmündung der Straße zur Caldera de las Cañadas (Route I). 3 km nördlich das Bergnest Arguayo (903 m) am Fuße des großartigen Basaltschlotes Roque de Arguayo, interessante Beispiele des tinerfischen Heimatstiles; **Guía de Isora**, 62 km, betriebsamer Ort in vulkangeprägter Landschaft; Ausflug über die Dörfer Aripe und Chirche zum Barranco Tágara, schöne Kiefernbestände. Über Tejina nach Adeje, 76,5 km.

Etwa 3 km südlich von Adeje die Landarbeitersiedlung Fañabé, nach weiteren 3 km links etwa 30 m über der Straße Höhlenwohnungen. Abzweigungen von der Schnellstraße zur Küste nach
Los Cristianos, 93 km, Fischerhafen und Touristenzentrum in geschützter sonnenreicher Lage, Fährverbindung nach Gomera. Höhlenwohnungen im lockeren Gestein des Berges Chayofita (130 m). Durch den Ausbau der Schnellstraße Santa Cruz – Los Cristianos und den neuen internationalen Flugplatz bei El Médano wird den Touristenzentren Playa de las Américas, Los Cristianos, Palm-Mar, Ten-Bel und El Médano eine ähnliche Zukunft prophezeit wie Puerto de la Cruz.

Zurück über die Schnellstraße nach Santa Cruz und die Autobahn nach Puerto de la Cruz oder Route I in umgekehrter Richtung ohne Aufenthalte.

Route III: Puerto de la Cruz – Tacoronte – Bajamar – La Laguna – Santa Cruz

65 km; Halbtagestour, Tagestour mit Kombination der Routen IV oder VI

Die Route führt durch den dichtbesiedelten Teil der Insel. Fast parallel zur Landstraße verläuft die Autobahn Puerto de la Cruz – La Laguna – Santa Cruz.
Von Puerto de la Cruz vorbei am Botanischen Garten (s. S. 147 f.) in Richtung La Orotava. Vor der Ortseinfahrt links abbiegen, vorbei am Mirador Humboldt (s. S. 143) nach
Santa Ursula, 10,5 km. Hier beginnen anstelle der Bananenplantagen des Orotava-Tals die Obst- und Weingärten;

La Victoria de Acentejo, 14,5 km, erinnert an den entscheidenden Sieg der Spanier über die Guanchen 1495 (s. S. 28, 150);
La Matanza de Acentejo, 17 km, hier erlitten die Spanier ein Jahr zuvor eine empfindliche Niederlage durch die Guanchen. Oberhalb des Ortes herrlicher Rundblick auf die Landschaft bis zum Teide (Abb. 4);
Tacoronte, 22 km, im schon zur Zeit der Guanchen am dichtesten besiedelten Teil der Insel, da hier genügend Niederschlag einen Ackerbau ohne künstliche Bewässerung ermöglichte; berühmter Rotwein. Etwas abseits liegen die beiden Pfarrkirchen des Ortes: Santa Catalina (barock) mit großartigem Silberschmuck. Volkskundliches Interesse erregt ein Altar mit einer Hirtenstatue in Landestracht und zahlreichen Rindern aus Wachs als Votivgabe. Die Kirche El Cristo de los Dolores ist ein ehemaliges Augustinerkloster, Figur des gemarterten Christus ist eine Genueser Arbeit (1662), sehenswert auch die dunkle Artesano-Decke und über dem Altar eine schwere Holzdecke aus kanarischem Pinienholz im Mudéjarstil.

Spaziergang nach Süden zum ›Urwald‹ von **Agua García*** (20 min). In etwa 800 m Höhe überrascht eine üppige Vegetation (von Lianen umschlungene Baumheide, lorbeerähnlicher Til, Riesenfarne usw.), dazu das Plätschern der Fuente Frío (kalte Quelle).

An der Nordausfahrt von Tacoronte in Richtung Bajamar das prächtige Exemplar eines Drachenbaumes. Nach 2 km links die Urbanisation Mesa del Mar (Ebene am Meer), umgeben von Bananenplantagen und Zuckerrohranbau:

TENERIFFA – INSEL DES EWIGEN FRÜHLINGS

Tejina, 31,5 km, Zuckermühle. Zur Küste hin fällt nunmehr das Anaga-Gebirge steil ab, an den Felshängen Tabaiba. Nach Überqueren eines kleinen Barranco der Touristenort **Bajamar**, 34,5 km (vor allem deutsche Urlauber). An der stets brandungsumtobten Küste wurden Naturschwimmbecken angelegt. Möglichkeit für ausgedehnte Fahrten und Wanderungen in das Anaga-Gebirge (Route VI). Entlang der klippenreichen Küste zur Halbinsel **Punta del Hidalgo***, 37,5 km (neues Touristenzentrum), empfehlenswert für Angler, Unterwassersportler und Wanderer. Zurück nach Bajamar und Tejina, hier Abbiegen nach Tegueste, 47 km, mit seinen schönen Lorbeerbäumen. Nach weiteren 3 km stößt man auf die Straße, die links in das Anaga-Gebirge führt (Route VI). Rechts nach **La Laguna*** (s. S. 154 ff.) auf der Autobahn bis **Santa Cruz***, 65 km (s. S. 149 ff.).

Zurück über Autobahn Santa Cruz – Puerto de la Cruz.

Route IV: La Laguna – Esperanza-Wald – Las Cañadas

(Carretera Dorsal = Höhenrückenstraße)

44 km; Halbtagestour, Tagestour mit Kombination von Route I ab Las Cañadas.

Eine der eindrucksvollsten Routen durch verschiedene Vegetationszonen mit großartigen Tiefblicken. Wegen der vormittäglichen Passatwolke sehr frühzeitige Abfahrt zu empfehlen (Abb. 111).

Fahrt führt von La Laguna (Autobahnrondell) aufwärts durch rotfarbenes Erdreich (eisenhaltig);
Kst. 6,6 Ausblick auf das Meer;
Kst. 8 Eintritt in den Esperanza-Wald in etwa 700 m Höhe. Je nach Tageszeit trifft man hier schon auf die Nebel der Passatwolken, die den kanarischen Kiefernwald erst möglich machen (vgl. S. 43). Das Niederschlagswasser, das an den Kiefernnadeln und Pflanzen kondensiert, sickert durch poröses wasserdurchlässiges Vulkangestein, bis es sich in Hohlräumen eines Lavastromes mit undurchlässigerem Material sammelt und so die Wasserreserven der Insel bildet (vgl. S. 53 f., 125).
Kst. 10 links Abzweigung, nach 200 m der Platz Las Raices, Ausgangspunkt des Militärputsches General Francos am 17. Juni 1936, der sich zum Spanischen Bürgerkrieg ausweitete (s. S. 30).
Kst. 13 Mirador Pico de las Flores (1310 m);
Kst. 14 hohe Baumheide;
Kst. 15 Beginn der Vegetation von Escobón und Codesco;
Kst. 15,9 rechts das Forsthaus Las Lagunetas (1450 m); rechts zweigt ein Feldweg nach Tacoronte ab, schöner Wanderweg am Waldrand von Madre del Agua (>Urwald<) vorbei;
Kst. 18,3 links herrliche Aussicht auf Igueste;
Kst. 19,5 Mirador de Ortuño, Aussicht auf La Victoria;
Kst. 21 Tiefblick auf Candelaria;
Kst. 27 und 28 herrliche Nord- und Südblicke;
Kst. 28,8 links Tiefblick auf den schwarzen Vulkan von Güimar (1576 m) und den Ort selbst;

Kst. 30 besonders schöner Blick auf den Teide mit der Montaña Blanca sowie auf das Orotava-Tal mit seinen Vegetationszonen;
Kst. 31,5 Blick auf das Observatorium Izaña 2367 m;
Kst. 31,3 Großartiger Durchstich durch einen Aschenhang der Montaña Negrita (Abb. 114);
Kst. 37,4 Abzweigung zum 3 km entfernten meteorologischen Observatorium Izaña (vgl. S. 47);
Kst. 38 Abzweigung der Piste zum *Volcán de Fasnia** (2176 m); leichte Besteigung des 1705 ausgebrochenen schwarzen Vulkankegels mit Blick auf den Teide, sehr einsame Landschaft (Abb. 115).

Die Straße wird nun etwas abschüssig (Retama-Büsche, Abb. 82), bis sie sich bei Kst. 43 mit der Straße von Puerto de la Cruz verbindet und bei El Portillo in die Caldera de las Cañadas führt (Route I).

Zurück über Orotava-Tal oder Route I und Schnellstraße nach Santa Cruz.

Route V: Santa Cruz – Güímar – Granadilla – Los Cristianos

101 km, Tagestour

Auf der alten kurvenreichen *Carretera del Sur* zum besseren Kennenlernen der Südküste (Haltemöglichkeiten), Steppenlandschaft mit verschiedenen Methoden der Agrarwirtschaft (77 km auf der neuen *Schnellstraße bzw. Autobahn).*

Von Santa Cruz auf der Autobahn in Richtung La Laguna, Abzweigung nach Güímar; vorbei am Fuße des roten Vulkankegels Montaña Taco und durch den gleichnamigen Ort;

Kst. 17,5 der eindrucksvolle Barranco Hondo mit gleichnamigem Ort;
Kst. 20 Aussicht auf Candelaria und den nördlich davon gelegenen aufblühenden Badeort Las Caletillas;
Kst. 24,2 Abzweigung nach **Candelaria.** Der kleine Fischerort ist ein bedeutender Wallfahrtsort, Wallfahrt alljährlich am 14. und 15. August zu Ehren der Virgen de Candelaria. Es wird berichtet, daß etwa hundert Jahre vor Erscheinen der spanischen Eroberer ein Guanche südlich des Ortes an der Punta del Soccoro eine vom Meer angeschwemmte Madonnenstatue fand, die in der Grotte San Blas aufgestellt und seither von den Ureinwohnern verehrt wurde. 1826 wurde die Insel von einer starken Sturmflut heimgesucht, bei der die Statue, inzwischen auch von den Christen verehrt, wieder vom Meer entrissen wurde. 1830 schuf Fernando Estévez eine Kopie der ursprünglichen Madonna, die in der 1958 vollendeten Wallfahrtskirche aufgestellt ist (Abb. 99). Auf der dem Meer zugewandten Seite des Kirchplatzes stehen die Statuen der z. Z. der Eroberung regierenden Guanchenkönige. Die Pfarrkirche Santa Ana (18. Jh.) birgt ein schönes Kruzifix aus dem 17. Jh.

Güímar, 30 km, Hauptort des fruchtbaren Güímar-Tales, Umschlagplatz für landwirtschaftliche Produkte; in der Umgebung viele neue Terrassenkulturen (Tomaten, Kartoffeln, Bananen, Zitrusfrüchte). Vom Volcán de Güímar (276 m) herrliche Rundsicht. 5 km seewärts liegt der Hafen von Güímar für die Ausfuhr der landwirtschaftlichen Produkte. Lohnenswerte Ausflüge in die Umgebung, vor allem in die vielfach gegabelten Barrancos;

für Botanikfreunde der Barranco del Río; Guanchenhöhlen im Barranco de Badajoz.
Kst. 33 viele alte knorrige Tamarisken, Gemüseterrassen; es folgt der **Mirador de Don Martín*** mit großartigem Ausblick auf das Tal von Güímar (Grabenbruch) und die Berge im Westen. Oberhalb von El Escobonal, 42 km, die Guanchenhöhle Cueva del Barranco de Herque, wo seit 1770 zahlreiche Mumienfunde der Ureinwohner gemacht wurden.
Kst. 35 Beginn des eigentlichen Südens der Insel;
Kurz hinter Kst. 47, vor dem 1. Ortsschild von Fasnia, eine Basaltrosette in der rechten Wand; links der Vulkankegel Montaña de Fasnia (406 m) mit der Kapelle Nuestra Señora de los Dolores;
Fasnia, 47 km, die Häuser des Ortes sind aus behauenen hellen Tosca-Blöcken gebaut (typischer Hausbau im Süden). 1705 wälzte sich der Lavastrom des Vulkans von Fasnia (s. S. 181) bis kurz vor den Ort. Ein Aufstieg zum Volcán de Fasnia sei nur bergerfahrenen Wanderern empfohlen, ca. 6 Std. Lohnende Ausflüge zum hochgelegenen Weiler La Zarza; von dort aus Höhenwanderung auf fast ebenen Wegen nach Sabina Alta und Sombrera; zur Küste hin nach Los Roques, romantische Fischersiedlung mit schwarzem Strand.
2 km hinter Fasnia viele Basaltsäulen;
Kst. 54,2 interessante Höhlenwohnungen (Behausungen, Ställe und Vorratskammern); kurz danach Arico, viele terrassierte und mit Tosca bedeckte Kartoffel-, Tomaten- und Weinfelder; Dromedare als Arbeitstiere. Lohnender Abstecher nach Poris de Abona und Punta de Abona (Höhlenwohnungen).

Über El Río (neue Terrassenfelder) und Chimiche;
Kst. 78,5 tiefer Barranco mit Höhlenwohnungen (heute Geräte- und Vorratskammern) nach
Granadilla de Abona, 81 km, (s. S. 159). Von hier Weiterfahrt nach El Médano und Las Cañadas möglich (Route I);
Auf der Straße nach Los Cristianos nach 1 km rechts interessante geologische Schichtungen, links nach Norden offener Vulkankegel Montaña Gorda (648 m), dahinter der Kegel von Montaña Tabaiba (375 m), benannt nach der verbreitetsten Trockenpflanze der Insel.
San Miguel, 86,5 km, Abstecher zum Fischerort
El Abrigo, 13 km. Südwestlich davon die Costa Silencio mit mehreren Touristenzentren (am besten von der Schnellstraße aus erreichbar). Hinter San Miguel oben halbrechts der gezackte Roque de Lana (782 m) aus Phonolith. Nach Überqueren eines großen Barranco wendet sich die Straße südwärts und macht eine Schleife, von der ein schmaler Schotterweg steil zum **Mirador de la Centinella*** ansteigt. Großartige Aussicht auf den Südteil der Insel mit etwa 50 Aschen- und Schlackenkegeln (parasitäre Vulkane) und weiten Bimssteinablagerungen (Tosca); dazwischen Trockenpflanzenvegetation bis hin zu den an der Küste liegenden Orten El Médano, El Abrigo und Las Galletas (Abb. 5, 6). Neue Bananenplantagen.

Die Carretera führt nunmehr abschüssig nach Valle de San Lorenzo; gartenhafte Landschaft; rechts der hochaufragende Phonolith-Kegel Roque de Conde (1003 m). An seinem östlichen Fuß, 4 km abseits der Carretera der altertümlich

wirkende Ort Arona (650 m), die einschiffige Kirche besitzt Holzfiguren im bäuerlichen Heimatstil.
Los Cristianos, 101 km.
Zurück auf der Schnellstraße nach Santa Cruz oder Kombination mit Route I oder II ohne Aufenthalte.

Route VI: La Laguna – Mercedes-Wald – Anaga-Gebirge – Santa Cruz

39 km; Halbtagestour ohne Abstecher.

Diese durch die nordöstliche Anaga-Halbinsel verlaufende Route macht mit einer geologisch, klimatisch und botanisch eigenständigen Landschaft Teneriffas bekannt, die sich stark von den übrigen unterscheidet. Dieser geologisch älteste Teil der Insel (vgl. S. 135) aus Basaltgestein ist tiefzerfurcht; besitzt viele Gipfel und schroffe Grate, die ehemaligen Aschen und Lavaströme sind durch die Jahrmillionen dauernde Abtragung verschwunden und haben die darunter liegenden harten Basaltschlote und Gänge freigelegt. Als viel rauher erweist sich auch das Klima, da die oft stürmischen Winde des Nordost-Passats ungehindert auf die Gebirgskämme treffen, so daß sich die Passatwolke auch früher bemerkbar macht als beispielsweise an der Nordküste bei Puerto de la Cruz. Dadurch jedoch sind die Hänge mit einem sanften Grün bewachsen, wodurch die rauhe, wildzerklüftete Gebirgslandschaft wieder etwas gemildert erscheint. Von der Feuchtigkeit der Passatwolken profitiert auch der Lorbeerhochwald der unteren Hanggebiete, der mit zunehmender Höhe von doppelmannshohen Erika-, Myrten- und Lorbeerbüschen abgelöst wird. Um die herrlichen Weit- und Tiefblicke genießen zu können, empfiehlt sich wieder ein frühzeitiger Aufbruch, damit man möglichst vor 10 Uhr vor der Passatwolkenbildung oben ist (Abb. 8).

Von La Laguna führen zwei Straßen nach Las Mercedes. Eine geht über die Calle Sol y Ortega nach Norden zeitweilig durch eine schattige Allee hochgewachsener Eukalyptusbäume und durch ein sehr fruchtbares, liebliches Tal mit lockerer Besiedlung (seltene Schirmpinien, dunkle Zypressen, Korkeichen);
Las Canteras, 3,5 km, links Abzweigung nach Bajamar (Route III);
Hinter dem Ort Las Mercedes (Einmündung der zweiten von La Laguna kommenden Straße) Beginn des Lorbeerhochwaldes mit Unterholz, der für die Nordseite der Insel in dieser Höhe typisch ist; Aeonium-Arten an den Felshängen. In einer scharfen Linkskurve lohnender Aussichtspunkt auf die fruchtbare Hochebene von La Laguna, den Esperanza-Wald und den Gipfel des Teide. 9 km hinter La Laguna ist der Höhenrücken erreicht, rechts Abzweigung zum Ausblicksrondell **Cruz del Carmen,** Kapelle Cruz del Carmen (Anfang 17. Jh.) mit der verehrten Statue der Nuestra Señora de las Mercedes;
Die Straße führt jetzt auf dem Gebirgskamm entlang durch die Nebelzone, statt Lorbeerwald nunmehr Baumheide. An einer Straßengabelung rechts halten, nach 1 km die Aussichtskanzel **Mirador Pico del Inglés*,** großartiger Rundblick auf das gesamte Anaga-Gebirge und hinunter nach Santa Cruz, bei guter Fernsicht bis zur Insel Gran Canaria (Abb. 8).

TENERIFFA – INSEL DES EWIGEN FRÜHLINGS

Die windungsreiche Straße verläuft weiter östlich abwärts bis zu einer Straßengabelung.
Abstecher nach Norden (links) zu dem an der Küste liegenden Weinbaudorf **Taganana** (8 km), in dem sich durch seine Abseitslage noch manches Altertümliche erhalten konnte; Kirche Nuestra Señora de las Nieves (16. Jh.), interessantes Triptychon. In zahlreichen Kehren führt die Straße südwärts durch eine Landschaft mit trockenheitliebender Vegetation (Tabaiba, Cardón, Verode und Valo) nach **San Andrés**, 30,5 km, malerisches Fischerdorf, durch Steindamm geschützter Strand;

Abstecher auf windungsreicher Küstenstraße nach Igueste, 7 km;
In umgekehrter Richtung auf der Schnellstraße an den Bergwänden und am Meer entlang (Hafenanlagen, Industrie) nach **Santa Cruz,** 39 km (s. S. 149 ff.).

Das gegenüber anderen Teilen Teneriffas noch weniger besuchte Anaga-Gebirge ist für Wanderungen besonders geeignet; Ausgangsorte sind Cruz del Carmen, El Bailadero, Taganana und Igueste (nur für geübte Wanderer, da Höhenunterschiede bis zu 400 m in ständigem Wechsel zu überwinden sind).

Teneriffa, Icod de los Vinos

Gomera – Barrancos und Lorbeerwildnis

(Abb. 15–20, 125–135)

Nur 30 km von der Südwestküste Teneriffas entfernt liegt die fast kreisrunde Insel La Gomera[39], die ringsum mit Steilküsten aus dem Atlantik aufsteigt. Etwa in 800 bis 1000 m Höhe wird das Relief wesentlich sanfter, ohne daß es aber zu einer Hochfläche im engeren Sinne kommt, bis im zentral gelegenen Garajonay (1487 m) die höchste Erhebung der Insel erreicht ist. Vom Zentrum Gomeras verlaufen radial zur Küste hin tief in den Fels eingeschnittene Schluchten, die sogenannten Barrancos,

Übersichtskarte von Gomera

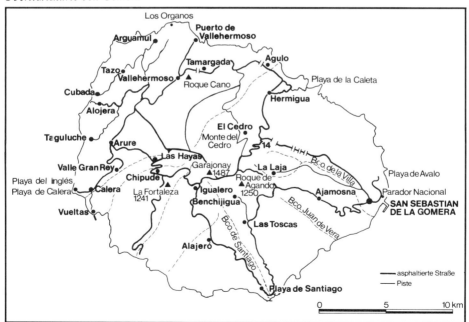

GOMERA – BARRANCOS UND LORBEERWILDNIS

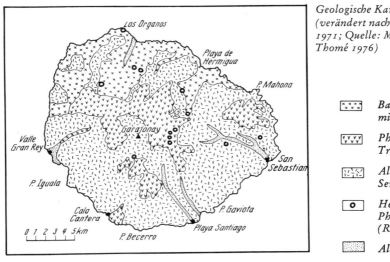

Geologische Karte von Gomera (verändert nach Hausen 1971; Quelle: Mitchell-Thomé 1976)

- Basaltkomplex mit Gängen
- Phonolithe und Trachyte
- Alte Basaltische Serie (Schild)
- Herausragende Phonolith-Schlote (Roque-Serie)
- Alluvium

Zeugen der erodierenden Kraft des Wassers. In ihrem Unterlauf besitzen diese Barrancos vielfach schon ein ausgeglichenes Gefälle und haben sich zu weiten Talsohlen verbreitert, so daß sich hier die Siedlungs- und Wirtschaftsräume der Insel befinden. Die größten und wichtigsten dieser Barrancos sind die von Hermigua, Vallehermoso, Valle Gran Rey, Santiago und San Sebastián de la Gomera, der Inselhauptstadt (Barranco de la Villa) (Abb. 19, 20). Die oberen Talpartien greifen dagegen in unregelmäßiger und unübersichtlicher Form gegen das Innere zu ein.

Besonders interessant ist Gomera durch seine üppige Vegetation. So stellen die mit Bartflechten behangenen über 100jährigen Lorbeerbäume des urwaldartigen Monte del Cedro das schönste Beispiel dieser Art auf der Welt dar (Abb. 17, 18). Die zentrale Bergregion Gomeras wurde 1979 als *Garajonay-Nationalpark* unter Naturschutz gestellt (3974 ha). Neben der Insel La Palma hat La Gomera das reichste Wasservorkommen der Kanarischen Inseln; die Niederschlagssumme wird im Inselinneren auf über 600 mm geschätzt. Somit finden wir im Zentrum der Insel auch Quellen und perennierende Wasserläufe. Weitere Feuchtigkeit spenden die Nebel im Luv des Nordost-Passats. Der Süden der Insel erweist sich dagegen als kahl, trocken und unwirtlich und ist damit den übrigen Inseln vergleichbar (Abb. 19).

Neben den für den lokalen Bedarf im Trockenfeldbau kultivierten Agrarprodukten wie Weizen, Mais, Kartoffeln und Leguminosen gibt es ausgedehnte Bewässerungskulturen mit Bananen- und Tomatenpflanzungen für den Export. Ein besonderes Wahrzeichen sind auch die zahlreichen Dattelpalmen, vor allem im Valle Gran Rey oder im Barranco de Vallehermoso (Abb. 15), deren Früchte im Gegensatz zu allen

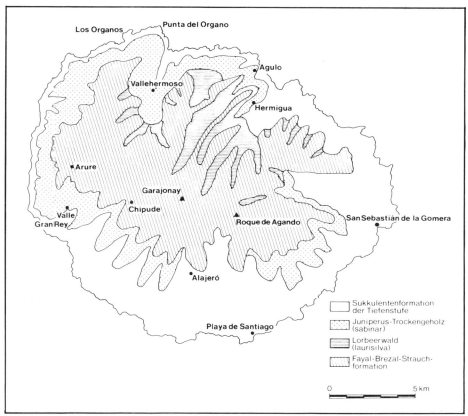

Karte der Vegetationstypen auf Gomera (nach L. Ceballos und F. Ortuño)

anderen Inseln des Archipels genießbar sind. In Hermigua und Vallehermoso wird der ›Miel de palma‹ verkauft, eine Art Honig, der aus dem Saft der Palme hergestellt wird.

Im geologischen Bau der Insel lassen sich zwei Phasen unterscheiden. Der Basalkomplex mit Tiefengesteinen und submarinen Laven, Tuffen und Sedimenten dürfte dem unteren Tertiär angehören, während die jüngere Phase mit überwiegend Basalten, Phonolithen und Trachyten vermutlich dem späten Tertiär zugeordnet werden muß. Danach erlosch jede vulkanische Tätigkeit auf Gomera, dessen Physiognomie auch am wenigsten vulkanisch geprägt erscheint. So fehlen Calderas, Lavaströme oder parasitäre Vulkankegel. Bloß an einigen Stellen blieben alte Schlotfüllungen als Härtlinge bestehen und weisen auf das hohe Alter dieser Formen hin (Abb. 132). Auch eine Aschenbedeckung ist nur in geringfügigem Ausmaß vorhanden. Erosion und üppige Vegetation verbergen den vulkanischen Ursprung.

Mitte des 15. Jahrhunderts wurde Gomera von Hernán Peraza dem Älteren unterworfen und blieb wie die Insel Hierro bis 1812 ein feudalherrschaftliches Señorio. Auch Gomera hat inzwischen begonnen, sich auf Touristen einzurichten. An den Orten, die auch schwarzen Sandstrand zu bieten haben (San Sebastián, Playa de Santiago, Valle Gran Rey usw.), findet der Gast ein immer breiter werdendes Angebot von Unterkünften. Darüber hinaus liegt der besondere Reiz der Insel in ihrer unberührten Natur und den herrlichen Landschaftspanoramen, ein Paradies für Naturfreunde und Wanderer. Daneben gilt es auf Gomera eine noch teilweise altertümliche Lebensweise der Einwohner zu entdecken. So werden beispielsweise in dem Weiler Chipude noch wie zur Zeit der Ureinwohner Tongefäße ohne Drehscheibe mit der Hand geformt und im offenen Feuer gebrannt, heute allerdings nicht mehr für den Hausgebrauch, sondern als Andenken für die Besucher (Abb. 130, 131). Ähnlich wie die Insel Hierro gilt auch Gomera noch als besonderer Tip für Individualisten.

El Silbo – Die Pfeifsprache der Ureinwohner

Die das Relief der Insel tief zerfurchenden Barrancos, die bis zum heutigen Tage eine Verkehrserschließung der Insel sehr erschwert haben, waren in den vergangenen Jahrhunderten natürliche Lebensschranken der einsam lebenden Insulaner. Um so notwendiger erschien schon den Ureinwohnern das Bedürfnis nach Kommunikation, um in wichtigen familiären Angelegenheiten, sei es Geburt, Hochzeit, Krankheit oder Tod, die benachbarten Sippen zu verständigen. Dazu bedienten sie sich des Silbo, einer eigentümlichen Pfeifsprache, die heute nirgendwo sonst auf der Welt zu hören ist.[40] Die Pfeiflaute sind bei günstigen Windverhältnissen noch in einer Entfernung von 4 bis 6 km hörbar; damit konnten Nachrichten in Windeseile, fast telegrafisch, über Berge und Barrancos hinweg übermittelt werden.

Beim Silbo handelt es sich nicht um wenig veränderliche Pfeifsignale im Sinne vorher vereinbarter Warnzeichen, sondern um eine variationsreiche Sprache, bei der jedem Ton in besonderer Höhe und Stärke ein Buchstabe oder eine Silbe entspricht. Damit ist eine gute Verständigung möglich, wenn es auch in der Praxis hauptsächlich um ländliche Belange der Insulaner ging und geht.

Beim Pfeifen werden die Lippen entweder gespitzt oder in die Breite gezogen. Auch die Zunge tritt in Tätigkeit, und man legt zwei Finger in den Mund. Die andere Hand wird als Schalltrichter verwendet. Die größte Schwierigkeit beim Lernen dieser Sprache liegt jedoch in der Schulung des Gehörs. Da die Pfeifsprache jedoch schon in frühester Jugend erlernt wird, erreicht sie eine Perfektion, daß ›Gesprächspartner‹ sich an der individuellen Klangfarbe erkennen.

Auch die Zeit der modernen Nachrichtenübermittlung hat die Pfeifsprache nicht zum Aussterben verurteilt. Vor allem in den abgelegenen Teilen Gomeras haben Hirten und Feldarbeiter die Kunst des Silbo bewahrt.

Die Inselhauptstadt San Sebastián de la Gomera

Hauptort und zugleich wichtigster Hafen der Insel Gomera ist das ländlich anmutende Städtchen San Sebastián de la Gomera (5732 E./1981), das im Südosten in einer geschützten Bucht am Ende des Barranco de la Villa liegt. Barrancoaufwärts schließen an die Bebauung tiefgrüne Bananenplantagen an, und in der Ferne erhebt sich die wild zerklüftete Gebirgskulisse mit der scharf begrenzten Wolkenbank des Passats (Abb. 20). Am Fuße schroff abfallender Felsen ist der kleine Hafen mit der Mole angelegt. Seine einstige Bedeutung als Etappenort auf der Fahrt in die Neue Welt hat er verloren (s. S. 28f.), doch ist man auf Gomera auf die kolumbianische Zeit sehr stolz, bewahrt das Andenken an den Entdecker Amerikas an vielen Orten und hat der Insel den Beinamen ›Isla Colombina‹ gegeben. Aus jener Zeit stammt auch der Torre del Conde, den *Hernán Peraza der Ältere* 1447 am Rande der heutigen Stadt erbauen ließ (Abb. 128). Mit seinen 1,8 m mächtigen Befestigungsmauern stellte der 16 m hohe Turm im kastilischen Stil das erste militärische Bauwerk des Archipels dar. Die Chronik berichtet, daß sich die Herrin von Gomera, die schöne *Beatriz de Bobadilla*, nach der Ermordung ihres Mannes (s. S. 29) in den Torre del Conde zurückziehen mußte, wo sie 1493 auch Kolumbus empfing. 1498 war der Turm Schauplatz der Hochzeit zwischen Beatriz de Bobadilla und *Alonso Fernández de Lugo*, Eroberer von Teneriffa und La Palma. 1587 ließ König Philipp II. den Turm von dem italienischen Festungsbaumeister *Leonardo Torriani* verstärken. Während des 16. und 17. Jahrhunderts war der Turm Aufbewahrungsort der Schätze, welche die spanischen Schiffe vom lateinamerikanischen Kontinent mitbrachten und in der Folgezeit viele Piraten zu Angriffen verlockten. Heute dient der Torre del Conde als Museum; in

Kult- und Kunstgegenstände der südamerikanischen Hochkulturen (Torre del Conde, San Sebastián de la Gomera)

Krug für die heiligen Öle, die bei den Tempelopfern benutzt wurden. Chimú-Kultur 1000–1450 n. Chr.

Schwarzer Krug für landwirtschaftliche oder häusliche Arbeit. Tallán-Kultur, 1400–1532 n. Chr.

GOMERA – BARRANCOS UND LORBEERWILDNIS

seinen drei Geschossen sind die Kult- und Kunstgegenstände der vorspanischen südamerikanischen Hochkulturen ausgestellt, die z. T. 3000 Jahre alt sind und hauptsächlich im Norden Perus (Huacas) erbeutet wurden. Die Keramiken, Halsketten und Metallgegenstände stammen aus den verschiedensten Epochen: Vicus, Tiahuanaco, Mochica, Lambayeque, Santa, Chimú, Tallán, Chancay und Inka.

Da Gomera als einzige Insel des Archipels keinen Flughafen besitzt (z. Z. in Planung), kommen alle Besucher im Hafen an, der sich dann jedesmal belebt (Abb. 133). Vorbei an der großzügig gestalteten runden Plaza de los Conquistadores mit dem neuen Rathaus im Hintergrund biegt man rechts zur Calle General Franco ab. Die kleine Plaza de Calvo Sotelo mit den indischen Lorbeerbäumen ist der abendliche Treffpunkt der Einheimischen (Abb. 126). Etwas weiter steht das repräsentative Gebäude des Cabildo Insular (Inselverwaltung), in dem das folkloristische, künstlerisch bedeutsame Ölgemälde einer gomerischen Dorffiesta hängt, das dem einheimischen Maler *José Aguiar* besondere Anerkennung einbrachte (Abb. 40). Ganz in der Nähe, ebenfalls auf der rechten Straßenseite, steht die Auferstehungskirche ›Iglesia de la Asunción‹, deren Fassade deutlich auf den Stilwechsel von der Gotik zur Renaissance hinweist. Das Fresko links vom Altar, den Angriff einer holländischen Flotte auf Gomera darstellend (1599), stammt von dem einheimischen Künstler *José Mesa* (1780). *Kolumbus* soll die Kirche zum letzten Gebet vor seiner Entdeckungsreise aufgesucht haben. Ein Haus mit der Nummer 60 wird als Kolumbushaus ausgegeben, in dem sich der Admiral vor seiner Reise aufgehalten haben soll.

In Hafennähe stellt ein Tunnel durch die steile Barrancowand des Lomo de la Villa die Verbindung mit der steinigen Playa de la Cueva her, wo auch der Club Náutico mit Restaurant eingerichtet ist. Hoch über der Stadt thront der 1973 fertiggestellte, großzügig erbaute Parador Nacional im einfachen kanarischen Rustikalstil (Abb. 134, 135). Sein intimer palmenbestandener Patio lädt mit alten spanischen Möbeln und Sitzgelegenheiten zum Verweilen ein. An der Wand über einem zierlichen Sekretär ein Gemälde der attraktiven Beatriz de Bobadilla (Abb. 127), in den Fluren nachgebildete Keramiken der Ureinwohner und ein Porträt von Christoph Kolumbus. Eine der gastronomischen Spezialitäten des Hauses ist der ›puchero‹, der wie zu Zeiten der Ureinwohner aus dem holzgeschnitzten ›mortero‹ mit einer hölzernen ›cuchara‹ gegessen wird (s. S. 315). Von einigen Zimmern bietet sich ein großartiger Ausblick hinüber nach Teneriffa zum Pico de Teide. Vor allem aber die großzügig angelegten Gartenanlagen mit dem Swimming-pool versprechen einen erholsamen Urlaub, nur wenige Kilometer entfernt von den stark besuchten Stränden der Südküste Teneriffas.

Ein Ausflug zur 5 km entfernten Playa de Avalo mit ihrem feinen Lavasandstrand beginnt am Parador und führt an einer alten Windmühle vorbei. Die sie umgebenden Dattelpalmen müssen dem steifen Passatwind widerstehen, der an dieser Stelle besonders wirksam ist (Abb. 16). Kurz dahinter zweigt rechts eine Straße zum 1977 fertiggestellten Leuchtturm San Cristobal ab.

Route I: San Sebastián – Hermigua – Agulo – Vallehermoso – Valle Gran Rey – Chipude – Monte del Cedro – San Sebastián
(Nord- und Zentralroute)

120 km, Tagestour.

Von San Sebastián auf der Carretera del Norte bergan durch eine unwirtliche Landschaft am Rande des trockenen Barranco de la Villa, links unten kleine Stauseen. Hinter dem 450 m langen Tunnel (bei Kst. 14 links eine neue Asphaltstraße zum Monte del Cedro) ein völlig neues grünes Landschaftsbild mit schöner Aussicht auf den strahlend weißen Ort **Hermigua**, 23,5 km, inmitten des reichsten Bananenanbaugebietes der Insel, außerdem Weinanbau, Papayas, Dattelpalmen (›miel de palma‹), vereinzelt Kaffeesträucher und viele Obstsorten. Die im Privatbesitz stehenden Bananenplantagen sind klein parzelliert, auffällig ist der ausgeglichene Lebensstandard der Bevölkerung. Alte Klosterkirche aus dem 16. Jh., in der Pfarrkirche Verehrung der Nuestra Señora de la Encarnación von F. Estévez (19. Jh.). An der Durchgangsstraße im Ortsteil El Convento das Museum Los Telares mit Ausstellungsgegenständen des traditionellen Handwerks, besonders der Weberei.
Agulo, 26,5 km, inmitten von Bananenplantagen, von eindrucksvollen Felswänden umschlossen. Hinter dem Straßentunnel auf kurvenreicher Straße mit herrlichen Panoramen, vorbei am Weiler Las Rosas und dem sich über zwei Täler ausbreitenden Palmendorf Tamargada. Dann links der Straße Aussicht auf den die Landschaft beherrschenden Roque Cano (Abb. 132), einen durch Abtragung freigelegten Vulkanschlot. Hinter diesem Wahrzeichen des Tales von Vallehermoso der Ort **Vallehermoso**, 41 km, Mittelpunkt der Bananen- und Tomatenkultur. Einige Kilometer westlich von Puerto de Vallehermoso liegen die Vulkanit-Säulen *Los Organos**. Diese ›Orgelpfeifen‹ an der unzugänglichen Steilküste sind ein einmaliges Naturdenkmal (Abb. 125); Bootsfahrten nur nach Vereinbarung bei ruhiger See (Erkundigungen im Hafen von Vueltas/Valle Gran Rey oder im Club Náutico in San Sebastián). Von Vallehermoso aus sind schöne Wanderungen in die Nebelwälder möglich.

Hinter Vallehermoso führt die Straße bergan (Abb. 15); mit schönen Ausblicken zurück ins Tal. Nach einem Wald der Weiler **Arure**, 55 km, am Ortsende lohnender Spaziergang von etwa 5 min. zum ›Santo‹, einem Aquädukt mit imposantem Tiefblick auf den etwa 600 m tieferliegenden Weiler Taguluche und das Meer. Am Horizont die Insel La Palma.

Eine kurvenreiche Straße führt hinab in das grandiose cañonartige, stark terrassierte **Valle Gran Rey*** (Tal des großen Königs) 61 km, mit dem gleichnamigen Ort. Beliebter Treffpunkt von Aussteigern. Überwältigende Fülle von Palmen. Am Ende des Barrancos der Ort Calera mit schönem Sandstrand. Vor dem Baden an der nördlich gelegenen Playa del Inglés hinter der Punta de la Calera sei wegen gefährlicher Strömung und plötzlicher Sturzwellen gewarnt.

* *besondere Sehenswürdigkeit*

Zurück dieselbe Strecke bis kurz vor Arure, wo rechts die Straße nach Chipude (die alte Bezeichnung für eins der ehemals bedeutenden Inselzentren) abzweigt. In dem Weiler *El Cercado,* 4 km hinter Las Hayas, fertigt eine Töpferfamilie – die alte Guadalupe und ihre Tochter – ihre Tonwaren noch ganz nach der Art der Ureinwohner. Vor dem Brennen im offenen Feuer wird das Geschirr mit roter Tonerde eingerieben und mit einem Stein geglättet (Abb. 130, 131). Im Süden ragt über die Landschaft der Basalttisch La Fortaleza (Abb. 129).

Von Chipude geht es 9 km weiter über Igualero (hier Abzweigung zur Südküste über Alajeró nach Playa de Santiago, 19 km) bis zur Einmündung in die neue *Panoramastraße.* Die Straße windet sich auf dem schmalen Grat der Cumbre de Tajaque mit großartigen Ausblicken nach Norden auf *Baumheide und Lorbeerwälder* der Nebelstufe des Monte del Cedro (Abb. 17, 18) und auf die Barrancos des trockenen Südens. (Die Panoramastraße verläuft nordwestlich weiter durch die Fayal-Brezal-Strauchformation über La Laguna Grande – Picknickplatz und Ausgangspunkt für Wanderungen – bis zur Abzweigung Vallehermoso – Valle Gran Rey.) 4 km weiter zweigt links eine Straße nach Hermigua ab, die sich nach 2 km teilt. Links beginnt eine staubige Waldpiste zum Campamento del Cedro und zur Kapelle Ermita de Nuestra Señora de Lourdes (am letzten Augustsonntag Schauplatz der inselweiten ›Fiestas del Cedro‹ mit Messe, Prozession und archaischen Volkstänzen).

Das Gebiet ist ein Paradies für Naturfreunde und Wanderer mit Picknickplätzen, erfrischenden Quellen und Bächen in einer noch unberührten Natur.

Die rechte Abzweigung ist eine neue Asphaltstraße, die steil bergab führt und bei Kst. 14 auf die Carretera del Norte mündet, die wir rechts einschlagen nach San Sebastián, 120 km.

Die Rückfahrt nach San Sebastián ist schneller möglich über die neue Panoramastraße, die bei Kst. 18 am Roque de Agando (1250 m) rechts der Straße, bzw. Roque de Ojila (1170 m) links der Straße (beide phonolithische Vulkanschlote, vgl. Abb. 132) vorbeiführt und 1 km weiter an der Degollada de Peraza auf die Carretera del Sur trifft (vgl. Route II).

Route II: San Sebastián – Playa de Santiago (Südroute)

Ca. 80 km; Halbtagestour oder Tagestour.

Während der Süden der Insel bis vor einigen Jahren nur mit dem Postschiff von San Sebastián aus zu erreichen war, führen heute zwei asphaltierte Straßen mit zahlreichen Kurven durch das von tiefen Barrancos zerschnittene Gelände.

Nach Überqueren des Barranco de la Villa steigt die Carretera del Sur in die kahle unwirtliche Berglandschaft. Links der Christusberg ›El Santo‹ (Fahrweg 100 m vor Kst. 4) mit der lohnenden Aussicht auf San Sebastián und Teneriffa.

Kst. 12: Einblick in den Barranco Juan de Vera und zum Roque Sombrero (Abb. 19). Nach 3 km der Weiler Ayamosna. Bei Kst. 17 die Degollada de Peraza, die an das Attentat auf den grausamen Grafen Peraza erinnert (s. S. 29). Abzweigung der neuen Panoramastraße nach La Laguna Grande und Valle Gran Rey. Bei Kst. 20 der Weiler Vegaipala; kurz danach umfährt die Straße den Roque Blanco, der den hellgrauen Stein für den Parador in San Sebastián lieferte, daneben auch ein Aufschluß des rötlichen Lavagesteins für dasselbe Bauwerk. Von Las Toscas (24 km) zweigt eine Piste zum 3 km entfernten Weiler **Benchijigua** ab (verstreute Gehöfte, alte Backöfen, alte Dreschmethoden); im Hintergrund der Roque de Agando.

Auf der Carretera abwärts bis **Playa de Santiago**, einem noch verhältnismäßig jungen Ort, zu dessen Gründung und Entwicklung die norwegische Schiffahrtsgesellschaft Olsen (ebenfalls Eigentümer der Autofähre Los Cristianos/Teneriffa – San Sebastián) beigetragen hat. Der Ort erstreckt sich über die Mündung zweier Barrancos; der westliche Teil gehört verwaltungsmäßig zum Dorf Alajeró (7 km entfernt), der östliche zu San Sebastián; Sand- und Kiesstrand, Fischerei, Fischkonservenindustrie, Bananenplantagen (vorherrschend Mittel- und Großgrundbesitz, voran die Firma Olsen), Tomaten- und Weinbau. Rückfahrt über Alajeró, Igualero, Panoramastraße (s. Route I).

Wanderwege auf Gomera
(nach einer Karte von Rodolfo Wild)

1 *Gelber Rundweg: (Dauer ca. 2½ Std.)*

2 *Blau-Weißer Weg: (Dauer 2½ Std.) Für den ca. 500 m langen ehemaligen Wassertunnel sind unbedingt eine Taschenlampe oder Kerzen erforderlich!*

3 *Roter Weg: (Dauer 3 Std.). Beginn bei Km 17,8 auf der Panoramastraße. (Von La Laja blauer Weg bis zur Degollada de Peraza oder auf der Fahrpiste an den Stauseen vorbei nach Lomo Fragoso und San Sebastián.)*

4 *Rot-weißer Weg: (ca. 3 Std.) Einstieg etwa 100 m nach dem Roque de Agando links; über Benchijigua nach Pastrana. (Auf der Fahrpiste weiter bis nach Playa de Santiago.)*

5 *Blauer Weg: (3 Std.) Von der Degollada de Peraza, 150 m vor der Abzweigung der Panoramastraße, Einstieg bei einem großen Felsen. (In La Laja roter Weg zum Roque de Agando oder Fahrpiste nach Lomo Fragoso.)*

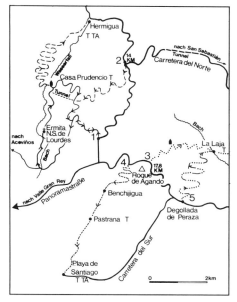

1 ——— Gelb 2 — — — Blau-weiß
3 ········· Rot 4 —·—·— Rot-weiß
5 ··—··— Blau
T Telefon TA Taxi

Hierro – die vergessene Insel

(Abb. 21-24, 136-148)

Die zweimotorige Propellermaschine, eines dieser kleinen zuverlässigen Arbeitstiere vom Typ Fokker Friendship, gleitet im Tiefflug von La Palma nach Hierro, der kleinsten Insel des Kanarischen Archipels, die von den plutonischen Kräften einsam und abseits in den Atlantik hinausgeworfen wurde und unserer Entdeckung harrt.

Die Mitreisenden, sämtlich Insulaner von La Palma und Hierro, haben sich vor dem aufheulenden Motorenlärm des startenden Flugzeuges bekreuzigt und sitzen nun mit zuversichtlicher Miene und geschlossenen Augen in ihren schmalen Sesseln, während wir durch die milchigen, zerkratzten Fensterscheiben nach unten aufs Meer spähen, wo sich hin und wieder ein Fischkutter in den Wellen wiegt.

Der Flug ist nur von kurzer Dauer. Schon setzt die Maschine zum Landemanöver an und läuft nach wenigen Minuten auf dem Rollfeld aus. Eine große Menschenmenge ist zum Empfang der Verwandten und Bekannten in der Flughalle eingetroffen. Lautes überschwengliches Begrüßen und Umarmen, Freude und glückliche Gesichter – eine große Inselfamilie, der wir nicht angehören. Verständlich und verzeihlich, daß zunächst auch kein Taxi übrigbleibt, das uns nach Valverde, der Inselhauptstadt transportieren soll. Fremde kommen zu selten nach Hierro, da verscherzt man es sich nicht so leicht mit den einheimischen Kunden. Doch die Bewohner Hierros sind alles andere als fremdenfeindlich. Neugierig, mitteilsam, hilfsbereit und gastfreundlich akzeptieren sie besonders denjenigen, der in sich selbst noch etwas von ihrer ursprünglichen Art zu leben trägt, der das einfache, nicht immer leichte Leben meistern will wie sie.

Einer der Treffpunkte der nur knapp 7000 Einwohner zählenden Insel ist die Bar Zabagú in der 575 m hoch gelegenen Stadt Valverde, die uns mitten im Sommer in dichtem Nebel ihrer Passatwolken empfing.

Im Barraum drängten sich die Einheimischen und waren in lebhafte Gespräche vertieft. Schon bald kannten wir das immer wiederkehrende Schauspiel der Auf- und Abtritte der Gäste. Da erschien regelmäßig gegen 10 Uhr morgens Don Camilla aus dem Fischerdorf La Restinga, der uns als einziger mit seinem Geländewagen zu den prähistorischen Inschriften von Los Letreros bringen konnte, die damals nur Archäologen bekannt waren. Jede Viertelstunde tauchte der Schuhputzer von Valverde

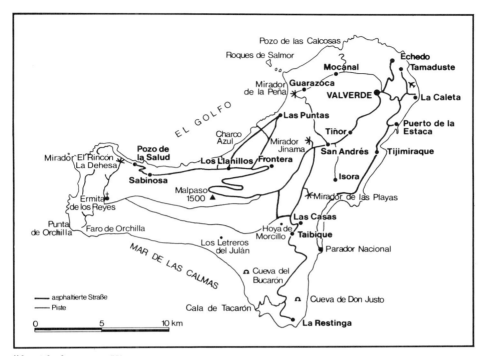

Übersichtskarte von Hierro

im Türrahmen auf, stellte seinen Kasten mit den Putzutensilien in der Ecke ab und lief wichtigtuerisch durch die Tischreihen, prüfende Blicke von einem zum anderen Gast werfend, nicht um Kunden für seine Arbeit zu gewinnen – eigentlich haben wir ihn nie Schuhe putzen sehen –, sondern um sich mit diesem oder jenem auf seine Art zu unterhalten – er ist taubstumm. Schon am zweiten Tag unseres Aufenthaltes fiel uns ein älterer kleiner Herr auf. Mit seinem aristokratischen Gang, seinen verfeinerten Gesichtszügen und durch seine längere Haartracht hob er sich von den übrigen Insulanern ab, die ihn ehrfürchtig behandelten. Es war Don José Padrón Machin, Schriftsteller von Beruf und Ehrenbürger von Hierro, der beste Kenner der Insel und ihrer Geschichte. Bei Wein, Käse und Tapas ließ er uns mit gestenreicher Sprache an seinem detaillierten Wissen teilhaben.

Von den übrigen Insulanern wäre schließlich noch ein junger blonder und blauäugiger Mann zu nennen, der sich an einem der Tische in ein Buch vertiefte. Obwohl ihn jedermann kannte und grüßte, mochte er wohl nicht von der Insel stammen. Später stellte sich im Gespräch heraus, daß er Engländer und früher von Beruf Lehrer war, sich aber vor Jahren mit seiner Frau auf Hierro niedergelassen hatte, um hier fern der ›Wüste der Zivilisation‹ ein neues Leben zu beginnen, so wie er es bei den Bewohnern Hierros beobachtet hatte. Einige Tage später waren wir bei ihm in dem kleinen Dorf Taibique zum Lunch eingeladen. Ein Junge führte uns zu seiner abgelegenen Behausung. Wir überquerten ausgetrocknete, abgeerntete Felder, die von den hohen orangeblühenden Opuntienhecken eingefaßt waren, kletterten über kunstvoll aus Lavagestein aufgeschichtete Lesesteinmäuerchen, in deren Löcher sich die flinken aufgescheuchten Smaragdeidechsen flüchteten, bis wir schließlich die kleine Hütte aus dem gleichfarbigen Lavagestein erreichten. Aufgeregt gackerten die Hühner, eine Ziege meckerte uns an, und aus der Hütte drangen laute spanische Frauenstimmen. Auf unseren Gruß hin geleitete uns der Gastgeber in den weißgetünchten Raum, wo nur ein einziges Bett stand, in dem seine junge blonde Frau mit ihrem neugeborenen Kind lag. Um das Bett herum standen ergriffen die schwarzhaarigen Besucherinnen, und plötzlich spürten wir, daß hier Menschen zusammengehörten, die sich verstanden und aneinander teilnahmen, durch die Lebensumstände auf der kleinen Insel eng verbunden. Etwas später bat man uns in den Wohnraum, der ähnlich spartanisch eingerichtet war. Hier stand neben einer alten Getreidemühle ein steifes spanisches Bett, an dessen Kopfende ein bunter Flickenvorhang die einzige Farbigkeit in dem ebenfalls weißgetünchten Raum ausmachte. Das Bett war mit Fellen bedeckt, und in diesen lag eine Katze, die sich bei unserem Eintreten wohlig streckte. Ringsum an den Wänden das notwendigste Küchengerät, daneben eine kleine Büchersammlung mit Werken von Franz Kafka auf einem selbstgezimmerten Regal. Bei Wein und frischen Feigen entstand alsbald eine herzliche Atmosphäre; wir genossen für wenige Stunden dieses Leben fern vom hektischen Treiben unserer europäischen Welt. Hier galt die Sorge dem täglichen Leben, dem Wasser aus der Zisterne, dem Ackerbau, einer Ziege, einigen Hühnern und den Früchten von Opuntien, Feigen- und Mandelbäumen.

Auf dem Heimweg nach Valverde mußten wir immer wieder an den kunstvoll aufgeschichteten Lavamauern der Bauernhäuser stehenbleiben und die im Tagesverlauf sich wandelnden Licht- und Schattenstrukturen bewundern. Unser Verweilen nutzten die Anwohner eines solch schönen Mauerwerks gleich aus, um uns gekühlte Früchte von Feigenkakteen und Weintrauben anzubieten. Eine alte Wollspinnerin hatte ihre Freude daran, daß wir stehenblieben, um ihr bei der flink verrichteten Arbeit zuzusehen. Archaische Bilder boten auch die auf ihren Feldern arbeitenden Menschen: Maultiere zogen den hölzernen Pflug, der den Boden nur zu ritzen vermag, Kühe und Pferde wurden stundenlang im Kreis über eine Dreschtenne geführt, bis unter ihren Huftritten die Körner aus den Ähren herausgetreten worden waren, so daß man durch anschließendes Worfeln die Körner von der Spreu trennen konnte. Schließlich erinnerten die hölzernen Weinpressen an eine Kelterungstechnik, die bei uns schon lange Zeit vergessen ist (Abb. 35, 144–148).

Die Einsamkeit auf der Insel Hierro hat die Insulaner zu einer großen Familie zusammengeschweißt und sie erfinderisch gemacht. Oben im El Pinar, dem wohl schönsten kanarischen Kiefernwald, treffen sie sich regelmäßig im Schatten hundert Jahre alter Baumriesen. Hier haben sie sich einen großartig eingerichteten Erholungsplatz geschaffen, wo sie Freunde treffen, grillen und zusammen spielen. Überhaupt sind die Insulaner äußerst sensibel und auf das Wohlergehen ihrer Mitmenschen bedacht. Immer wenn wir außerhalb der Ortschaften unseren Wagen am Straßenrand abgestellt hatten, um etwas pflanzlich oder geologisch Auffallendes näher zu betrachten, blieben einheimische Autofahrer stehen und erkundigten sich besorgt nach möglichen Schwierigkeiten. Höhepunkt im Jahresablauf ist das alle vier Jahre im Juli stattfindende Fest zu Ehren der Schutzheiligen der Insel, der Virgen de los Reyes. Das nächste Fest ist 1989. Ekstatisch und begleitet von Trommelwirbel umtanzen die Männer die Statue der Heiligen, die in Prozessionen mitgeführt wird. Etwas Heidnisches und Primitives strahlen diese Feste aus, die bis zur völligen Erschöpfung gefeiert werden. Genauso ursprünglich wirken die zur gleichen Zeit stattfindenden kanarischen Ringkämpfe in der offenen Arena von Frontera, deren Tradition bis in die altkanarische Zeit zurückreicht (Abb. 41, 42, 137–139).

Unsere Tage auf Hierro im Sommer 1977 gehören zu den glücklichsten, die wir auf den Kanarischen Inseln verbrachten. Und so gedenken wir dieser Insel und ihrer Bewohner mit besonderer Liebe.

Die nur 277 qkm große Insel El Hierro[41], die kleinste der Kanarischen Inseln, gleicht in ihrem Umriß einem Stiefel. Kaum von Talungen gegliedert, fallen ringsum steile, teilweise mauerartige Abstürze zum Meer ab, die in der Einbuchtung von El Golfo sogar über 1000 m Höhe gewinnen. Dieser halbmondförmige El Golfo wird als Überrest einer gewaltigen Caldera angesehen, deren nördliche Hälfte im Meer versunken ist. Das Innere der Insel weist im Norden, z. T. auch im Süden Hochflächencharakter auf. Diese Gebiete, von Lavasteinmauern abgegrenzte Felder, bilden zusammen mit den tieferen Lagen von El Golfo den Wirtschafts- und Siedlungsraum

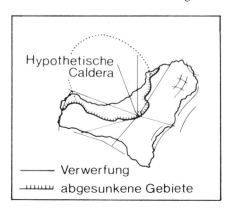

Geologische Strukturen auf Hierro (nach Mitchell-Thomé 1976)

HIERRO – DIE VERGESSENE INSEL

⌐⌐⌐ Aschen u. Lapilli, subrezent	××× Basalte der Tafelland-Serie, Überreste des ursprünglichen Schildes, Pliozän-Quartär
⌄⌄⌄ Laven, Pyroklastika, hauptsächlich basaltisch, spätquartär	∴∴∴ Geröllablagerungen
◎ Schlackenkegel, spätquartär	≡≡≡ Hochland-Böden über Grundgestein

Geologische Karte von Hierro (vereinfacht nach H. Hausen 1973; Quelle: Mitchell-Thomé 1976)

der Insel. Gegen Westen steigt das Gelände an und bildet im Pico Malpaso (1500 m) seinen höchsten Gipfel. Ganz im Süden bildete sich in der Gemarkung El Julán eine braunschwarze jüngere Schlackenwüste mit jähen Rissen und Abstürzen aus, die westwärts in den sanfteren Abhängen von El Sabinar verläuft. Alle Teile der Insel sind von zahlreichen parasitären Vulkankegeln durchsetzt, die den weiträumigen Schlackenfeldern aufsitzen (Abb. 22). Hinzu kommen frisch aussehende Lavaströme, besonders im Küstenbereich des äußersten Südens und Westens, aber auch in der Einbuchtung von El Golfo. Wenngleich Eruptionen seit Anfang des 15. Jahrhunderts nicht bekannt sind, so zeigt Hierro doch durchgehende Spuren eines recht jungen Vulkanismus

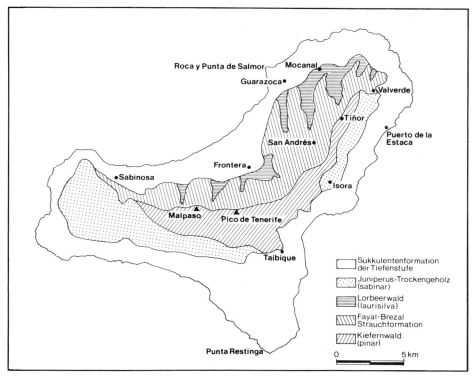

Karte der Vegetationstypen auf Hierro (nach L. Ceballos und F. Ortuño)

(vgl. S. 40 f.). Als Nachklänge vulkanischer Tätigkeit besitzt der Weiler Sabinosa eine schweflige Thermalquelle. Ein modernes Badehaus ist inzwischen fertiggestellt; die Tage des kleinen, spartanischen Sanatoriums *Casa Rosa* sind gezählt.

Der wasserdurchlässige Boden hat der natürlichen Vegetation und der Landwirtschaft enge Grenzen gesetzt. In den höheren luvseitigen Lagen spendet der Nordost-Passat den Wäldern aus Lorbeerbäumen und Baumheide die notwendige Feuchtigkeit, im Lee wachsen prächtige Kiefernwälder, doch die Wasserarmut in den tieferen Lagen macht es verständlich, daß noch die Ureinwohner einen Baumriesen, der 1610 durch einen Wirbelsturm gefällt und zerstört wurde, als Heiligtum betrachteten, der das früher etwa 1000 Einwohner zählende Dorf Amoco (heute Valverde) mit Wasser versorgt haben soll. *Leonardo Torriani* hat den von den Ureinwohnern ›garoa‹ genannten Wunderbaum noch erlebt und beschrieben: »Sie (Torriani spricht von der Tilia = Linde) ist so dick, daß vier Männer sie kaum umfangen können, voll von dichtgestellten, ganz ineinandergeschlungenen Zweigen, ganz von Kräutern bedeckt, wie sie auf Bäumen wachsen, die große Feuchtigkeit haben ... Unter sich hat sie eine große Grube, in die das Wasser, das sich auf ihren Blättern verdichtet, hineinregnet...«[42] Die Besonderheit der Wassergewinnung bestand also in der Kondensation der Passatwolke am Laub des Baumes, wie wir diesen Vorgang auch von Teneriffa her kennen (s. S. 53 f.).

Die Landwirtschaft erzeugt Weizen, allerlei Früchte, insbesondere Feigen (frisch und getrocknet, die als hochwertiger gelten als diejenigen der anderen Inseln), Pfirsiche, Mandeln, Tabak, Bananen vor allem im Golfo und einen vorzüglichen Weißwein, seit einigen Jahren auch Ananas. Schon für die Alten war El Hierro ›capraria‹, die Ziegeninsel. Der Ziegenbestand beträgt aber nur noch etwa 2000 Tiere (1978), wenig im Vergleich zu den 70 000 Ziegen Gran Canarias. Trotzdem sind die Schäden durch Viehverbiß und Abholzung zur Weidelandgewinnung für die Schaf- und Rinderhaltung groß (Abb. 146, 147, 148).

Hierro wurde 1404 von dem normannischen Ritter Jean de Béthencourt erobert und bildete bis 1812 ein feudalherrschaftliches Señorio. Besondere Berühmtheit erlangte die Insel 1634, als französische Geographen den Nullmeridian durch die Punta Orchilla legten und damit der Gradeinteilung des Claudius Ptolemäus aus dem 2. Jahrhundert folgten. Erst seit 1883 verläuft der Nullmeridian durch Greenwich/London.

Schließlich ist noch die interessante Tatsache erwähnenswert, daß die Einwohner Hierros im Gegensatz zu allen anderen Inseln des Archipels ein erstaunlich reines Kastilisch sprechen, das Sprachwissenschaftlern zufolge dem Altkastilischen sehr nahe steht, welches von den Konquistadoren zur Zeit der Eroberung gesprochen wurde.

Route I: Puerto Estaca – Valverde

Ankunft mit dem Schiff von Teneriffa und Gomera (meist stürmische Seereise mit hohem Wellengang, die Seetüchtigkeit verlangt). Kurz hinter Puerto de la Estaca zweigt links die neue asphaltierte Küstenstraße über Tijimiraque zum neuen Parador Nacional (Unterwassersport) ab.

Nach 4 km Abzweigung zum Flughafen nördlich von La Caleta (berühmte Felsinschriften) und zum Ferienort Tamaduste (Naturschwimmbecken). Nach weiteren 3,5 km auf windungsreicher Straße nach **Valverde**, 571 m, Hauptstadt der Insel, terrassenförmig am Hang erbaut, inmitten von Obst- und Ziergärten, schöne Plaza mit interessanter Kirchenfestung (Abb. 136) mit dem Standbild der Nuestra Señora de la Concepción (18. Jh.); an der Plaza Magdaleno das Privatmuseum Museo Juan Padrón mit alten Geräten aus Haushalt und Landwirtschaft. Das Museum der Inselverwaltung (Exposición de Fondos Etnográficos y Archeológicos) liegt an der Calle Licenciado im Zentrum.

Rundfahrt von Valverde in nordwestlicher Richtung nach Mocanal, Guarazoca, zum Mirador de la Peña, einer Kreation des bekannten Lanzaroteño César Manrique mit Restaurant und Infothek. Von hier aus herrlicher Ausblick auf El Golfo und die nordwestlich gelegenen Roques de Salmor, berühmt wegen der dort bis vor einigen Jahren einmalig auf der Erde anzutreffenden tertiären Riesenechse *Lacerta simonyi* (die letzten Exemplare haben sich inzwischen in die unzugängliche Felswand unterhalb des Miradors zurückgezogen).

Die Straße setzt sich bis San Andrés fort; von hier aus zurück nach Valverde.

Route II: Valverde – San Andres – Frontera – Sabinosa – La Dehesa

110 km, hin und zurück auf derselben Straße, Tagestour, oder über die Piste vorbei am Malpaso, die im Bergland wieder auf die Hauptstraße Valverde–Frontera führt.

Von Valverde auf der Zentralstraße in südwestlicher Richtung nach **San Andrés**, 8 km, Hochfläche mit etwas Ackerbau (Abb. 35); Felder von Lesesteinmauern säuberlich abgegrenzt. Hinter San Andrés führt eine Straße zur Ermita de la Caridad und dem herrlich angelegten Aussichtspunkt Mirador Jinama. Blick auf *El Golfo**, den landschaftlich schönsten Teil der Insel (Abb. 21). Etwas abseits vom Mirador Blick bis zu den Inseln La Palma, Gomera und Teneriffa. 9 km hinter San Andrés auf serpentinenreicher Straße (schöne Ausblicke) hinab in die fruchtbare Caldera von El Golfo. Dabei werden mehrere Vegetationszonen durchfahren: jüngere Pinienaufforstungen, meterhohe Heidekrautbüsche und Lorbeerbäume, terrassierter Weinanbau, Feigen-, Mandel- und Obstbäume.

Frontera, 33 km, Sitz des neben Valverde zweiten Municipio der Insel, malerische Pfarrkirche mit getrenntem Glockenturm auf einem Vulkankegel, Ringkampfarena (Lucha Canaria), alte Weinpressen (Abb. 148), in der Ebene zahlreiche, durch hohe Mauern vor dem Wind geschützte Bananenplantagen, neue Ananaskulturen. Großartiger Blick auf die bis über 1000 m aufragenden Felswände von El Golfo.

Sabinosa, 44 km, in Meeresnähe das Schwefelbad mit Gesundbrunnen. Von

* *besondere Sehenswürdigkeit*

Zedernwacholder mit Windschur (Juniperus phoenicea), La Dehesa, Insel Hierro

hier führt eine gut befahrbare Piste zur Punta Arenas Blancas mit einzigartiger endemischen Pflanzenwelt und nach La Dehesa (ca. 55 km), hier die durch ständige NW-Winde geformten Zedernwacholder (Juniperus phoenicea), die unter Naturschutz stehen.

Route III: Valverde – San Andrés – Los Letreros del Julán – Faro de Orchilla – Abstecher nach La Restinga

Ca. 110 km hin und zurück; Tagestour.

Hinter San Andrés links abbiegen in Richtung La Restinga, durch *herrliche Wälder mit alten kanarischen Kiefern** (Wanderungen). Vor dem Weiler Las Casas rechts Abzweigung (hier Beginn der Kilometerzählung) auf die asphaltierte Forststraße nach Hoya de Morcillo (dort ein großräumig angelegter Picknick-Platz unter alten Kanarischen Kiefern, mit Feuerstellen zum Grillen, fl. Wasser, Toiletten). Nach 8 km (ab Asphaltstraße) Gabelung der Piste: links halten, 200 m weiter ein einzelnes Haus links, von hier geht es 4,2 km steil abwärts auf steiniger Piste zu Fuß – Absperrungen auf den Zufahrtswegen – nach **Los Letreros del Julán***. Der Weg ist rot markiert. Dort befindet sich die Rekonstruktion eines vermuteten Tagoror (Versammlungsplatz der Ureinwohner, Steinring mit den Sitzen der Ahnengeister und ihrer lebenden Stellvertreter) (Abb. 140), daneben ein etliche Quadratmeter Fläche einnehmender Abfallhaufen (Muscheln und Tonscherben) (Abb. 141), 200 m westlich davon bis zu einer einzelnen Pinie, von dort ca. 200 m hinunter zum Meer entlang, auf der glatten Felsoberfläche altkanarische Inschriften (s. S. 22 f.) (Abb. 142), die 1870 von Don Aquilino Padrón entdeckt wurden.

Zurück zur höher gelegenen Erdpiste und in westlicher Richtung zum Santuario de Nuestra Señora de los Reyes (Abb. 23). Eine noch schmalere Piste verläuft meerwärts zum Faro de Orchilla (Leuchtturm), einsame Landschaft: Schlackenkegel, kleine Vulkanhöhlen, mannshohe Euphorbiensträucher (Abb. 143), Ziegenherden. Zurück zur Asphaltstraße nach La Restinga. **Taibique,** Dorf mit alten Lebensgewohnheiten: spinnende Frauen (Abb. 144), Herstellung von hölzernen Opuntienzangen (zum Ernten der Früchte) und dreibeinigen Käseschemeln (zum Abtropfen der Molke), Häuser, Ställe und Feldmauern aus Trockensteinen.

Weiterfahrt durch einsame Vulkanlandschaft (Abb. 22), (Stricklava, vgl. Abb. 179, Mini-Vulkanhöhlen) nach **La Restinga,** mehrere Pensionen und Appartmenthäuschen, Fischerort mit neu gebautem Hafen, Unterwassersport (Abb. 24 zeigt eine Ansicht, die vor dem Molenbau bestand).

Durch eine neuerdings angelegte Piste im Westen der Insel zwischen La Dehesa (Punta Arenas Blancas) und Faro de Orchilla können die Routen II und III zu einer Tagestour verbunden werden (s. Karte S. 195).

La Palma – die grüne Insel

(Abb. 25–33, 149–154)

> *»Die Berge hüllen sich in reiches Grün – auf der Polhöhe Kairos und des Fessan, nur fünf Meridiane von der Saharaküste entfernt. Die Farbe des freudig gedeihenden, des sich wohlig dehnenden und breit ausladenden Lebens ist nach den schwarzen Kegeln von Lanzarote, dem Gold des Teide, dem Graubraun der Cumbre von Gran Canaria ein frischer Trunk – mir geht es wie dem Wüstenwanderer, der plötzlich Oasen-Wipfel vor sich sieht. Zudem ist es ein Gruß der Heimat. Dieses Grün fordert nicht, um angeeignet, um meine Welt, auf mich bezogene Welt zu werden, Entäußerung, wie die Inseln und Berge der nackten Vulkanität, sondern es ist Rückkehr, freundlich lösende Gunst – darum gibt es nicht wenige Europäer, die La Palma für die schönste der Kanaren halten, für einen wunderbaren Verein von Fremdem und Vertrautem.«*[43]
>
> Gerhard Nebel

›San Miguel de la Palma‹ lautet der volle Name der Insel, die am 29. September 1492, am Tage des heiligen Michael, zum erstenmal von den spanischen Eroberern betreten wird. Fast fünfhundert Jahre später beginnt eine erneute Entdeckung: diesmal die der friedlich anreisenden Touristen. Kaum hat der letzte Blick aus dem Flugzeug dem Teide von Teneriffa gegolten, da setzt die Maschine schon zur Landung auf La Palma an. Die ersten Eindrücke vermitteln sanft im Sonnenlicht schimmerndes Grün, das die schroffen Formen des Reliefs weicher erscheinen läßt. Und doch ist die Reliefenergie dieser drittkleinsten kanarischen Insel außergewöhnlich groß, wenn wir das Verhältnis von Grundfläche und Höhe betrachten. Die Mitte der Insel, die nach Teneriffa die höchsten Erhebungen des Archipels aufweist (Roque de los Muchachos, 2423 m), wird von der 1500 m tief eingesenkten und fast 9 km Durchmesser breiten Caldera de Taburiente eingenommen, seit 1954 Nationalpark mit 4690 ha (Abb. 28, 149). Die Theorien über den Ursprung dieses Kraterkessels sind unterschiedlich. Während die ältere geologische Forschung fast ausschließlich eine Erosionsform annimmt, sprechen jüngere Arbeiten von einer Einsturzstruktur (Ridley, 1971 und Middlemost, 1972) oder von einer Kombination von Erdrutschen und Erosion (Hausen, 1969). Die wissenschaftliche Bezeichnung ›Caldera‹ (span. = Kessel) stammt von der vulkanischen Erscheinung der Caldera de Taburiente auf La Palma (s. S. 33). Während die Caldera in südwestlicher Richtung durch den Barranco de las Angustias (Schlucht der Todesängste) entwässert wird (Abb. 27, 29), wird sie im Norden und Osten von dem halbkreisförmigen Rand der durchweg über 2300 m hohen Cumbre de los Andenes

LA PALMA – DIE GRÜNE INSEL

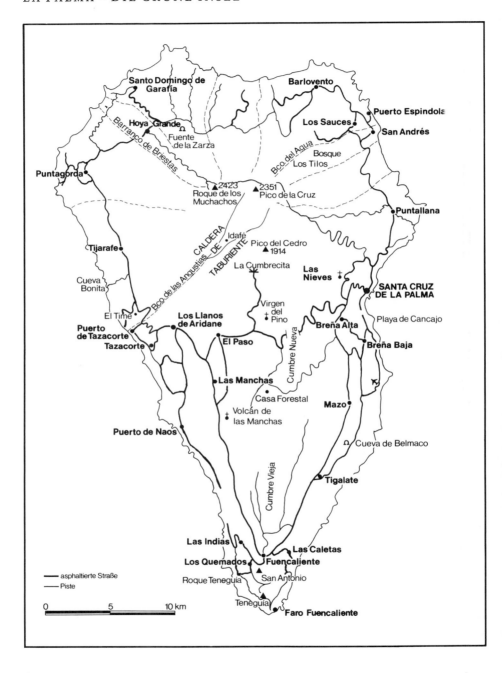

*Geologische Karte von La Palma
(verändert nach Hausen 1969;
Quelle: Mitchell-Thomé 1976)*

- Rezente und subrezente Lavaströme
- Quartäre basaltische Kegel
- Vorquartäre (?) Fanglomerate
- Alkalische Trachyte von Monte Enrique (El Paso)
- Phonolith-Schlote
- Trachybasalte (Cobertera-Formation)

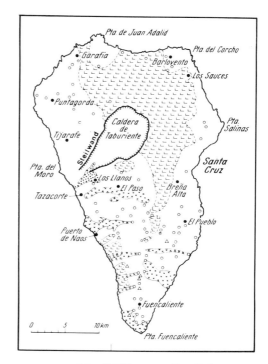

◁ *Übersichtskarte von La Palma*

begrenzt (Abb. 28). Dadurch ist die unwegsame Nordhälfte von La Palma von einer dichten Reihenfolge tief eingeschnittener Barrancos zergliedert (Abb. 31), das Gelände fällt schroff ab und endet an der Meeresküste mit stellenweise über 100 m hohen Kliffs, nur selten von schmalen Strandplattformen unterbrochen. Am äußersten Südende der Cumbre de los Andenes, dem Pico de la Nieve, beginnt der meridional verlaufende und den Süden der Insel halbierende Gebirgskamm der Cumbre Nueva, die in der Cumbre Vieja ihre Fortsetzung findet. Ihnen sind eine Reihe von Vulkanen aufgesetzt, deren Höhen zwischen 1500 und 2000 m schwanken. Nach Süden zur Punta Fuencaliente hin fällt der Gebirgskamm steil ab und endet im 657 m hohen Vulkan San Antonio, dem im Jahre 1971 schließlich noch der Vulkankegel des Teneguía südwärts vorgebaut wurde (Abb. 152). Alle diese kleineren Vulkane gehören zu den parasitären Kegeln, die der Insel in fast allen Teilen aufsitzen. Der äußerste westliche Ausläufer der Caldera-Umrahmung ist die Steilwand von El Time. Im Gegensatz zu den steilen Berghängen weist nur die fruchtbare Talung von Los Llanos de Aridane im Mittelstück des westlichen Küstenbereichs sanft abfallende Formen auf.

Die geologisch ältesten Teile von La Palma sind der Norden und das Gebiet der Caldera mit Gesteinen der unteren Basaltserie, denen jüngere Trachyte und Phonolithe aufliegen. Der Süden von La Palma mit der Cumbre Vieja ist dagegen jünger und

LA PALMA – DIE GRÜNE INSEL

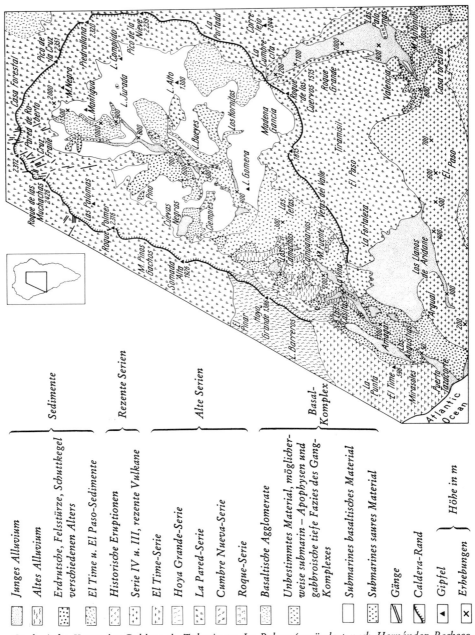

Geologische Karte der Caldera de Taburiente, La Palma (verändert nach Hernández-Pacheco u. Afonso 1974; Quelle: Mitchell-Thomé 1976)

weist zahlreiche Vulkanausbrüche in historischer Zeit auf (s. S. 36). Die West- und Ostflanken des Gebirgskammes sind von älteren und jüngeren Lavaströmen durchzogen, deren Farben nach dem Alter der Erstarrung variieren. Schwarze basaltische Lapilli bedecken den ganzen Südzipfel, während marine und fluviatile Sedimente im tektonisch vorgebildeten Tal von Los Llanos de Aridane lagern.

Das Relief der Insel und die exponierte Lage im Atlantischen Ozean setzen La Palma stärker als die anderen Kanarischen Inseln der Wirkung des Passats aus, der sich mit seinen dichten Wolkenbänken in den Kammlagen bemerkbar macht. So verzeichnet La Palma auch die höchste Niederschlagsmenge der Kanaren (s. S. 45), die an der Nordflanke 800 mm jährlich beträgt. Perennierende Wasserläufe und Wasserfälle, vor allem aber die üppig wuchernde Pflanzenwelt sind sichtbarer Beweis eines optimalen Klimas, das auch dem erholungssuchenden Reisenden hervorragend bekommt. Außer im Süden hat sich auf der Insel zwischen 500 und 1000 m die Lorbeerwald- und darüber die Kiefernwaldformation noch erhalten (Abb. 28, 31, 32).

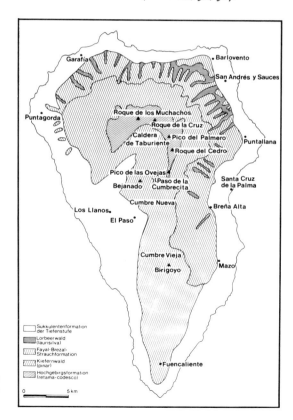

Karte der Vegetationstypen auf La Palma (nach L. Ceballos und F. Ortuño)

LA PALMA – DIE GRÜNE INSEL

La Palma ist seit langem landwirtschaftlicher Kulturboden. Die Ernten der Bananenplantagen (Abb. 27) an der West- und Ostküste sind für den Export bestimmt, während für den lokalen Bedarf auf z. T. bewässerten Feldern Gerste, Weizen, Mais, Kartoffeln, Tomaten, Tabak, die Weinrebe (Abb. 30) und Mandelbäume gedeihen. Bisher wurde die Insel noch nicht vom Massentourismus überrannt, da es ihr an attraktiven großen Sandstränden mangelt. Damit bleibt La Palma weiterhin ein Paradies für den Individualtouristen, der zugunsten einer einmaligen grandiosen Gebirgslandschaft und eines erholsamen Klimas gerne auf allzu große Bequemlichkeit verzichtet und stundenlange ungestörte Wanderungen zu seiner bevorzugten Urlaubsbeschäftigung macht.

Die Palmeros, jene Mischung aus alteuropäischen Ureinwohnern, Spaniern, Portugiesen und Flamen, haben ihre altspanische Familienordnung mit dem Ideal des Patriarchats bis heute bewahrt. An einem Sommersonntag des Jahres 1977 erlebten wir bei Barlovento im Norden der Insel die folgende originelle Begebenheit:

Eine einsame Landschaft mit einem einzelnen Holzhaus, das den Namen ›La Padrera‹ trägt, ist der Ort des Geschehens. Aus dem Innern dringen die Rhythmen einer Musikband nach draußen; dort steigen zahlreiche Männer aus ihren Autos, lassen Frauen und Kinder darin zurück und strömen, wie von einer unsichtbaren Macht angezogen, in das Gebäude. Neugierig folgen wir ihnen und stehen dann dicht gedrängt in einer rauchigen, von lauten Stimmen beherrschten und wild gestikulierenden Männergesellschaft. Hemdsärmelig, ihre haarige Brust zur Schau tragend, die ab und zu von einem dünnen Silberkettchen mit dem Kruzifix geschmückt wird, viele unrasiert, so scharen sich die schwarzhaarigen und blonden Palmeros im engen Raum und drängen an die Schanktheke, von wo aus der köstliche Duft gegrillten Fleisches herüberdringt. Zu diesem zünftigen Mahl werden runzelige Pellkartoffeln verzehrt, daneben eifrig dem Vino tinto de Maza oder dem Malvasia de Fuencaliente zugesprochen. Über allem lasten die weißbläulichen Rauchschwaden der Palmeros-Zigarren und -Zigaretten.

Daß eine Frau es wagt, in diese geschlossene Männergesellschaft einzudringen, erregt schon einige Aufmerksamkeit und läßt auch manches Gespräch für kurze Zeit verstummen. Doch dann scheint man sich mit dieser ungewöhnlichen Situation abzufinden, zumal diese Frau auch eine Fremde ist, noch dazu eine Ausländerin, und damit diese Männerordnung sowieso nicht ins Wanken bringen kann.

Einige Augenblicke später ist es ein ganz anderes Ereignis, das die Gesellschaft schlagartig zum Schweigen bringt: alle Blicke sind jetzt auf das Podest der Musikkapelle gerichtet, wo ein junger Priester in seiner Soutane aufgetaucht ist und zu einer kurzen Predigt ansetzt. Sobald er seinen Segen über die andachtsvollen Männer ausgesprochen hat, geschieht ein gleichzeitiges, sichtlich erleichtertes Aufatmen; ein leichtes Raunen setzt ein, das sich dann zu einem ungestümen Redeschwall steigert, lauter, zufriedener und lustiger als zuvor, zu dem der Priester dann auch gerne das Seinige mit beiträgt und bei einem Glas Wein schnell in die allgemeine Heiterkeit einstimmt.

Draußen warten noch immer die Frauen in den Autos . . .

5 GOMERA Los Organos, 80 m hohe Vulkanit-Säulen an der unzugänglichen Nordküste

126 GOMERA San Sebastián de la Gomera. Schattige Plaza mit indischen Lorbeerbäumen
127 GOMERA Beatriz de Bobadilla, Herrin auf Gomera zur Zeit von Christoph Kolumbus (Gemälde im Parador Nacional)
128 GOMERA San Sebastián. Festungsturm Tor del Conde, 15. Jh.

29 GOMERA Basalttisch La Fortaleza (1241 m) bei Chipude mit Überresten einer prähistorischen Kultstätte

30, 131 GOMERA Chipude. Wie zur Zeit der Ureinwohner werden noch heute Tonwaren ohne Drehscheibe mit der Hand geformt und im offenen Feuer gebrannt.

132 GOMERA Roque Cano (650 m) bei Vallehermoso, ein durch Abtragung freigelegter Vulkanschlot

133 GOMERA Blick vom Parador Nacional auf den Hafen von San Sebastián de la Gomera mit d Fähre nach Los Cristianos/Teneriffa

34, 135 GOMERA Parador Nacional Colombino Conde de la Gomera, staatliches Hotel mit großzügiger Anlage im altspanischen Stil kanarischer Landhäuser

136

137

138

136 HIERRO Hauptort Valverde mit Pfarrkirche

137–139 HIERRO Kanarischer Ringkampf (Lucha Canaria) in Frontera anläßlich einer Fiesta

140–142 HIERRO Los Letreros del Julán. Rekonstruktion eines vermuteten Tagoror, eines kreisförmigen Versammlungsplatzes der Ureinwohner; Concheros, Abfallhaufen der Ureinwohner (Muscheln und Tonscherben); Altkanarische Inschriften auf Lavagestein

143 HIERRO Zwei Meter hohe Euphorbiensträucher (Euphorbia balsamifera) oberhalb des Leuchtturms von Orchilla im Südwesten der Insel

144–148 Landleben auf HIERRO. Spinnende Frau in Taibique; Dreschplatz bei Valverde; Ziegenherde Feigenbaum hinter Lesesteinmauern bei Taibique; Alte Weinpresse in Frontera

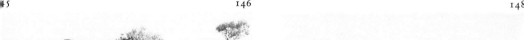

150 LA PALMA Basaltgang mit typischer Säulenbildung, senkrecht zur Abkühlungsfläche des Kontaktgesteins; Straße Santa Cruz – Los Llanos, 100 m hinter dem Cumbre-Tunnel

151 LA PALMA Megalithische Petroglyphen d Ureinwohner, Höhle von Belmaco

9 LA PALMA Panorama der Caldera de Taburiente (Roque de los Muchachos, 2423 m). Blick nach Norden vom Llano del Banco (Piste zum Krater de las Manchas). Rechts die Cumbre Nueva mit der scharf begrenzten Passatwolke, links das Wolkenmeer über Los Llanos (vgl. Abb. 28)

2 LA PALMA Vulkan Teneguía bei Fuencaliente, Ausbruch am 26. 10. 1971 (vgl. Abb. 33)

153 LA PALMA   Santa Cruz de la Palma. Plaza de España mit dem Rathaus im Renaissancestil, 1563

154 LA PALMA   Santa Cruz de la Palma. Renaissance-Portal der Kirche San Salvador, 1503

155 FUERTEVENTURA Betancuria, ehemals Hauptstadt und Bischofssitz der Insel. Kathedrale Santa María, Anfang 17. Jh.

6 FUERTEVENTURA Pájara. Portal der Dorfkirche, 1687. Die Tier- und Maskenmotive erinnern an aztekische Skulpturen.

157 FUERTEVENTURA Castillo de Fustes, 13 km südlich von Puerto del Rosario (Aufnahme von 1977). Heute ist der Turm in die Schwimmanlage des Feriendorfes ›El Castillo‹ einbezogen

158 FUERTEVENTURA Geröllwüste südlich des Barranco de la Torre aus alluvialen Ablagerungen

Die Inselhauptstadt Santa Cruz de la Palma

Santa Cruz de la Palma (16629 E./1981) stellt sich dem Reisenden als eine sympathische gastliche kleine Hafenstadt dar, die an der Ostseite der Insel auf dem Gebirgsausläufer der Caldera de Taburiente und am Fuße des parasitären Vulkankraters La Calderita liegt (Abb. 26). Alonso Fernández de Lugo gründete sie 1493 an der Stelle, wo einige Schluchten zusammenkommen, die den einzigen Zugang in das Landesinnere herstellen Durch den Bau des Hafens und den damit ansteigenden Handelsverkehr wurde Santa Cruz ein beliebtes Ziel von Seeräubern, doch lernte man schnell aus dem Mißerfolg gegen den berüchtigten Piraten François ›La Clerc‹, der die Stadt plünderte und in Brand steckte, und so konnte man sich 1585 erfolgreich gegen den berühmten englischen Seefahrer Francis Drake in einer Seeschlacht wehren.
 Der Ufersaum, auf dem sich die untere Stadt ausbreitet, bietet gerade genügend Raum für die beiden parallel verlaufenden Straßen, die Avenida Marítima und die von geschäftigem Leben erfüllte Calle Real. Von hier aus steigt dann die Stadt mit engen Seitenstraßen, Gäßchen und Treppen steil nach oben und bildet mit ihren alten Häusern, Kirchen und kleinen Plätzen romantische Winkel. An der *Avenida Marítima* befindet sich auf der Landseite der im spanischen Kolonialstil erbaute **Parador Nacional,** das stattlichste Hotel der Insel. In der Nähe stehen alte an Nordspanien erinnernde Häuser mit vielfach grüngestrichenen Holzbalkons und langgestreckten, in viele kleine Flächen unterteilten Schiebefenstern (Abb. 25). Das sehenswerte **Castillo de Santa Catalina** (16. Jh.) ist nationales Baudenkmal und steht am Nordostende der Avenida, deren Bäume und Blumenbeete vergeblich gegen das Salzwasser der bis auf die Straße klatschenden Brandung anzukämpfen versuchen. Deshalb vollzieht sich wohl auch der allabendliche Korso, diese unumgängliche Institution südlicher Breiten, auf der geschützten Innenstraße *Calle Real,* wo dann allerdings ein unerwarteter Betrieb herrscht.
 Die Calle Real mündet in die **Plaza de España,** den Mittelpunkt der Stadt und einen der architektonisch geglücktesten Plätze des Archipels. Hier steht das 1563 nach einer Brandschatzung neu erbaute **Rathaus,** ein Prachtbau der frühen spanischen Renaissance (Abb. 153). Im Innern führt ein holzgeschnitzter Treppenaufgang hinauf in die ›Sala Capitular‹. Auf den Wandgemälden des Aufgangs sind die Palmeros des vergangenen Jahrhunderts bei ihrer täglichen Arbeit festgehalten worden. Sie bauen Schiffe, auf denen sie dann nach Südamerika auswandern. Abschiedsszenen verraten, daß Frauen, Kinder und Greise zurückbleiben und nun allein ihre Felder bestellen müssen. Als Erwerbsquelle ist die Weinverarbeitung dargestellt, der Bananenanbau ist noch nicht bekannt. In der Sala Capitular, dem Sitz der Gemeindeversammlungen, finden wir eine schöne hölzerne Kassettendecke, die 1949/50 nach dem Original restauriert wurde. Vor dem Verlassen des Rathauses sollte man eine Zeitlang unter den schattigen Arkaden der Renaissance-Vorhalle verweilen, um durch eine Reihe schlan-

LA PALMA – DIE GRÜNE INSEL

ker Königspalmen hindurch zum gegenüberliegenden sonnenbeschienenen Platz zu schauen, zu vornehmen Bürgerhäusern und zu der erhöht liegenden Pfarrkirche **San Salvador** mit ihrem bedeutenden Renaissance-Portal (1503), zu dem man in breiten großzügigen Stufen hinaufsteigt (Abb. 154). Die Kassettendecke aus kanarischem Kiefernholz im Mudéjarstil gilt als die schönste des Archipels. In der Sakristei das einzige gotische Gewölbe der Insel. Beachtenswert sind auch ein Renaissance-Taufbecken aus Carraramarmor und die Bildtafel ›Verklärung Christi‹ an der Altarrückwand von dem Maler Esquevel. Neben der Pfarrkirche führen Stufen hinauf zum **Museo de Historia Natural y Etnográfico**. In dem Saal über der alten Bibliothek sind Stücke aus der Natur- und Heimatkunde ausgestellt, darunter Keramiken der Ureinwohner. In der Nähe der Plaza General Franco ist in einer Nachbildung des Kolumbus-Schiffes ›Santa María‹ das **Museo Naval** (Schiffahrtsmuseum) untergebracht.

Etwa 4 km westlich über Santa Cruz liegt der Ort **Las Nieves** mit dem Santuario de Nuestra Señora de las Nieves. Die Schutzpatronin der Insel, dargestellt als 82 cm große Terrakotta-Figur, steht auf einem Hochaltar aus schwerem mexikanischen Silber. Alle fünf Jahre (1990, 95 usw.) findet eine feierliche Prozession zu Ehren der ›Bajada de la Virgen‹ (Herabkunft der Jungfrau) statt. Dann wird die Heiligenfigur nach Santa Cruz hinabgetragen, wo die Palmeros ein prunkvolles Fest mit Trachten und Volkstänzen feiern.

Route I: Caldera de Taburiente – Cumbre Nueva

Ca. 80 km; Halbtages- oder Tagestour

Wie der Teide das Wahrzeichen der Insel Teneriffa, so ist es die Caldera de Taburiente für La Palma und damit die größte landschaftliche Sehenswürdigkeit der Insel, die 1954 zum Nationalpark erklärt wurde (s. S. 203). Die Caldera spielte schon in der Mythologie der Ureinwohner eine wesentliche Rolle. Am Roque Idafe, dem heiligen Felsen, einem Monolith aus Basalt im westlichen Calderakessel, wurden Opferkulte abgehalten. Auch zur Zeit der spanischen Eroberung war die fast unzugängliche Caldera der letzte Zufluchtsort für die Ureinwohner. Nur mit List konnten die Konquistadoren siegen, nachdem man den Anführer der Eingeborenen, Tanausú, unter dem Vorwand von Friedensgesprächen aus dem Kraterkessel herausgelockt hatte.

Ein Einblick in die Tiefe der Caldera ist am bequemsten von der Einsattelung La Cumbrecita möglich (Abb. 28).

Von Santa Cruz fährt man in engen Straßenkehren bergauf, über den alten, jetzt verlassenen Flughafen Buenavista de Abajo hinweg und erreicht bald die Fayal-Brezal-Vegetationszone innerhalb der Wolkenzone. Die Cumbre Nueva, die wir in einem Tunnel unterqueren, ist die deutliche Wetterscheide. Etwa 100 m hinter dem Tunnel links ein markanter Aufschluß (Abb. 150). Nach 26 km **El Paso**, früher bekannt durch seine Seidenraupenzucht und Seidenindustrie (heute durch die Chemiefaser stark verdrängt), Zigarrenherstellung, Mandelbaumblüte im Februar.

3,5 km vor El Paso zweigt rechts eine schmale asphaltierte Straße durch lichten Kiefernwald zur 8 km entfernten Cumbrecita (1833 m). *Großartiger Panoramablick** auf einen Teil der Caldera de Taburiente; Tiefblick jedoch häufig durch Passatwolken versperrt. Ringsherum der Kranz hoher Berggipfel in bläulich-violettem Licht. Von der Cumbrecita lohnt sich ein kleiner Abstecher nach Westen auf einer Erdstraße (befahrbar) zu dem auf einem Bergvorsprung liegenden ›Lomo de las Chozas‹ mit erneut schöner Aussicht in die Caldera.

Wanderung zum *Roque Idafe*. Zu diesem Ausflug benötigt man einen vollen Tag. Da der Barranco de las Angustias praktisch der einzige Zugang zur Caldera ist, wähle man als Ausgangsort Los Llanos de Aridane. Über den nördlich gelegenen Lomo del Caballo (Pferderücken, 580 m) geht es zunächst an der linken Barrancowand abwärts, dann auf der rechten steil aufwärts, vorbei an den Bergsiedlungen Los Camachos und Tenera bis zum Roque Idafe, wo man neben schattenspendenden Kiefern auch Tabakanbau findet. Der Rückweg kann durch den Barranco genommen werden, wobei z. T. größere Hindernisse wie abgerutschte Felsbrocken überwunden werden müssen (Abb. 29).

In Santa Cruz werden mehrtägige Expeditionen in die Caldera mit Maultieren organisiert (s. S. 320).

---

* *besondere Sehenswürdigkeit*

Auf der Rückfahrt von der Cumbrecita zweigt kurz vor der Straße nach El Paso links ein Schotterweg zur Einsiedelei ›Pino de la Virgen‹ ab. Die malerische kleine Kapelle besitzt über dem Eingangsportal einen typischen kanarischen Holzbalkon. In der Nähe steht das herrliche Exemplar einer hohen kanarischen Kiefer.

Auf der Straße El Paso – Santa Cruz zweigt nach 3 km rechts eine gut angelegte Aschenpiste zur Cumbre Nueva ab. Vorbei am Fuße des 1585 ausgebrochenen Vulkankegels Montaña Sable (1300 m) treffen wir nach 5 km ab Tunnelstraße in einer Linkskurve auf einen Weg, der südlich entlang des Llano de Banco zum Krater de las Manchas (Vulkan von San Juan) weiterführt, dessen Lavafluß auch von der Straße Fuencaliente – El Paso in Höhe der Ermita de San Nicolás gut zu überblicken ist (s. S. 231). *Herrlicher Panoramablick** vom Llano de Banco auf die Caldera de Taburiente (Abb. 149). Zurück zur Hauptpiste, der wir weitere 2 km bergauf folgen. Kurz vor dem Paß (1450 m), der die Cumbre Nueva von der Cumbre Vieja trennt, liegt inmitten eines baumbestandenen Rastplatzes die Casa Forestal. Hinter dem Bergsattel führt eine im Ausbau befindliche Straße nach Breña Alta und eine Waldpiste nach Mazo bergab.

Route II: Santa Cruz – Barlovento – Puntagorda – Los Llanos – El Paso – Santa Cruz (Nordroute)

Ca. 135 km, ohne Abstecher, Tagestour.

Diese äußerst reizvolle Route führt am durchschnittlich 23%, zum Meer abfallen-

LA PALMA – DIE GRÜNE INSEL

den nördlichen Caldera-Rand entlang. Im Laufe der Zeit haben starke Sturzfluten tiefe steilwandige Barrancos in den Gebirgshang der Cumbre de los Andenes erodiert, was die verkehrsmäßige Erschließung dieses Gebietes bis heute stark erschwert hat. Der kurvenreiche Streckenabschnitt zwischen Barlovento und Puntagorda ist nur auf einigen kurzen Abschnitten asphaltiert (Stand 1985) und muß auf teilweise holpriger, aber lohnender Piste zurückgelegt werden. Niederschlag und gleichbleibende Temperaturen haben eine üppige Vegetation hinterlassen: der Hang ist mit Kiefern- und Lorbeerwald bedeckt (bekannt als Suiza Palmera = Schweiz von La Palma) (Abb. 31, 32), in den niedrigeren Lagen finden sich Bananen- und Zuckerrohranpflanzungen.

Von Santa Cruz nach Norden an den steilen Hängen tiefer Barrancos entlang, schon bald Bananenkulturen.

Puntallana, 11 km, fruchtbare Hochfläche mit Bananenplantagen, die hier ausnahmsweise noch oberhalb der üblichen Höhe von 400 m anzutreffen sind. Links der Bergkegel Zamagallo (717 m). Am Ortsende des Weilers Galga beginnt der gewaltige Doppelbarranco ›de la Galga‹, dessen schmale Trennwand ein Tunnel durchschneidet. Ein Fußweg führt zum Bergwald ›Cubo de la Galga‹ und weiter zum Kamm der Caldera. Hinter Las Lomadas der tiefeingeschnittene Barranco del Agua, dessen oberer Teil *Los Tilos** ein dichter Lorbeerwald ist (Abzweigung einer Straße bei km 26). Tilo bedeutet eigentlich Linde, doch wird damit auf den Inseln eine kanarische Lorbeerart mit eichelähnlichen Früchten bezeichnet. Zu den Lorbeergewächsen gesellen sich Farnkräuter, tropische Rankengewächse und viele weitere Pflanzenfamilien, die diesem undurchdringlichen Grün mit vielen Quellen und Wasserfällen einen urwaldähnlichen Charakter verleihen (Möglichkeiten zu Wanderungen) (Abb. 31).

Los Sauces, Bananenanbau, Zuckerrohranbau zur Herstellung von Rum; in der Pfarrkirche sehenswerte Statue der Nuestra Señora de Monserrat (17. Jh.). In der Taufkapelle die ›Katalonische Tafel‹ aus dem 16. Jh. (vermutlich niederländische Schule). Unterhalb die beiden malerischen Örtchen San Andrés und Puerto Espindola. In der Nähe das natürliche Meeresschwimmbecken Charco Azul.

Barlovento, 510 m, Kartoffel- und Gemüseanbau, Rinderzucht. In der Pfarrkirche bedeutendes flämisches Schnitzwerk der **Nuestra Señora del Rosario**. 3 km hinter Barlovento endet die Asphaltstraße, es beginnt die Pista Forestal, eine schmale Erdstraße, die durch einsame Kiefernwälder führt (Abb. 32). Hier verkehrt auch täglich ein uralter Postbus, der, schwer beladen, Menschen und Gepäck zu den abgelegenen Weilern transportiert.

25 km hinter Barlovento, 1 km nach einer Trafostation und einer Bar rechts der Straße, zweigt links ein Fußweg (12 min.) zu den vorgeschichtlichen Inschriften (Spiralzeichen) von Fuente de la Zarza (= Dornbuschquelle) (s. S. 22).

Felsgravierungen von La Zarza, La Palma

Weitere Spiralzeichen findet man bei der Fuente Secreta, beim Weiler Llano del Negro. Hier zweigt eine kurvenreiche Straße zu dem aus fünfzehn Weilern bestehenden Ort **Garafía** ab (Endpunkt der Autobusverbindung nach Santa Cruz), ein romantisches abgelegenes Nest.

Auf der ab Llano Negro wieder asphaltierten Straße nach etwa 10 km der Ort **Puntagorda**. Beim Caserio El Roque zwei schöne Drachenbäume rechts oberhalb der Straße. Der nächste Ort ist Tijarafe, bestehend aus Weilern und Einzelhöfen; Erwerbsquelle sind Flechtarbeiten (Matten, Strohhüte) und Weinfässer. Das bisher liebliche Landschaftsbild wird eintöniger. Nach 8 km der berühmte Aussichtspunkt **El Time*** (594 m). Blick in den Barranco de las Angustias, zur Caldera de Taburiente (Abb. 27) und ins Tal von Aridane mit dem Ort Los Llanos, das dem bekannten Orotava-Tal auf Teneriffa ähnlich sieht; Restaurant. Dort, wo sich das Tal zum Atlantik senkt, liegt das größte Bananenanbaugebiet La Palmas, das sich auch bis tief hinein in den Barranco erstreckt. Große Wasserbehälter sorgen für die Bewässerung der Plantagen. In der Ferne sind die dunklen Lavaströme jüngerer Vulkanausbrüche auszumachen. Von El Time an der rechten Barrancowand abwärts und an der südlichen Seite steil aufwärts bis **Los Llanos de Aridane**. Wichtigster Ort der westl. Inselhälfte mit starker baulicher Entwicklung (volkstümliche Inseltraditionen). Im westlichen Stadtteil Argual zweigt eine Straße nach Tazacorte ab. In **Puerto de Tazacorte**, wo 1492 die spanischen Eroberer landeten, am Ausgang des Barranco de las Angustias, eine neue Hafenmole und dahinter ein schwarzer Lavastrand (Fischspezialitäten). Bootsfahrt zur Cueva Bonita, eine Höhle mit zwei meerseitigen Eingängen, die nur bei Niedrigwasser passierbar sind, schöne Farb- und Lichtreflexe (Fahrpreis vorher vereinbaren).

Von Los Llanos führt südwärts eine Straße, mehrmals dunkle junge Lavaströme querend, zum 10 km entfernten Ferienort **Puerto de Naos** mit seinem dunklen Lavasandstrand. 2 km vom Ort entfernt in einer geschützten Lavabucht der kleine Strand Charco Verde mit einer Mineralquelle.

Über *El Paso* (s. S. 227) zurück nach *Santa Cruz*.

Route III: Santa Cruz – Breña Baja – Mazo – Fuencaliente – El Paso – Santa Cruz (Südroute)

Ca. 90 km; Tagestour.

Von Santa Cruz aus kurvenreicher Anstieg, vorbei an den Mühlen von Bellido, die das unterirdische Wasser ausnutzen, das in Galerien aufgefangen wird (s. S. 125). Nach etwa 7 km links Abzweigung zur kleinen Renaissancekirche Glorieta de la Concepción und zum Mirador de la Concepción; herrlicher Ausblick auf Santa Cruz und seinen Hafen, in entgegengesetzter Richtung zur Cumbre.

Breña Alta, 8 km, in der Pfarrkirche San Pedro wertvolles Taufbecken aus glasierter Keramik aus der Zeit der Eroberung und Statue der Nuestra Señora del Socorro (16. Jh.). Auf dem Weg in den oberen Ortsteil San Isidro Drachenbaumzwillinge (Dragos-Gemelos). Vorbei

LA PALMA – DIE GRÜNE INSEL

Landhaus im kanarischen Stil (Breña Alta, La Palma)

an einem besonders schönen Landhaus typisch kanarischer Architektur hinunter nach **Breña Baja,** 14 km. Auf der Küstenstraße weiter in Richtung Mazo. Rechts zweigt ein Weg zu einer ehemaligen Mühle ab (1829), in der sich heute eine Töpferfamilie (Ramón y Vina) niedergelassen hat, die noch ganz nach Art der Ureinwohner von La Palma ohne Drehscheibe arbeitet. Das Privatmuseum *Soler Cabrera* in der alten Mühle sowie seltene Pflanzen im angeschlossenen Garten vervollständigen diese vorbildliche Anlage. **Mazo,** sehenswerte Pfarrkirche San Blás (1512) mit gediegener Innenausstattung: holzgeschnitzter Altar (ausgehende Renaissance), in den Seitenaltären Statuen der Madonna del Carmen und Madonna del Rosario (16. Jh.) (berühmte Fronleichnamsprozession mit künstlerisch von der Bevölkerung hergestellten Blütenbildern).

3 km südlich die berühmte prähistorische **Höhle von Belmaco*,** Residenz des Mencey von Tedote. Die Inschriften sind bis heute noch nicht gedeutet (Abb. 151) (s. S. 22, 228).

Bei Kst. 17 Überquerung eines Lavastromes, der 1949 vom Krater del Duraznera in 1900 m Höhe ausströmte. Eukalyptusbäume und Kiefern am Straßenrand. In den Barrancos der erste Weinanbau (Abb. 30), Vorbote der bedeutendsten Weinbauzone der Insel, das Gebiet um **Fuencaliente** (süßer Malvasia). Zu der

Ortschaft gehören auch die Weiler Las Caletas, Los Quemados und Las Indias. 1 km südlich der 1677 ausgebrochene **Vulkan San Antonio*** (657 m). Damals soll dadurch die ›Fuente Santa‹ eine warme Mineralquelle, die nach den Berichten der Chroniker Leprakranke heilen konnte, verschüttet worden sein. Nach dieser warmen Quelle (fuente caliente) wurde der Ort benannt. Vom Parkplatz führt ein Pfad zunächst auf den westlichen Kraterrand, weiter zum südlichen, wo ein einzelner Basaltfelsen aus dem Lavaschutt herausragt. Im Kraterboden Kiefernaufforstungen. Schöner Blick zum südlich gelegenen Vulkan Teneguía. (Da sich binnen kurzer Zeit in diesem Gebiet ein starker Wind entwickeln kann, kann eine zunächst recht harmlose Wanderung auf dem Kraterrand zu einem gefährlichen Abenteuer werden, zumal der Vulkankegel nach außen hin recht steil abfällt.)

Bevor man in die Orte Las Indias und Los Quemados gelangt, zweigt links eine Aschenpiste am Fuße des Vulkans San Antonio ab; überall kriechende Weinreben auf dem Aschenboden. Kaum sichtbar zweigt rechts eine Piste (für Autos nicht empfehlenswert) zum **Roque Teneguía** mit stark verwitterten und noch nicht entschlüsselten Felsgravierungen der Ureinwohner. Eine botanische Rarität ist die nur hier vorkommende Centaurea junoniana aus der Familie der Korbblütler.
Auf der oberen Aschenpiste weiter zum **Vulkan Teneguía*** (Abb. 33, 152). Links den Krater hinauf führt ein ungesicherter, teilweise noch gefährlich heißer Bergpfad bis zur Kraterspitze, mit großartigem Blick über die verschiedenen Krater und Lavaströme. Am 26. 10. 1971, nach mehreren Tagen mit seismischen Bewegungen am Hang des alten Vulkans San Antonio und neben dem Roque Teneguía, entstand unter brüllenden Geräuschen und Feuerausbrüchen ein neuer Vulkan: der Teneguía. In den folgenden Tagen bildeten sich bis zu 26 Öffnungen, die Asche und Lava ausspien (Abb. 64k, l). Diese vereinigten sich nach und nach und schufen einen gigantischen Kegel, der die bisherige Physiognomie einer Ebene umwandelte. Am 22. 11. 71 endete der Ausbruch des Teneguía, der damit in der Geschichte der Insel die kürzeste Lebensdauer aufzuweisen hat. Spalten im Kraterboden mit Temperaturen bis zu 400° C und vereinzelte Schwefeldämpfe sind gegenwärtig noch Zeugen dieser jugendlichen ›Mondlandschaft‹.

Hinter Fuencaliente biegt die Straße nach Norden, schöne Ausblicke auf den Vulkan San Antonio. 17 km weiter die karge Vulkanlandschaft von Las Manchas (s. S. 227) mit schwarzen Lavaströmen oberhalb des 1949 ausgebrochenen Vulkans, der große Teile des Dorfes verschüttete, allerdings auch etwa 1 qkm Neuland entstehen ließ, auf dem heute vorwiegend Bananen angebaut werden. Hinter der Ermita de San Nicolás zweigt rechts eine neue Straße nach *El Paso* ab. Von dort durch den Cumbre-Tunnel nach *Santa Cruz*.

Gran Canaria – Miniaturkontinent mit goldenen Stränden
(Abb. 43–51, 159–171)

Gran Canaria ist nach Teneriffa und Fuerteventura die drittgrößte Insel des Archipels und mit einer Gesamtbevölkerung von fast 700 000 Einwohnern die volkreichste. Als Urlaubsziel für deutsche Besucher stand Gran Canaria lange Zeit im Schatten der größeren Nachbarinsel Teneriffa, doch nach Zunahme der Bettenkapazität auf dieser mit ›goldenen Stränden‹ gesegneten Insel hat die Attraktivität, was die Besucherzahl verrät, sehr stark zugenommen (s. S. 127 f.). Kaum eine andere Großstadt der Welt, ausgenommen Rio de Janeiro und Miami Beach, besitzt einen so großen Sandstrand wie Las Palmas; und auch die sonnendurchglühten Dünenstrände im afrikanisch geprägten Süden der Insel (Abb. 45) können sich längst mit der nördlichen Touristenmetropole messen. Leider wird allzu oft gerade durch diese Zentren des Massentourismus die wahre Schönheit der Insel übersehen oder abgewertet. Doch gerade Gran Canaria kann Landschaftsbilder voller Kontraste bieten, wie sie kaum eindrucksvoller sein können. Dazu gehören wilde Gebirgspanoramen, bizarre Felsen zwischen tief eingeschnittenen Barrancos (Abb. 43) – eine grandiose Landschaft, die an den amerikanischen Grand Canyon erinnert –, dicht bewaldete Hochebenen, üppige Bananenplantagen im Norden, eine zerklüftete Steilküste im Westen (Abb. 44), ein wüsten- und steppenhafter Südosten und Süden und schließlich wieder ein vegetationsreiches fast mitteleuropäisch anmutendes Bergland im Nordosten (Abb. 166).

Hinzu kommen auf dieser Insel besonders auffällige Spuren der Ureinwohner, was Kultplätze und Wohnstätten anbelangt (Abb. 169, 171), etwa das riesige Höhlenkloster Cenobio de Valerón (Abb. 170) oder die Nekropole von La Guancha (Fig. S. 25), nicht zuletzt aber die kunsthistorischen Baudenkmäler, Gemälde und Plastiken der spanischen Epoche, die vor allem in der Hauptstadt Las Palmas konzentriert sind (Abb. 159–163, 167, 168).

Aus der Mitte der einer riesigen Rundpyramide gleichenden Insel ragt der Pozo de las Nieves (Schneebrunnen) als höchster Berg hervor, doch wird seine Höhe (1949 m) auch von anderen Bergspitzen seiner Umgebung fast erreicht. Einige dieser Erhebungen treten in ihrer Gipfelregion als Monolithe besonders markant in der Landschaft hervor (Roque Nublo, Roque Bentaiga). Von diesem Zentrum der Insel, auch ›Cumbre‹ genannt, zweigen viele Barrancos strahlenförmig nach allen Seiten zur Küste hin

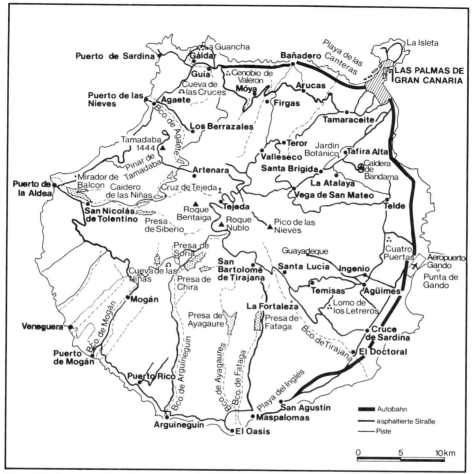

Übersichtskarte von Gran Canaria

ab. Die längsten und am tiefsten ausgeschnittenen dieser Täler, teilweise mit fast senkrechten Seitenwänden, gehören der West- und Südhälfte der Insel an. Die bedeutendsten unter ihnen sind der gewaltige, von üppiger suptropischer und tropischer Vegetation erfüllte Barranco de Agaete im Nordwesten (Abb. 51), weiterhin die Barrancos de Tejeda, de Mogán, de Arguineguín, de Fataga und de Tirajana. Der letztgenannte Barranco der Südküste hat seinen Ursprung südlich des Pozo de las Nieves in der Caldera de Tirajana, die an Umfang nur noch von den Calderen auf

GRAN CANARIA

Teneriffa und La Palma übertroffen wird. Zwischen den Talungen wiederum dehnen sich vielfach hochgelegene Mesetas aus. Die nördlichen und östlichen Barrancos sind zwar vom selben Typus, jedoch im allgemeinen weniger steil und tief, wenn wir vom Barranco de Moya einmal absehen. Man trifft hier ebenfalls auf ausgedehnte Ebenen und zwischen den Barrancos auf breitflächige Rücken (lomos) (Abb. 166). Im Westen und Südwesten treten die Gebirge meist mit steilem Abfall bis unmittelbar an das Meer heran, im Falle des Risco Faneque bis über 1000 m. Im Norden und Osten legt sich vor den Gebirgsanstieg eine Terrassenlandschaft mit aufgesetzten parasitären Vulkanen, der teilweise schmale Strandplattformen angeschlossen sind. Im Osten ziehen sich zwischen dem Barranco de Telde und dem äußersten Süden bei Maspalomas zwei bis drei Kilometer breite Küstenebenen entlang.

Gran Canaria, das nach *Hausen* in seinem gegenwärtigen Zustand einer riesigen Vulkanruine gleichkommt, besitzt einen im Vergleich zu Teneriffa vielgestaltigeren geologischen Aufbau. Bisher hatte man die Insel durch eine nordwestlich-südöstlich durch die Inselmitte verlaufene Trennungslinie in zwei geologisch unterschiedliche Hälften geteilt: in die sogenannte Alte Insel (Tamarán) im Südwesten und in die Neue Insel (Neo-Canaria) im Nordosten.

Der ältere Teil wird fast ausschließlich aus den Gesteinen der miozänen vulkanischen Serien aufgebaut, aus grünen Rhyolithen, roten Trachyten und Phonolithen. Außerdem gehören ihm noch braune Brekzien in den höchsten Teilen des Zentrums an, die sogenannte Roque Nublo-Formation. Neo-Canaria, in dessen Unterbau jene älteren Gesteine noch vorhanden sind, besitzt in der Hauptsache postmiozäne basaltische Gesteine.

Neuere Feldarbeiten von *Schmincke* u. a. haben zu einer Revision der frühen geologischen Geschichte Gran Canarias geführt: »Danach muß Gran Canaria in der Grundstruktur doch weitgehend als Einheit aufgefaßt werden, die auch nicht durch eine Diagonal-Verwerfung zerschnitten ist. Anstelle der großen Dislokation bestehen eine Reihe von Erosions-Diskordanzen ... in einem Vulkanbau, dessen ursprüngliche Abdachungsverhältnisse sich in der heutigen Höhengliederung noch widerspiegeln. Nach *Schmincke* (1966–1968) wurde Gran Canaria im mittleren Miozän als zusammengesetzter basaltisch-ignimbritischer Schildvulkan hawaiischen Typs über dem Meeresspiegel aufgebaut ... Das Haupteruptionszentrum lag wahrscheinlich im Westteil der jetzigen Insel, während der Nord- und Ost-Teil des heutigen Gran Canaria vermutlich schon im mittleren Miozän primär viel niedriger war als der West- und Südwest-Teil ... Im Innern Gran Canarias trennt eine rund 25–30 km lange, halbkreisförmige Verwerfung die Ignimbrite von den Basalten. Die Verwerfungszone stellt den erhaltenen Rand einer Einbruchscaldera von etwa 20 km Durchmesser dar. (*Schmincke* und *Swanson* 1966). Innerhalb der Caldera wurde ein über 3000 m hoher, trachytisch-phonolithischer Zentralvulkan aufgebaut, von dem nur noch der Unterbau erhalten ist ... Zu Beginn der zweiten vulkanischen Phase werden, vermutlich im Mittelpliozän (*Schmincke* 1968), östlich des Caldera-Zentrums chaotische,

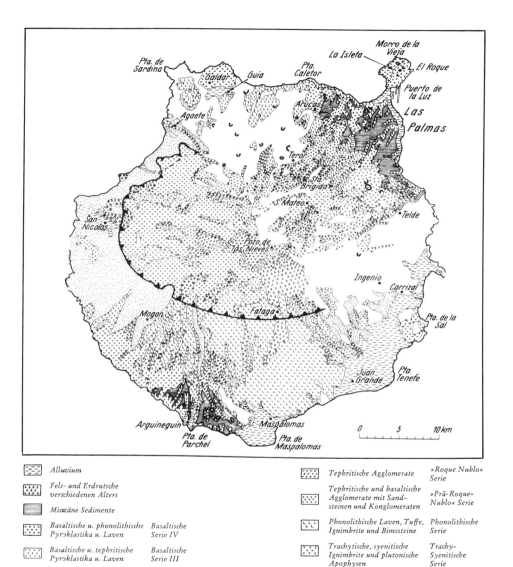

Geologische Karte von Gran Canaria (verändert nach Inst. Geol. y Minero de España, 1968; Quelle: Mitchell-Thomé 1976, ›miozäne Caldera‹ nach Schmincke 1976)[49]

GRAN CANARIA

grobe Glutwolken eruptiert..., die älteren Täler verschütten... und als vulkanische Brekzien in beiden Inselhälften weit verbreitet sind. Nach einem bizarren Restberg im Inselinnern wird dieses zur Wandbildung neigende Gestein als Roque-Nublo-Agglomerat bezeichnet. Der Vulkanismus ist danach fast ausschließlich auf die Nordost-Hälfte Gran Canarias beschränkt.«[44]

Als vulkanische Nachklänge finden sich noch einige Mineral- und Heilquellen. Es sind dies die säure- und eisenhaltigen Quellen von Azuaga und Agaete (Los Berrazales), die chlor-, soda- und magnesiumhaltige Quelle Santa Catalina in Las Palmas, die Schwefelquelle San Roque in Valsequillo, dann die eisen- und säurehaltigen Mineralwasser in Firgas und Teror, die hochradioaktiven Wasser von La Pollina in Arucas und zuletzt die schwefelhaltigen Wasser in Jinámar, Barranco von Roxana und in Tirajana.

Gran Canaria verdient ebenso wie Teneriffa den Beinamen ›Insel des ewigen Frühlings‹, d. h. es gibt keine extremen Temperaturunterschiede zu den verschiedenen Jahreszeiten. Auch auf dieser Insel bewirkt der Nordost-Passat eine deutliche klimatische Trennung in Luv- und Leeseite (s. S. 44). Auf der Luvseite sind die bekannten einzelnen Höhenzonen ausgebildet: die trockenwarme Tiefenstufe, die nebelreiche und gemäßigte Mittelstufe sowie die niederschlagsärmere und stärkerem Temperaturwechsel ausgesetzte Höhenstufe. Die häufigeren, jedoch nur kurz anhaltenden Winterregen zwischen November und April bringen die höchsten Niederschläge (600–800 mm) in der Mittelzone; etwa ab 1600 m fällt gelegentlich Schnee. Las Palmas hat im Jahresdurchschnitt nur 39 Regentage (Santa Cruz de Tenerife: 51); die Niederschlagsmenge beträgt 137,8 mm (Santa Cruz de Tenerife: 243,8 mm). Der Süden der Insel (Maspalomas) ist noch trockener, weniger bewölkt, und die Sonne scheint intensiver.

Gran Canaria wurde 1470 im Auftrage der Katholischen Könige durch Juan Rejón erobert, der 1478 die Villa Real de las Palmas gründete (s. S. 27). Die weitere Geschichte der Insel verlief ähnlich wie bei Teneriffa und wird in der Geschichte ihrer Hauptstadt am deutlichsten sichtbar (s. S. 237 f.).

Nach mehrfachem Wechsel der Monokulturen Zuckerrohr, Wein, Cochenille-Zucht (s. S. 114 ff.) ist es aufgrund der hochentwickelten Bewässerungswirtschaft seit dem Ende des 19. Jahrhunderts gelungen, die wirtschaftliche Basis der Insel auf die exportorientierte Produktion von Bananen (seit einigen Jahren in einer Absatzkrise) in der nördlichen Tiefenstufe sowie von Tomaten und Frühkartoffeln in der östlichen Küstenebene festzulegen. Die Landwirtschaft der nördlichen Mittelzone, überwiegend Anbau von Mais, Weizen, Kartoffeln, Futterpflanzen sowie Rinderzucht, reicht für den lokalen Bedarf. Die Cumbre, das zentrale Bergland, dient als Schaf- und Ziegenweide. Hinzu kommen u. a. in den subtropischen Tälern der Küstenzone exotische Gewächse wie der Kaffeestrauch oder die Tabakpflanze. Die übrigen wichtigen Zweige der Wirtschaft wurden schon im allgemeinen Teil behandelt (s. S. 118 f.).

Der Kanarier auf Gran Canaria (ebenso wie auf Teneriffa) ist im Vergleich zur Bevölkerung der übrigen Inseln aufgeschlossener, fortschrittlicher und weltmännischer, was er seiner Großstadt Las Palmas mit ihrem Welthafen verdankt, denn hier ist der Treffpunkt aller Nationalitäten, der Kaufleute, Seefahrer, Künstler und Touristen. Und so strahlt Las Palmas de Gran Canaria Selbstbewußtsein und Stolz, Liebenswürdigkeit und Gastfreundschaft, hektische Betriebsamkeit und Geschäftssinn aus.

Las Palmas, Welthafen, Kultur- und Touristenzentrum

Die Hauptstadt der Insel Gran Canaria und der gleichnamigen Provinz ist Las Palmas mit 366 454 Einwohnern (1981). Hier befindet sich der wirtschaftliche und kulturelle Mittelpunkt der Insel. Es ist eine Großstadt mit einer großzügigen Stadtanlage, gelbsandigen Stränden, Parkanlagen und stets frühlingshaftem Klima, eine der dichtbesiedeltsten Städte der Welt. Hinzu kommt das bunte Leben in den Straßen, auf den Märkten, Plätzen und Strandpromenaden (Abb. 164), vor allem aber im Hafengebiet. Es ist das Treiben einer internationalen Gesellschaft, seien es die Inder, die in ihren Basaren Waren aus aller Welt anbieten, oder die marokkanischen Händler mit ihren Lederwaren und Kupfersachen, die senegalesischen Straßenhändler, die ihre afrikanischen Holzskulpturen mehr oder weniger aufdringlich anpreisen, oder die chinesischen Köche in den Restaurants mit ihren Peking-Enten und anderen fernöstlichen Spezialitäten. Da laufen heute Matrosen der Fischereiflotten aus Italien, Rumänien, Kuba und Japan auf der Suche nach leichtem Vergnügen durch die lichterfüllten Straßen, während es morgen ihre Kollegen aus Korea, Taiwan oder der Sowjetunion sein können, die alle Las Palmas als Hafenstützpunkt auswählen, um in den atlantischen Gewässern die Jagd vor allem nach dem Thunfisch aufzunehmen. Hauptsächlich in den Abendstunden finden sich auch die Touristen aus aller Herren Länder auf dem Paseo de las Canteras oder auf der Plaza Santa Catalina ein, eine aufregende, verführerische und fremdartige Welt, wie sie in einem Völkerkundemuseum nicht interessanter sein kann.

Die Stadt wurde von dem Spanier Juan Rejón gegründet, der von hier aus die Insel unterwarf. Stolz ist Las Palmas noch immer über die Besuche Christoph Kolumbus', der dem damaligen Gouverneur vor den Reisen nach ›Indien‹ seinen Besuch abstattete. Im 16. Jahrhundert konnte sich die Stadt erfolgreich gegen die Angriffe englischer, holländischer, französischer und portugiesischer Seeräuber wehren. Durch die günstige Lage an den großen Schiffahrtswegen zwischen Europa, Afrika und Südamerika gewann der Hafen ähnlich wie der von Santa Cruz de Tenerife immer stärkere Bedeutung in den darauffolgenden Jahrhunderten und wurde bald zu einem der größten und modernsten atlantischen Durchgangshäfen. Zu dieser Expansion trug nicht zuletzt die Erklärung des gesamten Archipels zum Freihafengebiet wesentlich mit bei; ebenfalls darf die wichtige Rolle des Früchte- und Gemüseexports nicht unerwähnt bleiben.

GRAN CANARIA

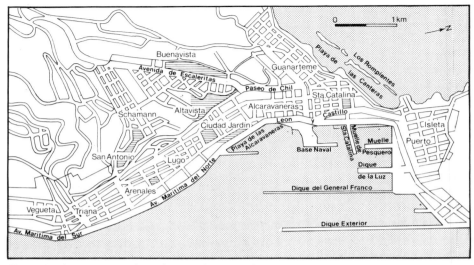

Übersichtsplan von Las Palmas de Gran Canaria

1820 wurde Las Palmas zur Inselhauptstadt ernannt, 1927 zur Hauptstadt der gleichnamigen Provinz (vgl. S. 30). Anfang der 50er Jahre dieses Jahrhunderts begann der Ausbau für den Tourismus: Strände und Straßen wurden angelegt, Hotels schossen wie Pilze aus der Erde. Heute zählt Las Palmas zu den beliebtesten Urlaubszentren Europas mit ganzjähriger Saison.

Die Stadt erstreckt sich von der nördlichen Isleta – einst eine Insel, die auf natürliche Art durch eine Nehrung mit rezenten Dünen, dem Istmo de Guarnateme, mit dem Festland verbunden wurde – inzwischen etwa 13 km in südlicher Richtung, wo in den letzten Jahren zahlreiche neue Wohnhochhäuser das stetige Anwachsen der Einwohnerzahl dokumentieren. Östlich des Isthmus und am Fuße der Isleta, dem alten Wohnviertel am Südhang, liegt der Hafen Puerto de la Luz. Auch westlich des Isthmus dehnte sich die Stadt immer stärker aus, hier vor allem durch Hotelviertel am 4 km langen Sandstrand von Las Canteras (Abb. 164). Ihm vorgelagert sind in etwa 200 m Entfernung die Felsenriffe Los Rompientes (aus einem harten oolithischen Kalksandstein, der früher als Filterstein abgebaut wurde), die als natürliche Wellenbrecher meistens noch ein ungefährliches Baden erlauben.

Früher bildeten das nördliche Hafengebiet Puerto de la Luz und die südliche Altstadt La Vegueta mit den wichtigsten historischen Bauten keinen geschlossenen Siedlungsraum. Erst nach und nach entstanden dazwischen neue Stadtviertel (barrios), die sich einerseits architektonisch deutlich unterscheiden, andererseits auch eigene Versorgungszentren erhielten. Es sind von Norden nach Süden die Stadtviertel Santa Catalina mit seinem berühmten Park und dem Strand von Las Canteras, das Viertel Alcaravaneras mit gleichnamigem Sandstrand (durch die Hafennähe nicht empfehlenswert), die Ciudad Jardín, die Gartenstadt mit schönen Villen, dem Parque Doramas mit tropischen und subtropischen Pflanzen, dem Luxushotel ›Santa Catalina‹ und dem Pueblo Canario (Abb. 165). Spätestens hier teilt sich die Stadt: nur wenige Straßen führen hinauf in die erst in den letzten Jahren großzügig angelegte Oberstadt mit den Stadtteilen Escaleritas, Schamann und Altavista sowie dem Messeplatz Feria del Atlántico. In der Unterstadt schließen sich an die Gartenstadt die Viertel Lugo, Arenales und Triana an. Nach Passieren einer der beiden über den Barranco de Guiniguada führenden Brücken gelangt man in die vornehme Altstadt von Las Palmas, nach Vegueta (Abb. 49). Im Hintergrund von Vegueta und Triana kleben an den Berghängen die ›Riscos‹, die Viertel der kleinen Leute mit einfachen Häusern, aber mit farbenfreudigen Fassaden. Hier ist die Volksseele zu Hause, eine Quelle für Mythos und Witz der Insulaner. Es gibt fünf dieser volkstümlichen Viertel: San Juan, San Francisco (Abb. 50), San Nicolás, San Bernardo und San Lázaro.

Stadtbesichtigung

Puerto de la Luz

Der Hafen von Las Palmas, der bedeutendste Spaniens und drittgrößte Europas, wurde 1882 von dem Ingenieur León y Castillo gebaut. Mit einer Gesamtlänge von 2,8 km erstreckt er sich mit seinen fünf Molen von der Isleta bis zum Strand von Alcaravaneras. In seiner Funktion als Transit-Umschlaghafen des Personen-, Güter- und Warenverkehrs zwischen Europa, Afrika und Amerika laufen ihn durchschnittlich 3600 Schiffe monatlich an. Das Hafengebiet umfaßt Lagerhallen mit einer Ausdehnung von über 300 ha und 270 000 qm Stapelraum. Es besteht aus mehreren Sektoren unterschiedlichen Charakters. So legen an der langen Mole Dique del Generalísimo große Passagierschiffe, aber auch Tankschiffe an. Im rechten Winkel dazu die Muelle Primo de Rivera. Die Muelle de la Luz ist für den Güter- und Warenumschlag bestimmt, die folgende Muelle Pesquero und Muelle de Santa Catalina für die Fischereiflotten. Die Nähe Las Palmas' zu den Fischfanggründen zwischen den Kanarischen Inseln und der Sahara ist der Grund dafür, daß einige der bedeutendsten Fischereiflotten der Welt Puerto de la Luz als Liege- und Proviantversorgungshafen ausgewählt haben, darunter beispielsweise die japanische Thunfischflotte, die im Dreimonatsrhythmus vor der westafrikanischen Küste fischt und ihren Fang an Ort und Stelle verarbeitet. An der Basis der Muelle Pesquero steht das alte **Castillo de la Luz,** das bei der Abwehr der verschiedenen Piratenüberfälle des 16. Jahrhunderts (John Hawkins, Francis Drake, Pieter von der Does) seine Aufgabe erfolgreich erfüllte. Die heutige Verteidigung liegt in den Händen der spanischen Kriegsmarine, die an der Base Naval ihren Ankerplatz hat.

GRAN CANARIA

Das Viertel um den Hafen ist das am dichtesten bevölkerte und bildet im Nebeneinander breiter Straßen und enger labyrinthischer Gassen eine eigene städtebauliche Einheit **La Isleta** ist der längere oder kürzere Wohnsitz von Menschen aus allen möglichen Ländern, die dem Meer aufgrund ihres Berufes mehr oder weniger verbunden sind. Die bedeutendsten Geschäftsstraßen, in denen sich auch die Büros der Schiffahrtslinien und Handelshäuser, Konsulate sowie unzählige Bars und Bodegas finden, sind La Naval de Lazareto, Ferrera, vor allem Juan Rejón mit ihren berühmten indischen Basaren oder die Calle Albareda mit dem buntschillernden Mercado. Überall herrscht in den Straßen mit den einfachen schmucklosen Häusern oder an den Hafenmolen das hektische Treiben eines Welthafens.

Santa Catalina

Dieser Stadtteil mit zahlreichen Hotels, Gaststätten und Vergnügungseinrichtungen ist der Treffpunkt der Touristen aus aller Welt. Vor allem der Parque de Santa Catalina mit seinen Gartenbars, Andenkenläden, überquellenden Zeitschriftenpavillons und ›Künstlerecken‹ lädt zum Verweilen und Beobachten ein. Die im kanarischen Stil erbaute Casa de Turismo versorgt den Interessenten mit Prospekten und liefert Auskünfte. Das hohe Rundgebäude des Hotels Los Bardinos mit beheiztem Schwimmbad auf der Dachterrasse ist zum architektonischen Wahrzeichen der Nordstadt geworden (Abb. 164).

Ciudad Jardín

In diesem schön angelegten Wohngebiet finden wir einige der erholsamsten Winkel des modernen Las Palmas. Der Parque Doramas, benannt nach einem der letzten Guanchenfürsten, ist großzügig angelegt. Inmitten der herrlichen Pflanzenwelt steht das von viel Prominenz besuchte Luxushotel Santa Catalina im alten kanarischen Stil mit holzgeschnitzten Balkonen. In der Nähe wurde nach den Entwürfen des bekannten kanarischen Malers Néstor de la Torre der **Pueblo Canario** (Kanarisches Dorf) erbaut. Neben Ausstellungen und dem Verkauf kanarischen Kunsthandwerks finden hier Folkloreveranstaltungen in prächtigen bunten Trachten statt (Abb. 165). In dem gegenüberliegenden Gebäude ist das Museo Néstor untergebracht, das ausschließlich dem Maler und Dekorateur *Néstor de la Torre* (1887–1938) gewidmet ist. Die bedeutendsten Werke dieses zweifellos interessantesten kanarischen Künstlers sind das ›Meergedicht‹ im Rundsaal des Erdgeschosses und das unvollendete ›Erdgericht‹ in einem der Säle des 1. Stockwerkes. Sein Können als Dekorateur zeigen Entwürfe zu Theaterszenen u. a. Ein kleiner zoologischer Garten und ein Schwimmbad vervollständigen die Erholungseinrichtungen des größten Parks von Las Palmas. Westlich des Dorama-Parks bilden die Jardines Rubio eine Verlängerung. Jenseits des Paseo de Chil führen Treppen zum Aussichtspunkt Altavista mit herrlichem Blick auf Stadt, Hafen und Meer.

9 GRAN CANARIA Las Palmas-Vegueta. Kathedrale Santa Ana mit gotischen Rippengewölben (vgl. Abb. 49)

160–163 GRAN CANARIA Las Palmas. Casa de Colón (Kolumbus-Haus), ehemaliger Palast des Statthalters von Gran Canaria. Fassade mit Stuckportal und typischen kanarischen Holzbalkonen; Innenhof, Teil des Museums der kolumbianischen Geschichte und Kunst; Kruzifix des berühmten kanarischen Bildhauers Luján Pérez (1756 bis 1815)

161

163

164 GRAN CANARIA   Las Palmas. Fischerboote am breiten Sandstrand von Las Canteras

166 GRAN CANARIA   Arucas, Zentrum des Bananenanbaugebiets. Blick von der Montaña de Aruca nach Süden ▷

165 GRAN CANARIA   Las Palmas. Musik, Volkslieder und Volkstänze im Pueblo Canario

167, 168 GRAN CANARIA Telde. Kirche San Juan Bautista mit dem wertvollsten Kunstwerk der Insel. Der vergoldete gotisch-flämische Altaraufsatz vom Ende des 15. Jh. stellt in 74 Figuren das Marienleben dar. Ausschnitt mit der Geburt Christi

69 GRAN CANARIA Montaña de las Cuatro Puertas, 5 km südlich von Telde. Vier Höhleneingänge führen zu einem überdachten Tagoror, einem Versammlungsplatz der Ureinwohner

170 GRAN CANARIA Cenobio de Valerón östlich von Guía, Kst. 20,5. Klosterzellen der Harimaguadas (geweihte Jungfrauen), zugleich Kornspeicher. Die 297 Höhlen in sieben und mehr Stockwerken waren durch Galerien und Treppen miteinander verbunden.

71 GRAN CANARIA Gáldar. Cueva pintada, Königshöhle mit abstrakt-geometrischer Wandmalerei

3-175　LANZAROTE　›Architektur ohne Architekt‹. Weinbaugebiet im Tal von Geria (vgl. Abb. 61)

176　LANZAROTE　Los Hervideros. Küstenlandschaft zwischen El Golfo und Janubio. Basaltsäulen, Brandungshöhlen, Block-Lava und Vulkanberge ▷

177　LANZAROTE　Kraterwand von El Golfo, ein palagonisierter Tuffring (vgl. Abb. 62)

175

179

177–181 LANZAROTE Montañas del Fuego (Parque Nacional de Timanfaya) (vgl. Abb. 56)

177 Kamel-Karawane für den Aufstieg zum Timanfaya
178 Demonstration der Erdwärme
179 Stricklava
180 Straße durch den Barranco de Fuego
181 Manto de la Virgen, kleiner Kegel aus Schweißschlacken

178

181

182 LANZAROTE Arrecife. Castillo San José, internationales Museum der zeitgenössischen Kunst

183 LANZAROTE Teguise. Fassade des Palacio de Espinola

184 LANZAROTE Fruchtbarkeitsdenkmal von Mozaga, Entwurf von César Manrique

185, 186 LANZAROTE ›Mit der Lava leben!‹ Das Haus des Architekten und Künstlers César Manrique; im Kellergeschoß mehrere wohnlich eingerichtete Vulkanhöhlen

187, 188 LANZAROTE Salinen von Janubio und von Playa de los Pocillos (vgl. Abb. 58), letztere 1980 für eine neue Urbanisation aufgegeben

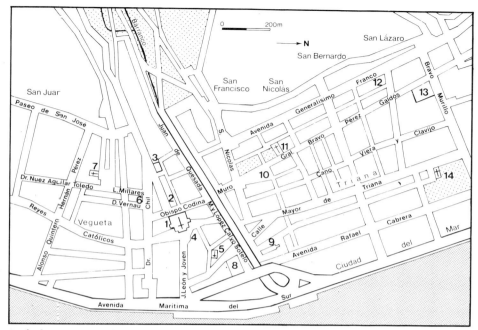

Stadtplan von Las Palmas – Vegueta und Triana

Sehenswürdigkeiten von Las Palmas

1 Kathedrale Santa Ana. Aus der Ferne betrachtet, sieht der wuchtige Bau aus Basaltgestein, der sich über die weißgetünchten Häuser der Altstadt erhebt, recht wirkungsvoll aus (Abb. 49). Die fünfschiffige Kirche wurde 1497 im gotischen Stil begonnen, 1570 eingeweiht, später barock umgestaltet und erst zu Beginn des 19. Jahrhunderts vollendet. Nur dadurch können auch die Stilbrüche erklärt werden, dieses sonderbare Gemisch aus gotischen, neoklassizistischen, barocken, platereskeschen und anderen Elementen. Die klassizistische Fassade und zahlreiche Figuren stammen von dem kanarischen Bildhauer und Baumeister *Luján Pérez* (1756-1815). Beachtenswert sind im Innern das gotische Rippengewölbe (Abb. 159), der barocke Hochaltar, die geschnitzten Kanzeln und die silbernen Kronleuchter im Hauptschiff, eine genuesische Arbeit. Der Museo Dioceano del Arte Sacro birgt ein Emaillebild von Benvenuto Cellini, das Porträt des Bischofs Codina, das einige sogar Goya zuschreiben, sowie Kultgegenstände aus Gold und Silber. Ein Lift führt zu einem der beiden Kirchtürme hinauf.

2 Plaza de Santa Ana mit repräsentativen Bürgerhäusern und dem Bischofspalast an der Nordseite. Die Bronzestatuen erinnern an die mythischen Hunde, die angeblich dem Archipel seinen Namen gegeben haben.

3 Ayuntamiento (Rathaus).

4 Casa de Colón (Kolumbus-Haus) (Abb. 160–163), ehemalige Residenz der Gouverneure und Aufenthaltsort von Christoph Kolumbus auf seinen Reisen in die Neue Welt. Das Haus ist eines der ältesten der Stadt und stellt das schönste Beispiel für den altkanarischen Stil dar. Bemerkenswert sind die (allerdings jüngeren) Deckentäfelungen, die in jedem Zimmer ein anderes Motiv zur Grundlage haben (stilisierte Blumen, Maiskolben, Kiefernzapfen usw.). Holzgeschnitzte Balkons sowie Stuckportale beleben zusammen mit üppigem Pflanzenbestand die beiden Patios (Innenhöfe), hinzu kommt in dem kleineren ein gotischer Brunnen. Die Räume zeigen Sammlungen und Dokumente aus der kolumbianischen Zeit, außerdem Möbelstücke, Gemälde und Skulpturen aus verschiedenen Jahrhunderten. In demselben Gebäudekomplex ist auch das **Museum der Schönen Künste** untergebracht (Zugang von der Plazoleta de Pilar Nuevo). Es beherbergt Werke zeitgenössischer kanarischer Maler und Bildhauer neben anderen spanischen Künstlern. In der Nähe der Casa de Colón mehrere schöne Herrenhäuser aus dem 16. bis 18. Jahrhundert mit schmiedeeisernen Balkonen.

5 Kapelle ›Ermita de San Antonio Abad‹ aus dem 15. Jh., später verfallen und im 18. Jh. restauriert. Hier betete Kolumbus vor seinen Reisen nach Amerika.

6 Museo Canario mit archäologischer, ethnographischer, anthropologischer und geologischer Sammlung, außerdem Archiv und Bibliothek mit mehr als 40 000 Bänden.

Besonders erwähnenswert sind die Sammlungen der kanarischen Archäologie und Ethnographie (Säle im Obergeschoß): zahlreiche Gefäße, Votivkrüge, Idole aus Ton, Kleiderstoffe aus Pflanzen, Lederwaren, Halsbänder, Schmuckstücke aus Knochen, Kopfschmuck aus Muscheln und Ton, steinerne Mühlen, eine Sammlung der sogenannten ›Pintaderas‹ (s. S. 18), verkleinerte Nachbildungen von Wohnungen und Grabstätten. Die anthropologische Abteilung zeigt eine umfangreiche Sammlung von Schädeln und mumifizierten Körpern der Ureinwohner. Die geologische Abteilung besitzt u. a. eine vollständige Kollektion aller Gesteine des Archipels. Im Saal der physikalischen Geographie sind Karten und Pläne aller Inseln, Porträts von Eingeborenen und Zeichnungen aller Art aus dem Jahre 1590, u. a. Reproduktionen aus der Bilderhandschrift von Leonardo Torriani, ausgestellt (s. S. 305).

7 Iglesia Santo Domingo mit schönem Barockretabel.

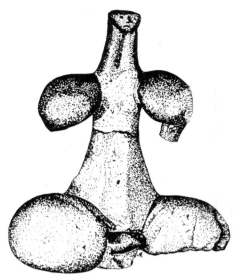

Weibliches Tonidol von Tara/Telde (Museo Canario, Las Palmas de Gran Canaria)

8 Mercado de las Palmas, die älteste der vier Markthallen der Stadt, in der Nähe der Blumenmarkt.

9 Teatro Pérez Galdós, benannt nach dem weit über Spanien hinaus bekannt gewordenen Schriftsteller, der in Las Palmas geboren wurde (1843–1920). Galdós war Dramatiker und Romancier (zahlreiche historische und z. T. stark sozialkritische Romane; der Roman ›Gloria‹ erlangte Weltruhm). In dem Theater sollte man sich die Wandgemälde von Néstor de la Torre (vgl. S. 240) und die geschnitzten Balustraden des Foyers ansehen, das dem französischen Komponisten Camille Saint-Saëns gewidmet wurde, der im vorigen Jahrhundert auf Gran Canaria weilte.

10 Plaza Cairasco mit dem **Gabinete Literario** (Kunstausstellungen und Vorträge)
11 Plaza de Colón mit Franziskaner-Kirche
12 Correos y Telégrafos (Hauptpostamt)
13 Cabildo Insular (Inselverwaltung)
14 Parque de San Telmo mit malerischer Kapelle San Telmo (Schutzpatron der Fischer). Beachtenswert sind die Mudéjartäfelung der

Decke und einige Figuren, darunter eine ›Unbefleckte‹ von Alonso Cano, daneben der plateresk-barocke Hochaltar und zahlreiche Votivtafeln, die von den in Seenot geratenen und daraus erretteten Seeleuten stammen.

Hier beginnt auch die berühmte Geschäftsstraße ›Calle Mayor de Triana‹ (Fußgängerzone), in der die Produkte der europäischen, nordamerikanischen und asiatischen Industrie angeboten werden; daneben befinden sich Banken, Konsulate und Cafés. In der parallel verlaufenden Straße ›Calle Cano‹ liegt die Stadtbibliothek *Pérez Galdós* und die ständige *Ausstellung kanarischen und spanischen Kunsthandwerks* (Exposición permanente de Artesanía Española); nur wenige Schritte entfernt das *Geburtshaus* des Schriftstellers *Pérez Galdós* (Nr. 6), heute ein Museum, in dem einige seiner Werke und persönliche Erinnerungsstücke ausgestellt sind.

Am Meer erstreckt sich der Stadtteil **Ciudad del Mar**, der auf einem erst in den sechziger Jahren dem Meer abgerungenen Landstreifen entstand (600 000 qm).

Route I: Las Palmas – Arucas – Moya – Guía – Gáldar – Agaete – Guía – Cenobio de Valerón – Bañadero – Las Palmas

(Nordroute)

112 km, Tagestour. Abwechslungsreiche Landschaftsbilder, am stärksten besiedelter, fruchtbarster Landstrich der Insel, in den unteren Lagen Bananenplantagen, darüber Getreide und Kartoffelanbau; bedeutende Wohn- und Grabstätten der Ureinwohner.

Von Las Palmas auf der Carretera del Norte (Verlängerung der Calle Bravo Murillo) nach Tamaraceite, 7 km, Beginn des ertragreichen Bananenbaugebietes; am Ortsende Straße in Richtung

Arucas, 17 km (249 m) wohlhabender Ort inmitten eines ausgedehnten Bananenanbaugebietes. Aus dem hier angepflanzten Zuckerrohr wird der kanarische Rum destilliert. Sehenswerte neugotische Kathedrale aus dunklem Lavagestein, errichtet über der ehemaligen Kapelle Johannes des Täufers. Über dem Eingangsportal schöne Fensterrosette, flankiert von mächtigen gotischen Fenstern. Stadtpark mit tropischem Pflanzenwuchs. Links der Kathedrale 2 km lange Auffahrt zur 412 m hohen *Montaña de Arucas** mit großartigem Panoramablick (Abb. 166: Mündung eines jung-tertiären Kehltales auf die miozäne Strandebene südlich Arucas, nach Klug 1968). Auf der Straße nach Moya vorbei am Aussichtspunkt Buen Lugar, hier Abzweigung nach Firgas (2 km) mit der berühmten Mineralquelle (Besichtigung möglich).

Moya, 29 km, landschaftlich reizvoll gelegen. Entlang des Barranco de Moya (kanarischer Lorbeer), vorbei an Zuckerrohrfeldern, später an terrassierten Bananenplantagen nach

Guía, 46 km, lebhafter Ort mit malerischen engen Gassen und bunten Häusern, bekannt durch den ›Queso de flor‹, einen wohlschmeckenden Käse aus geronnener Schafsmilch und dem Saft der Artischokenblüten, und durch die ›Cuchillos Canarios‹, in Handarbeit hergestellte Bananenmesser mit feinziselierten Rundgriffen, die als Schmuckstücke von den Bananenpflanzern verwendet werden; Keramikfabrikation. Neoklassizistische Pfarrkirche de la Asunción mit der Statue der Virgen Sta. María de Guía, der Schutzpatronin der Stadt; künstlerisch wertvolle Stand-

* *besondere Sehenswürdigkeit*

GRAN CANARIA

bilder des kanarischen Bildhauers Luján Pérez (1756-1815), der in Guía geboren wurde. In der Nähe der wohlgeformte Vulkankegel des Pico de Gáldar (450 m).

Gáldar, 49 km, am Fuße des gleichnamigen Vulkans, wo sich in vorspanischer Zeit die Königsresidenz des Guarnateme von Gáldar befand, der den Nordwesten der Insel regierte (s. S. 14 f.). An lorbeerüberschatteter Plaza die Pfarrkirche Santiago de los Caballeros (ausgehendes Barock) mit dem Standbild der Nuestra Señora de Candelaria; zahlreiche Statuen von Luján Pérez und Alonso de Ortega; Taufbecken aus grünglasierter Keramik aus der Zeit der Eroberung. Wertvolle Kunstschätze im Museo Sacro der Kirche. Im Rathaus eine archäologische Sammlung; im Patio der schönste Drachenbaum Gran Canarias, 1718 angepflanzt. In der Nähe die berühmte *Cueva pintada**, eine von acht Höhlen, 1873 entdeckt, 1970-1974 erforscht und restauriert, Wohnhöhle (vielleicht auch Begräbnishöhle) einer sozial höheren Schicht. Der fast quadratische (ca. 5 m x 4,5 m), in den Tuffstein gehauene Raum besitzt an drei Wänden mit roter, schwarzer und weißer Farbe aufgemalte Ornamente (Quadrate, Dreiecke, konzentrische Kreise), die an einige Motive der ›Pintaderas‹ (Tonsiegel) oder an die Dekoration der einheimischen Keramik erinnern. Datierung der Ornamente: 2. Jt. v. Chr. (Auf absehbare Zeit wegen Konservierungsarbeiten geschlossen.) Bemalte Höhlen gibt es auf den Kanaren nur auf Gran Canaria.

Nördlich von Gáldar bei El Agujero nahe am Meer die vorgeschichtliche Nekropole *La Guancha*, eine Ansammlung steinzeitlicher Tumuli und Wohnstätten. Die zyklopische Konstruktion des kreisförmigen Großtumulus La Guancha (1935 ausgegraben, s. S. 24 f.) beherbergt Steinkammern für die Toten, die mit Steinplatten abgedeckt waren. Zwei große runde Abteile im zentralen Teil waren für die sozial höher gestellten Persönlichkeiten bestimmt. Weitere Wohnhöhlen an den Flanken der Montaña de Gáldar.

Abstecher zum 6 km westlich von Gáldar liegenden Fischerhafen Sardina.

Hinter Gáldar in Richtung Agaete wird die Landschaft zunehmend trockener und eintöniger, ab und zu Tomatenanbau. Vorbei an den Cuevas de las Cruces nach **Agaete**, 59 km, inmitten der Mündung des fruchtbaren Barrancos de Agaete gelegen. In der Pfarrkirche Teile eines wertvollen flämischen Triptychons von 1510 (beim Küster nachfragen), Seitenflügel mit den Darstellungen von San Antonio Abad und San Francisco und zwei Medaillonbilder der Stifter. (Die zentrale Tafel mit der Virgen de las Nieves ist in der Ermita des 1,5 km entfernten Puerto de las Nieves aufgestellt.) In der Ortsmitte die Casa de Chano Sosa, ein Museum für volkstümliches Haus- und Arbeitsgerät.

Puerto de las Nieves, Fischerhafen mit der Ermita N. S. de las Nieves. Großartiger Ausblick auf die Steilküste mit dem ›Dedo de Dios‹ (Finger Gottes) (Abb. 44).

Abstecher von Agaete in den *Barranco de Agaete** bis zum ehemaligen Thermalbad *Los Berrazales* (8 km), das wegen seiner radioaktiven und eisenhaltigen Quellen gerne von Rheuma-, Arthritis- und Nierenleidenden aufgesucht wurde. Das Tal von Agaete, umschlossen von hohen Felsen, ist wegen seiner geschützten Lage und seines Wasserreichtums die fruchtbarste Region der Insel mit üppiger

Vegetation (Palmen, Bananen, Kaffeesträucher, Papayos, Advokatbirnen, Mangofrüchte, Apfelsinen, Zitronen). In den Monaten Januar und Februar die rosafarbene Mandelblüte (Abb. 38, 46, 51). Zurück bis Guía (91 km) auf derselben Straße.

Hinter Guía Abzweigung nach Cuesta Silva (alte Küstenstraße), nach einigen Kehren bei Kst. 20,5 der
Cenobio de Valerón* (schmaler Parkstreifen an der Straße). Ein Fußweg führt hinauf zu der Ansammlung von Höhlen, die in mehreren Stockwerken in den vulkanischen Tuffstein unter einem natürlichen Basaltbogen gehauen sind (Abb. 170). Man sieht noch deutlich die Löcher für die Balkenköpfe der Stiegen und die Falze für die einstigen Türrahmen. Hier lebten die geweihten Ehrenjungfrauen (harimaguadas) der Ureinwohner, die sich in die Einsamkeit zurückzogen, Aufgaben bei religiösen Festen erfüllten und vermutlich auch das in den Höhlen gespeicherte Getreide zu bewachen hatten. An der Spitze des Berges ein Tagoror mit acht roh behauenen Sitzen im Basaltgestein, ein Platz, der wegen seiner großen Sichtweite auch als Beobachtungspunkt im Falle einer Invasion der Insel benutzt wurde. Herrliche Ausblicke von der Küstenstraße auf die Bananenplantagen und das Meer (schuttgesäumter Steilabfall [totes Kliff] zu flachem Küstenland). Eine neue Straße über Viadukte und durch Tunnels verkürzt die alte kehrenreiche Strecke (höchste Brücke Spaniens, 128 m).
El Pagador, 101 km, malerischer Ort mit dicht aneinanderstehenden Häuserreihen auf einem Felsvorsprung (nur zu Fuß erreichbar), Naturschwimmbecken Charco San Lorenzo.

Ab Bañadero auf der Schnellstraße vorbei an Höhlen der Ureinwohner (Punta la Salina) und einigen Slums vor der Hauptstadt nach *Las Palmas,* 112 km.

Route II: Las Palmas – Teror – Valleseco – Cruz de Tejeda – Abstecher zum Pinar de Tamadaba – San Mateo – Caldera de Bandama – Las Palmas (Bergroute)
78 km, Tagestour. Großartige Panoramafahrt durch die Bergwelt der Insel.

Von Las Palmas nach Tamaraceite wie bei Route I, dann Abzweigung nach Teror. Durchquerung eines Gemüseanbaugebietes mit Gewächshäusern und Wasserauffangbecken; Eukalyptusbäume und Agaven am Straßenrand. Entlang des Barranco de Tenoya mit Bananenanbau, Stausee Tenoya, über Miraflor nach
Teror*, 21 km (543 m), eine der reizvollsten Städte mit typisch altkanarischem Baustil (Häuserfassaden mit Wappen, reich geschnitzte Holzbalkons), alte Adelspaläste. Religiöses Zentrum Gran Canarias. Im Stadtzentrum die Basilika Nuestra Señora del Pino, Schutzpatronin der Insel. Der Überlieferung nach erschien hier zwischen den Zweigen einer Pinie am 8. September 1481, zur Zeit der spanischen Eroberung, die Madonna. Kurze Zeit später wurde eine Kapelle errichtet, die 1692 einer neuen Kirche weichen mußte. Davon zeugt heute nur noch der sechseckige Turm links der Eingangsfassade der 1760 begonnenen und 1767 eingeweihten neuen Basilika. Links des Haupteingangs an der Barockfassade eine Marmortafel zur Erinnerung an die Erscheinung der Madonna. Separater Zugang an der Rückseite der Kirche zum Oberstock hinter

dem Altar, wo sich das bemerkenswerte Standbild der Virgen del Pino aus dem 15. Jahrhundert befindet; durch ein Glasfenster kann es auch vom Kirchenraum angesehen werden. Die eine Gesichtshälfte zeigt den Anflug eines Lächelns, die andere drückt Schmerz aus. Prachtvolle Schmuckstücke, kostbare Stickereien, reiche Gewänder und Juwelen befinden sich in ihrem Heiligenschrein hinter dem Altar. (Große Wallfahrt am 8. September.) An der Plaza ›Doña María Teresa Bolívar‹ (Tochter eines Marquis del Toro, in Teror geboren, heiratete 1802 in Madrid den berühmten Befreier Simón Bolívar) die Casa Manrique de Lara, das Haus der Patronatsherren der Madonna aus dem 16. und 17. Jahrhundert, vorbildliches Muster eines patronatsherrschaftlichen Landhauses und seit 1970 Heimatmuseum für altkanarische Möbel, Waffen, Gemälde, Fayencen, Kutschen u. a. m., schöner weiträumiger Patio (Abb. 48).

Hinter Teror rechts abzweigen (links eine schöne Straße nach Vega de San Mateo) und nach ca. 1 km wieder links eine windungsreiche Straße hinauf zum 900 m hochgelegenen Balcón de Zamora mit herrlichem Ausblick über den Nordost-Teil der Insel bis nach Las Palmas. Anschließend Valleseco, ein typisches Bergdorf, Kirche mit maurischem Höckerdach. Kurz hinter Lanzarote rechts der Straße ein überdachtes Waschhaus, dessen Frischwasserzufluß von einer durch das Becken fließenden Quelle geregelt ist (Abb. 39). Nach 35 km Cuevas del Corcho.

Lohnender Abstecher zum Pinar de Tamadaba und nach Artenara (hin und zurück 61 km), Abzweigung rechts, nach kurzer Zeit Mirador oberhalb des Barranco de la Virgen. Nach 7 km ständig ansteigender Fahrt rechts Blick in den eindrucksvollen *Kraterkessel ›Caldera Pinos de Gáldar*‹, nach Westen über das Hochland bis nach Teneriffa mit dem Teide. Weitere Fahrt durch einsame, eindrucksvolle Vulkanlandschaft mit Höhlenwohnungen (weißgetünchte Hausfassaden) nach **Artenara**, höchstgelegener Inselort. Sehenswerte in den Felsen gehauene Höhlenkirche; Höhlenrestaurant ›Mesón La Silla‹, erreichbar durch einen 100 m langen Felstunnel. Von der Aussichtsterrasse *überwältigendes Gebirgspanorama** (Barranco de Tejeda und Roque Bentaiga, Roque Nublo). Hinter Artenara entlang der Montaña de Brezo. Links eine schlechte Straße nach San Nicolás, vorbei an verschiedenen Stauseen.)

Der 1450 m hoch gelegene Kiefernwald **Pinar de Tamadaba** ist Ausgangspunkt für Wanderfreunde, großartige Ausblicke auf Gebirgspanoramen und Barrancos. Zurück auf derselben Straße zur Caldera Pinos de Gáldar, hier rechts ab zum Hochpaß von Tejeda.

Cruz de Tejeda*, 42 km (1490 m), Steinkreuz auf der höchsten Stelle des Passes; dahinter der Parador Nacional de Tejeda (nur Cafetería-Betrieb) nach Entwürfen von Néstor de la Torre. Grandioser Ausblick von der Terrasse auf die Gebirgslandschaft, die Miguel de Unamuno (s. Anm. 45) als ›tempestad petrificada‹ (versteinertes Ungewitter) schildert (Abb. 43).

Abstecher zum Pozo de las Nieves, 1949 m (erholsame Bergwanderungen). Nach 2 km herrlicher Durchblick nach Westen und zum Roque Nublo, nach 8 km die Hochfläche Los Pechos (Radarstation, Fernseh- und Fernmeldetürme). Vom Pozo de las Nieves großartiger Rundblick, vor allem in den gewaltigen Einsturzkrater der Caldera de Tirajana in südlicher Richtung (s. S. 234).

Von Cruz de Tejeda nach Santa Lucía (s. *Route III*). Von Cruz de Tejeda über

den malerischen Weiler Las Lagunetas (Terrassenanbau) mit häufigen Ausblicken in nördlicher Richtung nach
Vega de San Mateo, 56 km (650 m), landwirtschaftliches Zentrum mit Obst, Gemüse und Wein; jeden Sonntagmorgen malerischer Viehmarkt (Abb. 37). Bäuerliches Heimatmuseum ist die Casa-Museo de Cho-Zacarias (kanarische Bauernmöbel und Kuriositäten, Ackergeräte, kanarische Messer, Gemälde, Porzellan, traditionelle Töpferwaren. Gofio-Mühlen, Bodega mit Weinprobe).

Kurvenreiche Weiterfahrt, vorbei an hübschen Landsitzen und ausgedehnten Pflanzungen (schöne Aussichtspunkte) nach
Santa Brígida, 64 km (426 m), beliebte Sommerfrische und Wohnort der wohlhabenden Geschäftsleute von Las Palmas. Nordöstlich das Anbaugebiet des besten Rotweins der Insel (Vino del Monte). Ausflüge ins fruchtbare Tal von Angostura (Obstanbau, subtropische Pflanzen, Palmenhaine). Nach 2 km der Weiler San José.

Abstecher nach **La Atalaya,** malerisches Höhlendorf, in dem noch wie zur Steinzeit Keramik ohne Drehscheibe hergestellt wird. Nach 2,5 km Monte Coello. Rechts Abzweigung zum Vulkankegel des *Pico de Bandama** (574 m). Vom Mirador herrlicher Rundblick auf den Nordostteil der Insel und hinab in die Caldera de Bandama (Abb. 47). Zurück zur Straße nach Tafira Alta.

Tafira Alta (375 m), bevorzugter Wohnort von Las Palmas mit günstigem Klima. Etwas weiter links der **Jardín Canario*** (Kanarischer Garten) mit etwa 1800 verschiedenen Pflanzen der kanarischen und atlantischen Flora (fast ausschließlich endemische Pflanzen im Gegensatz zum Botanischen Garten von Puerto de la Cruz/Teneriffa); Eingang auch vom Angostura-Tal aus möglich.

Hinter Tafira Baja auf einer Schnellstraße, vorbei an modernen Nahrungsmittelfabriken nach
Las Palmas/Vegueta, 78 km.

Route III: Cruz de Tejeda – San Bartolomé de Tirajana – Santa Lucía – Cruce de Sardina
(Zentralroute)

52 km; Fortsetzung der Route II bei Cruz de Tejeda, Tagestour.

Eine kehrenreiche, mit Eukalyptusbäumen gesäumte Straße führt bergab mit prächtigen Panoramablicken auf die bizarre Gebirgswelt (Abb. 43) nach
Tejeda, 6 km (1049 m), in einer Umgebung von Obst- und Mandelbaumgärten am Fuße des südlich aufragenden Roque de Bentaiga (1404 m), dessen Gipfel von den Ureinwohnern als Sanktuarium genutzt wurde. (Eine serpentinenreiche Piste führt bis an den Fuß des Monoliths.) Hinter Tejeda führt die Straße rund um den 1803 m hohen Roque Nublo, dessen Spitze als 80 m hoher Monolith die Umgebung überragt, weiter am steilen Südhang des Pozo de las Nieves (1949 m) entlang in vielen Serpentinen bergab zum ›Mutterdorf‹ der Touristenstadt Maspalomas, nach
San Bartolomé de Tirajana, 27 km (887 m), dessen fruchtbare Umgebung in wirkungsvollem Kontrast zu der wilden und kahlen Gebirgslandschaft steht. Spezialität

GRAN CANARIA

des Ortes: Sauerkirschwein (Vino de Guindo). (Abzweigung einer schmalen Straße südwärts über den Paß de Vacas durch den Barranco de Fataga [jungtertiäres Kehltal] direkt nach Maspalomas, 24 km.) Weiter nach
Santa Lucía, 34 km (700 m), umgeben von malerischer Felsenkulisse, Dorfkirche mit moscheeähnlicher Kuppel, Likörherstellung, im typisch kanarischen Restaurant Hao ein kleines Privatmuseum mit Funden der Ureinwohner. Südlich des Ortes auf der linken Seite des Barranco de Tirajana der mächtige Basaltzylinder der Fortaleza Grande bei Ansite, einst ein Sanktuarium der Ureinwohner. Hier fand am 29. April 1483 die letzte Schlacht der spanischen Eroberer gegen die Eingeborenen statt. Zur Erinnerung an jenen Tag ließ der Bürgermeister von Santa Lucía die historische Stätte herrichten (Altar und Steinsitzreihen für eine Messe unter freiem Himmel sowie in einer Felsenhöhle Sitzreihen und eine Sprechkanzel).

Mit mehreren schönen Ausblicken auf La Fortaleza und den Barranco de Tirajana mündet die Straße schließlich bei Cruce de Sardina auf die Autostraße Las Palmas – Maspalomas, s. Route IV 52 km.

Route IV: Las Palmas – Telde – Cuatro Puertas – Ingenio – Agüimes – Maspalomas
(Ostroute)

61 km, Halbtagestour. Abendländische Kunst, Kultur der Ureinwohner, Dünenlandschaft.

Von Las Palmas auf der Carretera del Sur immer entlang der Küste in südlicher Richtung. Kurz hinter dem schwarzen Sandstrand von La Laja Abzweigung nach
Telde, 15 km, zweitgrößte Stadt der Insel und nach Teror die sehenswerteste im altspanischen Baustil, ehemals Sitz des Guanarteme (s. S. 14). Pfarrkirche San Juan Bautista, Ende 15. Jh. In den barocken Altaraufsatz ist eine spätgotisch-flämische vermutlich aus Brüssel stammende *polychrome Holzschnitzerei** vom Ende des 15. Jh./Anfang 16. Jh. eingebaut. Dieses Retabel (2,5 m hoch, 2,4 m breit, mittlere Höhe der Figuren: 45 cm) stellt in sechs Szenen das Marienleben dar und ist das wertvollste Kunstwerk der Insel (Abb. 167, 168).
Beschreibung der einzelnen Szenen
1. (links oben) Heimsuchung. Die Jungfrau Maria und die heilige Elisabeth um-

Tonidol, gefunden bei La Fortaleza (Santa Lucía, Gran Canaria)

armen sich; rechts Zacharias, links ein Hirte und ein betendes Kind; im Hintergrund bukolisches Leben, bei den Burgen und Schlössern einige Kuppeltürme (byzantinischer Einfluß); Kleidung der Personen ist spätmittelalterlich.
2. (links unten) Hochzeit. Maria und Josef empfangen den Segen eines Priesters in christlicher Kleidung; fünf weitere Personen gruppieren sich um die Szene, die Frauen tragen kostbare Gewänder und Bandtücher als Kopfbedeckung; einige haben die Hand ausgestreckt, mit umgekehrter Handfläche zum Beschauer (Ausdruck innerer Sammlung, eine gebräuchliche Darstellung seit dem 14. Jh.).
3. (Mitte unten) Verkündigung. Zwei Engel und Maria. Der linke, Erzengel Gabriel hält ein Schriftband (›Ave Gratia Plena‹ = Gegrüßt seist du voll von Gnade); weiter oben das Gesicht Gottes und weitere Engel. Maria kniet ohne Kopfbedeckung auf einem Betstuhl mit geöffnetem Betbuch; auf zwei gotischen Stelen die Büsten von Propheten und Sibyllen, welche die Inkorporation verkünden; ein bedecktes Bett, ein Regal voll von Büchern, Sofa und Schrank mit Gefäßen vervollständigen das Mobiliar des Zimmers, das genau der mittelalterlichen Epoche entspricht.
4. (Mitte oben, Abb. 168) Christi Geburt. Das Kind, Josef und Maria sowie sechs Hirten verteilen sich unter den Torbogen von typisch flämischem Aussehen. Maria betend, Josef etwas abseits, betrachtet die Szene mit Verehrung. Die Hirten plaudern, singen oder spielen Dudelsack (links), an ihren Gürteln hängen Schwerter, einige umfassen ihren Hirtenstock.
5. (rechts unten) Anbetung der Könige. Das Jesuskind, etwas älter als vorhin, sitzt auf Marias Schoß und streckt die Hände aus, als wolle es den Goldkelch und die wertvollen Steine König Melchiors ergreifen, dieser in anbietender Haltung. Maria betrachtet die Szene melancholisch und zärtlich zugleich (hervorragende Darstellung). Kaspar (rechts), noch jung aussehend, und sein Page mit dunkler Hautfarbe. Balthasar hält ebenso wie Kaspar einen Goldkelch in der Hand. Im Hintergrund zwei Hirten von typisch biblischem Aussehen (langer Bart, Adlernasenprofil).
6. (rechts oben) Beschneidung. Jesus im Mittelpunkt, vier Frauen und vier Männer gruppieren sich im Halbkreis herum. Simon mit langem Bart trägt einen Kneifer auf der Nase (naturalistische Darstellung und humorvoll zu betrachtender Anachronismus).
Der Hochaltar wird von einer Christusfigur gekrönt (Mitte 16. Jh.), eines der wertvollsten iberoamerikanischen Kunstwerke auf dem Archipel: sie wurde von mexikanischen Indianern aus dem Mark von Maiskolben gefertigt und ist trotz Lebensgröße sehr leicht. In der Sakristei das Marienbild der Nuestra Señora de la Encarnación, 16. Jh.

Im Geburtshaus von Fernando de León y Castillo (s. S. 239) ist heute ein Museum untergebracht. Mehrere Straßen führen von Telde zur Küste, zum Höhlendorf La Atalaya (s. Route II), Valle de San Roque (bekannte kohlensäure- und schwefelhaltige Mineralquelle), nach Valsequillo und Vega de San Mateo (s. Route II).

Von Telde südwärts in Richtung Ingenio, nach 5 km Abzweigung links zum Flughafen Las Palmas/Gando. Kurz dahinter die **Montaña de las Cuatro Puertas*** (Berg der vier Tore) (Abb. 169), Heiligtum und Kultstätte der Ureinwohner. Der Name stammt von den vier rechtwinkligen Höhleneingängen auf der Nordseite des Berges. Hier befand sich ein Tagoror, ein Versammlungsplatz für Ratssitzungen und Gerichtsverhandlungen. Auf der Südseite des steilen Berghanges wurde ein System von Wohnhöhlen angelegt, einige sind natürlich entstanden. Auf der Bergspitze eine Opferstätte, die in den anstehenden Fels geschnitten wurde (kreisrunde Opferrinne, Reste einer Inschrift, vermutlich im Zusammenhang mit dem Opferplatz, Vertiefungen für die Opfergaben); großartige Aussicht auf die Ostseite der Insel und die Küste (s. S. 20).

Gravierungen der Ureinwohner (Barranco de Balos, Gran Canaria)

Weiterfahrt nach der arabisch anmutenden Ortschaft
Ingenio, 27 km, ehemaliges Zentrum des Zuckerrohranbaus, heute bekannt wegen seiner Calado-Werkstätten (Teneriffastickerei). Lohnender Besuch des Museo de Piedras (Steinsammlung) mit angegliederter Stickereischule (links der Straße).
Agüimes, 29 km, arabisch aussehender Ort. Die ehemalige Siedlung der Ureinwohner war lange Zeit Feudalsitz der kanarischen Bischöfe. In der Pfarrkirche Statuen von Luján Pérez.

Von Agüimes zweigt rechts eine kurvenreiche Straße über Temisas nach Santa Lucía. Von dieser Straße zweigt 1 km hinter Agüimes ein Weg zum südlichen Fuß des Basaltmassivs Lomo de los Letreros im Barranco de Balos ab. An den Felswänden prähistorische Inschriften (genaue Fundstelle erfragen); zwei Arten: einmal geometrische Zeichen, Spiralen, konzentrische Kreise, Mäander (megalithische Petroglyphen, altnumidische Zeichen u. a., s. S. 22 f.), zum anderen schematische Menschendarstellungen.

Hinter Agüimes Beginn des 30 km entlang der Küste sich erstreckenden Tomatenanbaugebietes (Jahresexport 200 000 t), nach 5 km die Straße Las Palmas – Maspalomas. 2,5 km weiter die Einmündung der Straße nach Cruz de Tejeda (s. Route III). Über Juan Grande (Zentrum des Tomatenanbaus, meist Großgrundbesitz) nach
San Agustín, 52 km, Beginn der ›Costa Canaria‹, Touristenzentrum für mehr als 100 000 Menschen im Endausbau. Weitläufige feinkörnige Sandstrände (Playa del Inglés, 2700 m; Maspalomas, 6000 m). Sandwüste mit Wanderdünen (Abb. 45).
Maspalomas/Playa del Inglés, 55 km. Wo noch Mitte der 60er Jahre ein unbedeutendes Fischerdorf lag, breitet sich heute die größte und modernste Touristenstadt der Insel aus (Hotels, Bungalows,

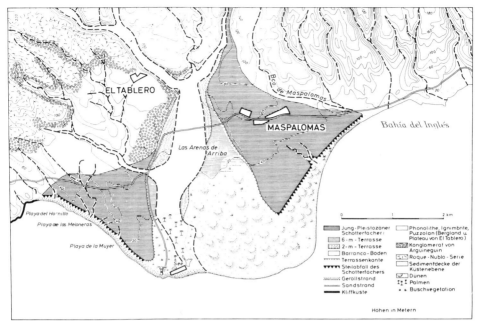

Geomorphologische Kartenskizze der Landzunge von Maspalomas, Gran Canaria (nach H. Klug 1968)

Supermercados, Spezialgeschäfte, Vergnügungsstätten, sämtliche Sportmöglichkeiten).
Maspalomas/El Oasis*, 61 km, die luxuriöseste Touristensiedlung auf Gran Canaria an der Südspitze der Insel mit dem 68 m hohen Leuchtturm. Die Landschaft mit dem großen Palmenhain inmitten der wüstenhaften Umgebung ähnelt der Sahara. Das Wasser des Barranco de Fataga speist die Lagune El Charco (Brackwasser), vielfältige Vogelwelt. Heliotherapeutisches Zentrum, wo Sonne, Meerwasser und der sonnenwarme Sand zu Heilzwecken ausgenützt werden (Rheuma, Arthritis, Gicht usw.).

Route V: Maspalomas – Arguineguín – Mogán – San Nicolás – Agaete (Westroute)

109 km; Tagestour. Wilde, steppenhafte Landschaft mit schroffen Berghängen und hohen Steilküsten; zwischen Mogán und San Nicolás windungsreiche, aber seit 1980 asphaltierte Straße (diese Verbindungsstrecke besteht erst seit 1959).

Von Maspalomas in westlicher Richtung entlang der Küste. Nach etwa 6 km rechts am Berghang eine Radarstation der NASA – Leitstelle für Weltraumflüge (Besichtigung nicht möglich).

Arguineguín, 12 km, Fischerdorf, Zementfabrik, Teilnahme am Hochseefischfang. Vorbei an windgeschützten Badebuchten nach
Puerto Rico, 19 km, neuangelegter Touristenort mit künstlichem Sandstrand und großem Yachthafen, ›botanischer Lunge‹, die sich vom Ortszentrum bis zum Strand hinzieht. Puerto Rico ist inzwischen nach Maspalomas/Playa del Inglés und Las Palmas drittgrößtes Ferienzentrum der Insel. Vorbei an weiteren neuangelegten Siedlungen mit zum Teil feinsandigen Stränden und einem der beiden offiziellen Campingplätze der Insel an der Playa Taurito zum malerischen Örtchen
Puerto de Mogán, 34 km, mit neuem Yachthafen und einer neuen, exklusiven Feriensiedlung. Das alte, an die Barranco-Wand gebaute Dorf ist ein Tip für Individualisten. Durch den Barranco de Mogán (üppige Vegetation) landeinwärts nach
Mogán, 42 km, inmitten einer wildromantischen Landschaft an den Hängen des zentralen Inselmassivs. Gebirgswanderungen durch die Mogán-Schlucht zu den Stauseen Embalse del Mulato, Embalse de las Niñas mit gleichnamiger Höhle und Embalse de Soria (s. S. 125). Die Piste führt bis nach Ayacata (Geländewagen) und stößt hier auf die Zentralroute nach Cruz de Tejeda (s. Route III).

Die folgende Strecke verläuft durch herbe Landschaften. Von den Orten Las Casas de Veneguera und Tasarte beginnen jeweils Pisten barrancoabwärts zum Meer. Schließlich der Paß ›Degollada de Tasartico‹ (550 m) mit schönem Ausblick auf fruchtbare Tomatenanbaugebiete. Bis hierher gelangt der feuchtigkeitsbringende Passat. Hinter dem Paß abwärts mit Ausblicken auf das fruchtbare Gebiet um Aldea und San Nicolás (landwirtschaftliches Zentrum mit Tomaten-, Obst- und Gemüseanbau). Von San Nicolás, 74 km, führt eine schmale Asphaltstraße nach Artenara (s. Route II).

Eine gute aber kurvenreiche Straße verbindet San Nicolás mit Agaete. Eindrucksvolle Steilküste mit großartigem Ausblick vom *Mirador de Balcón** 400 m hinab zum Meer und nordwärts bis zur Punta de Sardina. Kurz danach die Aussichtspunkte Andén Verde, Punta Corda und Punta de la Palma. Kurz vor Agaete Blick hinunter zum ›Dedo de Dios‹ (Abb. 44).

Agaete, *109 km (Rückfahrt nach Maspalomas über Las Palmas in ca. 1 Stunde, s. Route I und IV).*

Fuerteventura – Halbwüsten und Dünenstrände

(Abb. 52–55, 155–158)

»... eine Oase in der Wüste der Zivilisation.« Diese hintergründige Charakteristik der Insel stammt von dem bekannten baskischen Schriftsteller *Miguel de Unamuno*[45], der im Zusammenhang mit der Militärdiktatur Primo de Riveras 1924 nach Fuerteventura verbannt wurde. In der Landschaft der Insel, in der Abgeschiedenheit und großen Linienführung sah der Verbannte das bloße Gerippe einer Insel.

In der Tat ist Fuerteventura die lange dürre Insel des Archipels, dürr nicht nur von ihrer schmalen Gestalt, sondern vor allem wegen ihres wüstenhaften Charakters. Obwohl ihre Nachbarinsel Lanzarote weiter östlich liegt, reicht Fuerteventura an die afrikanische Küste am nächsten heran. So ist sie zweifellos auch die afrikanischste aller Kanarischen Inseln, die von der großen Trockenheit und den heißen afrikanischen Wüstenwinden das Aussehen einer braungelben, stummen und herben Landschaft mit einer schon an Armut grenzenden Kargheit der Vegetation erhalten hat (Abb. 52, 53). Die Monotonie Fuerteventuras wird manchen Reisenden, der die lieblichen grünen Zonen der westlichen Inseln schätzen lernte, von einem Besuch abhalten. Wer dagegen für die asketische Schönheit dieser öden Landschaft zugänglich ist, wer des Lärms und der Unrast der zivilisierten Welt überdrüssig ist, der wird hier seinen Frieden finden und diese Insel gerade wegen ihrer eigenwilligen Besonderheiten lieben. Auf Fuerteventura scheint die Zeit noch stehengeblieben zu sein, scheinen die Stunden in dem Phlegma vergangener Augenblicke verankert zu sein, die noch immer das Leben einiger dieser Menschen bestimmen, Menschen, deren Gesichter Farben und Furchen dieses Bodens angenommen haben, die man von Zeit zu Zeit in den ausgedorrten Tälern und Ebenen antrifft, wo das Windrad das lebensnotwendige Wasser aus den Tiefen holt (Abb. 52). In einzelnen Tälern verraten lockere Palmengruppen die Nähe des Grundwassers; sie gehören zu den wenigen grünen Flecken auf einem Boden von oasenhaft engumgrenzter Fruchtbarkeit. Vereinzelt ragen in der Weite Windmühlen auf; alte Backöfen, manchmal ein Dromedar, eine hochgewachsene, schwarz gekleidete Frau neben ihrem Esel dahinschreitend, beleben die biblische Szenerie.

Für den bade- und sonnenhungrigen Reisenden ist Fuerteventura, das nur mit wenigen kulturellen Sehenswürdigkeiten aufzuwarten hat, eine geradezu ideale Insel. Herrliche Strände, die schönsten des Archipels, breiten sich kilometerlang im Norden und Süden

FUERTEVENTURA – HALBWÜSTEN UND DÜNENSTRÄNDE

Übersichtskarte von Fuerteventura

aus. Von Corralejo, der Nordspitze Fuerteventuras, wandert man stundenlang an der Ostküste entlang, ohne die endlosen Dünenfelder und den flachen Sandstrand mit der weit auslaufenden Brandung aus den Augen zu verlieren. Ähnlich ist es im Süden auf der Halbinsel Jandía (Abb. 54, 55). Wenn der Wind etwas stärker weht, dann kommt der Sand der Wanderdünen in Bewegung, deckt allmählich die neue Straße zwischen Puerto del Rosario und Corralejo zu – dann wird der Eindruck der wüstenhaften Erscheinung überwältigend. Nicht nur die Sandwüste, auch die Geröllwüste (Serir) gehört zu den elementaren Bildern dieser Insel (Abb. 158). Wer sich einen allradangetriebenen Geländewagen ausgeliehen hat, der wird das Abenteuer suchen, die verborgenen Schönheiten Fuerteventuras für sich zu erobern.

Die zweitgrößte und zugleich am dünnsten besiedelte Insel der Kanaren, die sich von Südwesten nach Nordosten erstreckt, besitzt einen ovalen Hauptkörper, an den sich im Süden, getrennt durch den flachen dünenbesetzten Istmo de la Pared, die sichelförmige Halbinsel Jandía anschließt; hier liegt im Jandía (auch Pico de la Zarza) mit 807 m die höchste Erhebung Fuerteventuras. Die Halbinsel stellt nach Ansicht einiger Geologen (*B. Padilla* 1946 u. a.) den im Süden stehengebliebenen Rest eines riesigen Kraters dar, der nach Nordwesten steiler, nach Südosten flacher und zugleich radial zertalt abfällt, doch wird dieser Theorie von *H. Hausen* 1958 widersprochen, der Jandía als einen isolierten Teil des östlichen Berglandes ansieht, in dem sich möglicherweise die Restform eines alten Schildvulkans erhalten hat.

Der Hauptkörper der Insel wird von einer annähernd meridional ausgerichteten Längstalung – ein von Vulkaniten und Sedimenten angefüllter Graben (*Hausen, Blumenthal*) – in zwei unterschiedlich geformte Bergländer geteilt. Das westliche Bergland, das im Betancuria (724 m) gipfelt, zeigt sich einigermaßen geschlossen, weist aber von Barrancos dicht zertalte Züge auf. Das östliche niedrigere Bergland (Rosa del Taro, 593 m) ist durch breite muldenförmige Täler stärker aufgelöst. Der abgeflachte und mit Sanddünen und Lavafeldern bedeckte Norden wird von einzelnen reihenartig angeordneten Vulkankegeln durchsetzt, ein weiteres Lavafeld mit aufgesetzten Kegeln liegt im Südosten nördlich von Gran Tarajal. Die Küsten sind steil und werden streckenweise von z. T. ausgedehnten Sandstränden unterbrochen. Insgesamt bietet Fuerteventura den Eindruck einer schon lange wirksamen Abtragung, die durch das hohe Alter verständlich wird (s. S. 39 ff.).

Doch Fuerteventura ist nicht nur die älteste Insel, sie unterscheidet sich in ihrem geologischen Aufbau auch sehr von den übrigen, ist doch in ihrem Westteil ein kristalliner Sockel nachgewiesen, der einen plutonartig eingedrungenen Stock syenitischer bis ultrabasischer Gesteine darstellt (*Rothe* und *Schmincke*, 1968). Die Problematik der im Westteil des Berglandes anstehenden Sedimente wurde schon im allgemeinen Teil im Zusammenhang mit der Entstehung des Archipels angesprochen (s. S. 39 und Anm. 19). Über den Sockel erhebt sich ein vorwiegend basaltischer Aufbau, der in einigen Vulkanen und Lavafeldern (Basaltische Serie IV, Fig. S. 272) wahrscheinlich bis in die jüngste vorhistorische Zeit heranreicht.

FUERTEVENTURA – HALBWÜSTEN UND DÜNENSTRÄNDE

Geologische Karte von Fuerteventura (verändert nach Inst. f. Geol. u. Mineralogie v. Spanien; Quelle: Mitchell-Thomé 1976)[49]

Das Klima der Insel ist bei einer mittleren Jahrestemperatur von ca. 22°C und einem Niederschlag von weniger als 200 mm extrem arid. Diese ungünstigen Naturgegebenheiten, aber auch historische Ereignisse haben verursacht, daß die 1403–1405 von Jean de Béthencourt eroberte Insel (s. S. 26 f.) am wenigsten wirtschaftlich entwickelt wurde, nur dünn und punktuell besiedelt ist und lange unter der starken Abwanderung litt. Neben einer spärlichen Landwirtschaft mit der Kultur von Mais, Weinstock, Tomaten, Gemüse, Feigen-, Oliven- und Mandelbäumen sowie der Sisalagave bestreiten die Bewohner ihren Lebensunterhalt vornehmlich durch den Fischfang (Puerto del Rosario, Gran Tarajal). Darüber hinaus gibt es mehrere Salinen und Kalkgruben. Die wirtschaftliche Entwicklung der letzten Jahre beruht auf dem Zuzug der Fremdenlegion (aus der ehemaligen Spanischen Sahara) in Puerto del Rosario und einer rasanten Zunahme des Tourismus', der sich auf zwei Regionen (Corralejo im Norden und Jandía im Süden) konzentriert. Es bestehen weitere ehrgeizige Planungen, deren Ausführungen u. a. von der Bewältigung des Wasserproblems auf Fuerteventura abhängig sind (s. S. 126). Ein weiteres Problem lag in der Erschließung der Feriengebiete. Im Nord- und Mittelteil sind die wichtigsten Straßenverbindungen ausgebaut, und auch der Süden mit dem Ferienzentrum auf der Halbinsel Jandía, bis vor einigen Jahren nur auf einer mühsam zu befahrenen Wellblechpiste zu erreichen, ist jetzt vollständig durch eine Asphaltstraße erschlossen.

Route I: Corralejo – Puerto del Rosario – La Oliva – Cotillo – Corralejo

88 km; Tagestour.

Corralejo, Fischerhafen und Touristenort im Norden Fuerteventuras, an der Meerenge El Río, gegenüber das Eiland Lobos (s. S. 289). Regelmäßige Autofährverbindung mit Lanzarote, z. B. für Tagesausflüge. Südlich des Ortes die Playa de Corralejo mit herrlichen Sandstränden und Dünenfeldern* (Urlaubszentrum: Hotels ›Tres Islas‹ und ›Oliva Beach‹). Von dem Berg Bayuyo (269 m) großartiger Ausblick auf das gesamte Feriengebiet, nach Lobos (Fährverbindung [schnelles Tragflügelboot nur für Personen, ein größeres Schiff für Autos] mit

* *besondere Sehenswürdigkeiten*

Lanzarote) und Lanzarote. Über die neue asphaltierte Küstenstraße quer durch Dünenfelder hindurch (häufige Sandverwehungen, gefährliche Strömungen!) nach **Puerto del Rosario,** 29 km, Hauptstadt und wichtigster Hafenplatz (früher Puerto de Cabras = Ziegenhafen genannt), schlichter kleinstädtischer Charakter, keine Sehenswürdigkeiten. Sitz der Fremdenlegion seit Aufgabe der ehemals Spanischen Sahara. Von Puerto del Rosario nach Nordwesten.

Tetir, 38 km, afrikanisch aussehender Ort mit Anpflanzungen von Sisalagaven. Hinter Tetir bei Kst. 12 Blick nach rechts in eine weite Talung mit stark rot gefärbtem Boden (Eisenoxyde), der in den letzten Jahren tiefe Erosionsrisse erhalten hat (Vergleich der Jahre 1977 und 1985). Weite Flächen sind hier mit murmelartigen Steinen bedeckt, von denen zwei verschiedene Arten vorkommen: a) bis 2 cm Durchmesser, konzentrisch-schalenartig um einen Kern aufgebaut, stark eisenhaltig, vermutlich Eisenoolith, b) oval, bis 5 cm lang, kalkhaltig: Antophora (Erdbiene) (Hymenoptera)-Nester, subfossil. *Bravo* (1964) beobachtete bei La Orotava/Teneriffa, wie Antophora diesen Nesttyp aus Schlamm herstellt und vermutet deshalb, daß die östlichen Inseln ehemals ein ähnliches Klima wie jenes von Nord-Teneriffa besaßen.

Hinter La Matilla Abzweigung nach La Oliva, links das Denkmal für Miguel de Unamuno bei Tindaya.

La Oliva, 52 km, größter Ort im Norden Fuerteventuras, ca. 4000 E., Gemüse- und Tomatenanbaugebiet. Der Ort war einst das Zentrum des politischen und sozialen Lebens. Aus jener Zeit stammt der Palast ›Casa de los Coroneles‹ (Ende 18. Jh.), das Haus der Obersten mit dem Sitz der Militärbehörde bis Mitte des 19. Jh. Die Zahl der Türen und Fenster soll der Anzahl der Tage eines Jahres entsprechen, schöngeschnitzte barocke Balkons. In der Nähe die ›Casa de Capellán‹ mit sehenswertem Portal (aztekisch inspirierte Reliefs). Dreischiffige Pfarrkirche mit festungsartigem Turm aus dunklem Lavagestein, Anfang 18. Jh. Im Innern Gemälde von Juan de Miranda.

Villaverde, 3 km von La Oliva entfernt, ist ein Weiler mit Sisalagaven-, Mais- und Zwiebelanpflanzungen, in der Nähe die 400 m lange vulkanische Höhle ›del Llano‹ (touristisch nicht erschlossen).

Von La Oliva durch eine einsame Landschaft mit einzelnen Palmengruppen nach **Lajares,** 62 km, Stickereischule der Señora Hernández (Tischwäsche und Kleidungsstücke), am Ortseingang Windmühlen.

Cotillo, 69 km, kleiner Fischerhafen mit dem runden ›Castillo de Rico Roque‹ (17. Jh.), ein Wachtturm zum Schutz gegen frühere Piratenangriffe. In der Nähe zahlreiche Sandstrände (häufig gefährliche Strömungen) und flache Naturschwimmbecken; bizarre Felsbildungen. (Typisches kanarisches Mittagessen bei Mama Maria. Für Verdienste um Ort und Insel ist die alte Dame 1982 mit einer Medaille ausgezeichnet worden, und eine Straße wurde nach ihr benannt: Calle Maria Hierro Morales.)

Zurück über Lajares nach Corralejo; weiter Blick über die Meerenge El Río bis nach Lanzarote.

Route II: Puerto del Rosario – La Antigua – Betancuria – Pájara – Tuineje – El Castillo – Puerto del Rosario

94 km (ohne Abstecher); Tagestour.

Puerto del Rosario, s. Route I
Casillas del Angel, 12 km, Kirche mit originellem Glockengiebel aus dunklem Vulkangestein, Versuchsgut der Inselverwaltung mit Wetterstation
La Ampuyenta, 16 km, festungsartig ausgebaute Pfarrkirche San Pedro Alcántara
La Antigua, 21 km, am Ortseingang auf der rechten Seite eine alte Windmühle im Stil der Mühlen von La Mancha inmitten einer Gartenanlage, daneben im Rundbau ein Restaurant, dahinter die sehenswerte Gärtnerei der Inselverwaltung. In La Antigua rechts abbiegen und auf einer kurvenreichen Straße mit weiten Ausblicken in Richtung Betancuria

Abstecher zur Westküste von Llanos de la Concepción (7,5 km nördl. von Betancuria) zur **Playa del Valle** (neue Urbanisation ›Club Aguas Verdes‹), wüstenartige Landschaft mit hoher Steilküste und Naturschwimmbecken im dunklen Basaltgestein, meist sehr starke Brandung.

Betancuria*, 29 km, von Jean de Béthencourt als Residenz und Inselhauptstadt in einem fruchtbaren Tal gegründet. Der Glanz der einstigen Bischofsstadt ist heute stark verblaßt (ca. 500 Einwohner). Die erste Bischofskirche Santa María im normannisch-gotischen Stil, von Béthencourt gegründet, wurde 1539 von Seeräubern verwüstet. Die heutige Kirche (Abb. 155) mit ihrem gedrungenen Turm stammt aus dem 1. Drittel des 17. Jh., barockes Eingangsportal, beachtenswerte Holzdecke (1972–74 renoviert), Aufbewahrung des Eroberungsbanners. In der Nähe die Überreste eines Franziskanerklosters (Ruinas del Convento). Im Ortsmuseum sehenswerte Funde der Urbevölkerung, eine Sammlung der Haus- und Wirtschaftsgeräte vergangener Jahrhunderte und Zeugnisse aus der Zeit Béthencourts.
Vega de Río Palma, 35 km, schön gelegene Palmenoase. Entlang des Tales in westlicher Richtung die Ermita de la Peña, wo seit 1500 die 30 cm hohe Alabasterstatue der Schutzheiligen der Insel aufbewahrt wird (alljährlich große Wallfahrt).

Hinter Vega de Río Palma eine einsame kahle Landschaft, Ausblick zum Stausee Las Peñitas, über den Paß von Fénduca (500 m) nach
Pájara, 44 km, afrikanisch anmutender Ort. Sehenswerte Kirche (1687) mit schöner Holzdecke im Mudéjar-Stil; interessantes Portal im mexikanischen Barock (Tier- und Maskenmotive erinnern an aztekische Skulpturen) (Abb. 156).

Abstecher zur Fischersiedlung Puerto de la Peña an der Westküste.

Über den Weiler Toto nach Tuineje, 53 km. Kurz vor La Antigua zweigt rechts die neue Straße zum Flughafen ab. Nach 8 km Abzweigung.

Abstecher durch eine kahle Landschaft (rechts dunkler Lavastrom) zur 9 km entfernten Fischersiedlung Pozo Negro mit einsamem Kiesstrand.

Von der Abzweigung 13 km durch wüstenartige Landschaft bis zum Feriendorf
El Castillo, 83 km. Castillo de Fustes, eine der gegen die früheren Seeräuber errichteten Rundburgen (Abb. 157) aus dem 18. Jahrhundert, wurde Anfang der achtziger Jahre geschickt in die neue weitläufige Ferienanlage integriert. Flacher Sandstrand und Yachthafen.

Ausflüge auf Pisten weiter südlich bis zum Barranco de la Torre. Auf der Südseite eine Geröllwüste (Abb. 158) und Überreste der Ureinwohner (Ruinas Guanches).

Weiter nördlich am Flughafen vorbei, rechts der Parador Nacional, der mit seinem ummauerten Hofbezirk wie eine nordafrikanische Karawanserei gestaltet wurde; nebenan gelegen der Sandstrand Playa Blanca, bis nach Puerto del Rosario.

Route III: Jandía (Morro del Jable) – Gran Tarajal – Pájara – Playa de la Pared – Jandía

136 km, Tagestour.

Morro del Jable, ehemals ein Fischerort, an den nur noch wenige Häuser im Hafen erinnern, hat sich in den letzten Jahren als Touristenort zur Versorgung der in den nahe gelegenen Hotels lebenden Fremden sehr stark erweitert. Ein neuer Hafen jenseits des Berges ist im Bau (1986).

Ausflug mit dem Geländewagen über abenteuerliche Pisten nach Westen (marine Plattform, 55 m, durch Kerbtäler zerschnitten) zur Punta de Jandía (Leuchtturm) (23 km) und über den Gebirgskamm mit großartigem Panoramablick auf die Nordküste der Halbinsel nach Cofete, eine Wüstung mit dem berühmten ›Winter-Palais‹, einer Ausflugsbar und zerfallenen Häusern, deren Menschen von dem Franco-Freund Winter vertrieben wurden.

An den Hotelanlagen ›Robinson-Club‹, ›Casa Atlantica‹ und ›Club Aldiana‹ vorbei, nach 6 km landeinwärts eine unwirtliche Steppenlandschaft mit breitem Barranco (Abb. 53). Nach weiteren 10 km rechts am Haus mit der Briefkastenaufschrift ›COX‹ Beginn einer Piste zu den überhaushohen Wanderdünen (Abb. 54), die zu den berühmten kilometerlangen feinsandigen Stränden* (Grandes Playas de Sotavento) (Abb. 55) gehören. Bald weisen Straßenschilder auf die Gefahr von Sandverwehungen hin. Die von Dünen besetzte Landenge bei Matas Blancas war einst von einer Grenzmauer von Küste zu Küste durchzogen und trennte zwei Herrschaftsbereiche der Ureinwohner voneinander (heute nur noch wenige Reste erhalten). 33 km hinter Morro auf einer Anhöhe (Restaurant ›Cuesta de La Pared‹) eine großartige Aussicht auf die Halbinsel Jandía.

Über Tarajalejo, 40 km, (schönes Palmental mit windgeschütztem Strand) zur ›Ponde-Rosa‹ (52 km, rechts von der Straße), einem von deutschen ›Aussteigern‹ gegründeten und aufgebauten Bauernhof, mit dem in der kargen Landschaft Fuerteventuras die Idee einer Selbstversorgung angestrebt wird (Besichtigungsmöglichkeit).

Gran Tarajal, 57 km, ehemaliger Ankerplatz von Tuineje und zu ihm noch heute verwaltungsmäßig gehörend. (Wegen der ehemaligen Seeräuberüberfälle wurden die Siedlungen im Landesinnern gebaut und hatten an der Küste nur einen Ankerplatz.) Heute zweitwichtigster Inselhafen, vor allem für landwirtschaftliche Produkte (Tomaten).

Über Tuineje, 71 km, nach **Pájara,** 80 km, s. Route II.
Weiter in Richtung Puerto de la Peña, nach 2 km Abzweigung nach links. Die neue Straße führt in zahlreichen Kurven durch eine heroische, einsame Landschaft mit stark erodierten Berghängen, nach 17 km schöner Blick auf die Playa de Barlovento, bzw. nach 23 km auf die Playa de la Pared. Schließlich quert man die Landenge (Istmo de la Pared) und trifft wieder auf die Straße nach Morro del Jable, der man bis zum Ausgangspunkt der Fahrt folgt.

Möglich sind auch Kombinationen der drei beschriebenen Routen. Ein umfangreicher Tagesausflug von Corralejo nach Jandía (oder umgekehrt), über La Oliva, Betancuria, Playa de La Pared, zurück über Gran Tarajal, La Antigua, El Castillo, Puerto del Rosario, umfaßt ohne Abstecher 265 km.

Lanzarote – Insel der Feuerberge

(Abb. 56–63, 172–188)

> *Lanzarote ist das absolut Unerwartete, Überraschende, Nicht-Vorgestellte. Lanzarote kommt der Neugier entgegen, schenkt Entdeckungen, verblüfft, bedrückt und erfreut. Noch die Erinnerungen daran sind verwirrend. Wer daraus schöpft, gerät in Gefahr, sich in Einzelheiten zu verlieren. Das runde Bild, das in sich abgeschlossen ist, will sich nicht einstellen. Weil Lanzarote außerhalb unserer Welt, auch außerhalb unserer Geschichtsvorstellung liegt?*[46]
>
> Anton Dieterich

> *Wild war alles, was mir erschien, aber eine Wildnis besonderer Art, keine Orgie der überfließenden Natur, sondern eine Wildnis der Kargheit, von der Wüste darin unterschieden, daß diese bis zum Letzten abgetragene Ruine einer Landschaft ist, Opfer einer Verwitterungskraft, die nun keinen Anhaltspunkt mehr findet, äußerste Zerriebenheit, während auf Lanzarote sich stärker noch als auf den anderen Inseln die eben erst erstarrte, die fast noch flüssige Jugend der Schöpfung erfahren läßt. Langsam sich hebende Kegel der Ferne, ein Riesenstrom der Schlacke, rot oxydierter Tuff, Flächen der Leblosigkeit, eines schmerzenden Nichts – der erste Eindruck, den die Insel macht, hält sich durch. Aber dann auch wieder die Größe des Menschen in dieser noch nicht zersetzten und erodierten, in dieser häufig nicht einmal Flechten zulassenden Lavawelt!*[47]
>
> Gerhard Nebel

Lanzarote, die Insel des Feuers und der Farben, ist die fremdartigste Insel des Kanarischen Archipels. Bestürzend liegt vor uns die gigantische Vulkankraft: ein Chaos aufgerissener Vulkankegel, etwa dreihundert an der Zahl, schwarze Lavaströme, Aschen- und Schlackenfelder, die vier Fünftel der Insel bedecken – ein wahrhaft archaisches Bild von der Entstehung der Erde (Abb. 56).

Lanzarote ist die viertgrößte und am weitesten östlich gelegene Insel des Archipels. Von den Ureinwohnern Tite-roy-gatra genannt, erhielt sie später nach dem Genueser Seefahrer Lanzarotto Malocello, der im Jahre 1312 auf der Insel gelandet war und den Archipel in den Blickpunkt der europäischen Mächte gerückt hatte, ihren heutigen Namen. Im 15. Jahrhundert wurde Lanzarote endgültig durch spanische Eroberer an Europa angeschlossen und zugleich Ausgangspunkt für die Besitzergreifung aller Kanarischen Inseln (s. S. 25 f.). Bis 1812 war Lanzarote ein feudalherrschaftliches Señorío.

LANZAROTE – INSEL DER FEUERBERGE

Übersichtskarte von Lanzarote

Gegenwärtig ist die Bevölkerung nur in der Lage, Zwiebeln zu exportieren, und somit bleibt die Insel von der Hektik der Weltwirtschaft verschont. Wer dem Bauern bei seiner Feldarbeit zuschaut, wie er mit dem Dromedar vor dem alten römischen Pflug den Aschenboden pflügt, der wird in biblische Zeiten versetzt. Und die Nähe Afrikas ist überall spürbar: Hier fehlen die höheren Gebirgszüge der westlichen Inseln, und damit der mittägliche Wolkenfilter, der die Sonneneinstrahlung mildert. Fast ständig vom Passatwind überweht, ist das Klima bei den wenigen winterlichen Niederschlägen unter 200 mm und bei Jahresdurchschnittstemperaturen von ca. 22° C arid. Blendend weiß gekalkte kubische Häuser heben sich vom dunklen Vulkanboden ab, reflektieren die Sonneneinstrahlung und halten die Innenräume kühl, zugleich demonstrieren sie die Überlegenheit der Menschen in dieser elementaren und bedrohlichen Landschaft (Abb. 60). Wie eine Fata Morgana ist die oasenhafte Erscheinung von Haría, diese afrikanische Architektur inmitten eines ausgedehnten Palmenhains (Abb. 57). Zeitweilig weht der Wind von der Sahara herüber und bringt den Wüstensand mit, manchmal auch Schwärme gefräßiger Heuschrecken. Doch die Einwohner Lanzarotes hielten jene Sande auf, errichteten Palisaden aus Wüstengras und lenkten damit die Ablagerungen, verwendeten den ›jable‹ für den genial ausgedachten Trockenfeldbau und zogen daraus landwirtschaftlichen Gewinn (s. S. 123). Von der Bahía de Penedo im Norden Lanzarotes dehnen sich die Dünensande in einem breiten Streifen südwärts.

Der geologische Aufbau Lanzarotes wird besonders sichtbar vom Vulkanismus geprägt, und zwar überwiegend von basaltischen Laven und Lockerprodukten der verschiedenen Eruptionsphasen, die bis in die historische Zeit reichen (1730–36, 1824). Der Insel sitzen landschaftsbestimmend drei Reihen mehr oder weniger isolierter Vulkankegel auf, deren höchster Gipfel der Peñas del Chache (671 m) im Famara-Rücken im Norden der Insel ist. Daneben finden sich einige zusammenhängende Gebirgszüge mäßiger Erhebung und Erstreckung. Von Westen her gegen die Inselmitte verläuft das Timanfaya-Gebirge mit einer dichten Reihe von Vulkankegeln, dessen Hauptgruppe die Montañas del Fuego bilden (Abb. 56). Ein weiterer Gebirgszug zieht sich in der östlichen Hälfte der Südwest-Ausbuchtung der Insel bis gegen die Küste hin, und im Norden ist es der schon erwähnte Famara-Rücken, der sich im Guatifay fortsetzt und schließlich mit den Vulkanen Corona und Quemada endet. Steil fällt dieses Bergland nach Norden hin zur Meeresstraße El Río und vorgelagerten Insel Graciosa ab (Umschlaginnenklappe). Ebenen oder flachgewellte Landstriche finden sich in der südwestlichen Küstenzone El Rubicón, wo sich nur noch der Vulkan Roja (194 m) besonders hervorhebt. Größere Täler streben nur ostwärts zum Meer; überhaupt ist die Ostküste flacher und besitzt kleinere einsame Buchten oder kilometerlange schwarz- und weißsandige Badestrände.

Die herausragendste Erscheinung der Landschaft, Höhepunkt einer Lanzarote-Reise, ist das zentrale Massiv des Timanfayagebirges, und hier die **Montañas del Fuego** (Feuerberge), die 1974 zum Nationalpark (5107 ha) erklärt wurden. Vor den großen Vulkanausbrüchen in den Jahren 1730–36 und 1824 stellte diese Region eine der fruchtbarsten Landschaften der Insel dar, bis die Katastrophen einsetzten; dreißig und mehr Krater spieen Feuer, 6 bis 10 m mächtige Lavadecken und bis zu 3 m mächtige Lapillimassen begruben etwa den fünften Teil Lanzarotes unter sich, erstickten alles pflanzliche Leben und vernichteten elf Dörfer. Die entsetzte Bevölkerung floh und verbarg sich in der mehr als 6 km langen Cueva de los Verdes (s. Fig. S. 283). Heute stehen Kamel-Karawanen für den Aufstieg zum 512 m hohen Timanfaya bereit (Abb. 177).

LANZAROTE – INSEL DER FEUERBERGE

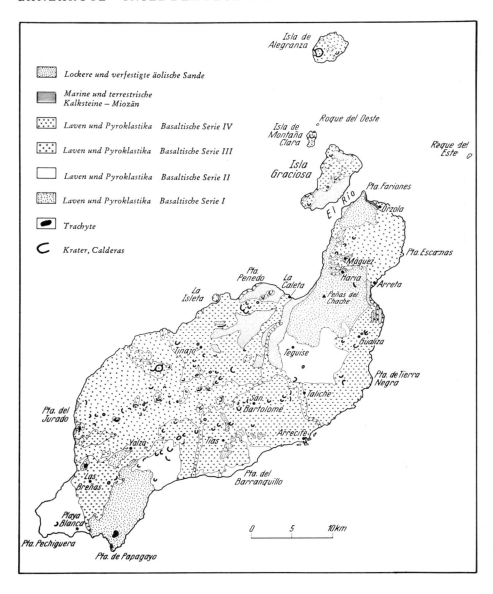

Geologische Karte von Lanzarote (verändert nach Inst. Geol. y Min. de España, 1968; Quelle: Mitchell-Thomé, 1976)[49]

Im Islote de Hilario kommen zu dem Panorama farbenprächtiger Feuerberge die spektakulären Vorführungen seiner Kraft; hier ist der Vulkanismus nicht mehr vage Stimmung, sondern sinnliches Ereignis: hier riecht man den Schwefel aus dem Erdinnern, hier bleibt man nicht lange an einer Stelle stehen, wenn die Schuhsohlen bedrohlich heiß werden, hier ist man nur durch eine dünne Kruste vom flammenden Magma der Tiefe getrennt, und die Luft flimmert vor Hitze. Bereits 10 cm unter der Erdoberfläche steigt die Temperatur auf 140° C; in 20 m Tiefe könnte man Stahl zum Schmelzen bringt. In einer kleinen Erdhöhle entzündet sich hineingeworfenes Reisig nach wenigen Sekunden; besonders überzeugend aber ist ein künstlicher Geysir: in eine 60 cm tief in die Erde getriebene Eisenröhre schüttet ein Wärter einen Eimer voll Wasser, das wenige Sekunden später als Dampffontäne mit scharfem Zischen gen Himmel schießt (Abb. 178). Im Restaurant ist ein ›Vulkan-Grill‹ eingerichtet worden; saftiges Hammelfleisch gart über der Hitze einer natürlichen Erdspalte. Spezialbusse stehen für die einstündige Rundfahrt durch die Feuerberge auf einer eigenen Route bereit. Mehrere Haltepunkte an besonders eindrucksvollen Ausblicken sind eingeplant. Der Bericht des Chronisten der Katastrophe von 1730, des Pfarrers Don Andrés Lorenzo Curbelo aus Yaiza, Erklärungen einzelner Vulkanerscheinungen und eine sich ins Dramatische steigernde Musik aus den Lautsprechern begleiten die Gruppe.

Nicht weit von den Montañas del Fuego entfernt liegt an der Westküste eine weitere einmalige vulkanische Erscheinung, **El Golfo,** ein smaragdfarbener See, der auf der östlichen Seite von der 20 m steilen Mauer eines halben Kraters umgrenzt ist, dessen andere Hälfte fast vollständig durch die Meeresbrandung zerstört wurde (Abb. 62, 172). Die Vulkanologen haben die besondere Erscheinungsform dieses am Meeresrand entstandenen Vulkans mit dem Begriff ›palagonisierter Tuffring‹ belegt. Das Magma, das mit Wasser in Berührung kommt, entwickelt eine besonders starke explosive Eruption, bei der sich kein Schlackenkegel, sondern ein Tuffring bildet, wobei das instabile Gesteinsglas im Kontakt mit dem Wasser zersetzt wird und die ockerfarbenen Schichten bildet. Die erosionsbedingten Aushöhlungen entstanden durch diskontinuierlich verkittete Oberflächenkrusten. Typisch sind auch die hier im Basaltgestein auskristallisierten Olivinknollen (Abb. 64 i). Der grüne, stark salzhaltige See, der durch einen von der Meeresbrandung aufgeschütteten Strandwall meerwärts abgetrennt ist, wird bei Flut durch unterirdisch einsickerndes Meerwasser gespeist; seine eigenartige grüne Farbe verdankt er den im Wasser lebenden Algen.

Besonders interessante vulkanische Erscheinungen erleben wir im äußersten Nordosten Lanzarotes. Es sind die Vulkanhöhlen ›**Cueva de los Verdes**‹ und ›**Jameos del Agua**‹. Die erste gehört zu einem fast sieben Kilometer langen System tunnelartiger Höhlen, von denen gegenwärtig etwa zwei Kilometer beleuchtet und für den Touristen erschlossen sind. Der Höhlengang erweitert sich zu einer Halle, die bei Konzertaufführungen bis zu 1000 Besuchern Platz bietet. Mehrere Gänge und Galerien liegen übereinander und sind teilweise mit einer Fülle erstarrter Lavatropfsteine ausgekleidet.

Die Entstehung dieser Höhlen erklärt man sich folgendermaßen: Während die Lava an der Oberfläche schon erkaltet und fest war, strömte darunter noch die heiße Lava des Vulkans Corona weiter, ›erodierte‹ durch Aufschmelzen des älteren Basaltes und floß schließlich aus, so daß sich ein Hohlraum bilden konnte. Am Ende des begehbaren Höhlenabschnitts täuscht die spiegelglatte Oberfläche eines nur wenige Dezimeter tiefen Sees ein abgrundtiefes Loch vor.

Die zweite Höhle ›Jameos del Agua‹ liegt etwa 250 m von der Meeresküste entfernt und gehört zu demselben Höhlensystem wie die ›Cueva de los Verdes‹, das übrigens noch viele weitere Höhleneingänge (eingebrochene Höhlendecken) besitzt. Den Namen verdankt sie einem Salzwassersee, der unterirdisch mit dem Meer in Verbindung steht. Durch ein rundes Loch von etwa 3 m in der Höhlendecke – wahrscheinlich durch eine Gasexplosion entstanden, weil der unversehrte Pfropfen oben dicht daneben liegt – fallen die Sonnenstrahlen in verschiedenem Einfallswinkel und verursachen den eigenartigen blauen Lichteffekt. Auf dem Grund des Sees lebt ein blinder Albinokrebs (Munidopsis polimorpha), ein in der heutigen Wasserfauna seltenes, 3 cm langes Schalentier, das gemäß seiner Konstitution zur Tiefseefauna gehört und dessen Vorhandensein in dieser Höhle bisher noch nicht zufriedenstellend erklärt werden konnte. Nach Entwürfen von César Manrique (s. S. 284) ist in den Jameos del Agua ein Restaurant mit Nachtklub und Schwimmbad inmitten einer kunstvoll angelegten Flora eingerichtet worden, eines jener architektonisch eigenwilligen Beispiele auf dieser Insel, bei dem Kultur und Natur eine enge harmonische Verbindung eingegangen sind.

Not macht erfinderisch. Lanzarote ist zwar keine ganz und gar kahle Insel; außer in den Bergländern mit ihren Lavazonen gibt es auch fruchtbare Landstriche und grüne Hügel, doch diese reichen für die Landwirtschaft der Bevölkerung nicht aus. Dennoch leben hier doppelt so viele Menschen wie auf der doppelt so großen Insel Fuerteventura. Also mußten die Bauern den Vulkanen Boden für ihre Landwirtschaft abtrotzen. Auf einer kleinen Anhöhe bei Mozaga, umgeben von schwarzen Lapilli-Feldern, runden Lavamäuerchen mit ihren Pflanzenschützlingen, steht ein abstraktes Monument zu Ehren der Fruchtbarkeit, ein Werk César Manriques (Abb. 184). Angesichts des leuchtenden Grüns der Weinreben auf dem dunklen Untergrund tritt seine symbolische Bedeutung klar hervor. Diese Fruchtbarkeit ist nur den immensen Anstrengungen des Bauern, des einfachen aber zähen ›Mago‹, gegen den widrigen Boden und die Niederschlagsarmut zu verdanken. Er entwickelte eine spezielle feuchtigkeitskonservierende Trockenfeldbaumethode (enarenado) (s. S. 120 ff.).

Die berühmteste Landschaft mit dieser Anbaumethode findet sich in der Gegend von **La Geria** (Abb. 61, 173–175), wo eine Unmenge künstlicher Erdtröge ausgegraben wurden, in die man Weinstöcke, Orangen- oder Feigenbäume pflanzte. Der unentwegt wehende Wind zwingt die Pflanzen dazu, in ihrer Grube ihr Dasein zu fristen, kaum wagen sie sich über die Mauerränder hinaus. Sie kriechen am Boden entlang, und selbst die Feigenbäume drücken ihre Äste gen Boden. So sieht man von weitem nichts von dem Lebensgrün. Im sanften Fall der Linien sind die Ornamente der halbrunden nord-

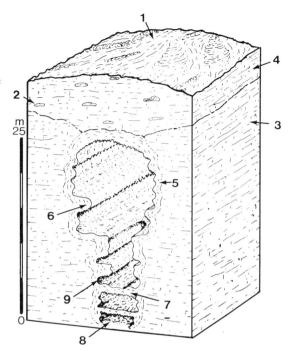

Blockbild der Cueva de los Verdes, Lanzarote (nach T. Bravo 1964)
1 *Schlacken und Gekröselava der Oberfläche*
2 *Kleine Vulkanröhren*
3 *Basaltlava, entstanden in der ersten Phase der vulkanischen Aktivität, in Schichten mit Schrumpfrissen*
4 *Lava, ausgeflossen in der zweiten Phase der vulkanischen Aktivität. Der anhaltende Lavastrom verursachte durch Aufschmelzen der unteren Basalte den großen (unterirdischen) Kanal von Los Jameos*
5 *Schmelzkranz*
6 *Kranzleisten, gebildet durch Anhaften von Schlackeschichten, als die Lava in dieser Höhe durch das Innere des unterirdischen Kanals floß*
7 *Brücken, die sich bei Erstarrung der Oberfläche des Lavastromes, der darunter weiter floß, bildeten*
8 *Restschlacke*
9 *Hängende Lavatropfen vom Rand der Kranzleiste*

ostwärts ausgerichteten Lavamäuerchen das einzige Ereignis. Doch diese Mischung abstrakter Formen und konkreter Sinnerfüllung, toten Gesteins und lebendigen Wachstums, haben auf der Ausstellung ›Architektur ohne Architekten‹ in New York besondere Ehrung erfahren. In dieser Landschaft lebt der ›Mago‹, der Bauer mit seinem schwarzen Filzhut auf dem Kopf, die Bäuerin mit ihrem bodenlangen Kleid, dem Strohhut und dem Kopftuch darunter, das oft selbst den Mund verdeckt. Die Frauen gruppieren sich zur Zwiebelernte und -auslese in einer Runde, der Bauer zieht mit dem Pflug die Furchen auf den Feldern. Dabei wird seine mühevolle Arbeit vom Maultier und manchmal noch vom Dromedar, früher dem wichtigsten Haustier der Ostinseln, unterstützt. Nur selten begegnet einem noch das Dromedar, wie es mit gemessenem, gleichmäßigem Schritt seine Arbeit ausführt, als Lastenträger und Zugtier. Als Reittier für Touristen in den Montañas del Fuego tritt es aber in ganzen Herden auf. Zugleich erhält der Mensch von ihm Milch, Fleisch und Leder, sein Dung ist ein ausgezeichneter Brennstoff. Bis zu acht Tagen kann dieses genügsame Tier ohne Fressen und Trinken aushalten; seine Speisekammer trägt es dann mit sich in seinem Höcker (Abb. 59). Die Bemühungen der Bauern haben sich ausgezahlt. Trotz der permanenten Trockenheit werden große Mengen von Zwiebeln, Tomaten, Weintrauben – aus denen der schwere Malvasier gekeltert wird –, Bataten (Süßkartoffeln), Mais, Weizen, Obst und Hülsen-

LANZAROTE – INSEL DER FEUERBERGE

Zwiebelauslese auf Lanzarote

früchte geerntet. Auch die Zucht der Cochenille-Laus auf den Opuntien (vgl. Fig. S. 116) zur Herstellung von Naturfarben ist heute wieder eine Erwerbsquelle geworden. Die USA verwenden die rote Farbe in der kosmetischen Industrie, wo sie immer noch den gesündesten Farbstoff darstellt, und auch den Persern für das ›Rot‹ ihrer Teppiche ist sie unentbehrlich (Jahresproduktion: 1973/74 = 35 Tonnen, 1983 = 30 Tonnen). Im Hafen der Hauptstadt Arrecife liegt die mit über vierhundert Schiffen größte Fischfangflotte des Archipels. Mit einem Jahresfangergebnis von rund 100 000 Tonnen Fisch beschäftigt sie fünf Fischkonserven- und Mehlfabriken. Die Zukunft der Fischindustrie wird jedoch pessimistisch eingeschätzt. Das dazu notwendige Salz stammt von mehreren Salinen, die in diesem Trockenklima besonders ertragreich sind (Abb. 58, 187, 188).

Vor allem aber hat es der Lanzarotiner vortrefflich verstanden, die Rauhheit der ausgeglühten Landschaft mit der einfachen Anmut einer ländlichen Architektur zu mildern. War Lanzarote einst Angriffsziel der Piraten, so ist es heute eine Zufluchtsstätte der von Hast und Lärm geplagten Großstädter geworden. Doch versucht man an einigen Orten, keine massentouristischen Zentren wie auf Teneriffa oder Gran Canaria entstehen zu lassen; die Insel soll ihren unvergleichlichen Charakter und ihre Anziehungskraft für Individualisten bewahren.

Diese günstige Entwicklung verdankt Lanzarote zu einem großen Teil dem unermüdlichen Tatendrang von *César Manrique* (geb. 1920), dem z. Z. bedeutendsten Künstler der Kanarischen Inseln, der Maler, Bildhauer, Architekt und Gartengestalter zugleich ist und auch auf dem internationalen Kunstmarkt große Beachtung findet. Wie sehr Manrique mit seiner Landschaft und in seiner Landschaft lebt, wie sehr sie ihn prägt und seine Werke mitgeformt hat, das ist immer wieder festzustellen. Seine Entwürfe verwirklicht er mit Materialien aus der umgebenden Natur: mit Vulkanasche oder Lavagestein, mit Holz, vor allem aber mit lebenden Pflanzen. Seinen Wunsch, mit der Lava zu leben, hat er sich in seinem Haus nördlich von Arrecife demonstrativ erfüllt (Abb. 185, 186). Von außen wirkt dieses Haus, das auf einem scheinbar wertlosen dunklen Lavafeld steht, eher schlicht; ein kleiner Glockenstuhl am Eingang ist die einzige Besonderheit. Und auch der Ausblick auf den schwarzen Malpaís und die Vulkankegel am Horizont ist eher bedrückend. Das Extravagante jedoch geschieht im Innern dieses Hauses. Über eine Wendeltreppe im Wohnzimmer steigt man durch ein großes Loch in die Tiefe des ›Kellergeschosses‹, ein durch Gänge miteinander verbundenes System von kugeligen Vulkanhöhlen, die der Künstler wohnlich eingerichtet hat. Indem Manrique diesen vulkanisch entstandenen Raum zum Innersten seines Hauses ausgestaltete, verwirklichte er auf seine Weise die Idee, die Erde auch dort wo sie bisher lebensfeindlich erschien, zu nutzen und in ihr Geborgenheit zu finden.

Hoch über der Wasserstraße El Río zwischen Lanzarote und der Insel Graciosa wurde vor einiger Zeit der Aussichtspunkt **Mirador del Río** ebenfalls nach der Idee Manriques gebaut. Aus einem unauffälligen Gewölbe im Berge öffnet sich der Hauptraum eines Restaurants mit langen, ovalen Panoramafenstern, die den Blick auf die Wasserstraße und die vorgelagerten Inseln lenken. Das sich fast ins Blauviolett steigernde Meer und die in hellen Pastellfarben leuchtende, nur von einigen Schatten weißer dahinfliegender Wolken befleckte Insel Graciosa mit den winzigkleinen Fischerhäuschen am flachen Strand erscheinen unwirklich wie eine Vision (vordere Umschlaginnenklappe).

Route I: Arrecife – Tías – La Geria – Yaiza – Janubio – Playa Blanca – El Golfo – Montañas del Fuego – Tinajo – Arrecife
(Südroute)

94 km; Tagestour.

Arrecife, Hauptstadt Lanzarotes (29502 E./1981), ist eine saubere, afrikanisch anmutende Stadt, erfüllt vom Fortschrittsstreben auf wirtschaftlichem wie auf kulturellem Gebiet. Das *Castillo de San Gabriel* (Archäolog. Museum) aus dem 16. Jh., 1590 von L. Torriani restauriert, steht auf dem Islote de Fermina. Nördlich des Hafens ließ Karl III. 1779 ein weiteres Kastell anlegen, *Castillo de San José,* mit dessen Bau der Monarch auch der damals kritischen Arbeitslosigkeit abhelfen wollte. Heute dient es als Raum für eine kleine Sammlung und wechselnde Ausstellungen zeitgenössischer Kunst (Abb. 182). Diese und weitere Befestigungsanlagen auf Lanzarote erinnern an jene ruhmvollen und traurigen Tage, als die Bevölkerung sich erbittert gegen die Piraten wehren mußte. Die Pfarrkirche mit ihrer schönen Fassade und dem quadratischen Turm ist dem Schutzpatron der Insel, San Ginés, geweiht. Schöner von Arkaden gesäumter Marktplatz und betriebsamer Fischereihafen; Kunst- und Kommunikationszentrum El Almacén.

Von Arrecife auf der Küstenstraße westwärts, vorbei am Flughafen über Tías bis Mácher, 14 km. Einige Straßen zweigen auf dieser Strecke nach Süden zur Küste ab (Ferienzentrum zwischen *Puerto del Carmen* und *Playa de Matagorda*). In Mácher Abzweigung nach **La Geria***, 20 km, eindrucksvolles Landschaftsbild mit Weinanbau (Abb. 61, 173–175; s. S. 282).

Abstecher auf breiter Piste in Richtung *Tinguatón*. Nach etwa 1 km links ein einzelner Vulkan. Zufahrt auf schmaler Aschenpiste, am Vulkanfuß rechts bis zum Kratereingang. Interessant sind verschiedene Lavaformen und spärliche Vegetation inmitten des Kraters.

Auf etwas abschüssiger Straße nach Uga (Kamelzucht) und Yaiza, 28 km, afrikanisches Aussehen der weißgetünchten Häuser mit Palmenhainen; Anbaugebiet von Tabak, Mais, Zwiebeln, am Boden entlangkriechenden Tomaten und in Büscheln angepflanztem Weizen. Diese Orte wurden mehrmals unter der Vulkanasche begraben. **Salinas de Janubio***, 37 km, die 2 qkm Salzgewinnungsfläche produziert im Sommer 30 Tonnen täglich, im Winter etwa die Hälfte. Stimmungsvolles Bild bei Sonnenuntergang (Abb. 58, 187).

Abstecher nach **Playa Blanca**, 9 km, im Süden (Autofähre nach Fuerteventura). Von dort zum Leuchtturm Punta de Pechiguera oder auf einer Piste zu den *einsamen Sandstränden* Playas de las Coloradas* (Castillo von 1742), *Playa de las Mujeres bis zur Punta de Papagayo*, Blick nach Fuerteventura; diese Strände, auch Papagayo-Strände genannt, gelten als das beste Baderevier auf der Insel.

Von Janubio in nördlicher Richtung, vorbei an der brandungsumtobten Steilküste (Los Hervideros, Abb. 176) mit lohnenden Haltepunkten nach **El Golfo***, 43 km, einem halbkreisförmi-

* *besondere Sehenswürdigkeit*

gen Krater mit smaragdfarbener Lagune (Abb. 62, 172; s. S. 281). Zurück nach Yaiza, 56 km, Abzweigung nach links zu den Feuerbergen **Montañas del Fuego***, 62 km (s. S. 279 ff.; Abb. 56, 177). Am Fuße des Timanfaya warten die Kamel-Karawanen (vor allem in den Morgenstunden auf die meist organisierten Ausflugstouristen). Wanderungen zum Islote de Hilario. Wenige Kilometer hinter der Kamel-Station Abzweigung einer Straße zum *Nationalpark Timanfaya* (Besuchszeiten s. S. 307). Vom Islote de Hilario aus organisierte Busfahrten auf der 10 km langen Vulkanroute (im Eintrittspreis für den Nationalpark enthalten. Mietautos dürfen nur einmal täglich die Straße befahren). Höhepunkte sind der Manto de la Virgen (Abb. 181), einer der parasitären Vulkane; der Aussichtspunkt Montaña Rajada; der Barranco de Fuego (Abb. 180), ein ehemaliger vulkanischer Tunnel, durch den Lava floß und Tropfsteine hinterließ; die Aschenlandschaft Valle de la Tranquilidad; der Blick zur Caldera de los Cuervos (Abb. 56) und schließlich der Krater des Timanfaya. Neben dem Vulkan-Restaurant die Demonstrationen der Erdwärme (Abb. 178; s. S. 279 ff.).

Rückfahrt über Tinajo (Abstecher zur Nordküste bei La Santa), Tiagua (rekonstruierte Windmühle, Besichtigung), Mozaga mit dem Fruchtbarkeitsdenkmal von César Manrique (Abb. 184; s. S. 282), daneben ›Casa del Campesino‹ (sehenswerte Verkaufsausstellung heimischen Kunsthandwerks, vor allem des Keramikers Juan Brito), San Bartolomé mit landwirtschaftlichem Hauptanbaugebiet (in der Nähe die in den letzten Jahren ausgegrabene altkanarische Fundstätte *Zonzamas*, ein großes Bauwerk aus Steinblöcken), nach Arrecife.

Route II: Arrecife – Teguise – Haría – Mirador del Río – Cueva de los Verdes – Jameos del Agua – Guatiza – Arrecife (Nordroute)

80 km; Tagestour.

Von Arrecife in Richung Tahiche, nach ca. 2 km links der Straße ein schmaler schwarzer Lavafluß, der von den Eruptionen des Timanfaya im 18. Jh. stammt. 200 m auf der Straße in Richtung San Bartolomé rechts im Lavafeld das Wohnhaus von César Manrique mit Glockenstuhl (s. S. 284, Abb. 185, 186).

Teguise, 12 km, ehemalige Hauptstadt, die wegen der Bedrohung durch Piraten und Sklavenräuber im Landesinneren angelegt wurde, ehemals Bischofssitz. Architektonisch interessant durch die spanische Kunst in ihrer estremadurischen, andalusischen und hispano-amerikanischen Form. Häuser mit geschnitzten Holztüren und typischen Guckfensterläden. Mehrere interessante Klöster (Santo Domingo, 18. Jh.; San Francisco, Ende 16. Jh.) und Kirchen (San Miguel mit einer Madonnenstatue, die einst von einem Mohren gestohlen wurde, der jedoch von einem Hund gestellt werden konnte. Ein Bild zu Füßen der Madonna zeigt diesen Hund an der Kehle des Mohren.) Sehenswert ist der Palacio de Espinola (Abb. 183), benannt nach dem Genueser Kaufmann Vicente Spinola, der im 17. Jh. dieses Haus bauen ließ. Es wurde restauriert und mit verschiedenen spanischen und internationalen Gemälden und Möbeln eingerichtet. Zugleich dient es für Ausstellungen, Konzerte und Konferenzen und soll die kulturelle Bedeutung Lanzarotes dokumentieren. Teguise ist auch Herkunftsort des kanarischen Zupfinstruments ›timple‹, das in einigen Werkstätten hergestellt wird (Besichtigung und Verkauf). Schließlich stammt aus der Stadt eine unbedeutende, aber dennoch in die Weltliteratur eingegangene Persönlichkeit: José Clavijo y Fajardo, der sich von dem französischen Dramatiker Beaumarchais erpressen ließ, dessen nicht mehr ganz junger Schwester ein schriftliches Heiratsversprechen zu geben. Beaumarchais verwandte den Stoff – Dichtung und Wahrheit nicht ganz auseinanderhaltend – für sein Drama ›Eugenia‹; diese Quelle diente Goethe für sein Jugenddrama ›Clavigo‹.

Von Teguise führt eine Piste zum Castillo de Guanapay (16. Jh.) hinauf. Es steht an der Stelle eines von Lanzarotto Malocello im 14. Jh. gegen Piratenüberfälle errichteten Forts, das 1596 von Torriani, dem Architekten Philipps II., umgebaut wurde.

Abstecher zum Fischerort La Caleta (9 km) am Westende der Playa de Famara, 3 km langer Strand (gefährliche Strömungen; Surfertreffpunkt). Im Hinterland El Jable (Sandstürme).

Über Los Valles, eine Talung mit interessantem Trockenfeldbau (Abb. 60), durch gebirgiges Gelände (Abstecher zur Kirche ›Las Nieves‹ mit Panoramablick auf die Playa de Famara), am höchsten Berg der Insel (Peñas del Chache, 671 m) vorbei, *Mirador de Haría** mit großartigem Ausblick auf das oasenhafte Dorf **Haría** (Abb. 57), 30 km. In der modernen Kirche eine Holzschnitzerei der Himmelfahrt Mariä,

287

ein Kunstwerk des bedeutenden kanarischen Bildhauers Luján Pérez (1756–1815) und eine bemerkenswerte Christusfigur eines anderen kanarischen Künstlers.

Über Máguez (im Hintergrund der 609 m hohe Vulkankegel des Monte Corona, der in vorgeschichtlicher Zeit den nordöstlichen Teil der Insel mit Lava bedeckte) und Las Rositas bis zum Weiler Yé, 36 km, der seine Existenz der bekannten Färberflechte (s. S. 12) verdankt. Auf der Hauptstraße von Arrecife aus weiter bis zum **Mirador del Río*** (vordere Umschlaginnenklappe; siehe Seite 285).

Zurück bis Yé (anschließend Abzweigung zum Fischerhafen Orzola, Schiffsverbindungen zur Insel Graciosa) durch ein Gebiet mit Mischkulturen von Wein und Opuntien (Abb. 63). Nach 3 km Abzweigung zu den Vulkanhöhlen **Cueva de los Verdes***, und **Jameos del Agua*** (s. S. 281 f.). In der umgebenden Küstenlandschaft trockenheitsliebende Vegetation, u. a. Eispflanze (Mesembryanthemum cristallinum), Abb. 84; Cosco (Mesembryanthemum nodiflorum), Abb. 81; Aizoon canariense, Abb. 6; Tabaiba und Verode, Abb. 80. Mitten im Malpaís de la Corona Höhlen der Ureinwohner Lanzarotes, ›casas hondas‹, und ›queseras‹, riesige ausgekehlte Steine, die wahrscheinlich rituellen Zwecken dienten.

Zugang zur Quesera de Bravo: Von der Kreuzung der Straßen Arrieta–Orzola/Jameos del Agua–Cueva de los Verdes 50 m in Richtung Cueva de los Verdes, dann links auf einem schmalen Pfad 5 min. durch Lavafelder bis zur Fundstätte.

Zurück zur Hauptstraße nach Arrecife, über den kleinen Fischereihafen Arrieta mit dem Sandstrand Playa de la Garita, zum Dorf Mala, Zentrum der Aufzucht der Cochenille-Laus auf den weiträumigen Opuntienfeldern. Über Guatiza (Windmühlen) zur Costa Teguise mit dem Luxushotel Las Salinas (1977 erbaut, Architekt: Fernando Higueras, Gartengestaltung: César Manrique); weiter bis Arrecife.

Die Eilande Graciosa, Montaña Clara, Alegranza, Roque del Oeste, Roque del Este und Lobos

Die Insel **Graciosa*** (die Anmutige) (vordere Umschlaginnenklappe), wird durch den 1,5 bis 2 km breiten Sund El Río von Lanzarote getrennt, stellt aber geologisch nur eine Fortsetzung dieser großen Insel dar. Das nur 27 qkm große Eiland wird im wesentlichen von vier Vulkanen aufgebaut, und zwar von Südwest nach Nordost, also in der auch auf Lanzarote vorherrschenden Strukturrichtung; der höchste ist der Pedro Barba mit 266 m. Größere Teile der Insel sind mit goldfarbigen Dünensanden bedeckt und machen Graciosa damit zu einem der schönsten Badeparadiese der Kanaren. Zweimal täglich fährt ein kleines Fischerboot von Orzola/Lanzarote zu der kleinen Fischersiedlung Caleta del Sebo hinüber, eine zweite Fischersiedlung ist Pedro de Barba. Im wesentlichen bleibt Graciosa ein Ausflugsziel. Wer jedoch mit einfachen Unterkünften in zwei Pensionen bei den Fischern vorliebnehmen will, kann auch mehrere Tage in der Einsamkeit der Sandbuchten bei Caleta verbringen oder zum schönsten Strand, der kilometerlangen Playa de las Conchas auf der anderen Seite der Insel mit Blick auf das Eiland Montaña Clara, wandern (ca. 1 Std.). Graciosa bleibt ein Tip für Fischer und Taucher, Träumer und Lebenskünstler.

Montaña Clara, helles Gebirge, liegt etwa 2 km nördlich von Graciosa entfernt und ist nur 1 qkm groß. Die im wesentlichen von Pyroklastika bedeckte Insel wird von einem einzigen Vulkan (256 m) gekrönt.

Die Felsenriffe **Roque del Oeste** (Roque del Infierno) und **Roque del Este** sind Reste der vom Meeresboden aufsteigenden Vulkane.

Die Insel **Alegranza** (Freude) ist die nördlichste des Kanarischen Archipels, 12 qkm groß und von mehreren Vulkanen besetzt (289 m), deren Umgebung von Laven, Schlacken und Pyroklastika bedeckt ist. Hier findet sich ein einmaliges Vogelparadies.

Die Insel **Lobos,** zwischen Lanzarote und Fuerteventura gelegen, verdankt ihren Namen den Robbenherden, die früher auf ihren Wanderungen hier Station machten. Die 6 qkm große, überwiegend mit Pyroklastika bedeckte Insel ist relativ flach (122 m), besitzt klippenreiche Ufer, aber auch mehrere Badebuchten mit herrlichem weißen Sand. Die schmale Wasserstraße El Río ist ein ausgezeichnetes Gebiet für die Unterwasserjagd (s. S. 273). Tagesausflüge mit dem Boot von Corralejo/Fuerteventura.

Die Trauminsel San Borondón

Ob diese Insel nur eine Luftspiegelung gewesen ist, wie nüchterne Wissenschaftler des 20. Jahrhunderts behaupten?

Für das Altertum und frühe Mittelalter war San Borondón jedenfalls so real, daß man ihr auf den Karten des Mittelalters einen festen Platz einräumte.[48] Es ist eine wunderliche, bewegliche und ungesellige Insel, die plötzlich im Ozean aufzutauchen pflegte, um dann sofort wieder zu verschwinden. Diese Fabel, die während langer Zeit von der Inselbevölkerung erzählt wurde, ist eine andere Version der Legende des irischen Mönches San Brendán (auch: Brandán, Brandón, Brandenes, Borondón) aus dem 4. Jahrhundert. Dieser Mönch stach auf dem Rücken eines riesigen Wales in See, um nach dem irdischen Paradies zu suchen. In der kanarischen Version nahm den Platz des Wales eine Insel ein, mit Gebirgen, Schluchten, einer paradiesischen Flora und vor allem mit breiten wasserreichen Flüssen, wie es die wirklichen Inseln selbst nicht

ANMERKUNGEN

besaßen. Diese geheimnisvolle Insel, in den älteren Texten als Perdida, Encantada oder Encubierta (Verlorene, Verzauberte, Unentdeckte) bezeichnet, will man von verschiedensten Orten aus gesehen haben. Wenn man sich ihr aber näherte, verschwand sie wieder.

So bleibt San Borondón eine vom Tourismus unserer Zeit unentdeckte Insel.

Anmerkungen

1 Homer: Ilias/Odyssee. In der Übertragung von Johann Heinrich Voß, Winkler Verlag, München 1971
2 James Krüss: The Names of the Canary Islands and their Verification. In: Biogeography and Ecology in the Canary Islands, hrsg. von G. Kunkel, The Hague 1976, S. 37
3 Yann Even: Die Kanarischen Inseln in der Legende, in der Geschichte, in der Gegenwart, Santa Cruz de Tenerife 1963, S. 17
4 Leonardo Torriani: Die Kanarischen Inseln und ihre Urbewohner. Eine unbekannte Bilderhandschrift vom Jahre 1590. Im italienischen Urtext und in deutscher Übersetzung herausgegeben von Dominik Josef Wölfel, Leipzig 1940, S. 236
5 Leonardo Torriani, S. 304
6 Dominik Josef Wölfel sieht in den Berichten Torrianis, wo dieser von der Schiffahrt der Eingeborenen von Gran Canaria berichtet, ausgeführt mit Einbäumen und deren Segel aus Matten von Palmblättern, einheimisches Kulturgut. Seiner Meinung nach haben die ständig andauernden Raubzüge von Sklavenhändlern, die schon zwei- bis dreihundert Jahre vor der Eroberung der Insel begonnen hatten, die einheimische Schiffahrt von den Küsten verdrängt. Aus den alten Quellen gehe auch hervor, daß die Menschen aus Furcht vor dem Menschenraub die Küstenstriche verließen und in das abgelegene und gebirgige Landesinnere flüchteten.
7 Leonardo Torriani, S. 93
8 Leonardo Torriani, S. 240
9 Die Tatsache bleibt überraschend, daß die typische Totenbestattung in Einbäumen die Insulaner nicht zur Fortentwicklung der Schiffahrt angeregt zu haben scheint, so daß dadurch auch Beziehungen zwischen den Inseln hätten aufgenommen werden können. In verschiedenen Quellen wird ein religiöses Tabu angenommen (vgl. auch Anmerkung 6).
10 Ilse Schwidetzky: Die vorspanische Bevölkerung der Kanarischen Inseln. Anthropologische Untersuchungen, Göttingen/Berlin/Frankfurt 1963, S. 16
11 Dominik Josef Wölfel: Eurafrikanische Wortschichten als Kulturschichten, Salamanca 1955, S. 20
12 Dominik Josef Wölfel, S. 428
13 »Die kulturellen Parallelen und die Keramik zeigen die Randkultur der Kanarischen Inseln in einem unverkennbaren Zusammenhang mit dem ältesten Mittelmeer, mit dem vordynastischen und frühdynastischen Ägypten, dem vorminoischen und frühminoischen Kreta, aber mit der eigentlichen ägyptischen, der eigentlichen kretischen Kultur, haben sie nichts zu tun. Folglich kann auch die Schrift nicht in minoischer Zeit aus Kreta gekommen sein, sondern dieser völlig neue Typus kana-

rischer Inschriften muß die Schrift der ›Westkultur‹ sein, jener bisher unbekannten Hochkultur, die auf den Kanarischen Inseln einen bescheidenen Ableger hatte, die in ihren Randwirkungen überall in Nordafrika und Westafrika zu fassen ist, die als wichtige Komponente in die älteste ägyptische und kretische Kultur mit einging und deren innige Verflechtung mit dem alten Westeuropa noch herausgearbeitet werden muß; ihren Charakter werden wir aber erst dann voll erkennen, wenn wir statt auf einen bescheidenen Ableger auf eines ihrer Zentren gestoßen sind.« D. J. Wölfel, in: Leonardo Torriani, S. 308 f.

14 D. J. Wölfel, in: Leonardo Torriani, S. 310
15 Zitiert bei Ilse Schwidetzky: Die vorspanische Bevölkerung, S. 86
16 Gerhard Nebel: Phäakische Inseln, Stuttgart 1965, S. 57
17 Zahlen nach Delegación Provincial del I.N.E. Las Palmas. Delegación Provincial de Estadísta de Santa Cruz de Tenerife
18 Gerhard Nebel, S. 26
19 Die Entdeckung z. T. quarzitischer, foraminiferenreicher Sedimentgesteine auf Fuerteventura gab zu der Vermutung Anlaß, daß zwischen den Purpurarien und Afrika dauernd oder zeitweise eine Landverbindung von spätkretazischer bis in die jungtertiäre Zeit bestanden haben müsse. Auch die von P. Rothe (1964) auf Lanzarote nachgewiesenen fossilen Straußeneier sollten für die kontinentale Theorie der östlichen Kanaren sprechen. Die heutigen Forschungen schließen jedoch nicht aus, daß die auf Fuerteventura nachgewiesenen Tiefseesedimente durchaus über eine größere Distanz durch Saharawinde angeweht oder durch trübe Meeresströmungen angeschwemmt worden sein können. Anderseits zeigt das Beispiel der Galápagos-Inseln im Pazifik, daß sich auch dort Lebewesen ohne Landbrückenverbindung entwickeln konnten.
20 Hans-Ulrich Schmincke und Martin J. F. Flower: Magmenevolution auf atlantischen Vulkaninseln. Naturwissenschaften 61 (1974), S. 288
21 Mit dem Wert der Kontinentalwanderung (1–2 cm/Jahr) und der Altersangabe von Fuerteventura und La Palma (16 bzw. 2 Mill. Jahre) läßt sich allerdings nur eine räumliche Entfernung beider Inseln von 140 km errechnen (1 cm/Jahr auf der östlichen Plattenseite × 14 Mill. Jahre). Die Abweichung von der tatsächlichen Distanz (nämlich 400 km) läßt den Schluß zu, daß entweder die Altersangaben noch sehr ungenau oder daß verschiedene Magmenkammern am Aufbau der beiden Inseln beteiligt sind, möglicherweise auch beides zutrifft. Eine sehr viel höhere Geschwindigkeit der Plattenwanderung in den Zeiträumen vor 9 Mill. Jahren ist nach vielen unabhängigen geophysikalischen Untersuchungen auszuschließen.
22 Gerhard Nebel, S. 21
23 Der Anti-Passat, jener polwärts gerichtete Oberwind, wurde bisher in der Forschung genetisch und schematisch zu einfach gedeutet: »Ein Rücktransport von Äquatorialluft in die Roßbreiten in der Höhe ist zwar im statistischen Mittel vorhanden und notwendig, aber dieser Transport vollzieht sich äußerst unregelmäßig im Vergleich zu der Konstanz des Passats.« (Joachim Blüthgen: Allgemeine Klimageographie, Berlin 1964, S. 347)
24 Zahlen nach Dennis Fernandopullé: Climatic Characteristics of the Canary Islands. In: Günther Kunkel (Hg.): Biogeography and Ecology in the Canary Islands, The Hague 1976, S. 197
25 Zahlen nach L. Ceballos und F. Ortuño: Vegetación y Flora Forestal de las Canarias Occidentales, Santa Cruz de Tenerife 1976, S. 71, 78–91

ANMERKUNGEN

26 Luis Ceballos und Francisco Ortuño: Estudio sobre la Vegetación y Flora forestal de las Canarias occidentales, Madrid 1951, S. 94
Josef Matznetter: Die Kanarischen Inseln, Gotha 1958, S. 31 ff.
27 Leonardo Torriani, S. 102, Anm. 48
28 Yann Even, S. 102 f.
29 Canarias en 1975: Análisis de su Economía. Hrsg. von Centro de Investigación Económica y Social de la Caja Insular de Ahorros de Gran Canaria, Julio 1976, S. 123 f.
30 Josef Matznetter: Die Kanarischen Inseln, Gotha 1958, S. 117 ff.
31 Canarias en 1975, S. 36
32 Canarias en 1975
33 Canarias en 1975: Análisis de su Economía, S. 101 f.; Anuario de Estadisticas de Turismo, Ministerio des Transportes, Turismo y Comunicaciónes, Madrid 1984.
34 Ebenda; Economía Canaria 76, S. 98 und 105
35 Alexander von Humboldt: Vom Orinoko zum Amazonas. Reise in die Äquinoktial-Gegenden des neuen Kontinents, Wiesbaden 1958, S. 47
36 Nach Martin Schwarzbach kann man das Gebiet der Cañadas auf Teneriffa als Wüste bezeichnen. Ein wichtiger Grund für die Pflanzenarmut liegt aber nicht wie etwa in der Sahara in zu geringen Niederschlägen, sondern an der Wasserdurchlässigkeit des vulkanischen Bodens (›edaphisch begünstigte Wüste‹). S. 194
37 Nach geologischen Forschungen von Friedländer (1915/16), Hausen (1955), Blumenthal (1961), Fuster (1968) und Ridley (1971) u. a. Die Bezeichnung ›Krater‹ für die Cañadas ist demnach irreführend und falsch.
38 Alexander von Humboldt: Vom Orinoko zum Amazonas, S. 53-55
39 Nach Meinung von Dominik Josef Wölfel könnte ein Zusammenhang der Ureinwohner Gomeras mit dem Berberstamm Ghomara, der im islamischen Spanien eine große Rolle spielte, bestanden haben, da die Insel bereits auf den ältesten Karten des 15. Jh. ihren heutigen Namen besaß. Die Ghomora sind wie die meisten Rifberber Einwanderer einer späteren Zeit und kamen vermutlich aus Südmarokko.
40 Dominik Josef Wölfel meint, daß die antike Sage vom Zungenausschneiden und die dadurch verursachte Sprachänderung die reale Grundlage der Pfeifsprache sei. Schon Herodot wußte von einem nordafrikanischen Volk zu berichten, dessen Sprache sich wie das Schwirren der Fledermäuse anhörte.
41 Der Name El Hierro soll von dem Guanchenwort ›herro‹ (= Wasserbehälter) abstammen. Die frühere Namensgebung Ferro (span. Hierro) ist irreführend, da auf der Insel kein Eisen vorkommt.
42 Leonardo Torriani, S. 193
43 Gerhard Nebel, S. 123
44 Heinz Klug, Morphologische Studien auf den Kanarischen Inseln, Kiel 1968, S. 22 f.
45 Miguel de Unamuno, geb. 1864 in Bilbao, gest. 1936 in Salamanca, seit 1891 Professor für griechische und spanische Sprache und Literatur in Salamanca und Rektor der Universität (1901-14, 1931-36). 1924 Verbannung nach Fuerteventura, im selben Jahr amnestiert, aber freiwilliges Exil nach Frankreich bis 1930.
»Unamuno ist Lyriker, Dramatiker und Erzähler, vor allem aber ist er mit Essays hervorgetreten, in denen er in feingeschliffener und klarer Sprache die Schicksalsfrage Spaniens in Beziehung zu den Aufgaben Europas setzt. Die Aufgabe Spaniens sah er in der Aufrechterhaltung des ›tragischen Lebensgefühls‹, d. h in dem Bewußtsein, daß die Antinomien von Zeit und Ewigkeit sich nie durch die europäische Kultur harmonisieren lassen wer-

den. Symbol für spanisches Wesen sind ihm Don Quijote und Sancho Pansa. Als Philosoph war Unamuno Spiritualist; er kämpfte um die Anerkennung der Idee der persönlichen Unsterblichkeit gegenüber der modernen Wissenschaft. Unamuno war religiöser Individualist und verband diesseitige Mystik mit willensbetonter Weltdeutung. Seine Novellen stehen im Gegensatz zur realistischen Prosakunst seiner Zeit; in ihnen kommt es allein auf den seelischen Konflikt an.«
Brockhaus-Enzyklopädie

46 Anton Dieterich: Verwirrendes Lanzarote. In: MERIAN-Heft, Kanarische Inseln, Mai 1964, S. 47
47 Gerhard Nebel, S. 102 f.
48 U. a. in Kartenwerken von Picigano 1367, Weimar 1424, Beccaria 1435, Fran Mauro 1457; im 16. Jh. auf dem Globus von Behaim und im Atlas von Mercator
49 Die Basaltischen Serien I bis IV auf Teneriffa, Gran Canaria, Fuerteventura und Lanzarote sind zeitlich annähernd parallel. Die Basaltische Serie II (Cānadas-Serie auf Teneriffa) wird dem ältesten Quartär, die Basaltische Serie I (bzw. Alte Basalt-Serie auf Teneriffa und Gomera) dem jüngeren Tertiär (Miozän-Pliozän) zugerechnet.

Die Anordnung der geologischen Schichten in der Legende ist chronologisch: von den älteren Zeitabschnitten (unten) zu den jüngeren (oben).

50 Bis heute existiert keine verbindliche systematische Gliederung der Kanaren nach Klimazonen mit den zugehörigen Klimadaten. Die Gliederung von D. Fernandopullé (s. Ausgewählte Literatur) ist als Vorschlag aufzufassen.

Sachwortverzeichnis
(Geologie, Klima, Vegetation)

Abrasion abtragende Tätigkeit der Brandung an Küsten

Agglomerat Anhäufung von verfestigten vulkanischen Auswurfsprodukten (Agglomerattuff). Als Agglomeratlava bezeichnet man von Schlacken, Lapilli und Bomben durchsetzte Lava.

Alluvium jüngere Abteilung des Quartärs, auch Holozän genannt

amorph Zustandsform fester chemischer Substanzen, die keine Kristallgestalt erkennen läßt

äolisch vom Wind geformt, geschaffen

Apophyse seitliche Abzweigung von einem Gang oder einem Magmagesteinskörper, der das Nebengestein durchsetzt

arid trocken, Verdunstung ist größer als der Niederschlag

Asche s. S. 34

Barranco s. S. 37

Basalt s. S. 35

basische Gesteine Magmatite (Erstarrungsgesteine) mit SiO_2-Gehalt unter 52%

Bimsstein s. S. 36

Block-, Schollenlava s. S. 34

Bombe s. S. 34

Brekzien hier Tuffbrekzien: von vulkanischen Tuffen eingeschlossene Magmagesteinsbrocken,
Eruptivbrekzien: entstehen an den Rändern erstarrender Magmaschmelze, wenn Nebengesteinsbrocken mitgerissen und von Magma umschlossen werden

Caldera s. S. 33

Diorit körniges Tiefengestein von dunkelgrüner Farbe, Gemenge aus Plagioklas und Hornblende, oder Biotit oder Augit

Diskordanz ungleichsinnige Lagerung von Gesteinsschichten, d. h. winkliges Anstoßen der Schichtung

Dislokation Störung, ein Vorgang, der die ursprüngliche Lagerungsform eines Gesteins durch Pressung oder Zerrung verändert

SACHWORTVERZEICHNIS

Dolerit s. S. 35
Endemismus Beschränkung einer Pflanzen- oder Tierart auf ein enges Gebiet. Er kann Überrest eines früher größeren Areals sein (regressiver Endemismus) oder durch Neuentwicklung einer Art an einem isolierten Standort (Insel oder Gebirge) entstanden sein.
endogen innenbürtige Kräfte
Ergußgestein s. Vulkanit
Erosion ausfurchende Tätigkeit des fließenden Wassers mit Vertiefung und Verbreiterung des Flußbettes; auch flächenhaft wirkende Abtragung
Eruption gewaltsames Hervorbrechen des Magmas aus dem Erdinnern
exogen außenbürtige Kräfte
Fanglomerat fächerartig ausgebreitetes schlammiges Sedimentgestein aus wenig verfrachtetem und darum eckigem Material (Brekzie)
Feldspäte wichtigste Mineralgruppe, die mit 60–65 % am Aufbau der Erdrinde beteiligt ist. Dazu gehören u. a. Plagioklase, Anorthoklase, Sanidin. Feldspatvertreter sind gesteinsbildende Minerale, die in Magmatiten die Feldspäte vertreten, dazu gehören u. a. Leuzit und Nephelin
felsisch Bezeichnung für helle Bestandteile in Magmatiten (Quarz, Feldspat, Feldspatvertreter)
Fumarole vulkanische Gasaushauchungen mit Temperaturen zwischen 900 und 200° C.
Gabbro grobkörniges Tiefengestein, braun- bis grünlich-schwarz, Gemenge aus Plagioklas und Augit
Ganggestein s. S. 34
Glas s. S. 35
Graben abgesunkener Teil der Erdkruste zwischen zwei stehengebliebenen oder herausgehobenen Schollen
humid feucht, Niederschläge sind größer als die mögliche Verdunstung
Ignimbrit Schmelztuff, pyroklastische Gesteinseinheiten von überwiegend saurem Chemismus in deckenförmiger Erstreckung

Intrusion Eindringen des Magmas zwischen andere Steine
Inversionszone Zone mit Temperaturumkehr
Kalium-Argon-Methode Verfahren zur Bestimmung des geologischen Alters, beruht auf einmaligen Zerfallsprozessen, bei denen das radioaktive Kaliumisotop in das stabile Kalziumisotop oder in das Argonisotop übergeht. Anwendungsbereich Pleistozän bis Präkambrium
Kissenlava (Pillowlava) Lava mit wulstiger Oberfläche bzw. kissenförmige Körper; entstehen besonders bei der Erstarrung untermeerischer Ergüsse
Kontinentalität Grad des Einflusses einer großen Landmasse auf das Klima (Landklima, Binnenklima, Kontinentalklima) mit extremen jahreszeitlichen Temperaturgegensätzen
Konglomerat grobklastisches Sedimentgestein, bestehend aus abgerundeten Gesteinstrümmern, die durch ein Bindemittel miteinander verkittet sind
Krater s. S. 33
Lapilli s. S. 34
Lava s. S. 34
Lithosphäre fester Gesteinsmantel der Erde
mafisch Bezeichnung für dunkle Bestandteile in Magmatiten (Glimmer, Pyroxen, Amphibol, Olivin)
Magma s. S. 33
Malpais s. S. 34
marin dem Meere angehörig
Miozän untere Stufe des Jungtertiärs
Obsidian s. S. 35
Olivine Gruppe olivgrüner Silikatminerale, Gemengteile basischer Magmatite
Oolithisch durch ein Bindemittel verkittetes Kügelchen von konzentrisch-schaligem Aufbau
Ozeanität Einfluß großer Wasserflächen auf das Klima (Seeklima, ozeanisches oder maritimes Klima) mit geringen jahreszeitlichen Temperaturgegensätzen
Paläozoikum Erdaltertum
Parasitär-Vulkan s. S. 33; Parasitvulkan
Peridotit körniges Tiefengestein, feldspat-

reich, grün bis schwarzgrün. Gemenge aus Olivin (Peridot), Pyroxen (Pyroxenit) oder Hornblende (Hornblendit)
petrographisch die Gesteinskunde betreffend
Phonolith s. S. 35
Pleistozän untere Abteilung des Quartärs, früher als Diluvium bezeichnet
Pliozän obere Stufe des Jungtertiärs
Plutonismus alle Erscheinungen, die mit der Bewegung des Magmas im Innern der Erdkruste zusammenhängen
Plutonit s. S. 34
porphyrisch s. S. 34
Pyroklastika vulkanische Lockerprodukte, Oberbegriff für Tephra, Tuff, Ignimbrit
Quartär jüngste Periode der Erdgeschichte
Radiokarbonmethode Altersbestimmung organischer Stoffe durch die Messung des Zerfalls des radioaktiven Kohlenstoffisotops C 14
Regression Rückzug des Meeres infolge epirogenetischer Bewegungen (Heraushebung der Erdoberfläche)
rezent Erscheinungen, die unter gegenwärtigen Bedingungen stattfinden; Gegensatz: fossil
Rhyolith Ergußgestein aus aplitgranitischen Magmen. Aplit ist ein helles, feinkörniges, fast nur aus Quarz und Feldspat bestehendes Ganggestein
Roßbreiten Seemannsname für die häufig windstillen subtropischen Hochdruckgürtel in 25–35° nördl. und südl. Breite auf den Meeren. Im Zeitalter der Segelschiffahrt wurden hier häufig die mitgeführten Pferde geschlachtet.
saure Gesteine Magmatite (Erstarrungsgesteine) mit einem Gesamt-SiO_2-Gehalt über 65 %
Schichtvulkan s. S. 33
Schlacke Lavabrocken von unregelmäßer Form und meist blasig-poröser Beschaffenheit
Schlot s. S. 33
Sedimentation Ablagerung, Absatz oder Abscheidung von Gesteinsmaterial
Sedimentgestein Absatzgestein
Solfatare s. S. 35
Strandterrasse s. S. 37

stratigraphisch die Altersfolge der Schichtgesteine betreffend
Stratocumulus Haufenschichtwolke unterhalb 2500 m Höhe, meist nur wenige 100 m mächtig
Stratovulkan Schichtvulkan s. S. 33
Strick-, Gekröse-, Fladenlava s. S. 34
submarin untermeerisch, z. B. submariner Vulkanismus, Lavaförderung am Meeresgrund
Subtropen Gebiete des thermischen Übergangs von den Tropen zur gemäßigten Klimazone, gekennzeichnet durch hohe Sommertemperaturen und üppige Vegetation
Subvulkan in die äußeren Teile der Erdkruste eingedrungene magmatische Masse, die jedoch nicht bis zur Erdoberfläche durchgestoßen ist
Sukkulente Pflanze trockener Gebiete mit besonderen Wassergeweben in Wurzel, Blättern oder Sproß
Syenit granitähnliches körniges Tiefengestein, von dem es sich durch Quarzarmut unterscheidet
Tephra Sammelbezeichnung für alle im festen und flüssigen Zustand durch ausbrechende Gase bei vulkanischen Ereignissen mitgerissenen und ausgeworfenen Lockerstoffe
terrestrisch dem Lande angehörig
Tertiär zwischen Kreide und Quartär liegende Periode der Erdgeschichte
Therophyt einjährige Pflanzen, die die für das Wachstum ungünstige trockene (kalte) Jahreszeit in Form von Samen überdauern
Tiefengestein s. Plutonit
Trachyt s. S. 35
Tuff s. S. 34
Verwerfung Verschiebung zweier Gesteinsschollen längs eines Bruches
Vulkanhöhle s. S. 34, 282
Vulkanismus s. S. 33
Vulkanit s. S. 34
Vulkanruine s. S. 33
Xerophyt an trockene Standorte angepaßte Pflanze
Zyklone Tiefdruckgebiet

Abbildungsnachweis

Farbtafeln und Schwarzweiß-Abbildungen

Ministerio de Información y Turismo (Josip Ciganović) Abb. 156
Ro-Foto, Barcelona Abb. 33
Klaus Stromer, Zürich Abb. 128, 134
Miguel Trujillo Trujillo, Hermigua / La Gomera Abb. 125
Alle übrigen Aufnahmen von Frank Rother (fotografiert in den Jahren 1971–1977)

Zeichnungen und Pläne im Text
(Die Zahlen bezeichnen die Seiten im Buch)

Alemán de Armas, A.: El Caserío de Masca, Santa Cruz de Tenerife 1975   177
Bramwell D. u. Z.: Wild Flowers of the Canary Islands, Stanley Thornes (Publishers) Ltd, Cheltenham 1974   54, 55
Bravo, T.: El volcán y el malpaís de la Corona. La ›Cueva de los Verdes‹ y los ›Jameos‹, Arrecife 1964   283
Ceballos, L. und Ortuño, F.: Vegetación y flora forestal de las Canarias occidentales, Santa Cruz de Tenerife 1976 (Umzeichnungen) 134, 187, 199, 207
Klug, H.: Morphologische Studien auf den Kanarischen Inseln, Kiel 1968   38, 267
Kunkel, G. (Hs): Biogeography and Ecology in the Canary Islands, Den Haag 1976   44, 46 (Umzeichnung), 140
Matznetter, J.: Die Kanarischen Inseln. Wirtschaftsgeschichte und Agrargeographie, Gotha 1958   120 f.
Mitchell-Thomé, R. C.: Geology of the Middle Atlantic Islands, Berlin-Stuttgart 1976   36 (Umzeichnung) 132 f., 136, 139, 186, 197, 198, 205, 206, 235, 272, 280
Museo Canario, Las Palmas   25
Rother, A., Bergisch Gladbach: 2, 24, 189, 201, 230, 258, 284, 296
Torriani, L.: Die Kanarischen Inseln und ihre Urbewohner, Leipzig 1940   14, 22 (Umzeichnung)
Verneau, R.: Cinq années de séjour aux Iles Canaries, Paris 1891   15, 17, 18, 115, 116, 264
Hernández Pérez, M. S.: La Palma Prehispanica, Las Palmas de Gran Canaria 1977   16
Alle übrigen Zeichnungen und Pläne von A. und F. Rother und DuMont Buchverlag

Praktische Reisehinweise

Auskünfte

Informationen für eine Reise zu den Kanarischen Inseln, Prospekte, Hotelverzeichnisse usw. liefert neben den Reisebüros
in der Bundesrepublik Deutschland: das Spanische Fremdenverkehrsamt
2000 Hamburg 1, Ferdinandstraße 64–68, ☏ 33 07 87
4000 Düsseldorf, Graf-Adolf-Straße 81, ☏ 37 04 67
6000 Frankfurt/Main, Bethmannstraße 50–54, ☏ 28 57 60
8000 München 2, Oberanger 6, ☏ 26 75 84

in der Schweiz:
Spanisches Verkehrsbüro
8008 Zürich, Seefeldstraße 19, ☏ 2 52 79 30/31
Office National Espagnol du Tourisme
1201 Genève, 1, Rue de Berne, ☏ 31 69 40

in Österreich:
Spanisches Fremdenverkehrsamt
1010 Wien, Rotenturmstr. 27, ☏ 63 14 25

Diplomatische Vertretungen in der Bundesrepublik Deutschland:

Botschaft
5300 Bonn, Schloßstraße 4, ☏ 21 70 94

Generalkonsulate
1000 Berlin 30, Lichtenstein-Allee 1, ☏ 2 61 60 81
2800 Bremen, Schwachhauser Ring 124, ☏ 34 40 90
4000 Düsseldorf, Homberger Straße 16, ☏ 43 47 77
2000 Hamburg 13, Mittelweg 37, ☏ 44 36 20
3000 Hannover, Wedekindstraße 32, ☏ 31 59 17
8000 München 81, Oberföhringer Straße 45, ☏ 98 76 72
7000 Stuttgart 1, Lenzhalde 61, ☏ 22 50 91

Diplomatische Vertretungen in der Schweiz:

Botschaft, Konsulatsabteilung
CH-Bern, Brunnaderstr. 34, ☏ 44 04 12
CH-1211 Genève 16, Rue Pestalozzi 7, ☏ 34 46 06

Generalkonsulat
CH-8035 Zürich, Stampfenbachstr. 85, ☏ 3 63 06 44

Diplomatische Vertretungen in Österreich:

Botschaft, Konsulatsabteilung
A-1010 Wien, Argentinier Straße 34, ☏ 65 91 66

Anreise

Charterflüge
Die meisten Touristen werden sich an einer Charterreise beteiligen, die kaum teurer ist (inclusive Unterkunft und Verpflegung) als

PRAKTISCHE REISEHINWEISE

Linienflüge. Einige Reiseunternehmer bieten neuerdings Kombinationsreisen für zwei bis drei Inseln des Archipels an und gewähren somit mehr Entdeckungsfreiheit. Charterflüge innerhalb der Schulferien sollten mindestens sechs Monate vor Reiseantritt gebucht werden.

Linienflüge
Das Netz der Linienflugverbindungen ist so umfangreich und dauernden Änderungen unterworfen, daß auf eine Darstellung hier verzichtet werden muß. Direktflüge zu den Inseln Teneriffa und Gran Canaria gibt es mehrmals wöchentlich nur von Frankfurt und Zürich (LUFTHANSA, IBERIA). Alle anderen Linienflüge, die von Düsseldorf, München, Wien, Genf, Zürich usw. starten, haben Zwischenlandungen. Der Direktflug Frankfurt – Gran Canaria dauert etwa 4 Stunden.

LUFTHANSA und IBERIA bieten neuerdings Linienflüge zum APEX-Tarif an. Dabei sind Hin- und Rückflugdatum festgelegt, und der Aufenthalt darf nicht länger als drei Monate dauern. Auskünfte und Buchungen in allen Büros der LUFTHANSA und IBERIA.

Mit dem Schiff ab Rotterdam
Im Winterhalbjahr gibt es alle 14 Tage Kreuzfahrten mit dem MS ›Black Prince‹ (Fred. Olsen Lines) auf der Route Madeira, Lanzarote, Teneriffa, Gran Canaria mit 5- oder 14tägigem Hotelaufenthalt nach Wahl (Informationen im Reisebüro).

Mit dem Schiff ab Spanien
Wöchentlich verkehrt eine Fähre ab Cadiz, die samstagabends ablegt und am übernächsten Tag Las Palmas und Santa Cruz anläuft.

Wichtigste Schiffahrtsgesellschaft ist die *Compañía Trasmediterránea*.
Hauptagentur: Madrid, Alcalá, 63,
☏ 2 25 51 10
Algeciras, Recinto del Puerto, ☏ 66 52 00
Barcelona-3, Via Layetana, 2, ☏ 3 19 82 12
Cadiz, Av. Ramón de Carranza, 26,
☏ 28 43 50
Málaga, Juan Díaz, 4, ☏ 22 43 93
Santander, Paseo de Pereda, 13, ☏ 22 14 00
Sevilla, Niebla, 12, ☏ 27 05 03

Mit dem Schiff ab Genua
Seit dem Eintritt Spaniens in die EG verkehrt wöchentlich einmal eine Fähre zwischen Genua und Las Palmas via Palma de Mallorca und Málaga; Dauer: sechs Tage. Auskunft beim Generalagenten der staatlichen Fährgesellschaft Compañía Trasmediterránea in Deutschland: Melia, Große Bockenheimer Landstraße 54, 6000 Frankfurt, ☏ 29 29 60. Weitere Zweigstellen dieser Firma in München, Wien und Zürich.

Flug- und Schiffsverkehr zwischen den Inseln

Flugverkehr
Außer auf Gomera gibt es auf allen Inseln Flughäfen, die von den spanischen Fluggesellschaften IBERIA und AVICO angesteuert werden. Flugpreise sehr preisgünstig im Vergleich zu mitteleuropäischen Preisen.

Flughäfen auf den Inseln
Teneriffa, Aeropuerto Nacional de los Rodeos, 12 km westlich der Hauptstadt

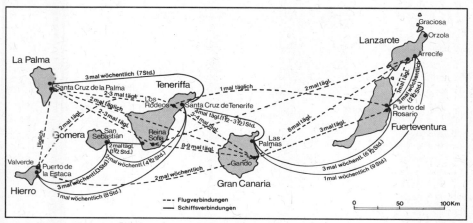

Flug- und Schiffsverbindungen zwischen den Kanarischen Inseln

Santa Cruz bei La Laguna, ausschließlich interinsulare Flüge
Aeropuerto del Sur ›Reina Sofía‹, der internationale Flughafen im Süden der Insel zwischen El Médano und El Abrigo
Reservierung: ☎ 28 80 50

Gran Canaria, Aeropuerto Nacional Gando, ☎ 25 46 40, 16 km südlich von Las Palmas
Reservierung: ☎ 36 01 11

Fuerteventura, Aeropuerto Nacional de Puerto del Rosario, 6 km südlich der Hauptstadt
Reservierung: ☎ 85 05 16

Lanzarote, Aeropuerto Nacional Guacimeta, 6 km südwestlich von Arrecife
Reservierung: ☎ 81 03 50

La Palma, Aeropuerto Nacional de La Palma, 14 km südlich von Santa Cruz de la Palma
Reservierung: ☎ 41 13 45

Hierro, Aeropuerto Nacional de Hierro, 5 km nordöstlich von Valverde
Reservierung: ☎ 55 08 54

Flugtermine und Preise erfrage man in den Reisebüros oder bei den einzelnen IBERIA-Agenturen (s. Adressen für die einzelnen Inseln).

Schiffsverkehr

Alle Inseln werden regelmäßig von der Schiffahrtsgesellschaft Compañía Trasmediterránea angelaufen, die zwischen Teneriffa und Gran Canaria auch ein Tragflügelboot (80 Min.) einsetzt. Zwischen Los Cristianos/Teneriffa und San Sebastián de la Gomera verkehrt zweimal täglich (10 und 20 Uhr) die FERRY GOMERA S.A.; zwischen Lanzarote/Playa Blanca und Fuerteventura/Corralejo eine Autofähre (3mal täglich) und ein Schnellboot (2mal jeweils am Mittwoch, Donnerstag, Freitag) der ALISUR S.A. (Adressen der Agenturen siehe bei jeder einzelnen Insel).

PRAKTISCHE REISEHINWEISE

Vorzüge der Inseln im Überblick

*** stark verbreitet bzw. besonders interessant
** verbreitet bzw. interessant
* wenig verbreitet bzw. wenig auffällig

	Teneriffa	Gran Canaria	Fuerteventura	Lanzarote	La Palma	Gomera	Hierro
Vulkanische Erscheinungen	***	**	*	***	***	*	**
Pflanzenwelt	***	**	*	*	**	**	**
Archäologische Sehenswürdigkeiten	**	***	*	*	**	*	**
Kunsthistorische Sehenswürdigkeiten	***	***	*	*	**	*	
Wandern	***	**	*	*	***	***	**
Bergwandern	**	**			**		
Badestrände	*	***	***	**	*	*	
Sportliche Einrichtungen	**	***	**	**	*	*	*
Vergnügungen (Bars, Diskotheken usw.)	***	***	**	**			
Tourismus (Unterkünfte)	***	***	**	**	*	*	*

Wichtige Adressen auf den einzelnen Inseln

TENERIFFA

Offizielle spanische Fremdenverkehrsbüros

Oficina de Información del Turismo
(Auskunftbüro des Amtes für Tourismus)
Santa Cruz de Tenerife, Bajos del Palacio Insular, ☎ 24 22 27
Delegación Provincial de la Secretaría de Estado de Turismo
(Landesstelle des Ministeriums für Information und Tourismus)
Santa Cruz de Tenerife, Méndez Núñez, 57, ☎ 28 21 00/28 21 04/28 21 08
Junta Insular de Turismo
(Touristisches Informationsbüro)
Santa Cruz de Tenerife, Palacio Insular, ☎ 24 25 93/94

Gobierno Civil
(Für Paßangelegenheiten)
Santa Cruz de Tenerife, Méndez Núñez, 5,
☎ 27 49 00
Touristisches Informationsbüro
Puerto de la Cruz, Plaza de la Iglesia,
☎ 37 19 28

Amtliche Stellen
Cabildo Insular de Tenerife
(Gemeinderat der Insel Teneriffa)
Santa Cruz de Tenerife, Plaza de España,
☎ 24 70 88
Ayuntamiento de Santa Cruz de Tenerife
(Stadtverwaltung von Santa Cruz de Tenerife)
Calle Viera y Clavijo, 34, ☎ 27 76 00/04,
27 76 50/54

Konsulate
Für die Bundesrepublik Deutschland
Santa Cruz de Tenerife, Avenida Anaga, 43,
☎ 28 48 12 / 28 48 16
Für Österreich
Santa Cruz de Tenerife, San Francisco, 17,
☎ 24 37 99
Öffnungszeiten der Konsulate:
Montags–freitags 9–12 Uhr.

Fluggesellschaften
IBERIA, Santa Cruz de Tenerife, Avenida de Anaga, 23, ☎ 28 11 00, Reservierung, ☎ 28 80 50
LUFTHANSA, Santa Cruz de Tenerife, Villalba Hervás, 19, ☎ 24 44 35
SWISSAIR, Santa Cruz de Tenerife, Avenida de Anaga, 37, ☎ 27 64 00
Airbus-Terminal
Santa Cruz de Tenerife, Plaza España,
☎ 22 71 21

Die wichtigsten Schiffahrtsagenturen in Santa Cruz de Tenerife
Compañía Trasmediterránea, Calle de la Marina, 59, ☎ 28 78 50 und 27 75 08
Trasatlántica Españonala, S.A., Pilar, 36, ☎ 27 71 58
Compañía Naviera Pinillos, Avenida Anaga, 23, ☎ 28 71 16
Ibarra y Cia., S.A. (auf Teneriffa von Bergé y Cia. vertreten), Plaza Candelaria, 1, ☎ 24 60 97
Naviera Aznar, S.A., Rambla General Franco, 155, ☎ 28 60 28
FERRY GOMERA S.A., Edificio Rascacielo, Avenida 3 de Mayo, ☎ 21 90 33
Los Cristianos, Hafen, ☎ 79 05 56

Telefonnummern für Notfälle
Feuerwehr (Bomberos)
Santa Cruz de Tenerife, ☎ 22 00 80
Puerto de la Cruz, La Orotava und Los Realejos, ☎ 33 00 80
Sanitätswachen (Casa de Socorro)
Santa Cruz de Tenerife, José Murphy,
☎ 24 15 02
Puerto de la Cruz, Rotes Kreuz, ☎ 37 12 00
Krankenhaus
Hospital General, Santa Cruz de Tenerife,
☎ 64 10 11

Polizei
Policía Municipal (Stadtpolizei)
Santa Cruz de Tenerife, Méndez Núñez, 5,
☎ 21 51 00
Puerto de la Cruz, Policía Gubernativa,
☎ 38 44 28
Guardia Civil (Landpolizei)
Santa Cruz de Tenerife, Finca Tío Pino,
☎ 22 31 00
Puerto de la Cruz, ☎ 37 11 28

PRAKTISCHE REISEHINWEISE

Post- und Telegrafenamt
Santa Cruz de Tenerife, Plaza de España, ☎ 24 20 02
Puerto de la Cruz, ☎ 38 58 05

Museen
Museo Arqueológico (Archäologisches Museum)
Archäologie und kanarische Anthropologie
Santa Cruz de Tenerife, Calle Bravo Murillo, ☎ 24 70 88
Besuchszeit: 9–13 Uhr und 15–19 Uhr
Museo Municipal (Städtisches Museum)
›Antiguo Convento de San Francisco‹, Santa Cruz de Tenerife, José Murphy, 4, ☎ 24 43 58
Malerei, Bildhauerei, Waffen und Völkerkunde
Besuchszeit: Winter 9–13 Uhr und 18–20 Uhr, Sommer 9–13 Uhr

Seilbahn zum Gipfel des Teide
Teleférico del Teide
Fahrtzeiten: 9–16 Uhr (im Sommer bis 17 Uhr), etwa alle 10 Minuten
Kabinen zu 35 Personen: Fahrpreis: 400 pts. (1985)
Die Seilbahn verkehrt nur bei gutem Wetter, ca. 250 Tage im Jahr. Selbst im Sommer kann der Wind so stark sein, daß der Fahrbetrieb eingestellt werden muß. Man sollte sich deshalb vorher in den Reisebüros oder bei der Unternehmensleitung Teleférico de Pico de Teide,
Santa Cruz de Tenerife, Calle Castillo, 47, ☎ 28 78 37 erkundigen.

Der Aufstieg von der Gipfelstation der Seilbahn bis zum Krater dauert ca. 30 Min., festes Schuhwerk ist erforderlich. Herz- und Kreislaufkranke sollten auch mit der Seilbahn keine Teide-Besteigung unternehmen, da die Höhenluft zu dünn ist.

Teide-Besteigung und Bergwandern s. S. 319 f.

Botanischer Garten von La Orotava
Jardín Botánico
La Orotava, La Paz, ☎ 38 35 72
Öffnungszeiten: vom 1. Okt. – 31. März täglich 8–17 Uhr, an Feiertagen 11–17 Uhr.
Vom 1. April – 30. September täglich 8–18 Uhr, an Feiertagen 11–18 Uhr. Beschreibung des Botan. Gartens s. S. 147 f.

GOMERA

Cabildo Insular
(Gemeinderat der Insel)
San Sebastián de la Gomera, del Medio, 20, ☎ 87 14 05

Ayuntamiento de San Sebastián
(Stadtverwaltung von San Sebastián)
José Antonio, 4, ☎ 87 00 62

Schiffahrtsagentur
Compañía Trasmediterránea, San Sebastián, del Medio, 35, ☎ 87 13 00
FERRY GOMERA S.A., San Sebastián, Avda. Fred Olsen, ☎ 87 10 07

Krankenhaus
Hospital, San Sebastián, Barrio El Calvario, ☎ 87 09 06

Polizei
Policía Municipal (Stadtpolizei)
Guardia Civil (Landpolizei)
San Sebastián, Barrio El Calvario, ☎ 87 02 55

Post- und Telegrafenamt
San Sebastián, Avenida José Antonio, 13, ☎ 87 01 79

Museum
Torre del Conde
Museum für präkolumbianische Kunst
Seit 1983 wegen Renovierung geschlossen.

Club Náutico
San Sebastián, Calle del Conde, ☏ 87 14 03

HIERRO

Cabildo Insular
(Gemeinderat der Insel)
Valverde, Doctor Quintero Magdaleno,
☏ 55 00 78

Ayuntamiento de Valverde
(Rathaus von Valverde)
Pérez Galdós, 3, ☏ 55 00 25/26

Schiffahrtsgesellschaft
Compañía Trasmediterránea, Doctor Dorkosky, 1, ☏ 55 01 29

Fluggesellschaft
IBERIA
Valverde, Doctor Quintero Magdaleno, 4,
☏ 55 02 78/55 08 54

Post
Valverde, El Cabo, 10, ☏ 55 02 91

Fernsprechamt
Valverde, Doctor Quintero Magdaleno

Krankenhaus
Valverde, El Cabo, ☏ 55 09 78

Polizei
Policía Municipal (Stadtpolizei)
Rathaus, ☏ 55 00 25/26
Guardia Civil (Landpolizei)
Valverde, Rodríguez y Sanchez Espinosa,
☏ 55 01 05

LA PALMA

Amtliche Stellen
Cabildo Insular de La Palma
(Gemeinderat von La Palma)
Santa Cruz de La Palma, Avenida Blás Pérez Glez., ☏ 41 16 41/45
Ayuntamiento de Santa Cruz de La Palma
(Stadtverwaltung von Santa Cruz de La Palma) Plaza de España, 1, ☏ 41 19 43

Fluggesellschaft
IBERIA
Santa Cruz de La Palma, Apuron, 1,
☏ 41 13 45/6

Schiffahrtsagentur
Compañía Trasmediterránea, Santa Cruz de La Palma, A. Perez de Brito, 2, ☏ 41 11 22

Telefonnummern für Notfälle
Feuerwehr (Bomberos)
☏ 41 19 43
Krankenhäuser
Hospital de Dolores
Santa Cruz de La Palma, Pl. Ramón y Cajal,
☏ 41 21 40
Nuestra Señora de las Nieves
Santa Cruz de La Palma, Pérez Galdós, 10,
☏ 41 33 40

Polizei
Policía Municipal (Stadtpolizei)
Santa Cruz de La Palma, Avenida Blás Pérez Glez., ☏ 41 11 50
Guardia Civil (Landpolizei)
Santa Cruz de La Palma, La Portada,
☏ 41 11 84

PRAKTISCHE REISEHINWEISE

Post- und Telegrafenamt
Correos y Telegrafos
Santa Cruz de La Palma, Plazoleta del Muelle, ☎ 41 11 67

Museen
Museo de Historia Natural ›La Cosmológica‹
Santa Cruz de La Palma, Van-de-Walle
Öffnungszeiten: 9.30–13 Uhr, 15.30–19 Uhr, sa 9.30–13 Uhr, so geschlossen.
Museo Naval
Santa Cruz de La Palma, Av. de las Nieves (im nachgebildeten Kolumbus-Schiff ›Santa Maria‹).

GRAN CANARIA

Offizielles spanisches Fremdenverkehrsbüro
Oficina de Información de Turismo
Casa de Turismo, Parque Santa Catalina, ☎ 26 46 23. Öffnungszeiten: Montags–freitags 9–13.30 Uhr und 17–19 Uhr; samstags 9–13.30 Uhr.

Amtliche Stellen
Cabildo Insular de Gran Canaria
(Gemeinderat der Insel Gran Canaria)
Las Palmas, Bravo Murillo, 23, ☎ 37 21 44
Ayuntamiento de Las Palmas
(Stadtverwaltung von Las Palmas)
Plaza de Santa Ana, 8, ☎ 31 50 22
Cámara Oficial de Comercio, Industria y Navegación
(Amtliche Kammer für Handel, Industrie und Schiffahrt)
Las Palmas, León y Castillo, 24,
☎ 37 10 00 / 36 11 30

Konsulate
Für die Bundesrepublik Deutschland
Las Palmas, Francy y Roca, 5, ☎ 27 57 00

Für die Schweiz
Las Palmas, El Cid, 38, ☎ 27 45 44

Für Österreich
Las Palmas, Luis Morote, 6, ☎ 26 13 00
Öffnungszeiten der Konsulate: Montags–freitags 9–12 Uhr.

Fluggesellschaften
IBERIA
Las Palmas, Avenida Alcalde Ramírez Bethencourt, 49, ☎ 37 21 11
LUFTHANSA
Las Palmas, Sagasta, 90,
☎ 27 28 20 / 27 28 24 / 27 28 28
SWISSAIR
Las Palmas, Francy y Roca, 5, ☎ 37 21 11
Airbus-Terminal
Avenida Alcalde Ramírez Bethencourt, 47, direkt vor dem Iberia-Hochhaus in Ciudad del Mar. Der Bus zum Flughafen Gando verkehrt halbstündlich von 6–24 Uhr; Fahrtdauer etwa eine halbe Stunde.
☎ 37 21 11

Schiffahrtsagenturen in Las Palmas
Compañía Trasmediterránea, Muelle Santa Catalina, ☎ 26 00 70
Compañía Naviera Pinillos
Ingeniero Manuel Becerra, 1, ☎ 26 37 62 / 66
Naviera Aznar, S.A.
Albareda, 32, ☎ 26 35 50
Naviera de Canarias
Ingeniero Manuel Becerra,
☎ 27 09 32 / 27 04 21 / 27 08 83
Miller y Cia.

Muelle Santa Catalina, 2, ☎ 26 08 50
Elder Dempster, S.L.
Muelle Santa Catalina, ☎ 26 98 00
A. Paukner
Albareda, 50, ☎ 26 39 12
Guillermo Olsen y Cia.
Albareda, 48, ☎ 26 33 62
Fred Olsen, S.A.
Maestro Valle, 22, ☎ 23 21 66/23 23 66

Telefonnummern für Notfälle in Las Palmas

Feuerwehr (Bomberos)
Plaza de Tomás Morales, ☎ 24 31 00
Sanitätswachen (Casas de Socorro)
Plaza de Tomás Morales, ☎ 24 51 57 oder
Albareda, 71, ☎ 26 44 73
Krankenhaus
Clínica Santa Catalina
León y Castillo, 292, ☎ 23 41 22

Polizei

Policía Municipal (Stadtpolizei)
Calle Eufemiano Fuentes
1. Urbanisación Miller Bajo, ☎ 20 22 77 und
0 91 (für dringende Fälle)
Guardia Civil (Landpolizei)
Las Palmas, Agustín Millares, 17, ☎ 25 11 00
San Agustín/Maspalomas, ☎ 76 28 98
San Bartolomé, ☎ 79 80 36
Mogán, ☎ 74 00 31
Polizeikommissariat
Las Palmas, Plaza del Ingeniero León y Castillo. Edificio del Gobierno Civil, ☎ 0 91 für dringende Fälle, sonst 36 11 66

Post- und Telegrafenamt

Administración Principal, Avda. 1 de Mayo, 62, ☎ 36 35 18
Administración del Puerto, Albareda, 79, ☎ 26 33 72

Museen

Museo Canario
Las Palmas, Dr. Verneau, 2, ☎ 31 56 00
Sammlungen der physischen Geographie, ethnographische und anthropologische Sammlungen im Zusammenhang mit den Ureinwohnern (s. S. 258).
Besuchszeit: Montags–freitags 10–13 Uhr und 15–19 Uhr, samstags von 10–12 Uhr, sonntags und an Feiertagen geschlossen.

Museo Néstor
Las Palmas, Pueblo Canario, Parque Doramas, ☎ 24 51 35
Ausstellung von Ölgemälden, Zeichnungen, Projekten und vielen persönlichen Gegenständen des kanarischen Malers Néstor Martín-Fernández de la Torre (s. S. 240).
Besuchszeit: Montags, dienstags, donnerstags und freitags 10–12 Uhr und 16–19 Uhr, sonntags 10.30–13.30 Uhr, mittwochs und an Feiertagen geschlossen.

Museo Colombino de la Casa de Colón
Las Palmas, Colón, 1, ☎ 31 12 55
Alte Residenz der ersten Gouverneure der Insel. Sammlung von Gegenständen und Dokumenten aus der kolumbianischen Zeit.
Besuchszeit: Montags–samstags 9–13.30 Uhr, sonntags und an Feiertagen geschlossen.

Museo Provincial de Bellas Artes
Las Palmas, Plaza Pilar (im Kolumbushaus), ☎ 31 12 55
Bedeutende Werke kanarischer Künstler sowie Ölgemälde und Skulpturen von berühmten spanischen Meistern, vor allem von zeitgenössischen, wie Gegoyos, Solana, Manol Hugué u. a.
Besuchszeit: Donnerstags von 16–18.30 Uhr, sonntags von 11–13 Uhr.

PRAKTISCHE REISEHINWEISE

Casa Museo de Pérez Galdós
Las Palmas, Calle Cano, 6, ☎ 36 69 76
(s. S. 258)
Besuchszeit: Dienstags, mittwochs, donnerstags, freitags und samstags 9–13 Uhr, montags, sonntags und an Feiertagen geschlossen.

Folkloristische Vorführungen
Pueblo Canario (Kanarisches Dorf)
Las Palmas, Parque Doramas, ☎ 24 30 08
Besuchszeit: Donnerstags 17–19 Uhr, sonntags 11.45–13 Uhr.
Flamenco-Vorführungen
El Duende
Las Palmas, Carretera de San José, ☎ 31 00 51

Autobusverbindungen
Auf Gran Canaria gibt es zwei Linienbusgesellschaften, die SALCAI für den Süden der Insel und die UTINSA für das Bergland und den Norden. Abfahrtsplatz der Busse: Plaza San Telmo. Die angegebenen Busfrequenzen gelten, wenn nicht anders angegeben, auch für die Retourstrecken.
Las Palmas–Puerto Rico
5.30–21 Uhr alle halbe Stunde
Las Palmas–Mogán
Eine Fahrt täglich
Las Palmas–Maspolamas (Schnellbus)
6.30–20 Uhr alle 20 Minuten
Las Palmas–San Nicolás
Vier Fahrten täglich
Die Busse in den Süden fahren auch an Sonn- und Feiertagen häufig; dies gilt nicht für die Busse der UTINSA. Die folgenden Verkehrszeiten gelten von montags bis samstags:
Las Palmas–Arucas
40 Fahrten von 8–23 Uhr

Las Palmas–Teror
6.30–22 Uhr alle halbe Stunde
Las Palmas–Guía/Gáldar
Zwölf Fahrten von 10–22 Uhr
Las Palmas–Agaete
18 Fahrten von 6.30–21 Uhr; Achtung: täglich nur vier Retourfahrten!
Las Palmas–Tejeda
Vier Fahrten täglich über Tafira (Botanischer Garten) und San Mateo. Nach Tafira Alta und San Mateo von 6.30–22 Uhr alle halbe Stunde.

Von Las Palmas aus finden regelmäßig Schiffsausflüge und Hafenrundfahrten sowie gut organisierte Stadtrundfahrten (Tag- und Abendrundfahrten) statt. Termine und Preise bei allen Reisebüros.

FUERTEVENTURA

Cabildo Insular
Puerto del Rosario, Rosario, 7, ☎ 85 11 08

Ayuntamiento
Puerto del Rosario, Calle F. Castañeira, 2, ☎ 85 01 10

Fluggesellschaft
IBERIA
Puerto del Rosario, Calle General Linares, 4, ☎ 85 04 27

Schiffahrtsgesellschaft
Compañía Trasmediterránea
Puerto del Rosario, Calle Secundino Alonso, 3, ☎ 85 12 95

Polizei
Policía Municipal (Stadtpolizei)
Puerto del Rosario, Calle F. Castañeira, ☎ 85 06 35

Guardia Civil (Landpolizei)
Puerto del Rosario, 23. de Mayo, 16,
☏ 85 05 03

Post (Correos)
Puerto del Rosario, León y Castillo,
☏ 85 04 12

Telegrafenamt (Telegrafos)
Puerto del Rosario, Calle F. Castañeira,
☏ 85 04 30

Krankenhaus
Clinica del Pino
Puerto del Rosario, Calle General Franco,
☏ 85 03 12

LANZAROTE

Fremdenverkehrsbüro
Oficina de Turismo
Arrecife, Parque Municipal, ☏ 81 18 60

Fluggesellschaft
IBERIA
Arrecife, Avenida Rafael González, 2,
☏ 81 05 50/54/58

Schiffahrtsgesellschaft
Compañía Trasmediterránea
Arrecife, José Antonio, 90, ☏ 81 10 19
ALISUR S.A.
Leon y Castillo, 16, Arrecife, ☏ 81 42 72 und
81 49 01

Amtliche Stellen
Ayuntamiento de Arrecife (Stadtverwaltung)
Av. Generalísimo Franco, 7, ☏ 81 01 16
Cabildo Insular (Inselverwaltung)
Arrecife, León y Castillo, 4, ☏ 81 01 00

Polizei
Policía Municipal (Stadtpolizei)
Arrecife, Academia, 3, ☏ 81 13 17
Guardia Civil (Landpolizei)
Arrecife, El Júpiter, ☏ 81 09 46

Post- und Telegrafenamt
(Correos y Telegrafos)
Arrecife, Avenida Generalísimo Franco, 8,
☏ 81 02 41, 81 19 17

Feuerwehr (Servicio de Incendios)
Arrecife, Avenida Generalísimo Franco,
☏ 81 01 09

Krankenhäuser
Hospital Insular
Arrecife, Juan de Quesada, ☏ 81 05 00
Clínica Virgen del Carmen
Calle León y Castillo, ☏ 81 23 08

Nationalpark Timanfaya
Besuchszeiten: 9–17 Uhr; Eintritt: 375 pts.
(1986).

Linienbusse verkehren mehrmals täglich zu allen größeren Orten der Insel.

Hinweise von A bis Z

Autopapiere
Es genügt der nationale Führerschein, ebenso der inländische Kraftfahrzeugschein. Wegen der Verschiffungsformalitäten empfiehlt sich jedoch der internationale Kraftfahrzeugschein. Grüne Versicherungskarte nicht vergessen.

PRAKTISCHE REISEHINWEISE

Baden
Da es auf dem Archipel keine ausgesprochen kalte Jahreszeit gibt, kann das ganze Jahr dort, wo es die Küste zuläßt, gebadet werden. Anhaltende Schlechtwetterperioden mit Regen und Nebel (Schnee im Winter nur auf den höchsten Gipfeln) sind unbekannt. Die Wassertemperatur ist durch den kühleren Kanarenstrom etwas niedriger als sonst in diesen Breiten üblich. Die höchsten Wassertemperaturen liegen zwischen Juli und November bei 22–23 °C, Weihnachten immerhin noch um die 20 °C, während von Januar bis März die niedrigsten Wassertemperaturen mit 19 °C zu verzeichnen sind. Fast jede größere Hotelanlage weist zusätzlich noch großzügig angelegte Schwimmbäder auf.

Benzin
Auf den großen Inseln ist das Tankstellennetz sehr gut ausgebaut, auf den kleineren Inseln erkundige man sich besser vor Antritt einer längeren Fahrt. Die Tankstellen sind sonntags und feiertags geschlossen.

Camping
Bisher bestehen nur zwei offizielle Campingplätze mit sanitären Anlagen und Service-Einrichtungen, und zwar auf Gran Canaria die bescheidene Anlage ›Temisas‹ bei Sta. Lucia und ›Playa Taurito‹ an der Südküste zwischen Puerto Rico und Puerto de Mogán.

Es ist jedoch auf allen Inseln möglich, entweder auf extra dafür einplanierten Flächen (ohne sanitäre Einrichtungen) ein Zelt aufzustellen, was besonders in den Sommermonaten und an Wochenenden bei den Einheimischen beliebt ist. Im Prinzip ist hierfür eine Genehmigung des zuständigen Ayuntamientos (der Stadtverwaltung) einzuholen, aber das macht auf den Kanarischen Inseln kaum jemand. Anders liegt der Sachverhalt, wenn man in einem der Nationalparks zelten oder einen Wohnwagen aufstellen will. Dafür ist eine Erlaubnis der staatlichen Naturschutzbehörde ICONA, die in jeder Inselhauptstadt ein Büro hat, einzuholen. Das geht meistens ohne Probleme, und man wird bleiben dürfen, solange man die Regeln (Abfallbeseitigung, kein offenes Feuer usw.) einhält.

Devisenvorschriften
Es dürfen spanische Peseten bis zu 150 000 eingeführt und bis zu 20 000 ausgeführt werden. Die Einfuhr ausländischer Zahlungsmittel ist unbegrenzt, sie dürfen bis zur Höhe des eingeführten Betrages wieder ausgeführt werden. Schriftliche Devisenerklärungen sind nicht nötig.

Einkäufe (Souvenirs)
Die Kanarischen Inseln sind zollfreies Gebiet. Deshalb ist manches dort erheblich billiger als bei uns, zum Teil bis zu 50%. Es sind dies vor allem: Tabakwaren, Spirituosen, Parfümerieartikel, Lederwaren. Nur scheinbar billiger sind meistens die unterhaltungselektronischen Geräte und Fotoapparate, denn bei ihnen besteht oft ein Unterschied zwischen Preis und Qualität – die wirklich guten Sachen sind hier genauso teuer wie zuhause, wo zudem die Garantie des Herstellers geboten wird.

Beliebte Souvenirs stellen die preiswerten kanarischen Handarbeiten dar, wie die Teneriffa-Stickerei, eine Hohlsaumstickerei, die unter der Bezeichnung ›calado‹ bekannt ist.

Der venezianischen Spitze ähnelt die Vilaflor-Spitze. Außerdem werden Reliefstickereien nach venezianischem und irischem Vorbild hergestellt. Auf allen Inseln sind Keramiken erhältlich, oft Reproduktionen der Gefäße der Ureinwohner, noch wie zu ihren Zeiten ohne Drehscheibe geformt und nach alten Techniken hergestellt, z. B. auf Gomera und La Palma.

Meist reicht gerade noch das letzte spanische Geld, um sich am Flughafen einen Strauß jener typischen Strelitzien als Erinnerung an die gebietsweise üppige und vielfältige Vegetation zu kaufen. Von eigentümlicher Form sind die mit phantasiereichen Silber-Knochenbein-Einlegearbeiten verzierten Messer der Bananenplantagenarbeiter.

Schwer, aber kostenlos wird die Bürde des eifrigen geologischen Sammlers auf dem Nachhauseweg sein. Doch so ein kleiner Felsbrocken, vielleicht die besondere Skulptur einer Stricklava, wird ihn jederzeit an aufregende Entdeckungen und Bereicherungen erinnern.

Einreisepapiere

Bei der Einreise benötigen Deutsche und Schweizer einen gültigen Personalausweis oder Reisepaß, Österreicher einen gültigen Reisepaß. Bei einem Aufenthalt von mehr als drei Monaten muß bei der Provinzregierung (Gobierno) eine Aufenthaltsgenehmigung beantragt werden.

Elektrizität

An den meisten vom Tourismus erschlossenen Orten beträgt die Stromspannung 220 Volt, auf den kleinen Inseln und in älteren Gebäuden auch nur noch selten 110 oder 125 Volt. Wer in abgelegene Gegenden reisen will, nehme zur Sicherheit einen Kombinationsstecker mit.

Essenszeiten

Mittagessen (almuerzo) von 13–15.30 Uhr, Abendessen (cena) von 20–23 Uhr.

Geldumtausch

Am günstigsten bei den Banken. Rezeptionen der Hotels und Reisebüros verlangen einen geringen Aufpreis. Rückumtausch ist nur am Flughafen und im Heimatland möglich. Euro- und Reiseschecks.
Wechselkurs: 100 pts. = 1,60 DM = 11,2 ö. S. = 1,35 sfr. (Stand Frühjahr 1986)

Geschäftszeiten

Von 9.30–13 Uhr, von 16–20 Uhr (Abweichungen sind möglich).

Die modernen Drugstores sind rund um die Uhr geöffnet. Bäckereien, Blumengeschäfte und Zeitungskioske auch am Sonntagmorgen. Bars und Nachtlokale schließen um 4 Uhr morgens.
Banken: von 9–13.30 oder 14 Uhr, samstags nur bis 13 Uhr.
Wechselstuben: von 9–13 Uhr, 16–19 oder 20 Uhr, samstags 9–13 Uhr, während der Hauptsaison oft auch nachmittags geöffnet.
Postämter: 9–12 Uhr, 16–17 Uhr, samstags nur vormittags. In kleineren Orten abweichende Öffnungszeiten.

Leihwagen

Auf allen Inseln können Autos (Motorräder, Motorroller und Mopeds) für Selbstfahrer ausgeliehen werden. Da oft eine große Nachfrage herrscht und die Fahrzeuge sehr strapaziert werden, sollte man auf den Zustand und das Alter des Wagens achten. (Es wird ein Gesetz vorbereitet, das ein Ausleihen von Autos, die älter als drei Jahre sind, verbietet.) Die internationalen

Autovermieter (AVIS, HERTZ) bieten meist technisch einwandfreie Fahrzeuge an, sind aber auch bis zu 50% teurer als lokale Autoverleiher.

Polizei
Policía Municipal ist die Stadtpolizei. Sie trägt blaue, im Sommer weiße Uniform und Tropenhelm.
Guardia Civil ist die Landpolizei. Sie trägt grüne Uniformen und schwarze Baretts.

Postgebühren
Zur Zeit muß eine Post- und Ansichtskarte ins Ausland mit 35 Pts. frankiert werden. Ein Brief kostet 45 Pts. Luftpostzuschlag wird nicht erhoben (1986).

Radio
Die Deutsche Welle mit regelmäßigen Nachrichten zur vollen Stunde, Kommentaren, dem Echo des Tages und Musik, am Sonntag Sport, ist nach dem Bau eines neuen Senders speziell für Südeuropa gut zu empfangen. Auf allen Inseln ist auch der kanarische Touristenfunk zu empfangen (MW 1215 kHz), der u.a. jeweils um 8.20 Uhr deutsche Nachrichten ausstrahlt. Seit einiger Zeit gibt es auch spezielle deutsche Werbekanäle, zum Beispiel von Radio Canaria Sur (UKW 89,2) oder von Radio Lanzarote.

Reisezeit
Die Inseln des ›ewigen Frühlings‹ können das ganze Jahr hindurch empfohlen werden. Die Ausgeglichenheit des Klimas (s. S. 41 ff.) trägt stark zu einem regenerativen Urlaub bei, der von Aktivität gekennzeichnet ist. Während die Nordseiten der Inseln häufig zeitweilige Bewölkung aufweisen und etwas kühler und zuweilen regnerischer sind, muß im Süden der Inseln im Sommer mit kurzfristigen Hitzewellen gerechnet werden, bedingt durch die ablandig wehenden Winde der Sahara. Dennoch stellen gerade diese Eilande für uns Mitteleuropäer besonders in den Wintermonaten und im Frühjahr ein beliebtes Reiseziel dar, um Abstand von der Kälte und der ruhenden Natur unserer Breiten zu gewinnen, um Sonne, Wärme und Fröhlichkeit südlicher Gefilde mitzubringen.

Stadt- und Überlandverkehr
Erfolgt auf allen Inseln mit Autobussen.

Straßen
Besonders auf den größeren Inseln ist das Straßennetz im großen und ganzen gut ausgebaut. Von Jahr zu Jahr werden mehr Schotterstraßen durch Asphaltstraßen ersetzt. Hierbei sei darauf hingewiesen, daß die Landkarten meistens veraltet sind und nicht den neuesten Straßenzustand wiedergeben. Die relativ besten Autokarten bietet die Firma Firestone an.

Taxis
Sind relativ billig. Taxameter (Uhren) gibt es meistens nicht. Deshalb sollte man schon vor Antritt der Fahrt den Preis aushandeln. Ein Trinkgeld von 5-10% des Fahrpreises wird erwartet. Wartezeiten am Zielort werden exakt berechnet.

Telefongespräche
Vorwahlnummern im grünen Teil des offiziellen Telefonbuches (Guía Telefonica), Seite 19-21 oder auf Tafeln, die auch den Wählvorgang in verschiedenen Sprachen beschreiben, in den öffentlichen Telefonzellen. Vorwahl für Bundesrepublik

Deutschland 07 ... (Pfeifton abwarten) ... 49 (dann Ortskennzahl *ohne* Null). In Hotels und Apartments wird eine Vermittlungsgebühr berechnet, die die offiziellen Gebühren manchmal sogar verdoppeln kann. Am billigsten telefoniert man von einem automatischen Münzfernsprecher – für ein Ferngespräch benötigt man 50-pts.-Münzen, für modernere Automaten auch 100-pts.-Münzen – oder einem Telefonamt aus.

Tips
Vorsicht vor der kanarischen Sonne. Selbst bei bedecktem Himmel ist sie noch intensiv genug, um Sonnenbrand zu verursachen!

Für Entdeckungen in der Landschaft ist gutes Schuhwerk notwendig. Wegen der unterschiedlichen Höhenstufen und der abkühlend wirkenden Passatwolken sollte man immer ein warmes Kleidungsstück bei sich haben, z. B. Anorak.

Durch die Klimaveränderung oder aber durch den Genuß ungewohnter Speisen können Störungen der Verdauungsorgane eintreten, die sogenannte ›Kanarische Grippe‹. *Deshalb sollte man sich vor allzu fetten öligen Speisen hüten, kein Leitungswasser trinken und alles Obst und Gemüse gründlich vor dem Essen waschen oder schälen. Außerdem sollte ein Mittel gegen Durchfall und Sonnenbrand stets griffbereit sind.*

Trinkgeld
Im allgemeinen ist in den Rechnungen der Hotels und Restaurants ein Bedienungsgeld von 15% inbegriffen. Zusätzliches Trinkgeld erwarten die Hotelangestellten, Kellner (5–10% des Rechnungsbetrages), Taxifahrer, Platzanweiser in Kinos und Theatern sowie die Aufseher und Führer bei Sehenswürdigkeiten.

Unterwasserjagd
Reichhaltige Reviere bestehen rund um Hierro und im El Rio, der Meerenge zwischen Lanzarote und La Graciosa.

Verkehrsregeln
- *Man beachte die in Spanien obligatorische Anschnallpflicht außerhalb von Städten (auch Beifahrer). Strafe: 2000 Pts. oder mehr.*
- *Es gilt die Vorfahrtsregel rechts vor links, auch im Kreisverkehr hat der Hereinfahrende Vorfahrt.*
- *Vor jeder unübersichtlichen Situation und vor jeder Kurve muß gehupt werden.*

Verständigung
Die Landessprache ist Spanisch. In den großen Touristenzentren wird zumindest auch Deutsch und Englisch gesprochen. Auf den kleinen Inseln und bei Fahrten über Land sind spanische Sprachkenntnisse unentbehrlich.

Zoll
Gegenstände zum persönlichen Gebrauch, wie Radio, Surfboard, Filmkamera, Fotoapparat, Schreibmaschine usw. dürfen ohne weiteres mitgeführt werden. Autos, Anhänger, Boote, Motorräder bedürfen für eine Zeit von maximal 6 Monaten keiner besonderen Genehmigung. Bei länger erforderlichem Aufenthalt wende man sich wegen einer Bürgschaftserklärung an den Real Automóvil Club de España, der in fast allen Provinzhauptstädten Filialen hat.

Da die Kanarischen Inseln Freihafengebiet sind, existieren keine Zollformalitäten. Man beachte jedoch die deutschen Einfuhrvorschriften.

Haustiere benötigen ein amtstierärztliches Herkunftszeugnis sowie eine bescheinigte Tollwutimpfung, die nicht älter als ein Jahr sein darf, aber spätestens 30 Tage vor der Reise vorgenommen worden sein muß. Die Beglaubigung dieser Papiere durch das Konsulat ist nicht mehr zwingend vorgeschrieben, sie erleichtert das Procedere aber im Konfliktfall.

Hotels auf Gomera, Hierro, La Palma, Fuerteventura und Lanzarote

Es würde zu weit führen, wollte man die zahlreichen Unterkünfte (Hotels, Appartements und Bungalows) aller Kategorien, die dem Touristen ganz besonders auf *Teneriffa* und *Gran Canaria* zur Verfügung stehen, erwähnen. Aber trotz dieses großen Angebots findet der Reisende besonders in der Zeit zwischen Mitte Dezember und Ostern und während der Sommerferien meistens nur noch Unterkunft in den teuersten Hotels. Zu den angegebenen Zeiten ist es ratsam, das Zimmer vorzureservieren oder aber, falls man pauschal bucht, Monate vorher schon das Reisebüro zu konsultieren.

Auf den kleineren Insel herrscht zu den Hochsaisonzeiten gleichfalls Bettenknappheit. Das betrifft besonders die drei kleinen westlichen Kanarischen Inseln (Gomera, Hierro und La Palma). Nicht ganz so groß ist das Risiko auf den beiden östlichen Kanarischen Inseln (Fuerteventura und Lanzarote), da hier die Bettenkapazität in den letzten Jahren beträchtlich gestiegen ist.

Da besonders diese kleinen Kanarischen Inseln das Ziel vieler Individualreisenden sind, seien im folgenden Unterkunftsmöglichkeiten auf Gomera, Hierro, La Palma, Fuerteventura und Lanzarote genannt:

Gomera

San Sebastián
**** H Parador Nacional, ☎ 87 11 00
  ** HstR Garajonay, Ruíz de Pacrón, 17, ☎ 87 05 50
   * HstR Colombina, Ruíz de Padrón, 81, ☎ 87 12 57
   * HstR Canarias, Ruíz de Pacrón, 5, ☎ 87 03 55
   * Hst Gomera, del Medio, ☎ 87 04 17
Appartements sind zu buchen über Viajes del Rosal, Avda. Fred Olsen, 10, ☎ 87 09 24
Valle Gran Rey
Pensión Parada, La Calera, ☎ 80 50 52
Pensión Lola, La Playa, ☎ 80 51 48
Pensión Casa Maria, La Playa, ☎ 80 50 47
Im ganzen Tal gibt es eine große Anzahl Wohnungen zu mieten. Einige Beispiele:
El Chorro, Calera, ☎ 80 51 76
Casa Domingo, La Playa, ☎ 80 53 36
Apartamentos Rudolfo, La Playa, ☎ 80 51 95
Apartamentos Yuremar, Vueltas, ☎ 80 53 60
Jede andere größere Ortschaft besitzt zumindest eine einfache Pension, so daß auch der Wanderer dort ein Bett finden kann.

Hierro

*** H Parador Nacional, südlich von Puerto de la Estaca einsam an der (im Winter rauhen) Küste gelegen – empfehlenswert für Tauchsportler, ☎ 55 01 00/1
Valverde
 ** H Boomerang, Dr. Ghost, 1, ☎ 55 02 00
 ** HstR de Turismo, Venezuela, ☎ 55 00 76
  * HstR Casañas, San Francisco, 5, ☎ 55 02 54
  * Hst Sanflei, Santiago, 18, ☎ 55 08 57

La Restinga
Der Ort besitzt nur ein teléfono publico (öffentliches Telefon) – eine Reservierung ist deshalb schwierig. Drei Pensionen und mehrere Wohnungen stehen dem Gast zur Auswahl.

Weitere Pensionen, Hostales und Wohnungen in Sabinosa, Tigaday, Frontera, Taibique, Caleta.

La Palma
Santa Cruz de la Palma
*** H Parador Nacional, Av. Blas Pérez González, ☎ 41 23 40
*** H Mayantigo, Alvarez Abreu, 68, ☎ 41 17 40
*** H San Miguel, Av. José Antonio, 31, ☎ 41 12 43
 ** HstR Canarias, A. Cabrera Pinto, 27, ☎ 41 31 82
  * HstR Bahía, Plaza de la Luz, 26, ☎ 41 18 46

Los Llanos de Aridane
 ** Hst Vazdekis, Montaña de Tenisca, ☎ 46 09 67
  * HR Eden, Angel, 1, ☎ 46 01 04

El Paso
  * H Monterrey, Carretera, Kst. 1, ☎ 48 51 76

Dazu kommt eine Anzahl einfacher Pensionen in Santa Cruz, Los Llanos de Aridane, Breña Alta und San Andrés y Sauces.

Apartamentos vor allem in Breña Baja (Vista Bella, ☎ 43 49 75, Los Cancajos, ☎ 43 41 44, Montebreña, ☎ 43 44 50), in Breña Alta (Miranda, ☎ 43 42 95). Unter deutscher Leitung stehen die Bungalows in Todoque bei Los Llanos, ☎ 46 13 36 und Apartamentos Florida in Tazacorte, ☎ 48 07 53

Fuerteventura
Puerto del Rosario
 ** H Valerón, R. González Negrín, ☎ 85 06 18
 ** HstR Tamasite, León y Castillo, 9, ☎ 85 02 80

Jandía
**** Robinson-Club-Hotel Jandía Playa, ☎ 87 60 25
*** Casa Atlantica, Playa Matorral

Playa de Tarajalejo
*** H Maxorata, ☎ 87 00 50

Gran Tarajal
 ** HstR Gadifer

Playa Blanca
*** H Parador Nacional, ☎ 85 11 50

Corralejo
**** H Tres Islas, ☎ 86 60 00
*** H Oliva Beach

Playa Barca
*** H Los Gorriones, ☎ 87 08 25

Appartements
Jandía
Playa Paradiso, ☎ 87 60 52
Corralejo
Matorral, ☎ 87 60 43; Hoplaco, ☎ 86 60 40;
Los Barqueros, ☎ 86 60 72
Caleta de Fustes
El Castillo, ☎ 87 80 46

Lanzarote
Arrecife
*** H Gran Hotel, Avenida Mancomunidad, ☎ 81 12 54
*** HstR Cardona, 18 de Julio, ☎ 81 10 08
*** HstR Miramar, Calle Coll, 2, ☎ 81 26 00
  * HstR España, Gran Canaria, 4, ☎ 81 11 90
  * HstR Tisalaya, Pérez Galdós, 12, ☎ 81 15 85

Appartements
Arrecife Playa, Avenida Mancomunidad,
☎ 81 03 00/81 03 04
Islamar, Avenida Mancomunidad,
☎ 81 15 00
Maria Isabel, Francos, 6, ☎ 81 06 09
Maris, José Betancort, 9, ☎ 81 06 36
Rubicon, Avenida Mancomunidad, 16,
☎ 81 12 48
Parque, Avenida General Franco, 13,
☎ 81 11 62
Avenida, Avenida Mancomunidad
Tías
**** Hotel San Antonio, Playa de los Pocillos, ☎ 82 50 50
**** Hotel Fariones, Puerto del Carmen, ☎ 81 21 50
Barcarola, Playa Blanca, ☎ 82 57 75
Apartamentos San Antonio, Playa de los Pocillos, ☎ 82 50 50
Marivista, Puerto del Carmen, ☎ 82 50 08
Yaiza
Appartements
Casas Del Sol, Playa Blanca, ☎ 83 00 50
Costa Teguise/östlich von Arrecife
***** H Las Salinas-Sheraton, ☎ 81 30 40
Appartements Los Molinos, ☎ 81 20 08
Hier entsteht eine gepflegte Touristenstadt.

Gastronomie

»*No cambio un almuz de gofio*
por la hembra más hermosa
que el gofio nos da substancia
y la mujer nos lo roba.«

»Ich tausche kein Quentchen Gofio
für das schönste Weib ein,
denn der Gofio gibt uns die Kraft,
während die Frau sie uns raubt.«
(Kanarische Volksweise)

Die kanarische Küche ist stark von der spanischen und portugiesischen beeinflußt. Es wird genau wie dort und in allen anderen Mittelmeerländern mit viel Olivenöl und Knoblauch gekocht und stark gewürzt. Auf der Speisekarte sind aber immer noch einige Gerichte zu finden, deren Herkunft bei den Ureinwohnern zu suchen ist. Es handelt sich dann meistens um einfachere Gerichte, nicht etwa, weil die Zutaten für eine raffiniertere Küche nicht vorhanden wären, eher liegt es am ausgewogenen Klima der Insel, daß der Kanarier anspruchslos und von ausgeglichenem Appetit ist. Es sei jedoch darauf hingewiesen, daß auf fast allen Inseln in den größeren Restaurants international gespeist werden kann.

Von den traditionellen Küchenrezepten seien nur einige herausgegriffen: Zum Beispiel die kanarische Spezialsoße ›Mojo Canario‹, eine äußerst scharfe Sache, bei deren Genuß man zunächst glaubt, der Vorhof zur Hölle täte sich auf, so scharf ist sie. Bald schon breitet sich aber der ganze Wohlgeschmack dieser feurigen Soße aus und bietet einen nie erlebten Gaumenkitzel. Gebraut wird sie aus kleingeschnittenen Knoblauchzehen, Paprikaschoten und knallroten Peperonis. Mit grobem Meersalz werden diese Zutaten in einem Mörser zu einem Brei verarbeitet. Dieser wird mit Speiseöl, Essig und gleicher Menge Wasser vermischt. Durch Hinzufügen von Petersilie und Kümmel entsteht der ›grüne Mojo‹ und durch Untermischen von Safran ›roter Mojo‹. Mit Vorliebe taucht der Kanarier in sie einfach nur ›Papas Arrugadas‹, kleine runzelige Pellkartoffeln, die in konzentriertem Salzwasser weich gekocht wurden. Dabei kommt es darauf an, im Augenblick, wo das Wasser kocht, ein Leinentuch über die Wasseroberfläche zu legen. Dann verkocht das Wasser langsam, und übrig bleibt das Salz, das sich wie eine weiße Kruste um die Kartoffel geschmiegt hat. Diese schrumpeligen, salzigen Pellkartoffeln werden entzwei gebrochen – nach Landessitte mit den Fingern – in den Mojo getunkt und gemeinsam mit der feurigen Würze verzehrt.

Gern reicht man diese Teufelssoße zu den vielen *Fischgerichten*, für die das Meer bestimmte Fischarten liefert, wie z. B.:

Sancocho Gericht aus Trockenfisch, mit Süßkartoffeln, Zwiebeln und Knoblauch gemeinsam gegart. Darunter wird etwas ›Gofio‹ (s. S. 18f., s. u.) gemischt und das ganze mit Mojo übergossen und serviert.

Tollo In Streifen geschnittener, getrockneter, über Holzkohlenfeuer gegrillter Fisch, dessen angebrannte Kruste abgekratzt wird, so daß nur noch zartes, weißes, schmackhaftes Fleisch übrigbleibt, das mit Mojo mariniert erst am darauffolgenden Tag besonders gut schmeckt.

Cernada Aus Salzfisch, Mojo und gebratenem Schweinefleisch zubereitet.

Viejas con papas arrugadas Karpfenähnlicher Meeresfisch, zu dem die runzeligen Pellkartoffeln gereicht werden.

Tollos al mojo hervido Eine Fischsuppe.

Zu den vielen Fischgerichten gesellen sich unzählige *Fleischgerichte*, oft mit für uns ungewöhnlicher Zusammenstellung; hier zwei Beispiele:

Puchero Das kanarische Eintopfgericht, wohlschmeckend trotz seiner eigenartigen Zusammensetzung aus Rind- und Schweinefleisch, Kichererbsen, Ignamen, Süßkartoffeln, einem Maiskolben, Birnen und Äpfeln.

Puchero siete carnes Ein Puchero für besondere Festlichkeiten, der immerhin, wie der Name schon preisgibt, aus sieben verschiedenen Fleischsorten besteht: Rind, Schwein, Kalb, Huhn, Wildkaninchen, Rebhuhn und Waldtauben.

Auf La Gomera wird der Puchero in den noch von den Ureinwohnern übernommenen derben, aus der kanarischen Kiefer geschnitzten Holzschalen mit Stiel serviert und mit handgeschnitzten Holzlöffeln ausgeleert, was dem Eintopf eine besondere Geschmacksnote verleiht (z. B. im Parador Nacional).

Gofio Das Hauptnahrungsmittel der Ureinwohner, ein Getreidemehl, das aus einem leicht gebrannten Getreidekorn gemahlen wird, gehört auch heute noch gemeinsam mit dem Fisch zur Ernährungsgrundlage auf den Inseln. Auf Teneriffa enthält es bevorzugt Weizen, während im Gofio von Gran Canaria Mais vorherrschend ist. Man mischt ihn meistens unter andere Nahrungsmittel.

Queso de flor (Blumenkäse) Aus Ziegenmilch, zu deren Gerinnen die Blüte einer Distel verwendet wird.

Turrónes Süße Nachspeise.

Turrón de gofio Süßspeise aus Mandeln, Honig, Mais und Feigen.

Bienmesabe Creme aus Mandeln und Ei.

Frangollo Süßspeise aus Milch und Mais.

Getränke

Agua mineral (Mineralwasser) Stammt von inseleigenen Quellen und ist von ausgezeichneter Qualität.

Cerveza clara (helles Bier)

Cerveza negra (dunkles Bier) Aus Brauereien der Inseln, ist von gutem Geschmack und guter Qualität.

Herrlich munden die kanarischen Rot- und Weißweine, deren berühmteste der *Malvasier* und der *Muskateller* sind, mit der Würze des vulkanischen Untergrundes.

Zu nennen wäre vor allem: der schwere Malvasier von Lanzarote; der ›tinto‹ (Rotwein) von Mazo/La Palma; der Malvasier von Fuencaliente/La Palma; der gelbliche Weißwein von El Golfo und Taibique/Hierro; der rote Landwein von Icod de los Vinos/Teneriffa und der Wein von Monte Coello/Gran Canaria.

Aus einheimischem Zuckerrohr wird Rum hergestellt, mit Cola vermischt gern als ›Cuba libre‹ getrunken.

Der Kaffee ist sehr stark geröstet.
café solo = Kaffee ohne Milch.
café cortado = Kaffee mit etwas Milch.
café con leche = Kaffee mit sehr viel Milch.

Feste und Folklore

Wo anders als auf einem der vielen alljährlich wiederkehrenden ›Fiestas‹ zu Ehren von Schutzheiligen, historischen Ereignissen usw. könnte man besser in das Leben und die Geschichte der Kanarier eindringen und ihre Bräuche und Sitten kennenlernen. So zeigen gerade die abseits in kleineren Orten stattfindenden Feste noch unverfälschten Volkscharakter. Die ›Fiesta de Rancho de Animas‹ in Teror, Gran Canaria, die jedes Jahr im November stattfindet, kann beispielsweise als ein Überbleibsel mittelalterlicher Sangeskunst angesehen werden. Von vorwiegend älteren Männern, die nur einfache Instrumente wie primitive Tamburine, ›espadas‹, Triangel, Kastagnetten, Pfeifen und Gitarren zur Untermalung verwenden, werden kurze Klagelieder vorgetragen, die nicht niedergeschrieben sind, sondern im Augenblick erfunden werden.

Die Feste bestehen meist aus einem religiösen Teil, mit Prozessionen durch die künstlerisch mit Blumenteppichen geschmückten Straßen (dort, wo Blumen fehlen, verwendet man buntes Lavagestein), oft mit ekstatischen Tänzen um Heiligenfiguren, dem ein volkstümlicher Teil angeschlossen ist: Vergnügungen wie Kirmes, Viehausstellungen – oft mit einem großen Umzug geschmückten Viehs –, Darbietungen von geernteten Früchten, Gesangswettkämpfe, Umzüge von geschmückten Karossen, Konzerte, Feuerwerk, typische Tänze in rein kanarischer Tradition und in den althergebrachten farbenfreudigen Trachten, sportliche Wettkämpfe (kanarischer Ringkampf, Pferde- und Eselrennen, Wettfischen, Wettschießen) usw. (vgl. Abb. 40–42, 137–139).

Da sich die Daten vieler Festlichkeiten ständig verschieben, wurde auf eine Aufzählung der zahlreichen Feste verzichtet. Das Patronato Provincial de Turismo einer jeden Provinz gibt alljährlich einen kostenlosen Veranstaltungskalender heraus.

So wie sich in der Folklore aller Länder spontan die Seele des Volkes widerspiegelt, das damit seiner Lebensfreude Ausdruck verleiht, so kann man in den kanarischen Tänzen und Liedern am besten die Psyche des Kanariers wiedererkennen: seine offene, mitteilsame

Art, sein ausgeprägtes Zusammengehörigkeitsgefühl, seine lebhafte Phantasie. Ganz noch nach den Überlieferungen der Ureinwohner gibt es sie noch, die typische kanarische Folklore, obwohl auf den einzelnen Inseln unterschiedliche Elemente erkennbar sind, die im Laufe der Zeit auch eigene Entwicklungen durchgemacht haben. Jedoch muß man, um sie auch wahrhaft erleben zu können, die Darbietungen der großen Touristenzentren meiden, wo mehr und mehr die Ursprünglichkeit der kanarischen Folklore, deren althergebrachte Tonfolgen erstaunlicherweise teils orientalischen Ursprungs sind, durch die eingängigeren südamerikanischen Rhythmen und Melodien verdrängt werden.

Begleitet werden Tanz und Gesang von der Gitarre, der Mandoline, dem vier- bis fünfsaitigen Timple oder aber einer Art Laute, der ›banduria‹. Zur Rhythmusuntermalung dienen Trommeln und gekerbte Bambusstäbe, von kurzen Hölzern gestrichen.

Der Tanz ›Canario‹ stammt wahrscheinlich von den Ureinwohnern Hierros. Er wurde bis nach Spanien verpflanzt, wo er solche Beliebtheit erfuhr, daß er zu einem Modetanz wurde und die ganze Welt eroberte. Bei diesem Tanz wird der Takt von den Tänzern sehr stark mit den Fersen durch schnelle und heftige Bewegungen ausgeführt.

Der ebenfalls bodenständige ›Sirinoque‹, in dessen ausgesprochen liturgischen Charakter auch etwas Erotik mit hineinspielt, soll vom ›Canario‹ abgeleitet worden sein.

Von dem ihn begleitenden Rhythmusinstrument, einer Art Tamburin, hat der ländlich anmutende Tanz ›tajaraste‹ seinen Namen erhalten. Gleichzeitig verwendet man noch Schilfflöten und Kalabassen zur Untermalung. Dieser Tanz, der ebenfalls von den Ureinwohnern übernommen wurde, hat teils sozial-religiösen, teils kriegerischen Charakter, was zum großen Teil auf die Eroberungsepoche zurückgeht.

Aus Spanien eingeführt wurden die ›saltonas‹, ›seguidillas‹, ›malagueñas‹, ›folías‹, ›zorongos‹, ›El Santo Domingo‹ und der ›tango‹. ›Las saltonas‹ ist die übernommene Jota von Aragonien und Valencia, bei der sich die Tänzer im Kreis aufstellen. Sie ähnelt ein wenig den ›fandangos‹ aus dem Süden Spaniens. Die kanarische ›malagueña‹ besitzt Eigentümlichkeiten aus Málaga. Hierbei tanzt ein Mann mit mehreren Tänzerinnen, symbolisierend eine Allegorie des Triumphes der Virilität und der Kraft gegenüber der Weiblichkeit.

Die ›isa‹, ein Volkslied und Tanz aus Aragonien und Valencia, wird bei vergnügten Festen und fröhlichen Wallfahrten aufgeführt. Man kann ebenso Gemeinsamkeiten zu südamerikanischen Gesängen und Tänzen erkennen, wie z. B. zu dem argentinischen ›pericón‹. Der Rhythmus ist voller Heiterkeit und Grazie und erinnert ein wenig an das Menuett.

Die kanarische ›folía‹ hat mit der portugiesischen nur den Namen gemeinsam, da jene ziemlich geräuschvoll und sentimental, ein wenig melancholisch und langsamer ist. Die kanarische erinnert eher an die Boleros der Balearen, gleichzeitig kann man aber auch ihren betonten Rhythmus in den tragischen Volksliedern Andalusiens wiederfinden.

Die ebenfalls vom spanischen Festland stammenden ›zorongos‹ von langsam-lässigem Charakter fließen mit in die Tanzgewohnheiten der Insulaner ein und sind von typisch kanarischen Merkmalen geprägt.

Der religiöse Tanz ›El Santo Domingo‹ stammt aus einem alten andalusischen Volkstanz aus dem 15. Jahrhundert und wird vor einem Heiligenbild aufgeführt.

Der ›tango‹ von Hierro und der ›tanguillo‹ von Teneriffa sind dem ›fandanguillo‹ aus Andalusien ähnlich.

Kanarische Sportarten

Kanarischer Ringkampf (Lucha Canaria)

Der kanarische Ringkampf ist ein Überbleibsel jener Sportwettkämpfe, die sich bei den Ureinwohnern schon vor der spanischen Eroberung großer Beliebtheit erfreuten. Außer auf Gomera findet er auf allen Inseln meist zu besonderen Festlichkeiten statt. Der Kampf, der ein wenig an den keltischen Ringkampf oder das Schweizer ›Schwingen‹ erinnert, soll auch von den Ägyptern praktiziert worden sein. So glaubt man Parallelen der Situation und Wendungen dieses Zweikampfes in den mehr als 120 Bildern im Grab des Cheti in Beni Hassan wiederzufinden. Der Ringkampf wird in einer Arena ausgetragen, wo in Mannschaften von jeweils zwölf Männern gegeneinander gekämpft wird, jedoch der Reihe nach Mann gegen Mann. Dann kommt es für den Kämpfer darauf an, den Gegner mit irgendeinem Körperteil – Füße sind selbstverständlich ausgeschlossen – zu Boden zu zwingen, was ihm große Geschicklichkeit, Kraft und schnelles Reaktionsvermögen abverlangt, um die Absicht des Gegners erkennen zu können. Neben einer dünnen Oberbekleidung tragen die Kämpfer eine kurze Hose aus grobem Leinen, deren Beine an den Oberschenkeln hochgerollt sind, damit die Gegner sich dort gegenseitig festhalten können (vgl. Abb. 137–139).

Hahnenkämpfe (Peleas de Gallos)

Vor allem in Las Palmas de Gran Canaria in der Gallera und auf La Palma werden diese Wettkämpfe veranstaltet, wobei zwei trainierte eifersüchtige Kampfhähne aufeinander losgelassen werden. Ein Schauspiel, das nicht jedermanns Beifall findet. Die Wettkampfzeiten dauern von Februar bis Mai.

Wettrennen von Windhunden (Carreras de galgos)

Sie finden jeden Abend um 19 Uhr im Canódromo Nuevo, Calle Zaragoza, puente Schamann-Escaleritas, in Las Palmas de Gran Canaria statt. Mit geringem Einsatz wird gewettet, Eintritt frei.

Baskisches Ballspiel (Pelota vasca)

Es findet täglich 19 Uhr im Frontón Daina, Las Palmas de Gran Canaria, Calle de Léon y Castillo, 5-7 statt. Es sind Wettkämpfe von Berufsspielern, bei denen auch kleine Wetten abgeschlossen werden.

Hochseeangeln

Es spricht sich unter den Sportanglern mehr und mehr herum, daß es wohl keinen Ort auf der Welt gibt, wo so viele Weltrekorde im sportlichen Hochseeangeln aufgestellt wurden wie in den kanarischen Gewässern. Deshalb dürften die Inseln schon bald zu einem der beliebtesten Sportfischereizentren der Welt werden. Allein 1976 wurden fünf der sieben zu vergebenden Weltrekorde erzielt. Mit verschiedenen

Leinenstärken wurden hier Bestleistungen bei den Großaugen-Thunen, dem Blauhai, dem Albacor (Thunfischart) und dem Blaubarsch erzielt. Der schwerste, nach den vorgeschriebenen Regeln der ›International Game Fishing Association‹ (IGFA) geangelte Fisch war ein 179 kg schwerer Großaugenthun.

Von der Mole Santa Catalina im Hafen von Las Palmas, wo auch die großen Thunfischflotten aus allen Teilen der Welt vor Anker liegen, um im Herbst nach den beliebten schmackhaften Großfischen zu jagen, starten täglich Haifangboote, an denen sich der Tourist beteiligen kann.

Das beliebteste Zentrum für sportliches Hochseeangeln ist jedoch Puerto Rico im Süden Gran Canarias, eine moderne Urbanisation mit Jacht- und Sportfischereihafen an sonnenreicher Bucht. In seinem Hafen liegt die sechs Schiffe umfassende Flotte von Marítima Insular, eines deutschen Unternehmers. Neben den verschiedensten Thunfischarten werden der Blaue Marlin, bekannt für sein hartnäckiges Kämpfen, der Schwertfisch, ›König der Sportfische‹, der Blauhai, der Barrakuda, der berüchtigte Pfeilhecht des Antlantiks, der Blaubarsch, der Bonito und noch viele andere als begehrte Trophäe vom Hochseeangeln mit zurückgebracht.

Andere Sportarten

Wie überall in der Welt, so wird auch auf den Kanaren mit Vorliebe *Fußball* gespielt. Es hat sich ein *Stabhochsprung*, der ›salto de regatón‹ erhalten, und gerne wird von den Einheimischen der *Bergsport* (s. unten) betrieben. Zuletzt seien noch die vielen Arten des *Wassersports* genannt, die vor allem auch von Interesse für den Touristen sein dürften: *Segeln, Wasserski, Windsurfing, Unterwasserjagd, Tauchen, Sportfischangeln* (s. o.) und die verschiedenen Arten des *Bootfahrens*.

Der *Stierkampf* ist auf den Kanaren nicht so beliebt wie auf dem spanischen Festland.

Bergwandern auf Teneriffa, Gran Canaria und La Palma

Teneriffa und Gran Canaria

Seit einigen Jahren werden von deutschen Reiseveranstaltern Bergwanderungen auf Teneriffa und Gran Canaria angeboten. Prospekte darüber erhält man in jedem TUI-Reisebüro. Schwerpunkt der Bergwanderungen auf Teneriffa ist der *Pico de Teide*, interessant erscheinen auch noch einige andere Gipfel, beispielsweise der *Pico de Guajara* (2717 m) (Abb. 124) oder der Kraterrand des *Pico Viejo* (3103 m) (Abb. 116). Die einzelnen Wanderungen dauern 3–6 Stunden, bergsteigerische Kenntnisse sind nicht erforderlich, Trittsicherheit und Schwindelfreiheit jedoch Voraussetzung. Ängstliche werden vom Bergführer an kritischen Stellen ans Seil genommen.

Für die nichtorganisierte Teide-Besteigung empfiehlt es sich, mit dem Aufstieg am besten nachmittags von den Cañadas aus zu beginnen; Übernachtung in der Schutzhütte ›Refugio Altavista‹, die man am nächsten Morgen noch vor Sonnenaufgang verlassen sollte, um ihn nach 1½stündigem Aufstieg oben vom Gipfel erleben zu können. Die Übernachtung in der Schutzhütte ist sehr preisgünstig. Sie ist mit zwei Räumen zu 14 Betten und je einen Raum zu sechs und zwei Betten ausgestattet. Wolldecken können zu einem Mehrpreis ausgeliehen werden. In beschränktem Maß kann man Getränke kaufen, sonstige Verpflegung muß mitgebracht werden. Damit die Gewähr gegeben ist, daß die Hütte auch offen ist, setze man sich besser einige Tage vorher mit der ›Junta Insular del Turismo‹, ☏ 24 25 93/94 in Verbindung, mit den am Ort ansässigen Reisebüros oder mit D. Miguel Monasterio Afonso, La Orotava, Calle Domínguez Afonso, 51, Casa Regina, ☏ 33 02 00–33 04 25. Er ist Verwalter der Schutzhütte. Bei ihm können auch Führer und Maulesel vereinbart werden. Nötig ist jedoch beides nicht, doch sei jedem empfohlen, obwohl der Aufstieg nicht schwierig, aber beschwerlich ist, die Regeln des Bergsteigens einzuhalten: Niemals allein gehen, denn ein verstauchter oder verletzter Fuß kann hilfsbedürftig machen. Der Leistungsschwächere sollte den Schritt angeben. Man bedenke auch, daß Bergbesteigungen, die normalerweise als leicht gelten, bei Wettersturz und Schneesturm gefährlich werden können, vor allem für Alleingänger. Niedrige Temperaturen und eisige Winde erfordern warme Bekleidung. Hohe feste Schuhe mit Profilsohlen, Regenschutz, Sonnenbrille, Sonnenschutz und Taschenlampe gehören zur weiteren Ausrüstung. Die günstigste Jahreszeit für den Aufstieg sind die Monate Mai–September (Oktober). In den Wintermonaten ist die Hütte geschlossen und Führungen von den Behörden untersagt (zu starker Wind und Schnee).

Auch von spanischen Reiseveranstaltern werden ständig Besteigungen des Teide mit Übernachtung in der Schutzhütte angeboten. Näheres erfrage man bei den am Ort ansässigen Reisebüros.

Auf Gran Canaria wird bei organisierten Bergwanderungen das zentrale Gebirgsland um den Roque Bentaiga und Pico de las Nieves täglich mit dem Bergwander-Bus von der Küste aus angesteuert.

La Palma

Um die einmalige Gebirgswelt der *Caldera de Taburiente* besser erleben zu können, werden von Reiseagenturen in Santa Cruz de La Palma Bergwanderungen in die Caldera organisiert.

Wanderer können in einem Refugio in der Caldera übernachten. Erlaubnis dafür hole man sich bei:
Heredamiento de las Haciendas de Argual y Tazacorte, Los Llanos de Aridane, ☏ 46 03 50.

Badestrände

Teneriffa

Die Insel ist nicht so wie Gran Canaria oder Fuerteventura von langen weißen Sandstränden verwöhnt. Die schönsten Strände befinden sich im Süden.

Playa del Médano: breiter, heller fast ein Kilometer langer Sandstrand, stark verschmutzt, im Süden der Insel vor dem kleinen Fischerdorf El Médano (= Düne) gelegen. Westlich des Berges Roja dehnt sich ein weiterer heller und sauberer, ebenfalls kilometerlanger Sandstrand aus, und im Anschluß daran kleinere Sandbuchten. Da sich El Médano im trockensten und zugleich windigsten Gebiet der Insel befindet, hat der Ort nur wenig Anteil am touristischen Aufschwung der übrigen Insel. Dennoch werden Sonnenanbeter und anpas-

sungsfähige Naturliebhaber voll auf ihre Kosten kommen.
Großurbanisation: Ten-Bel, Sta. Ana, Sta. Marta, El Chaparral und Marino, parkähnliche Anlagen inmitten der Euphorbien- und Kakteensteppe des trockenen Südens an der Costa Silencio gelegen; neben acht großen Schwimmbecken in den einzelnen Anlagen ein großes Meeresschwimmbecken vor Ten-Bel mit schmaler Sandbucht, Felsenbuchten mit Treppen zu Badeplattformen und Liegeplätzen auf Felsen.
Los Cristianos: 400 m langer, bis zu 100 m breiter hellbrauner, stark frequentierter Sandstrand.
Playa de las Américas: drei Buchten mit braunschwarzem Sand, je etwa 100 m lang zwischen Felsenriffen gelegen.
Puerto de Santiago: 200 m langer und bis zu 100 m breiter, schwarzer Sandstrand. Durch meist kräftigen Wellenschlag, der Standfestigkeit voraussetzt, ist das Wasser oft leicht getrübt, jedoch sonst sauber. Unter den 400–600 m herabfallenden Steilwänden ›Los Gigantes‹ befindet sich nochmals eine 500 m lange dunkelsandige Badebucht mit jedoch nur geringem Badebetrieb.
San Marcos: unterhalb von Icod de los Vinos gelegen, hat einen dunkelsandigen Strand von 70 m Länge.
Puerto de la Cruz: ein kurzer, unansehnlicher schwarzer und mit Steingeröll geränderter Sandstrand liegt an einem Ende der Uferpromenade gegenüber dem Luxushotel San Felipe. Am anderen Ende eine nicht ganz ungefährliche Sandbucht vor der Promenade zur Altstadt. Zwischen beiden große gepflegte Meeresschwimmbecken, von subtropischer Pflanzenpracht umrahmt.

Mesa del Mar: künstlicher, heller Sandstrand und 900 qm Schwimmbecken. Durch einen Felstunnel zugängliche Nachbarbucht mit schwarzem Sandstrand, von Steinen eingerahmt, noch wild und unerschlossen.
Bajamar und Punta del Hidalgo: durch zu starke Brandung ist das Baden im offenen Meer unmöglich, drei Meeresschwimmbecken.
Playa de las Teresitas: 9 km nordöstlich von Santa Cruz gelegen. Kilometerlanger künstlicher Sandstrand in einer schroffen Felsenbucht gelegen, sehr gepflegt, geeignet für Kinder. Eine Mole im Meer schützt den mühsam aus Afrika herbeigeschafften hellen Wüstensand vor der Meeresbrandung.

Gomera

San Sebastián: der Hafenstrand ist kiesig, wenig einladend vor allem wegen der Abwässer, die hineingeleitet werden. Vor dem Club Náutico befindet sich ein rotbrauner Kiesstrand.
Playa de Avalo: 5 km nördlich von San Sebastián gelegen. Strand aus Lavasand und Steinen.
Playa de la Caleta: bei Hermigua, kleinerer Strand.
Playa de Santiago: im Windschatten der Insel, besonders warmes Klima, wenig Brandung.
Dem *Valle de Gran Rey* vorgelagert ist eine 800 m lange, schwarze Sandbucht, eingefaßt mit Steinen und die dunkelbraun sandige *Playa del Inglés,* die im Winter meistens von der Brandung überspült wird und auch in der übrigen Jahreszeit wegen Seitenströmungen und Unterwasserriffs gefährlich ist.

PRAKTISCHE REISEHINWEISE

Hierro
Die Strände auf *Hierro* sind entweder vom Land aus schwer zugänglich, oder aber ihre unmittelbare Umgebung macht sie nicht gerade attraktiv. Außerdem warten fast überall, wo man im offenen Meer baden kann, Gefahren in Form von Strömungen und Sturzwellen (Regel: nicht weit auf das offene Meer hinauswagen). Einzig die durch Felsen geschützte Bucht von *Tamaduste* sowie der Swimmingpool des Paradors sind für ein paar Schwimmzüge stets geeignet.

La Palma
Playa de Cancajo: 4 km südlich von Santa Cruz; 600 m langer, fast schwarzsandiger Strand.
Costa de Cris und *Charco Verde* bei Puerto de Naos gelegene 500 m lange und bis zu 20–50 m breite dunkelsandige Strände, wo im Winter trotz einer Wassertemperatur von 19 °C kaum ein Mensch anzutreffen ist.

Gran Canaria
Gran Canaria besitzt neben Fuerteventura und Lanzarote die schönsten Strände aus weißen Saharasanden, vor allem im Süden. Erst als sie vor gar nicht allzulanger Zeit erschlossen wurden, trat die Insel mehr und mehr in den Blickpunkt des deutschen Urlaubers, dessen Monopol bis dahin die Insel Teneriffa war. Die wichtigsten sind:
Las Palmas: Las Canteras, 2 km langer, bis 100 m breiter, heller Sandstrand, gepflegt, aber stark belebt. 200 m vom Strand schirmt eine Felsbarriere die Meeresbrandung ab. Bei starker Brandung können trotzdem gefährliche Strömungen auftreten, besonders am nördlichen Teil. Das Wasser ist meist etwas trübe durch den aufgewühlten Grund.
Playa de Alcaravaneras südlich des Hafens von Las Palmas gelegen, 60 m lang und bis zu 80 m breit. Er ist durch den Hafen häufig ölverschmutzt.
Maspalomas, das nahezu übergangslos vier Ferienknotenpunkte zusammenfaßt. Es sind dies von Nordost nach Südwest: Playa de San Agustín, Playa del Inglés, Maspalomas (als reine Strandzone mit 250 ha Dünenfläche im Hintergrund) und El Oasis (vgl. Abb. 45).
Playa de San Agustín: 600 m feiner graubrauner Sand, lange seichte Uferzone, vom Wellenschlag leicht getrübtes Wasser.
Playa del Inglés: 600 m Sandstrand südlich des Ortes, in die hohen tief ins Land reichenden Dünen von Maspalomas übergehend (auch FKK).
El Oasis: 600 m langer und bis zu 100 m breiter flachlaufender, feiner Sandstrand, landeinwärts in hohe Dünen übergehend. Der Strand ist nur dort gepflegt, wo Hotels sind, ansonsten naturbelassen. Sauberes, doch vom Wellenschlag leicht getrübtes Wasser.
Playa de Arguineguín: Sandbucht 120 m lang und 20 m breit, ringsum von Felsen geschützt.
Puerto Rico: 400 m langer, feiner Sandstrand um den Jachthafen. Er wurde künstlich auf den steinigen Untergrund aufgeschüttet.
Puerto de las Nieves: 100 m langer steiniger, schwarzsandiger Strand.

Fuerteventura
Hauptanziehungspunkt für viele Touristen, die in ihrem Urlaub einmal nichts anderes wünschen als Baden, Sonnenbaden, Unterwassertauchen, Windsurfen, Segeln,

Dünenwanderungen oder aber Faulenzen, und das alles auch noch mitten im Winter; endlos erscheinende weiße Sandstrände mit Dünen im Hintergrund (insgesamt 80 km Strandzone; FKK). Als wichtigste Strände seien folgende genannt:

Playa Blanca: direkt am schönen Parador Nacional gelegen, etwa 3 km südlich der Hauptstadt Puerto del Rosario. 600 m lang und 40–80 m breit, hellsandig und im naturbelassenen Zustand, Wasser ist sauber.

Tarajaleje Playa: dunkelbräunlicher Lavastrand in einsamer Landschaft, das Hinterland ist kahl und bergig. Einem Hotelkomplex sind Salzwasserschwimmbecken angeschlossen.

Playas de Sotavento: an der ›Leeseite‹ der Halbinsel Jandía gelegen. 15 km langer herrlicher weißer Sandstrand; Ufer teils flacher, teils steiler, sauber, zwischen 40 und 200 m breit. Vorspringende Felsnasen teilen Buchten und Dünenpartien ab. Der Strand zählt zu den schönsten der Kanarischen Inseln, und selbst bei Vollbesetzung der dortigen Hotels wirkt der Strand einsam (vgl. Abb. 54, 55).

Corralejo: an der östlichen Nordspitze gelegen, 12 km weißer Sandstrand, mit Dünen in das Landesinnere hineinreichend, teilweise naturbelassen. In den Hotelkomplexen für höchste Ansprüche Meereswasserschwimmbecken. Ein wahrhaft noch einsames Strandparadies; Wandermöglichkeiten in den Dünen.

Lanzarote

Arrecife Playa: Südlich des Gran Hotels. 200 m langer, breiter heller Sandstrand, an den Seiten steinig. Nicht sehr sauber. Rote Fahne warnt bei starker Brandung.

Playa de los Pocillos: 2 km Sandstrand, bis zu 80 m breit, unterhalb der asphaltierten Küstenstraße. Sauberes Wasser. Meeresschwimmbecken.

Playa Blanca (Urbanisation): 80 m gepflegter, heller Hotelstrand, 30 m breit, abgeschlossen durch Felsbarriere. Freier Strand nach Nordosten, 2 km lang, bis 80 m breit, naturbelassen. Wasser ist durch Wellenschlag leicht getrübt.

Playa Blanca (Ort): 100 m heller Sandstrand vor der aufstrebenden Siedlung. Einige Kilometer östlich herrlich gelegene einsame Badebuchten, bis 500 m lang: Playa del Papagayo (inoffiziell FKK-Strand), Playa de las Mujeres, Playa de las Coloradas; mit weißen Sandstränden die beste Strandregion der Insel; nur über eine Sandpiste erreichbar.

Playa de Famara: 800 m langer, ca. 80 m breiter Sandstrand mit Steinen. Viel Wind, daher auch meistens starke Brandung, starke Unterströmungen.

La Graciosa

Herrliche, einsame weiße Sandstrände, die zu Fuß oder mit dem Geländetaxi zu erreichen sind.

Zuletzt sei noch darauf hingewiesen, daß in fast jedem größeren Hotelkomplex modernste Schwimmanlagen für genügend Erfrischung sorgen.

Ausgewählte Literatur

Die Literatur der verschiedenen Wissenschaften über die Kanarischen Inseln ist so umfangreich, daß hier nur einige wenige z. T. grundlegende Werke angegeben werden können.

Beck, M.: Bergwelt Teneriffa, Führer für Wanderer und Bergsteiger, Fink-Kümmerly und Frey, Ostfildern 1983

Biedermann, H.: Die Spur der Altkanarier, Hallein 1983

Bramwell, D. und Z.: Wild Flowers of the Canary Islands. Santa Cruz de Tenerife 1974 (Bestimmungsbuch)

Bravo, T.: Geografía General de las Islas Canarias. 2 Bde., Santa Cruz de Tenerife 1958 bis 1964

Ceballos L., und Ortuño, F.: Vegetación y flora forestal de las Canarias occidentales, Santa Cruz de Tenerife 1976

Goldstadt-Wanderführer: La Gomera, Pforzheim 1985 und Teneriffa, Pforzheim ³1985

Kompaß-Wanderführer: Kanarische Inseln (Teneriffa, Gran Canaria, La Palma, La Gomera, El Hierro), Stuttgart 1980

Kunkel, G. (Hrsg.): Biogeography and Ecology in the Canary Islands. In: Monographiae Biologica, Bd. 30, Den Haag 1976 (Umfangreiche Literaturangaben zur Anthropologie, Geologie, Klimatologie und Botanik!)

Besonders wichtig sind darin folgende Beiträge:

Schwidetzky, I.: The prehispanic population of the Canary Islands

Schmincke, H.-U.: The geology of the Canary Islands

Fernandopullé, D.: Climatic characteristics of the Canary Islands

Bramwell, D.: The endemic flora of the Canary Islands

Kunkel, G.: Die Kanarischen Inseln und ihre Pflanzenwelt, Stuttgart/New York 1980

Matznetter, J.: Die Kanarischen Inseln. Wirtschaftsgeschichte und Agrargeographie, Gotha 1958

MERIAN-Heft (Neue Ausgabe, Heft 4, 1981), darin u. a. auch Textbeiträge der Autoren

Millares Torres, A.: Historia General de las Islas Canarias. 5 Bde., Santa Cruz de Tenerife 1975 ff.

Mitchell-Thomé, R. C.: Geology of the Middle Atlantic Islands. In: Beiträge zur Regionalen Geologie der Erde, Bd. 12, Berlin/Stuttgart 1976

Möller, H.: Kanarische Pflanzenwelt. 2 Bde., Puerto de la Cruz 1974 (Bestimmungsbücher)

Natura y Cultura de las Islas Canarias, hrsg. von Pedro Hernández Hernández. Santa Cruz de Tenerife 1977

Nebel, G.: Phäakische Inseln. Eine Reise zum kanarischen Archipel. Stuttgart 1965

Rother, A. und Baumli, O.: Die Kanarischen Inseln. Bildband ›terra magica‹, Luzern 1981

Schwidetzky, I.: Die vorspanische Bevölkerung der Kanarischen Inseln. Göttingen 1963

Torriani, L.: Die Kanarischen Inseln und ihre Urbewohner. Eine unbekannte Bilderhandschrift vom Jahre 1590. Im italienischen Urtext und in deutscher Übersetzung herausgegeben von D. J. Wölfel, Leipzig 1940

Landkarten (Auswahl)

Cabildo Insular ›Tenerife‹, 1:100 000

Firestone ›Islas Canarias‹ Touristenkarte, 1:150 000

Icona ›Parque National del Teide‹, 1:30 000

Icona-Wanderkarte ›Tenerife‹, 10 Blätter

Shell-Generalkarte ›Tenerife, La Palma, Hierro, Gomera‹, 1:150 000

Shell-Generalkarte ›Gran Canaria, Fuerteventura, Lanzarote‹, 1:150 000

DuMont Kunst-Reiseführer

Ägypten und Sinai – Geschichte, Kunst und Kultur im Niltal
Vom Reich der Pharaonen bis zur Gegenwart. Von Hans Strelocke.

Algerien – Kunst, Kultur und Landschaft
Von den Stätten der Römer zu den Tuareg der zentralen Sahara.
Von Hans Strelocke.

Belgien – Spiegelbild Europas
Eine Einladung nach Brüssel, Gent, Brügge, Antwerpen, Lüttich und zu anderen Kunststätten. Von Ernst Günther Grimme

Bulgarien
Kunstdenkmäler aus vier Jahrtausenden von den Thrakern bis zur Gegenwart. Von Gerhard Eckert

Dänemark
Land zwischen den Meeren. Kunst – Kultur – Geschichte. Von Reinhold Dey

Deutsche Demokratische Republik
Geschichte und Kunst von der Romanik bis zur Gegenwart. Brandenburg, Mecklenburg, Sachsen-Anhalt, Sachsen, Thüringen. Von Gerd Baier, Elmar Faber und Eckhard Hollmann

Bundesrepublik Deutschland
Das Allgäu
Städte, Klöster und Wallfahrtskirchen zwischen Bodensee und Lech.
Von Lydia L. Dewiel

Das Bergische Land
Kultur, Geschichte, Landschaft zwischen Ruhr und Sieg. Von Bernd Fischer

Bodensee und Oberschwaben
Zwischen Donau und Alpen: Wege und Wunder im ›Himmelreich des Barock‹. Von Karlheinz Ebert

Die Eifel
Entdeckungsfahrten durch Landschaft, Geschichte, Kultur und Kunst – Von Aachen bis zur Mosel. Von Walter Pippke und Ida Pallhuber

Franken – Kunst, Geschichte und Landschaft
Entdeckungsfahrten in einem schönen Land – Würzburg, Rothenburg, Bamberg, Nürnberg und die Kunststätten der Umgebung. Von Werner Dettelbacher

Hessen
Vom Edersee zur Bergstraße. Die Vielfalt von Kunst und Landschaft zwischen Kassel und Darmstadt. Von Friedhelm Häring und Hans-Joachim Klein

Köln
Stadt am Rhein zwischen Tradition und Fortschritt. Von Willehad Paul Eckert

Kölns romanische Kirchen
Architektur, Ausstattung, Geschichte. Von Werner Schäfke

Die Mosel
Von der Mündung bei Koblenz bis zur Quelle in den Vogesen.
Landschaft, Kultur, Geschichte. Von Heinz Held

München
Von der welfischen Gründung Heinrichs des Löwen bis zur Gegenwart: Kunst, Kultur, Geschichte. Von Klaus Gallas

Münster und das Münsterland
Geschichte und Kultur. Ein Reisebegleiter in das Herz Westfalens.
Von Bernd Fischer

Der Niederrhein
Das Land und seine Städte, Burgen und Kirchen. Von Willehad Paul Eckert

Oberbayern
Kultur, Geschichte, Landschaft zwischen Donau und Alpen, Lech und Salzach. Von Gerhard Eckert

Oberpfalz, Bayerischer Wald, Niederbayern
Regensburg und das nordöstliche Bayern. Kunst, Kultur und Landschaft.
Von Werner Dettelbacher

Ostfriesland mit Jever- und Wangerland
Über Moor, Geest und Marsch zum Wattenmeer und zu den Inseln Borkum, Juist, Norderney, Baltrum, Langeoog, Spiekeroog und Wangerooge.
Von Rainer Krawitz

Die Pfalz
Die Weinstraße – Der Pfälzer Wald – Wasgau und Westrich. Wanderungen im ›Garten Deutschlands‹. Von Peter Mayer

Der Rhein von Mainz bis Köln
Eine Reise durch das Rheintal – Geschichte, Kunst und Landschaft. Von Werner Schäfke

Das Ruhrgebiet
Kultur und Geschichte im »Revier« zwischen Ruhr und Lippe. Von Thomas Parent

Sauerland
mit Siegerland und Wittgensteiner Land. Kultur und Landschaft im gebirgigen Süden Westfalens. Von Detlev Arens.

Schleswig-Holstein
Zwischen Nordsee und Ostsee: Kultur – Geschichte – Landschaft. Von Johannes Hugo Koch

Der Schwarzwald und das Oberrheinland
Wege zur Kunst zwischen Karlsruhe und Waldshut: Ortenau, Breisgau, Kaiserstuhl und Markgräflerland. Von Karlheinz Ebert

Sylt, Amrum, Föhr, Helgoland, Pellworm, Nordstrand und Halligen
Natur und Kultur auf Helgoland und den Nordfriesischen Inseln. Entdeckungsreisen durch eine Landschaft zwischen Meer und Festlandküste.
Von Albert am Zehnhoff (DuMont Landschaftsführer)

Der Westerwald
Vom Siebengebirge zum Hessischen Hinterland. Kultur und Landschaft zwischen Rhein, Lahn und Sieg. Von Hermann Joseph Roth

Östliches Westfalen
Vom Hellweg zur Weser. Kunst und Kultur zwischen Soest und Paderborn, Minden und Warburg. Von G. Ulrich Großmann

Württemberg-Hohenzollern
Kunst und Kultur zwischen Schwarzwald, Donautal und Hohenloher Land: Stuttgart, Ulm, Schwäbisch Gmünd, Tübingen, Rottweil, Sigmaringen. Von Ehrenfried Kluckert

Zwischen Neckar und Donau
Kunst, Kultur und Landschaft von Heidelberg bis Heilbronn, im Hohenloher Land, Ries, Altmühltal und an der oberen Donau. Von Werner Dettelbacher

Frankreich
Auvergne und Zentralmassiv
Entdeckungsreisen von Clermont-Ferrand über die Vulkane und Schluchten des Zentralmassivs zum Cevennen-Nationalpark. Von Ulrich Rosenbaum

Die Bretagne
Im Land der Dolmen, Menhire und Calvaires. Von Almut und Frank Rother

Burgund
Kunst, Geschichte, Landschaft. Burgen, Klöster und Kathedralen im Herzen Frankreichs: Das Land um Dijon, Auxerre, Nevers, Autun und Tournus.
Von Klaus Bußmann

Côte d'Azur
Frankreichs Mittelmeer-Küste von Marseille bis Menton. Von Rolf Legler

Das Elsaß
Wegzeichen europäischer Kultur und Geschichte zwischen Oberrhein und Vogesen. Von Karlheinz Ebert

Frankreich für Pferdefreunde
Kulturgeschichte des Pferdes von der Höhlenmalerei bis zur Gegenwart.
Camargue, Pyrenäen-Vorland, Périgord, Burgund, Loiretal, Bretagne, Normandie, Lothringen. Von Gerhard Kapitzke (DuMont Landschaftsführer)

Frankreichs gotische Kathedralen
Eine Reise zu den Höhepunkten mittelalterlicher Architektur in Frankreich.
Von Werner Schäfke

Korsika
Natur und Kultur auf der ›Insel der Schönheit‹. Menhirstatuen, pisanische Kirchen und genuesische Zitadellen. Von Almut und Frank Rother

Languedoc – Roussillon
Von der Rhône zu den Pyrenäen. Von Rolf Legler

Das Tal der Loire
Schlösser, Kirchen und Städte im ›Garten Frankreichs‹. Von Wilfried Hansmann

Lothringen
Kunst, Geschichte, Landschaft. Von Uwe Anhäuser

Die Normandie
Vom Seine-Tal zum Mont St. Michel. Von Werner Schäfke

Paris und die Ile de France
Die Metropole und das Herzland Frankreichs. Von der antiken Lutetia bis zur Millionenstadt. Von Klaus Bußmann

Périgord und Atlantikküste
Kunst und Natur im Lande der Dordogne und an der Côte d'Argent von Bordeaux bis Biarritz. Von Thorsten Droste

Das Poitou
Westfrankreich zwischen Poitiers, La Rochelle und Angoulême – die Atlantikküste von der Loiremündung bis zur Gironde. Von Thorsten Droste

Die Provence
Ein Reisebegleiter zu den Kunststätten und Naturschönheiten im Sonnenland Frankreichs. Von Thorsten Droste

Drei Jahrtausende Provence
Vorzeit und Antike, Mittelalter und Neuzeit. Von Ingeborg Tetzlaff

Savoyen
Vom Genfer See zum Montblanc – Natur und Kunst in den französischen Alpen. Von Ruth und Jean-Yves Mariotte

Südwest-Frankreich
Vom Zentralmassiv zu den Pyrenäen – Kunst, Kultur und Geschichte. Von Rolf Legler

Griechenland
Athen
Geschichte, Kunst und Leben der ältesten europäischen Großstadt von der Antike bis zur Gegenwart. Von Evi Melas

Die griechischen Inseln
Ein Reisebegleiter zu den Inseln des Lichts. Kultur und Geschichte. Hrsg. von Evi Melas

Kreta – Kunst aus fünf Jahrtausenden
Von den Anfängen Europas bis zur kreto-venezianischen Kunst. Von Klaus Gallas

Rhodos
Eine der sonnenreichsten Inseln im Mittelmeer – ihre Geschichte, Kultur und Landschaft. Von Klaus Gallas

Alte Kirchen und Klöster Griechenlands
Ein Begleiter zu den byzantinischen Stätten. Hrsg. von Evi Melas

Tempel und Stätten der Götter Griechenlands
Ein Reisebegleiter zu den antiken Kulturzentren der Griechen. Hrsg. von Evi Melas

Großbritannien
Englische Kathedralen
Eine Reise zu den Höhepunkten englischer Architektur von 1066 bis heute. Von Werner Schäfke

Die Kanalinseln und die Insel Wight
Kunst, Geschichte und Landschaft. Die britischen Inseln zwischen Normandie und Süd-England. Von Bernd Rink

London
Biographie einer Weltstadt. Von Ingrid Nowel (Frühjahr '86)

Schottland
Geschichte und Literatur. Architektur und Landschaft. Von Peter Sager

Süd-England
Von Kent bis Cornwall. Architektur und Landschaft, Literatur und Geschichte. Von Peter Sager

Wales
Literatur und Politik – Industrie und Landschaft. Von Peter Sager

Guatemala
Honduras – Belize. Die versunkene Welt der Maya. Von Hans Helfritz

Das Heilige Land
Historische und religiöse Stätten von Judentum, Christentum und Islam in dem zehntausend Jahre alten Kulturland zwischen Mittelmeer, Rotem Meer und Jordan. Von Erhard Gorys

Holland
Kunst, Kultur und Landschaft. Ein Reisebegleiter durch Städte und Provinzen der Niederlande. Von Jutka Rona

Indien
Indien
Von den Klöstern im Himalaya zu den Tempelstätten Südindiens. Von Niels Gutschow und Jan Pieper

Ladakh und Zanskar
Lamaistische Klosterkultur im Land zwischen Indien und Tibet. Von Anneliese und Peter Keilhauer

Indonesien
Indonesien
Ein Reisebegleiter nach Java, Sumatra, Bali und Sulawesi (Celebes). Von Hans Helfritz

Bali
Tempel, Mythen und Volkskunst auf der tropischen Insel zwischen Indischem und Pazifischem Ozean. Von Günter Spitzing

Irland – Kunst, Kultur und Landschaft
Entdeckungsfahrten zu den Kunststätten der ›Grünen Insel‹. Von Wolfgang Ziegler

Italien
Elba
Ferieninsel im Tyrrhenischen Meer. Macchienwildnis, Kulturstätten, Dörfer, Mineralienfundorte. Von Almut und Frank Rother (DuMont Landschaftsführer)

Das etruskische Italien
Entdeckungsfahrten zu den Kunststätten und Nekropolen der Etrusker. Von Robert Hess und Elfriede Paschinger

Florenz
Ein europäisches Zentrum der Kunst. Geschichte, Denkmäler, Sammlungen. Von Klaus Zimmermanns

Gardasee, Verona, Trentino
Der See und seine Stadt – Landschaft und Geschichte, Literatur und Kunst. Von Walter Pippke und Ida Pallhuber (Frühjahr '86)

Ober-Italien
Kunst, Kultur und Landschaft zwischen den Oberitalienischen Seen und der Adria. Von Fritz Baumgart

Die italienische Riviera
Ligurien – die Region und ihre Küste von San Remo über Genua bis La Spezia. Von Rolf Legler

Von Pavia nach Rom
Ein Reisebegleiter entlang der mittelalterlichen Kaiserstraße Italiens. Von Werner Goez

Rom
Kunst und Kultur der ›Ewigen Stadt‹ in mehr als 1000 Bildern. Von Leonard von Matt und Franco Barelli

Das antike Rom
Die Stadt der sieben Hügel: Plätze, Monumente und Kunstwerke. Geschichte und Leben im alten Rom. Von Herbert Alexander Stützer

Sardinien
Geschichte, Kultur und Landschaft – Entdeckungsreisen auf einer der schönsten Inseln im Mittelmeer. Von Rainer Pauli

Sizilien
Insel zwischen Morgenland und Abendland. Sikaner/Sikuler, Karthager/ Phönizier, Griechen, Römer, Araber, Normannen und Staufer. Von Klaus Gallas

Südtirol
Begegnungen nördlicher und südlicher Kulturtradition in der Landschaft zwischen Brenner und Salurner Klause. Von Ida Pallhuber und Walter Pippke

Toscana
Das Hügelland und die historischen Stadtzentren. Pisa · Lucca · Pistoia · Prato · Arezzo · Siena · San Gimignano · Volterra. Von Klaus Zimmermanns

Venedig
Die Stadt in der Lagune – Kirchen und Paläste, Gondeln und Karneval. Von Thorsten Droste

Japan – Tempel Gärten und Paläste
Einführung in Geschichte und Kultur und Begleiter zu den Kunststätten Japans. Von Thomas Immoos und Erwin Halpern

Der Jemen
Nord- und Südjemen. Antikes und islamisches Südarabien – Geschichte, Kultur und Kunst zwischen Rotem Meer und Arabischer Wüste. Von Peter Wald

Jordanien
Völker und Kulturen zwischen Jordan und Rotem Meer. Von Frank Rainer Scheck

Jugoslawien
Kunst, Geschichte und Landschaft zwischen Adria und Donau. Von Frank Rother

Karibische Inseln
Westindien. Von Cuba bis Aruba. Von Gerhard Beese

Kenya
Kunst, Kultur und Geschichte am Eingangstor zu Innerafrika. Von Helmtraut Sheikh-Dilthey

Luxemburg
Entdeckungsfahrten zu den Burgen, Schlössern, Kirchen und Städten des Großherzogtums. Von Udo Moll

Malaysia und Singapur
Dschungelvölker, Moscheen, Hindutempel, chinesische Heiligtümer und moderne Stadtkulturen im Herzen Südostasiens. Von Anita Rolf (Frühjahr '86)

Malta und Gozo
Die goldenen Felseninseln – Urzeittempel und Malteserburgen. Von Ingeborg Tetzlaff

Marokko – Berberburgen und Königsstädte des Islam
Ein Reisebegleiter zur Kunst Marokkos. Von Hans Helfritz

Mexiko
Mexiko
Ein Reisebegleiter zu den Götterburgen und Kolonialbauten Mexikos. Von Hans Helfritz
Unbekanntes Mexiko
Entdeckungsreisen zu verborgenen Tempelstätten und Kunstschätzen aus präkolumbischer Zeit. Von Werner Rockstroh

Nepal – Königreich im Himalaya
Geschichte, Kunst und Kultur im Kathmandu-Tal. Von Ulrich Wiesner

Österreich
Kärnten und Steiermark
Vom Großglockner zum steirischen Weinland. Geschichte, Kultur und Landschaft ›Innerösterreichs‹. Von Heinz Held
Salzburg, Salzkammergut, Oberösterreich
Kunst und Kultur auf einer Alpenreise vom Dachstein bis zum Böhmerwald. Von Werner Dettelbacher
Tirol
Nordtirol und Osttirol. Kunstlandschaft und Urlaubsland an Inn und Isel. Von Bernd Fischer
Wien und Umgebung
Kunst, Kultur und Geschichte der Donaumetropole. Von Felix Czeike und Walther Brauneis

Pakistan
Drei Hochkulturen am Indus. Harappa – Gandhara – Die Moguln. Von Tonny Rosiny

Papua-Neuguinea
Niugini. Steinzeit-Kulturen auf dem Weg ins 20. Jahrhundert. Von Heiner Wesemann

Portugal
Vom Algarve zum Minho. Von Hans Strelocke

Rumänien
Schwarzmeerküste – Donaudelta – Moldau – Walachei – Siebenbürgen: Kultur und Geschichte. Von Evi Melas

Die Sahara
Mensch und Natur in der größten Wüste der Erde. Von Gerhard Göttler

Sahel – Senegal, Mauretanien, Mali, Niger
Islamische und traditionelle schwarzafrikanische Kultur zwischen Atlantik und Tschadsee. Von Thomas Krings

Schweiz
Die Schweiz
Zwischen Basel und Bodensee · Französische Schweiz · Das Tessin · Graubünden · Vierwaldstätter See · Berner Land · Die großen Städte. Von Gerhard Eckert
Tessin
Kunst und Landschaft zwischen Gotthard und Campagna Adorna. Von Gisela Loose und Rainer Vogt
Das Wallis
Der Südwesten der Schweiz: Kunst und Kultur im Schatten der Viertausender. Von Willi und Ursula Dolder

Skandinavien – Dänemark, Norwegen, Schweden, Finnland
Kultur, Geschichte, Landschaft. Von Reinhold Dey

Sowjetunion
Kunst in Rußland
Ein Reisebegleiter zu russischen Kunststätten. Von Ewald Behrens
Sowjetischer Orient
Kunst und Kultur, Geschichte und Gegenwart der Völker Mittelasiens. Von Klaus Pander

Spanien
Die Kanarischen Inseln
Inseln des ewigen Frühlings: Teneriffa, Gomera, Hierro, La Palma, Gran Canaria, Fuerteventura, Lanzarote. Von Almut und Frank Rother (DuMont Landschaftsführer)
Katalonien und Andorra
Von den Pyrenäen zum Ebro. Costa Brava – Barcelona – Tarragona – Die Königsklöster. Von Fritz René Allemann und Xenia v. Bahder
Mallorca – Menorca
Ein Begleiter zu den kulturellen Stätten und landschaftlichen Schönheiten der großen Balearen-Inseln. Von Hans Strelocke
Südspanien für Pferdefreunde
Kulturgeschichte des Pferdes von den Höhlenmalereien bis zur Gegenwart. Geschichte der Stierfechterkunst. Von Gerhard Kapitzke
Zentral-Spanien
Kunst und Kultur in Madrid, El Escorial, Toledo und Aranjuez, Avila, Segovia, Alcalá de Henares. Von Anton Dieterich

Sudan
Steinerne Gräber und lebendige Kulturen am Nil. Von Bernhard Streck

Südamerika: präkolumbische Hochkulturen
Kunst der Kolonialzeit. Ein Reisebegleiter zu den Kunststätten in Kolumbien, Ekuador, Peru und Bolivien. Von Hans Helfritz

Südkorea
Kunst und Kultur im Land der Hohen Schönheit. Von Anneliese und Peter Keilhauer (Frühjahr '86)

Syrien
Hochkulturen zwischen Mittelmeer und Arabischer Wüste – 5000 Jahre Geschichte im Spannungsfeld von Orient und Okzident. Von Johannes Odenthal

Thailand und Burma
Tempelanlagen und Königsstädte zwischen Mekong und Indischem Ozean. Von Johanna Dittmar

Tunesien
Karthager, Römer, Araber – Kunst, Kultur und Geschichte am Rande der Wüste. Von Hans Strelocke

USA – Der Südwesten
Indianerkulturen und Naturwunder zwischen Colorado und Rio Grande. Von Werner Rockstroh

»Richtig reisen«

»Richtig reisen«: Algerische Sahara
Reise-Handbuch. Von Ursula und Wolfgang Eckert

»Richtig reisen«: Amsterdam
Von Eddy und Henriette Posthuma de Boer

»Richtig reisen«: Arabische Halbinsel
Saudi-Arabien und Golfstaaten
Reise-Handbuch. Von Gerhard Heck und Manfred Wöbcke

»Richtig reisen«: Australien
Reise-Handbuch. Von Johannes Schultz-Tesmar

»Richtig reisen«: Bahamas
Von Manfred Ph. Obst. Fotos von Werner Lengemann

»Richtig reisen«: Von Bangkok nach Bali
Thailand – Malaysia – Singapur – Indonesien
Reise-Handbuch. Von Manfred Auer

»Richtig reisen«: Berlin
Von Ursula von Kardorff und Helga Sittl

»Richtig reisen«: Budapest
Von Erika Bollweg

»Richtig reisen«: Cuba
Reise-Handbuch. Von Karl-Arnulf Rädecke

»Richtig reisen«: Finnland
Von Reinhold Dey

»Richtig reisen«: Florida
Von Manfred Ph. Obst. Fotos von Werner Lengemann

»Richtig reisen«: Friaul – Triest – Venetien
Von Eva Bakos

»Richtig reisen«: Griechenland
Delphi, Athen, Peloponnes und Inseln. Von Evi Melas

»Richtig reisen«: Griechische Inseln
Reise-Handbuch. Von Dana Facaros

»Richtig reisen«: Großbritannien
England, Wales, Schottland. Von Rolf Breitenstein

»Richtig reisen«: Hawaii
Von Kurt Jochen Ohlhoff

»Richtig reisen«: Holland
Von Helmut Hetzel

»Richtig reisen«: Hongkong
Mit Macau und Kanton. Von Uli Franz

»Richtig reisen«: Ibiza/Formentera
Von Ursula von Kardorff und Helga Sittl

»Richtig reisen«: Irland
Republik Irland und Nordirland. Von Wolfgang Kuballa

»Richtig reisen«: Istanbul
Von Klaus und Lissi Barisch

»Richtig reisen«: Jamaica
Von Brigitte Geh

»Richtig reisen«: Kairo
Von Peter Wald

»Richtig reisen«: Kalifornien
Von Horst Schmidt-Brümmer und Gudrun Wasmuth

»Richtig reisen«: Kanada und Alaska
Von Ferdi Wenger

»Richtig reisen«: West-Kanada und Alaska
Von Kurt Jochen Ohlhoff

»Richtig reisen«: Kopenhagen
Von Karl-Richard Könnecke

»Richtig reisen«: Kreta
Von Horst Schwartz

»Richtig reisen«: London
Von Klaus Barisch und Peter Sahla

»Richtig reisen«: Los Angeles
Hollywood, Venice, Santa Monica
Von Horst Schmidt-Brümmer

»Richtig reisen«: Madagaskar
Reise-Handbuch. Von Wolfgang Därr

»Richtig reisen«: Malediven
Reise-Handbuch. Von Norbert Schmidt

»Richtig reisen«: Marokko
Reise-Handbuch. Von Michael Köhler

»Richtig reisen«: Mauritius
Reise-Handbuch. Von Wolfgang Därr

»Richtig reisen«: Mexiko und Zentralamerika
Von Thomas Binder

»Richtig reisen«: Moskau
Von Wolfgang Kuballa

»Richtig reisen«: München
Von Hannelore Schütz-Doinet und Brigitte Zander

»Richtig reisen«: Nepal
Kathmandu: Tor zum Nepal-Trekking. Von Dieter Bedenig

»Richtig reisen«: Neu-England
Boston und die Staaten Connecticut, Massachusetts, Rhode Island, Vermont, New Hampshire, Maine
Von Christine Metzger

»Richtig reisen«: New Mexico
Santa Fe – Rio Grande – Taos.
Von Gudrun Wasmuth und Horst Schmidt-Brümmer

»Richtig reisen«: New Orleans
und die Südstaaten Louisiana, Mississippi, Alabama, Tennessee, Georgia.
Von Hanne Zens, Horst Schmidt-Brümmer und Gudrun Wasmuth

»Richtig reisen«: New York
Von Gabriele von Arnim und Bruni Mayor

»Richtig reisen«: Nord-Indien
Von Henriette Rouillard

»Richtig reisen«: Norwegen
Von Reinhold Dey

»Richtig reisen«: Paris
Von Ursula von Kardorff und Helga Sittl

»Richtig reisen«: Paris für Feinschmecker
exclusiv. Von Patricia Wells

»Richtig reisen«: Peking und Shanghai
Von Uli Franz

»Richtig reisen«: Philippinen
Reise-Handbuch. Von Roland Dusik

»Richtig reisen«: Rom
Von Birgit Kraatz

»Richtig reisen«: San Francisco
Von Hartmut Gerdes

»Richtig reisen«: Die Schweiz und ihre Städte
Von Antje Ziehr

»Richtig reisen«: Seychellen
Reise-Handbuch. Von Wolfgang Därr

»Richtig reisen«: Sri Lanka
(Ceylon) Von Jochen Siemens

»Richtig reisen«: Südamerika 1
Kolumbien, Ekuador, Peru, Bolivien. Von Thomas Binder

»Richtig reisen«: Südamerika 2
Argentinien, Chile, Uruguay, Paraguay. Von Thomas Binder

»Richtig reisen«: Südamerika 3
Brasilien, Venezuela, die Guayanas. Von Thomas Binder

»Richtig reisen«: Süd-Indien
Von Henriette Rouillard

»Richtig reisen«: Texas
Von Horst Schmidt-Brümmer und Gudrun Wasmuth

»Richtig reisen«: Thailand
Von Renate Ramb und Stefan Loose

»Richtig reisen«: Toscana
Von Nana Claudia Nenzel

»Richtig wandern«: Toscana und Latium
Von Christoph Hennig (Frühjahr '86)

»Richtig reisen«: Tunesien
Reise-Handbuch. Von Michael Köhler

»Richtig reisen«: Venedig
Von Eva Bakos

»Richtig reisen«: Wallis
Von Antje Ziehr

»Richtig reisen«: Wien
Wachau, Wienerwald, Burgenland
Von Wolfgang Kuballa und Arno Mayer

»Richtig reisen«: Zypern
Von Klaus Bötig

Register

Orte und Landschaften

(T = Teneriffa, GC = Gran Canaria, L = Lanzarote, F = Fuerteventura, P = La Palma, G = Gomera, H = Hierro)

Abukir 150
Adeje (T) 30, 135, 138, 177, **178** (Abb. 107)
Agaete (GC) 124, 236, **260**, 267
Agua García (T) 179
Aguamansa (T) 53, 157 (Abb. 9)
Aguere (T) 150
Agüimes (GC) 30, 264, **266**, 306
Agulo (G) 124, **191**
Ägypten 17, 18, 23
Alajeró (GC) 193
Alcáçovas 27
Alcalá (T) 136, 178
Aldea (GC) 268
Alegranza 26, 32, 288, **289**
Algeciras 298
Amoco (H) 199
Anaga-Gebirge (T) 51, 53, 124, 135, 136, 138, 149, 154, 180, **183**, **184** (Abb. 8)
Añaza (T) 150
Andén Verde (GC) 268
Angostura (GC) 263
Ansite (GC) 264
Aragonien 317
Aranjuez 147
Argos 11
Arguayo (T) 178
Arguineguín (GC) 24, 267, **268**
Aripe (T) 178
Arico (T) 182
Arona (T) 183
Arrecife (L) 32, 119, 284, **285**, 287, 307, 313
— Castillo de San Gabriel 285
— Castillo de San José 286 (Abb. 182)
— Islote de Fermina 286
Arrecife Playa (L) 323
Arrieta (L) 288
Arteara/Tirajana (GC) 24
Artenara (GC) **262**, 268
Arucas (GC) 37, **259**, 306 (Abb. 166)
— La Polina 236
Arure (G) 191
Atlantis 12, 39
Atlantischer Ozean 207, 229
Atlas 39
Australien 58
Ayacata (GC) 268

Ayamosna (G) 192
Azoren 31, 39, 44
Azuaga (GC) 236

Bahía de Penedo (L) 279
Bajamar (T) 127, 179, **180**, 183, 321
Balcón de Zamora (GC) 262
Balearen 317
Bañadero (GC) 259, 261
Barcelona 298
Barlovento (P) 208, 227, **228**
Barranco de Agaete (GC) 233, **260 f.** (Abb. 46, 51)
Barranco de Arguineguín (GC) 233
Barranco de Badajoz (T) 182
Barranco de Balos (GC) 266
Barranco de Fataga (GC) 233, 264, 267
Barranco de Fuego (L) 286 (Abb. 180)
Barranco Hondo (T) 181
Barranco del Agua (P) 124, **228** (Abb. 31)
Barranco de la Galga (P) 228
Barranco de las Angustias (P) 39, 124, 203, **227**, 229 (Abb. 27, 29)
Barranco de la Torre (F) 275
Barranco de la Villa (G) 189, 191, 192 (Abb. 20)
Barranco de la Virgen (GC) 262
Barranco del Infierno (T) 124, **178**
Barranco del Rio (T) 182
Barranco de Masca (T) 177, 178 (Abb. 7)
Barranco de Mogán (GC) 233, 268
Barranco de Moya (GC) 234
Barranco de Ruíz (T) 159
Barranco de Santiago (G) 186
Barranco de Tejeda (GC) 124, 233, 262 (Abb. 43)
Barranco de Telde (GC) 234
Barranco de Tenoya (GC) 261
Barranco de Tirajana (GC) 124, 233, 264
Barranco de Vallehermoso (G) 186 (Abb. 15)
Barranco Juan de Vera (G) 192 (Abb. 19)
Barranco Río Gran Tarajal (F) 274
Barranco von Roxana (G) 236

Barranco San Sebastián de la Gomera (G) 186 (Abb. 20)
Barranco Tágara (T) 178
Bayuyo (F) 273
Bellido (P) 229
Belmaco (P) 22, **230** (Abb. 151)
Benchijigua (G) 192
Beni Hassan 318
Berlin 297
Bern 297
Betancuria (F) 26, 271, 273, **275**, 276 (Abb. 155)
Betis 12
Bilbao 298
Boca de Tauce (T) 158
Bonn 297
Brasilien 59, 118
Bremen 297, 298
Breña Alta (P) 227, **229**, 313
Breña Baja (P) 229, 230
Bretagne 22
Brohltal 138
Brüssel 264
Buenavista (GC) **160**, 177, 226
Buen Lugar (GC) 259

Cadiz 298
Caldera de Bandama (GC) 122, 261, **263** (Abb. 47)
Caldera de las Cañadas (T) 18, 33, 56, 135, **136 ff.**, 156, 158, 178, 180, 181, 182, 319 f. (Abb. 12, 13, 117)
Caldera de los Cuervos (L) 286 (Abb. 56)
Caldera de Taburiente (P) 33, 34, 124, **203**, 225, 226, 227, 229, **320** (Abb. 28, 149)
Caldera de Tirajana (GC) 262
Caldera Pinos de Gáldar (GC) 262
Calera (G) 191
Caleta del Sebo 288, 289
Candelaria (T) 136, 138, 180, **181** (Abb. 99)
Cap Bojador 13
Caserío El Roque (P) 229
Casillas del Angel (F) 274
Castillo de Fustes (F) 275, 313 (Abb. 157)
Castillo de Guanapay (L) 287
Cenobio de Valerón (GC) 18, 20, 232, 259, **261** (Abb. 170)

329

REGISTER: ORTE UND LANDSCHAFTEN

Chahorra, Vulkan (T) 36, 140, 158
Charco, Vulkan (P) 36
Charco Verde (P) 229, 322
Chayofita (T) 179
Chimiche (T) 182
China 58
Chinyero, Vulkan (T) 36, 140
Chio (T) 158, 178
Chipude (G) 53, 188, 191, **192** (Abb. 129–131)
Chirche (T) 178
Cofete (F) 276
Corona, Vulkan (L) 279, 288
Corralejo (F) 127, 271, **273,** 276, 289, 313, 323
Costa Canaria (GC) 266
Costa de Cris (P) 322
Costa Martiánez (T) 135
Costa Silencio (T) 182, 321
Cotillo (F) **274**
Cruce de Sardina (GC) 263, 264
Cruz del Carmen (T) 183, 184
Cruz de Tejeda (GC) 261, **262,** 263, 266, 268, 306 (Abb. 43)
Cuatro Puertas (GC) 20, 22, 264, 266 (Abb. 169)
Cubo de la Galga (P) 228
Cuesta Silva (GC) 261
Cueva Bonita (P) 29
Cueva del Barranco de Herque (T) 182
Cuevas del Corcho (GC) 262
Cuevas de las Cruces (GC) 260
Cueva de los Camisos (T) 15
Cueva de los Verdes (L) 34, 279, **281f.,** 287, 288
Cueva de Rey (T) 160
Cueva pintada (GC) **260** (Abb. 171)
Cumbre (GC) 232, 234, 236, **262,** 308 (Abb. 43)
Cumbre de El Golfo (H) 53 (Abb. 21)
Cumbre de Güímar (T) 53
Cumbre de los Andenes (P) 203, 205, 228 (Abb. 28)
Cumbre de Tajaque (G) 192
Cumbres de la Orotava (T) 53
Cumbre Dorsal (T) 135, 138
Cumbre Nueva (P) 205, 226, 227 (Abb. 34, 149)
Cumbre Vieja (P) 205, 227

Dedo de Dios (GC) 260, 268 (Abb. 44)
Degollada de Tasartico (GC) 268
Degollada de Peraza (G) 192
Deutschland 61, 128, 297
Doña Juana (T) 160
Duraznera, Vulkan del (P) 230
Düsseldorf 297, 298

Ecuador 30
El Abrigo (T) 182
El Agujero (GC) 260
El Bailadero (T) 184
El Castillo (F) 275, 276
El Chaparral (T) 320
El Charco, Lagune (GC) 267
El Cotillo (F) 276
El Escobonal (T) 182
El Golfo (H) 124, **197,** 200, 201, 315 (Abb. 21)
El Golfo (L) **281,** 285, 286 (Abb. 62, 172)
Elis 12
El Médano (T) 136, 139, 156, 158, **159,** 179, 182, 320, 321 (Abb. 6)
El Oasis (GC) **267,** 322
El Pagador (GC) 261
El Paso (P) 61, 227, 229, 231, 313
El Pinar (H) **196f.,** 202
El Portillo (T) 157, 158, 181
El Retamar (T) 177
El Río (T) 182
El Río (F) 273, 274
El Río (L) 279, 285, 288, 289, 311 (vordere Umschlaginnenklappe)
El Rubicón (L) 279
El Sabinar (H) 198
El Santo (G) 192
El Time (P) 205, **229**
Elysion 12
Embalse de las Niñas (GC) 125, 268
Embalse del Mulato (GC) 268
Embalse de Soria (GC) 125, 268
Erjos (T) 177
Ermita de la Caridad (H) 201
Ermita de la Peña (F) 275
Ermita de Nuestra Señora de Lourdes (G) 192
Ermita de San Nicolás (P) 227, 231
Ermita Virgen de la Reña (H) 200
Esperanza-Wald (T) 51, 53, 154, **180,** 183

Fanabré (T) 179
Faro de Orchilla (H) 202
Fasnia (T) 53, **182**
Fasnia, Vulkan (T) 36, **181, 182** (Abb. 115)
Fénduca, Paß (F) 275
Fessan 203
Firgas (GC) 124, 236, 259
Fortaleza Grande (GC) 264
Frankfurt a. M. 45, 297, 298
Frankreich 21, 26, 128
Frontera (H) **201**
Fuencaliente (P) 36, 122, 227, 229, 231, 315
Fuente de la Zarza (P) **228**
Fuente Secreta (P) 229

Fuerteventura 12, 20, 21, 22, 26, 30, 31, **32,** 33, 37, 39, 41, 44, 45, 51, 54, 122, 123, 124, 125, **126,** 127, 129, 232, **269ff.,** 282, 286, 289, 299, 300, **306f.,** 311, 312, **313, 322f.**

Gades (Cadiz) 12, 25
Gáldar (GC) 22, 24, **260,** 306
Galga (P) 228
Garachico (T) **160,** 177 (Abb. 105, 106)
Garachico, Vulkan (T) 36
Garafía (P) 229, 312
Garajonay (G) 32, 185, 192
Gard 54
Gavrinis 22
Genf 297, 298
Genua 144
Gibraltar 11, 31
Glorieta de la Concepción (P) 229
Gomera 19, 21, 26, 28, 29, 30, 31, **32,** 33, 37, 39, 40, 42, 45, 51, 52, 53, 55, 56, 59, 117, 124, 125, **126,** 127, 142, 158, 177, 178, 179, **185ff.,** 200, 201, 298, **300, 302f.,** 311, **312,** 315, 318, **321**
Graciosa 26, 32, 279, 285, **288f.,** 323 (vordere Umschlaginnenklappe)
Granadilla de Abona (T) 53, **123,** 156, **159,** 181, 182
Gran Canaria 13, 15, 17, 18, 19, 20, 21, 22, 27, 28, 29, 30, 31, **32,** 33, 34, 37, 39, 42, 44, 45, 50, 51, 52, 59, 115, 117, 119, 122, 123, 124, 125, **126,** 127, 128, 129, 142, 158, 183, 203, **232ff.,** 298, 299, **300, 304ff.,** 315, 319, 320, **322**
Grand Canyon 232
Grandes Playas de Sotavento (F) 276 (Abb. 54, 55)
Gran Tarajal (F) 271, **276,** 313
Greenwich 200
Griechenland 11, 12
Großbritannien 128
Guarazoca (H) 200
Guatifay (L) 279
Guatiza (L) 287, 288
Guía (GC) **259,** 261, 306
Guía de Isora (T) 178
Güímar (T) 15, 28, 123, 136, **181**
Güímar, Vulkan (T) 36, 148, 180, 181
Güímar, Tal von (T) 136, 182
Guinea 27, 117

Hamburg 297, 298
Hannover 297
Haría (L) 112, 279, **287f.** (Abb. 57)
Hawaii 40, 49, 126, 135

Hermigua (G) 124, 186, 187, **191**, 321
Hierro 12, 15, 22, 23, 26, 29, 30, 31, **32**, 33, 37, 40, 41, 45, 50, 51, 53, 61, 117, 119, 122, 123, **126**, 127, 188, **194ff.**, 298, 299, **300**, 303, 311, **312**, **322**
Himalaya 117
Hoya de Jinamita (H) 53
Hoya de Morcillo (H) 202
Huevos del Teide (H) 143, 157 (Abb. 119)

Iberische Halbinsel 44
Icod de los Vinos (T) 52, 159, **160**, 315, 321 (Umschlagvorderseite, Abb. 96)
Icod, Tal von (T) 136
Igualero (G) 192
Iqueste (T) 180, 184
Indien 28, 114, 145
Indochina 117
Ingenio (GC) 264, **266**, 306
Irland 22
Island 135
Islote de Hilario (L) 281, 286 (Abb. 178)
Istmo de la Pared (F) 22, 271, 276
Izaña (T) 45, **47**, 135, 181

Jama (T) 159
Jameos del Agua (L) **281 f.**, 287, **288**
Jandía (F) 20, **271**, 273, 276, 313 (Abb. 53–55)
Janubio (L) 285, **286** (Abb. 58, 187)
Jinámar (GC) 124, 236
Juan Grande (GC) 266, 306

Kairo 203
Kanada 128
Kap Juby 31
Kapverdische Inseln 31, 39
Karthago 12, 13
Kastilien 26, 27
Kleinasien 13
Köln 35
Kolumbien 30
Kreta 17, 18

La Ampuyenta (F) 274
La Antigua (F) 122, 275, 276 (Abb. 52)
La Atalaya (GC) **263**, 265
La Calderita (P) 225
La Caleta (H) 22, 200
La Caleta (L) 287
La Cumbrecita (P) 56, 226, 227 (Abb. 28)
La Dehesa (H) 201, 202
Ladera de Santa Ursula (T) 145

Ladera de Tigaiga (T) 144
Ladera Pedro Gil (T) 157
La Escalona (T) 159
La Fortaleza (G) 192 (Abb. 129)
La Geria (L) 122, **282**, 285, **286** (Abb. 61, 173–175)
La Guancha (GC) 22, **24 f.**, 160, 232, **260**
Lajares (F) 274
La Laguna (T) 43, **47**, 135, 136, 138, 144, 149, 153, **154 ff.**, 157, 179, 180, 183
— Bischofspalast 156
— Dominikanerkloster **155** (Abb. 103)
— Kathedrale **156**
— Iglesia Nuestra Señora de la Concepción **156** (Abb. 100)
— Neue Universität 155
— Palacio de Nava **155** (Abb. 102)
— Santa Catalina **155** (Abb. 102)
— Santuario del Cristo **156** (Abb. 101, 104)
La Laja (GC) 264
La Matanza de Acentejo (T) 28, 150, **179**
La Matilla (F) 274
Lanzarote 12, 22, 25, 26, 30, 32, 33, 34, **36**, 37, 39, 41, 44, 45, 51, 52, 54, 116, 117, 118, 122, 123, 124, **126**, 127, 129, 142, 203, 269, 273, 274, **277 ff.**, 288, 289, 299, **300**, **307**, 311, **313**, 315, **323**
Lanzarote (GC) 262
La Oliva (F) 122, **274**, 276
La Orotava (T) 60, 141, 144, **148 f.**, 156, 157, 274, 302, 320 (Abb. 2, 3, 36)
— Botanischer Garten **302** (Abb. 65, 74)
— Hospital de la Santísima Trinidad 149
— La Concepción **148** (Abb. 97, 98)
— San Agustín 148
La Palma 14, 17, 19, 20, 22, 27, 29, 31, **32**, 33, 34, 36, 37, 39, 40, 41, 42, 43, 45, 50, 51, 52, 56, 61, 117, 122, 124, 125, **126**, 127, 142, 158, 186, 189, 191, 201, **203 ff.**, 234, 298, 299, **300**, **303 f.**, 311, 313, 318, 319, **320**, **322**
La Paz (T) 157
La Restinga (H) 194, **202**, 313 (Abb. 22, 24)
La Santa (L) 286
Las Caletas (P) 231
Las Caletillas (T) 181
Las Canteras (T) 183
Las Casas (H) 202
Las Casas de Veneguera (GC) 268
Las Galletas (T) 182 (Abb. 5)

Las Indias (P) 231
Las Lagunetas (GC) 263
Las Lagunetas (T) 180
Las Lomadas (P) 228
Las Manchas (P) 231
Las Mercedes (T) 183
Las Nieves (P) 226
Las Palmas de Gran Canaria 27, 28, 32, 114, 119, 127, 150, 232, 236, **237 ff.**, 261, 262, 264, 304, 305, 308, 318, 319
— Alcaravaneras 239
— Altavista 239
— Arenales 239
— Barranco de Guiniguada 239
— Ciudad del Mar 259
— Ciudad Jardín 239, 240
— Parque Doramas 239, 241
— Escaleritas 239
— Feria del Atlántico 239
— Isleta 24, 238, 239, 240
— Istmo de Guarnateme 238
— Las Canteras 238, 239, 322 (Abb. 164)
— Los Rompientes 238
— Lugo 239
— Museo Canario 150, **305**, **258**
— Museo de Pérez Galdós 259, **306**
— Museo Néstor 240, 305
— Museo Provinzial de Bellas Artes 258, **305**
— Paseo de las Canteras 237
— Playa de Alcanavaras 322
— Pueblo Canario 239, 240, 306 (Abb. 165)
— Puerto de la Luz 238, **239 f.**
— — Castillo de la Luz 239
— San Antonio Abad 28, 258
— San Bernardo 239
— San Francisco 239 (Abb. 50)
— San Juan 239
— San Lázaro 239
— San Nicolás 239
— Santa Catalina 236, 238, **240**
— — Parque de Santa Catalina 240
— — Plaza Santa Catalina 237
— Schamann 239
— Vegueta-Triana 238, 239, **247 ff.**, **257 ff.**
— — Calle Mayor de Triana 259
— — Museo Colombino de la Casa de Colón 258, **257 f.**, 305 (Abb. 160–163)
— — Ermita de San Antonio Abad 28, 258
— — Iglesia Santo Domingo 258
— — Kathedrale Santa Ana 257 (Abb. 49, 159)
— — Mercado de Las Palmas 258
— — Museo Canario 150, 258, **305 f.**

REGISTER: ORTE UND LANDSCHAFTEN

— — Museum der Schönen Künste 258
— — San Telmo 258
— — Teatro Pérez Galdós 258
Las Palmas de Gran Canaria
  (Provinz) 30, 31, 45, 119, **128**
Las Palmas/Gando 265
Las Peñitas, Stausee (F) 275
Las Raices (T) 180
Las Rosas (G) 191
Las Rositas (L) 288
Las Toscas (G) 192
La Tierra del Trigo (T) 177
La Victoria de Acentejo (T) 28, 150, **179**, 180
La Zarza (T) 182
Libyen 12
Llano de Banco (P) 227 (Abb. 149)
Llano, Höhle del (F) 276
Llanos de la Concepción (F) 275
Llano del Negro (P) 229
Lobos 32, 276, 288, **289**
Lomo de las Chozas (P) 327
Lomo de la Villa (G) 190
Lomo del Caballo (P) 227
Lomo de los Letreros (GC) 266
Lomo de Retamar (T) 158
Los Azulejos (T) 137, 158
Los Berrazales (GC) 260, 306
Los Camachos (P) 227
Los Cristianos (T) 119, 127, 136, 159, **179**, 181, 182, 183, 193, 321
Los Gigantes (T) 178, 321
Los Hervideros (L) 286
Los Letreros del Julán (H) 22, **23**, 194, **202** (Abb. 140–142)
Los Llanos, Vulkan (P) 36
Los Llanos de Aridane (P) 205, 207, 227, **229**, 313
Los Organos (G) **191** (Abb. 125)
Los Organos (T) 157
Los Pechos (GC) 262
Los Quemados (P) 231
Los Realejos (T) 53, **159**
Los Rodeos (T) 135, 144, 299
Los Roques (T) 182
Los Roques, Felsen (T) **137**, 138, 157 (Umschlagrückseite, Abb. 13, 14)
Los Sauces (P) 124, **228**
Los Silos (T) **160**
Los Tilos (P) **228** (Abb. 31)
Los Valles (L) 287

Madagaskar 49, 58
Madeira 31, 39, 48, 115, 126
Madre del Agua (T) 180
Madrid 29, 30, 147, 298
Máguez (L) 288
Majorata (F) 20
Makronesen 31

Málaga 298, 317
Manchas, Vulkan de las (P) 227
Manto de la Virgen (L) 286 (Abb. 181)
Marino (T) 320
Marokko 145
Masca (T) 160, **177** (Abb. 7)
Maspalomas (GC) 127, 236, 263, 264, **266**, 267, 306, 322 (Abb. 45)
Matas Blancas (F) 275
Mauretanien 13
Mazo (P) 124, 227, 229, **230**, 312, 315
Mercedes-Wald (T) 154, **183**
Mesa del Mar (T) 179, 321
Mesopotamien 18
Mexiko 57, 58, 116, 144
Miami Beach 232
Mirador de Balcón (GC) 268
Mirador de Don Martín (T) **182**
Mirador de Don Pompeyo (T) 177
Mirador de Haría (T) 287 (Abb. 57)
Mirador de la Centinella (T) **182**
Mirador de la Concepción (P) 229
Mirador de Ortuño (T) 180
Mirador del Río (L) 285, 287, 288 (vordere Umschlaginnenklappe)
Mirador Humboldt (T) 148, 179
Mirador Jinama (H) 201 (Abb. 21)
Mirador Pico de las Flores (T) 180
Mirador Pico del Inglés (T) 183 (Abb. 8)
Miraflor (GC) 261
Mittelamerika 25, 58, 59
Mittelmeer 31, 48, 60
Mocanal (H) 200
Mogán (GC) 267, **268**
Montaña Blanca (T) 143, 157, 181 (Abb. 119)
Montaña Cabeza de Toro (T) 135
Montaña Clara 32, 288, **289**
Montaña de Arucas (GC) **259** (Abb. 166)
Montaña de Brezo (GC) 262
Montaña de Colmenas (T) 138
Montaña de Famara (L) 124, 279
Montaña de Gáldar (GC) 260
Montaña Gorda (T) 182
Montaña de Guajara (T) 138, **157**, 319 (Abb. 124)
Montaña de las Cuatro Puertas (GC) 20, 22, 264, **266** (Abb. 169)
Montañas del Fuego (L) 34, 36, **279**, 285, **286**, 287 (Abb. 56, 177–181)
Montaña de los Riegos (T) 177
Montaña de Taco (T) 160, 181
Montaña Negrita (T) 181 (Abb. 114)
Montaña Rajada (T) 286
Montaña Roja (T) 159, 321 (Abb. 6)
Montaña Sable (P) 227
Montaña Tabaiba (T) 182
Monte Coello (GC) 263, 315

Monte del Cedro (G) 5., 124, 186, 191, **192** (Abb. 17, 18)
Morro del Jable (F) **275 f**
Moya (GC) 124, **259**
Mozaga (L) 282, 286 (Abb. 184)
München 297, 298
Murcia 54

Neapel 144
Neo-Canaria 234
Neuseeland 49
Niederlande 128
Nordafrika 18, 21, 22, 26, 27, 31, 39, 40, 49, 58, 142, 278
Nordamerika 25, 40
Nubien 17
Nuevo del Fuego, Vulkan (L) 36

Orinoko 144
Orotava-Tal (T) 28, 30, 36, 124, 129, 136, 137, **144 f.**, 179, 181 229 (Abb. 9, 10)
Orzola (L) 288

Paisaje Lunar (T) **158**
Pájara (F) 275, 276 (Abb. 56)
Palm-Mar (T) 179
Palos de Moguer 28
Parador Nacional (F) 275
Parador Nacional (H) 200
Parador Nacional (T) 138, 157, **158**
Parador Nacional de Tejeda (GC) 262
Pedro Barba 288
Pedro Gil (T) 157
Peloponnes 12
Peñas del Chache (L) 32, 279, 287
Peru 144, 190
Pico de Gáldar (GC) 260
Pico de Guajara 319, 158
Pico de la Nieve (P) 205
Pico (Pozo) de las Nieves (GC) 32, 232, 233, **262**, 263, 320
Pico de la Zarza (F) 32, 271
Pico del Teide (T) 19, 28, 32, **33**, 34, 36, 42, **56**, 129, 135, 136 f., 144, 148, 157, 158, 160, 181, 183, 190, 203, 262, **302**, 319 f. (Abb. 4, 10, 11, 13, 14, 111)
Pico Malpaso (H) 32, 198
Pico Viejo (T) 36, 140, 158, 319 (Abb. 116)
Pinar de Tamadaba (GC) 51, 261, **262**, 308
Pino de la Virgen (P) 227
Playa Barca (F) 313
Playa Blanca (F) 275, 313, **323**
Playa Blanca (L) 285, 286, **323**
Playa de Arena (T) 178
Playa de Arguineguín (GC) 322
Playa de Avalo (G) 190, 321

Playa de Barlovento (F) 276
Playa de Cancajo (P) 322
Playa de Corralejo (F) 273, 313
Playa de Famara (L) 287, 323
Playa de la Cueva (G) 190
Playa de la Garita (L) 288
Playa de las Américas (T) 127, 179, 321
Playa de la Caleta (G) 321
Playa de las Coloradas (L) 286, 323
Playa de las Conchas 289
Playa de las Meloneras (GC) 308
Playa de la Pared (F) 276
Playa de las Teresitas (T) 321
Playa de la Tejita (T) 159
Playa del Faro de Maspalomas (GC) 308
Playa del Inglés (G) 321
Playa del Inglés (GC) 191, **266**, 308, 322
Playa del Médano (T) 159, 320
Playa de los Pocillos (L) 323 (Abb. 188)
Playa del Papagayo (L) 323
Playa de las Mujeres (L) 286, 323
Playa de Matagorda (L) 286
Playa de San Agustín (GC) 322
Playa de Santiago (G) **192**, 312, 321
Playas de Sotavento (F) 127, 323 (Abb. 54, 55)
Playa de Tarajalejo (F) 313
Playa del Valle (F) 275
Poris de Abona (T) 182
Portugal 26, 27, 49
Pozo (Picc) de las Nieves (GC) 32, 232, 233, **262**, 263
Pozo Negro (F) 275
Presa de Chira (GC) 125
Puerto del Carmen (L) 286
Puerto de la Cruz (T) 57, 127, 135, 144, **145 ff.**, 159, 160, 179, 180, 183, 301, 302, 321 (Abb. 108)
— Botanischer Garten 147, 263, **302** (Abb. 65, 74)
— Castillo San Felipe 147
— Kapelle San Telmo 147 (Abb. 109)
— Lido San Telmo **146**, 147
— Nuestra Señora de la Peña de Francia 147
— Playa de Martiánez 146, **147** (Abb. 108)
Puerto de la Estaca (H) 119, 200, 312, 322
Puerto de las Nieves (GC) 260, 322 (Abb. 44)
Puerto del Rosario (F) 32, 119, 271, **273**, 276, 306, 307, 313, 322
Punta de Jandía (F) 276
Punta del Salmor (H) 200
Puerto de Mogán (GC) 268

Puerto de Naos (P) 229, 322
Puerto de Santiago (T) 159, **178**, 321
Puerto de Tazacorte (P) **229**
Puerto Espindola (P) 228
Puerto de la Peña (F) 275, 276
Puerto Rico (GC) 127, **268**, 319, 322
Punta Arenas Blancas (H) 202
Punta Corda (GC) 268
Punta de Abona (T) 182
Punta de Jandía (F) 275
Punta de la Calera (G) 191
Punta de la Palma (GC) 268
Punta del Hidalgo (T) **180**, 321
Punta de Orchilla (H) 12, 200
Punta de Papagayo (L) 286
Punta de Pechiguera (L) 286
Punta de Sardina (GC) 268
Punta de Teno (T) 160, 177, 178
Punta Fuencaliente (P) 205
Puntagorda (P) 227, 228, 229
Punta la Salina (GC) 261
Puntallana (P) 228

Quemada, Vulkan (L) 279
Quesera de Bravo (L) 288

Ras-Schamra 23
Realejo Alto (T) 159, 160
Rio de Janeiro 232
Risco Faneque (GC) 234
Riscos de Tivataje (H) 53
Roja, Vulkan (L) 279
Rom 11, 45
Roque Bentaiga (GC) 232, 262, 263, 320 (Abb. 43)
Roque Blanco (G) 192
Roque Cano (G) 191 (Abb. 132)
Roque de Agando (P) 53, 192
Roque de Arguayo (T) 178
Roque de Conde (T) 182
Roque de la Grieta (T) 138
Roque de Lana (T) 182
Roque del Este 288, 289
Roque del Oeste 288, 289
Roque de los Muchachos (P) 32, 203
Roques del Salmor (H) 200
Roque Idafe (P) 226, **227**
Roque Nublo (GC) 232, 262, **263**
Roque Sombrero (G) 192 (Abb. 19)
Roque Teneguía (P) 231
Rosa del Taro (F) 271

Sabina Alta (T) 182
Sabinosa (H) 198, **201**
Sahara 41, 44, 49, 203, 239
San Agustín (GC) **266**, 322
San Andrés (H) 201, 202 (Abb. 35)
San Andrés (L) 124, 228
San Andrés (T) 184
San Antonio (T) 156, 160

San Antonio, Vulkan (P) 36, 205, **231**
San Bartolomé (L) 122, 286
San Bartolomé de Tirajana (GC) **263 f.**, 308
San Borondón 289
San Cristobal (G) 190
San Isidro (T) 159
San José (T) 160
San Juan, Vulkan (P) 36, 227
San Juan de la Rambla (T) 159
San Marcos (T) 160, 321
San Mateo (GC) 261, 306 (Abb. 37)
San Miguel (T) 123, 182
San Nicolás (GC) 262, 267, 268
San Pedro de Daute (T) 160 (Abb. 1)
San Salvador 28
San Sebastián de la Gomera 28, 32, 119, **189 ff.**, 303, 312, 321 (Abb. 16, 20, 133)
— Iglesia de la Asunción 190
— Kolumbushaus 190
— Parador Nacional 190, 192 (Abb. 134, 135)
— Plaza de Calvo Sotelo 90 (Abb. 126)
— Torre del Conde 29, **189**, **303** (Abb. 128)
Santa Ana (T) 320
Santa Brígida (GC) 263, 306
Santa Cruz de la Palma 32, 119, 124, **225 f.**, 227, 229, 231, 303, 304, 313, 320, 322 (Abb. 25, 26)
— Castillo de Santa Catalina 225
— Iglesia de San Salvador 226 (Abb. 154)
— Museo de Historia Natural y Etnográfico>La Cosmológica< 226, **304**
— Museo Naval 226, **304**
— Parador Nacional 225
— Plaza de España 225
— Rathaus 225 (Abb. 153)
Santa Cruz de Tenerife 32, 43, 45, **47**, 57, 114, 119, 145, **149 ff.**, 155, 179, 180, 181, 183, 184, 236, 237, 300, 301, 302 (Abb. 110)
— Archäologisches Museum 152, 302
— Cabo 153
— Casino de Tenerife **152 f.**
— Goethe-Institut 154
— Iglesia Nuestra Señora de la Concepción 153
— Iglesia de San Francisco **153**
— Mercado **153**
— Museo Militar **152**
— Museo Municipal **153**, 302
— Palacio Insular **152**
— Parque Municipal García Sanabria **153 f.**

333

REGISTER: ORTE UND LANDSCHAFTEN/PERSONEN UND VÖLKER

— Plaza de España 152
— Plaza de la Candelaria 152
— Teatro Guimerá 153
Santa Cruz de Tenerife (Provinz)
  30, 31, 119, **128**
Santa Lucia (GC) 262, 263, **264**, 266
Santa Marta (T) 320
Santander 298
Santa Ursula (T) 179
Santiago del Teide (T) 30, 136, 160, 177
Santorin 12
Santuario de Nuestra Señora de los
  Reyes (H) 202 (Abb. 23)
Sardina (GC) 260
Schweiz 128
Sevilla 25, 298
Siete Fuentes, Vulkan (T) 36
Sinai 23
Sizilien 115
Skandinavien 128
Sombrera (T) 182
Spanien 27, 28, 30, 48, 49, 54, 119,
  128, 129, 150, 225, 239, 317
Stuttgart 297
Südafrika 59
Südamerika 25, 40, 58, 237

Taborno (T) 135
Tahiche (L) 287, 288
Tacoronte (T) **179**, 180
Tafira Alta (GC) 122, 263, 306
— Jardín Canario 263
Tafira Baja (GC) 263, 306
Taganana (T) 184
Taguluche (G) 191
Taibique (H) **196, 202,** 315
  (Abb. 144, 146)
Talus de Bilma (T) 140
Tamaduste (H) 200, 322
Tamaimo (T) 177, 178
Tamaraceite (GC) 259, 261
Tamarán (GC) 234
Tamargada (G) 191
Tanque (T) 160, 177
Tao, Vulkan (L) 36
Taoro (T) 28
Tarajalejo (F) 276
Tarajalejo Playa (F) 323
Tazacorte (T) 27, 312
Tedote (P) 230
Teguise (L) 180
Teguise (L) 122, **287**, 314
— Palacio de Espinola 287 (Abb. 183)
Tejina (T) 178, 179
Tejeda (GC) **263**
Telde (GC) **264**, 306 (Abb. 167, 168)
Temisas (GC) 266, 306
Ten-Bel (T) 179, 320
Teneguía, Vulkan (P) 36, 205, **231**
  (Abb. 33, 152)

Tenera (P) 227
Teneriffa 14, 15, 18, 19, 21, 23, 27,
  28, 29, 30, 31, **32,** 33, 34, **36,** 37, 40,
  42, 43, 44, 45, 49, 50, 51, 52, 53, 56,
  117, 118, 124, 125, **126,** 127, 128,
  129 ff., 189, 190, 192, 200, 201, 232,
  234, 262, 298, 299, **300 f.,** 315, 318,
  319, 320 f.
Teno-Gebirge (T) 135, 136, 138,
  140, 160, **177** (Abb. 7)
Tenoya (GC) 261
Teror (GC) 124, 236, **261,** 316
  (Abb. 48)
Tethys-See 48
Tetir (F) 273
Tiagua (L) 286
Tías (L) 285, 286, 314
Tierra de Oro (T) 160
Tigalate, Vulkan (P) 36, 122
Tijarafe (P) 229
Tijimiraque (H) 200
Timanfaya (L) 36, 279, **286,** 287, 307
  (Abb. 56)
Tinajo (L) 122, 285, 286
Tindaya (F) 274
Tinguatón (L) 286
Tinguatón, Vulkan (L) 36
Tirajana (GC) 236
Todogue (P) 312
Toledo 27
Toto (F) 275
Trafalgar 150
Trevejos (T) 159
Tuineje (F) 275, 276

Ucanca-Ebene (T) 137, 138, 157, 158
  (Abb. 13)
Uga (L) 286
USA 128, 284

Valencia 317
Valle de Arriba (T) 177
Valle de las Piedras Arrancadas (T) 158
Valle de la Tranquilidad (L) 286
Valle de San Lorenzo (T) 182
Valle de San Roque (GC) 265
Valle de Santiago (T) 177
Valle de Tentiniguada (GC) 124
Valle Gran Rey (G) 127, 186, **191,**
  312, 321
Vallehermoso (G) 124, 187, **191,**
  312 (Abb. 15, 132)
Valleseco (GC) 261, 262 (Abb. 39)
Valsequillo (GC) 123, 134, 236, 265
Valverde (H) 32, **194, 200,** 201, 202,
  303, 322 (Abb. 136)
Vega de Río Palma (F) 275
Vega de San Mateo (GC) 262, **263,**
  265
Vegaipala (L) 192
Venezuela 30

Vilaflor (T) 53, 123, 156 **158**
  (Abb. 113)
Villa Real de las Palmas (GC) 236
Villaverde (F) 122, 274
Wien 297, 298
Yaiza (L) 122, 281, 285, 286, 314
Yé (L) 288
Zamagallo (P) 228
Zapato de la Reina (T) 138, 158
  (Abb. 122)
Zonzamas (L) 287
Zürich 297, 298
Zypern 114

Personen und Völker

Abdel-Monem, A. 39
Abora 19
Abréu de Galindo, J. 23
Aguiar, José 153, 190
Alfons von Kastilien 26
Alfons X. 26
Añaterve 28
Andamana 24
Araber 114
Arucas, Marchese de 118
Atlas 12
Augustiner 155

Basken 21
Beaumarchais, Pierre Augustin
  Baron de 287
Bencomo 28
Berthelot, Sabin 29
Béthencourt, Jean de **26 f.,** 200, 273,
  275
Béthencourt, Maciot de 27
Blake, Robert 150
Blumenthal 271
Bobadilla, Beatriz de 28, 189, 190
Bolívar, Simón 262
Bonnin 153
Bramwell, David 48
Bravo, T. 274
Bretonen 21
Briten 127
Brito, Juan 286
Bruegel d. Ä., Pieter 153
Buch, Leopold von 30

Cadamosto 36
Cano, Alonso 259
Canova, Antonio 152
Cardenes, Domingo 33
Carlos III. 147
Cellini, Benvenuto 257
Cerda, Luis de la **26**
Chancay 190
Chimú 190

Christ, Hermann 30
Clavijo y Fajardo, José 287
Clemens VI. 26
Codina 257
Cromagnon 21
Cruz, Luis de la 147
Curbelo, Don Andrés Lorenzo 281
Curtius, Ludwig 33

Dieterich, Anton 277
Does, Pieter von der 239
Doramas 27
Drake, Francis 225, 239

Engländer 115
Espinosa, A. de 23
Esquivel, Antonio María 226
Estévez, Fernando 156, 181, 191

Ferdinand von Aragon 27, 29, 159
Flamen 208
Franco, Francisco 30, 153, **180**

Gagini, Giuseppe 148
Galdós, Pérez 258, 259
García de Herrera, Diego 27
Gegoyos 305
Gennings, Admiral 150
Goethe, Johann Wolfgang von 287
Gonzales, Ministerpräsident 30
Goya, Francisco José 257
Guanchen 13f., 28, 36, **150**, 156, 158, **159**, 160, 178, 179, 181
Guarafia 25
Guayote 19
Guimerá, Angel 153

Hausen, H. 39, 203, 234, 271, 273
Hawkins, John 239
Heinrich III. 26
Heinrich de - Seefahrer 115
Hellwig, Fred 147
Hermes Psychopompos 11
Herodot 12
Hesperiden 11
Higueras, Fernando 288
Homer 11 12
Horaz 13
Huaca 190
Huatacuperche, Pedro 29
Humboldt, Alexander von 30, 49, **129**, 140 ff., **144**, 147

Inder 128, 237
Inés, Doña 27
Inka 190
Iren 21
Isabella von Kastilien 27, 29
Isabella II. 30
Isidro, hl. 149

Jordaens, Jakob 153

Juan Carlos I. 30
Juba II. 13, 19

Karl III. 286
Karl IV. 26
Karthager 12, 13
Klug, H. 37, 259
Kolumbus, Christoph **28**, 36, 115, 189, 190, 226, 237, 257, 258
Krüss, James 12

La Clerc, François 225
Lambayeque 190
Lems, K. 48
León y Castillo, Fernando 239, 265
Loo, Carle van 153
Lugo, Alonso Fernández de **27f.**, 29, 150, 153, 154, 156, 189, 225

Machin, José Padrón 195
Madrazo y Kuntz, Federico de 153
Mallorquiner 25
Malocello (Maloisel), Lanzarotto 25, **277**, 287
Manol Hugué 305
Manrique, César 146, 200, 282, **284f.**, 287, 288
Menelaos 11
Mesa, José 190
Michael, hl. 203
Middlemost, E. A. K. 203
Miranda, Juan de 275
Mochica 190

Nava Grimón, Marqueses de Villanueva del Prado 155
Nebel, Gerhard **32**, 41, **203**, **277**
Nelson, Horatio Viscount **29f.**, 150, 152, 153
Niebla, Graf de 27
Núñez de la Peña, J. 19

Obsidius 35
Okeanos 48
Olsen 118, 192
Ortega, Alonso de 260
Ovid 13

Padilla, B. 271
Padrón, Aquilino 202
Pakistani 128
Peraza d. Ä., Hernán 188, 189
Peraza d. J., Hernán 27, **29**, 192
Pérez, Luján 147, 148, 153, 156, 160, 257, 259, 260, 266, 288
Philipp II. 20, 189, 287
Phönizier 12, 13
Pizarro, Francisco 27
Platon 12, 39
Plinius d. Ä. 12, 13
Plutarch 12

Portugiesen 25, 208
Primo de Rivera, José Antonio 269
Ptolemäus, Claudius 12, 13, 200

Radamanthus 11
Rejón, Juan 27, 29, 236, 237
Reni, Guido 153
Ribera, Jusepe de 153
Ridley, W. J. 203
Ripoch 24
Römer 12, 13, 19
Rothe, P. 39, 273

Salle, Gadifer de la **26**
San Brendán 289
Saint-Saëns, Camille 258
San Ginés 286
Santa 190
San Telmo 147
Schmincke, H.-U. **39, 234,** 273
Schwidetzky, Ilse 15, 21, 23, 24, 136, 152
Semidán, Artemi 27
Sertorius 12
Skandinavier 127
Solana 305
Spanier 25, 27, 28, 52, 127, 150, 152, 153, 179, 208
Spinola, Vicente 287
Swanson, D. A. 334

Tallán 190
Tamonante 20
Tanausú, Prinz 27, 226
Tasso, Torquato 13
Tethys 48
Tibiabin 20
Tinguaro, Prinz 28
Toro, Marquis del 262
Torre, Néstor Martin-Fernandez de la 153, **240**, 258, 262, **305**
Torriani, Leonardo **20**, 23, 24, 51, 160, 189, **199f.**, 258, 286, 287
Tuareg 22

Unamuno, Miguel de 262, **269**, 275

Vega, Conde de la 118
Vera, Pedro de 27, **29**
Vergil 13
Verneau, R. 22, 24
Vicus 190
Viera y Clavijo, J. de 159

Webb, Barker 29
Wild, Rodolfo 193
Wölfel, Dominik Josef 17, **18**, 20, **21f.**, 23

Zeus 11

335

Meter	Kulturpflanzen	Klimazonen	Klimadaten			
			Temperatur °C	Luftfeuchtigkeit %	Niederschlag mm/J.	Pot. duns mm
		subalpin	≤ 10	≤ 50 windig	800 Schneefall	400-
2500						
		trocken-gemäßigt (kontinental)	12–18 5–10 Frosttage	50–60	800–1000 Schneefall	≤ 6
1500				Inversionszone		
	Trockenfeldbau	trocken-gemäßigt	12–15	50–60	500–800	≤ 8
1000						
	Trockenfeldbau	semiarid-warmgemäßigt (trocken-mediterran)	15–18	40–50	300–500	100 120
600						
	Bewässerung und Trockenfeldbau, Kartoffeln, trockenmediterrane Früchte: Oliven, Mandeln,	semiarid-subtropisch (trocken-mediterran)	15–25	40–50 windig	200–300 10–20 Regentage	100 200
250						
	Bewässertes Getreide, Tomaten, Bananen	arid-subtropisch bis halbwüstenhaft	20–25	50–60 windig	≤ 100 5–10 Regentage	≥ 1!
0						